国家自然科学基金项目（41671128）
广东省科学院骨干科研机构创新能力建设专项（2017GDASCX-0101）
广东省科学院引进高层次领军人才专项资金项目（2016GDASRC-0101）
广东省科学院平台环境与能力建设专项资金项目（2016GDASPT-0210）

"一带一路" 专题研究

新世纪海上丝绸之路

东南亚发展与区域合作

张虹鸥　黄耿志　等编著

2018年·北京

图书在版编目（CIP）数据

新世纪海上丝绸之路：东南亚发展与区域合作/张虹鸥，黄耿志等编著．—北京：商务印书馆，2018

("一带一路"·专题研究系列)

ISBN 978-7-100-15306-5

I. ①新… II. ①张…②黄… III. ①区域经济合作—国际合作—研究—中国、东南亚国家联盟 IV. ①F125.4②F133.54

中国版本图书馆CIP数据核字（2017）第223739号

权利保留，侵权必究。

新世纪海上丝绸之路：东南亚发展与区域合作

张虹鸥 黄耿志 等编著

商 务 印 书 馆 出 版
（北京王府井大街36号 邮政编码100710）
商 务 印 书 馆 发 行
北京通州皇家印刷厂印刷
ISBN 978-7-100-15306-5
审 图 号：GS（2018）4059号

2018年5月第1版　　开本 787×1092　1/16
2018年5月北京第1次印刷　印张 22
定价：72.00元

本书编写组

主　编　张虹鸥
副主编　黄耿志
成　员　（按姓氏音序排列）
　　　　　陈伟莲　龚蔚霞　金利霞　李升发
　　　　　苏泳娴　王长建　王　洋　吴旗韬
　　　　　张玉玲　周　晴

前　　言

"一带一路"指"丝绸之路经济带"和"21世纪海上丝绸之路"。根据国家发展和改革委、外交部及商务部联合发布的《推动共建丝绸之路经济带和21世纪海上丝绸之路的愿景与行动》(以下简称《愿景与行动》),"一带一路"倡议的核心目标是促进经济要素有序自由流动、资源高效配置和市场深度融合,推动开展更大范围、更高水平、更深层次的区域合作,共同打造开放、包容、均衡、普惠的区域经济合作架构。可见,"一带一路"是中国在深化改革开放阶段提出的重大国际合作构想,是中国积极探索国际合作以及全球治理新模式的创新尝试,有助于为世界和平发展增添新的正能量。

从中国与世界的关系看,如果说改革开放前30多年中国以"引进来"的方式深入参与了经济全球化的进程,共建"一带一路"则标志着以中国"走出去"为鲜明特征的全球化新阶段的到来。的确,从地理学研究侧重点看,由于改革开放30多年我国的经济奇迹主要得益于国际资本输入和西方国家主导的经济全球化,国内地理学以研究和解决国内人文经济地理问题为核心任务。然而,2014年是一个历史性的转折点,因为这一年中国对外投资规模达到1 231.2亿美元,首次超过吸引外资金额的1 195.6亿美元,标志着中国经济发展开始进入以对外全球化和资本输出驱动为主的全新时期。这与习近平主席在2014年首次提出共建"一带一路"的倡议不是巧合,而恰恰反映了国家高层对战略时间节点的准确把握。从国家发展与科学研究使命的关系看,"一带一路"倡议的提出和实施意味着中国进入"全面认识世界"的历史新篇章,学科的使命需要从服务"引进来"的被动全球化拓展至服务"走出去"的主动全球化。国内知名经济地理学者、中国科学院地理科学与资源研究所刘卫东研究员认为,共建"一带一路"为学术界提出了很多科学问题,其中,需要地理学界加强研究的议题包括:地缘政治关系的核心要素和驱动机制、沿线国家的国别地理研究、对外直接投资理论和海陆运输的空间组织等。

在此背景下,本书试图从地理学的视角开展对东南亚国家的国别地理研究。东南亚地区由印度尼西亚、马来西亚、新加坡、菲律宾、文莱、东帝汶、越南、老挝、泰国、柬埔寨、缅甸共11个国家构成,地处太平洋与印度洋的十字路口,连接亚洲与大洋洲,战略位置十分重要。中国国家主席习近平正是在 2013 年出访印度尼西亚时首次提出"共建 21 世纪海上丝绸之路"的重大倡议。根据《愿景与行动》，中国至东南亚、南亚、印度洋是"丝绸之路经济带"的重点畅通通道，中国—东盟"10+1"是推动"一带一路"建设的重要合作机制之一，中国—东盟自由贸易区（CAFTA）是丝绸之路经济带的重要合作平台。可见，东南亚地区是"一带一路"建设推进的前沿阵地之一。

从地缘经济和政治视角看，东南亚地区也处于十分重要的战略地位。在论及海外利益与中国地缘经济时，中国社会科学院陈迎春认为中国的地缘经济空间可分为两个层次：一是周边层次，指地理上与中国接壤的周边国家，由东北亚、东南亚和中亚地区构成；二是大周边层次，指地理上与中国不接壤，但在经济与战略上密切相关的区域，主要包括南太平洋区域、南印度洋区域和中东—北非地区。东南亚地区处于中国第一层次的地缘经济空间范围，但与同层次的东北亚、中亚地区相比，东南亚对中国具有更重要的地缘经济意义。首先，中国与中亚地区的合作基础尚较为薄弱，而在东北亚地区，受制于复杂的历史纠葛和现实地缘政治情势，区域合作尚未有实质性进展。与此相反，中国与东南亚国家的经济合作日益深入，建立了中国—东盟自由贸易区、中国与东盟"10+1"等区域合作平台和机制。其次，中国 90% 的进口石油需要通过海上运输，而其中 60% 的石油需要经过由东南亚国家扼守的马六甲海峡。加强与东南亚国家经济上的合作和相互依存性，对保障我国能源通道安全具有战略意义。最后，通过与东南亚开展平等互利的地缘经济合作，有助于增强政治互信，消除潜在的所谓"中国威胁论"，为我国的和平崛起构筑稳定的地缘经济和政治环境。

从发展的基础看，东南亚与中国的经济交往日益密切，是中国资本输出的重要承接区和进行国际经贸交流的重要通道。中国与东盟双边贸易额已从 2003 年的 782 亿美元增长至 2014 年的 4 804 亿美元，东盟成为中国的第三大贸易伙伴，而中国则是东盟的第一大贸易伙伴。更重要的是，中国与东南亚地区在经济上具有很强的互补性，东南亚国家的丰富资源可为中国经济的持续增长提供物资保证，而中国的资金、技术等优势有助于东南亚地区的经济发展和产业升级，中国与东南亚国家经济合作的潜力巨大。因此，开展东南亚国家的地理研究，揭示东南亚国家的地理特性及国家间的差异性，对"共建 21 世纪海上丝绸之路"战略的推进具有重大的现实意义。

近年来，对东南亚的历史、政治、经济、外交、文化等研究逐渐成为学术界的热点。各国间的东南亚研讨会和民间交流日益增多，极大地丰富了东南亚研究的课题，拓展了东南亚研究的范围，促进了东南亚研究的发展。随着中国推进"一带一路"建设的实施，以及中国与东南亚国家关系的深入发展，有必要加强对东南亚国别地理的研究。目前，从地理学的视角开展对东南亚国家的研究仍较为缺乏，对东南亚地区的城市化、工业化、土地利用、交通基础设施、资源利用、未来发展规划以及国家间的差异仍缺乏深入的认识，对诸如东南亚国家的城市化和工业化所处阶段、交通基础设施发展、资源禀赋优势、未来发展理念、中国与东南亚国家合作的领域及模式等问题还不是很清楚，需要进一步的分析和探讨。

本书借助地理学的分析工具及方法，充分利用可获取的数据开展研究。这些数据包括世界银行数据库、联合国粮食及农业组织数据库（FAOSTAT）、全球30米地表覆盖产品(GlobeLand30)、DMSP/OLS夜间灯光数据、美国地质调查局数据、BP世界能源统计年鉴、东盟统计年鉴、国际统计年鉴、中国商务部和海关部门发布的有关数据以及东南亚各国统计局与主要城市政府网站的数据等。以对这些基础数据的分析为主，本书还结合已有的东南亚研究文献，并利用中国—东盟中心、中国—东盟自由贸易区、中国—东盟博览会等权威网站的信息，对有关议题进行深入剖析和解读。

本书力图体现地理学的综合性，对东南亚地区的地理环境、城市化、工业化、国际贸易、资源禀赋、土地利用、农业生产、交通基础设施、旅游发展、社会经济和空间规划等议题开展研究。本书的特色在于在对各个议题的分析思路上，既注重整体性、区域性，又注重差异性、国家性，力图在揭示整个区域发展轮廓的基础上，分析区域内部各个国家的特性及存在的差异性。这种分析思路有助于从整体层面上认识东南亚地区发展的特征和趋势，同时又不失对国家独特性的关注。由于东盟组织的存在，东南亚在许多场合常常被当作一个同质性整体来叙述和看待，无形中掩盖了区域内部的差异性，不利于全面认识东南亚地区发展的性质。本书的研究将有助于加深对东南亚地区的认识，揭示了东南亚地区是一个由不同政治体制、不同经济发展层次、不同发展诉求、不同资源禀赋的国家构成的异质性地区。

本书共分为十章。第一章从自然、政治与社会文化环境概述了东南亚的综合地理环境。第二章和第三章从城市化、城市体系、人口与劳动力方面分析了东南亚的城市和社会发展特征。第四章从工业化阶段、产业布局、投资环境和投资政策等方面深入剖析了东南亚的经济发展特征与格局。第五章分析了东南亚的土地资源、土地利用格局与农业生产和农产品贸易特征。第六章从矿产资源和能源资源方面分析了东南亚的资源禀赋、生产与消费。第七章从航空、水路、铁路、公路方面全面分析了东南亚的交通基础设施发展。第八章分析了东南亚的旅游资源和产品、旅游市场及旅游产业布局。第九章解读了东南亚各国的社会经济发展规划和空间规划，剖析了各国未来的发展要点，可为中国与东南亚国家的规划对接提供参考。第十章从区域合作的角度出发，分析了中国与东盟的合作机制以及未来经贸合作的重点领域。

本书的撰写工作由广州地理研究所张虹鸥研究员主持，各章分工如下：第一章由周晴撰写，第二章和第三章由王洋撰写，第四章由黄耿志、金利霞撰写，第五章由陈伟莲、李升发撰写，第六章由苏泳娴、王长建撰写，第七章由吴旗韬撰写，第八章由张玉玲撰写，第九章由龚蔚霞撰写，第十章由黄耿志、龚蔚霞撰写。黄耿志负责全书的统稿工作。

本书以期为有关政策制定和企业投资提供依据。但正如美国学者罗伯特指出的，世界上很少有其他地区比东南亚更能说明在千差万别中求得一致时会遇到的各种问题，东南亚是一个复杂和差异化的地区，当然这种复杂性和差异性不仅限于东南亚，也体现于"一带一路"沿线国家。全球化时代，虽然以地缘为基础的区域经济或政治共同体日渐成为趋势，但民族国家仍然是主导的政治、经济和文化单元。这意味着中国在推动以"走出去"为鲜明特征的全球化步伐中，需要处理好"超国家体"和国家两个尺度，也就是说，需要在处理好与区域共同体关系的基础上，加强与该共同体成员国全方位的双边合作机制的建设，这需要对区域整体情况的检视和各国特性及国家间异同点的深入研究。本书是在这种视角下对东南亚地区的探究，以期抛砖引玉，希望更多地理学工作者开展"一带一路"沿线国家和地区的国别地理研究，发展有助于中国全球化发展的基础理论。受时间和水平限制，本书如有不足之处，敬请各位同人批评指正。

目　　录

前言
第一章　综合地理环境 1
　　第一节　行政概况 1
　　第二节　自然环境 3
　　第三节　政治环境 8
　　第四节　社会文化环境 17
　　第五节　政策启示 21
　　参考文献 23
第二章　城市化与城市体系 24
　　第一节　城市化进程 24
　　第二节　城市体系 32
　　第三节　主要城市发展概况 42
　　第四节　政策启示 49
　　参考文献 50
第三章　人口与劳动力 52
　　第一节　人口变动与分布格局 52
　　第二节　人口发展特征 56
　　第三节　劳动力与就业 66
　　第四节　政策启示 72
　　参考文献 73
第四章　经济发展与投资政策 74
　　第一节　经济发展 74
　　第二节　产业布局 80
　　第三节　投资环境 97
　　第四节　产业投资政策 106
　　第五节　政策启示 118
　　参考文献 119

第五章 土地利用与农业发展 · 120
- 第一节 土地资源禀赋与利用 · 120
- 第二节 农业生产与发展 · 138
- 第三节 农产品对外贸易与政策 · 153
- 第四节 政策启示 · 162
- 参考文献 · 165

第六章 资源开发与合作潜力 · 167
- 第一节 矿产资源 · 167
- 第二节 能源资源 · 210
- 第三节 政策启示 · 226
- 参考文献 · 229

第七章 交通基础设施互联互通 · 231
- 第一节 航空运输 · 232
- 第二节 水路运输 · 245
- 第三节 铁路运输 · 253
- 第四节 公路运输 · 256
- 第五节 政策启示 · 262

第八章 旅游业发展与合作 · 264
- 第一节 旅游业发展概况 · 264
- 第二节 旅游市场分析 · 268
- 第三节 旅游产业布局 · 282
- 第四节 政策启示 · 297
- 参考文献 · 298

第九章 发展规划解读 · 299
- 第一节 东南亚地区整体发展愿景 · 299
- 第二节 东南亚各国发展规划 · 300
- 第三节 政策启示 · 324
- 参考文献 · 326

第十章 中国—东盟经贸合作现状与发展 · 327
- 第一节 东盟基本特征 · 327
- 第二节 中国—东盟经贸合作机制 · 330
- 第三节 政策启示 · 335
- 参考文献 · 341

第一章 综合地理环境

第一节 行政概况

东南亚位于亚洲东南部，地处东经93°~141.5°，北纬25°至南纬10°，北接中国，南与澳大利亚隔海相望，东濒太平洋，西临印度洋，与南亚次大陆上的孟加拉国和印度接壤（图1-1）。东南亚陆地总面积449万平方千米，包括中南半岛与马来群岛的越南、老挝、柬埔寨、泰国、缅甸、马来西亚、新加坡、印度尼西亚、文莱、菲律宾、东帝汶等国家和地区，除老挝为内陆国家外，其余都是沿海国家或岛国。

越南位于中南半岛东部，北与中国接壤，西与老挝、柬埔寨交界，陆地面积32.96万平方千米，全国划分为58个省和5个直辖市（包括芹苴市、岘港市、海防市、河内市、胡志明市）。河内为越南首都，位于红河三角洲西北部。

老挝位于中南半岛东北部，北邻中国，南接柬埔寨，东接越南，西北达缅甸，西南毗连泰国，国土面积23.68万平方千米，全国大致可分为上寮、中寮、下寮三大区，共辖17个省和1个直辖市。老挝的首都万象是全国最大的工商业城市，位于湄公河中游北岸的河谷平原上。

柬埔寨位于中南半岛西南部，与泰国、老挝、越南相邻，国土面积18.10万平方千米，共有20个省和4个直辖市，首都金边地处洞里萨河与湄公河交汇处。

泰国位于中南半岛中部，东南临太平洋，西南濒印度洋，西北与缅甸接壤，东北与老挝交界，东南与柬埔寨为邻。泰国分为中部、南部、东部、北部、东北部5个地区，共76个府，府下设县、区、村。首都曼谷是唯一的府级直辖市，是泰国的政治、经济、文化中心。

缅甸位于中南半岛西北部，东部与老挝和泰国毗邻，西部与印度和孟加拉国接壤。全国共7个省、7个邦和1个联邦特区，内比都为缅甸首都，坐落在缅甸中部锡当河谷的一个小盆地内。

马来西亚位于亚洲大陆与马来群岛衔接部，国土面积33.03万平方千米，由马来半岛南部的马来亚、加里曼丹岛北部的沙捞越、沙巴三部分组成，分为13个州，此外有3个联邦直辖区，包括首都吉隆坡、纳闽和布城。

新加坡位于马来半岛南端，是一个城邦国家，无省市之分，以符合都市规划的方式将全国划分为5个社区（行政区），由相应的社区发展理事会管理。

印度尼西亚位于东南亚最南部，全国共分为大雅加达首都特区、日惹特区、亚齐特区和30个省，共计33个一级地方行政区。二级行政区有396个县、93个市。首都为雅加达，位于爪哇岛西北部海岸，是亚洲南部与大洋洲之间的航运中心。

文莱位于加里曼丹岛北部，北临南海，东、南、西三面与马来西亚接壤，全国划分为文莱—摩拉、马莱奕、都东、淡布隆4个区。首都斯里巴加湾市和摩拉区是全国政治、文化及商业中心。

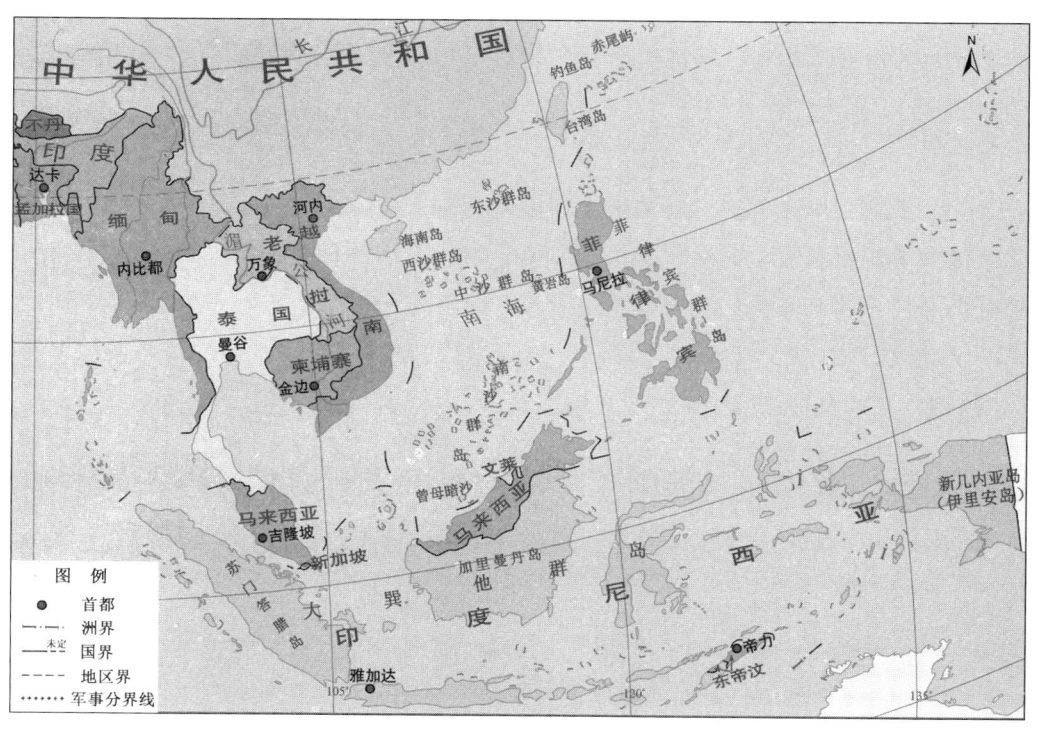

图1-1 东南亚国家的地理位置示意图

注：本图来自国家测绘地理信息局标准地图服务网站发布的亚洲地图［审图号GS（2016）2938号］，经裁剪，原图下载地址为：http://bzdt.nasg.gov.cn/index.jsp，下载路径为：世界地图—各洲地图—亚洲地图。

菲律宾位于菲律宾群岛，北隔巴士海峡与中国台湾遥遥相对，南和西南隔苏拉威西海、巴拉巴克海峡与印度尼西亚、马来西亚相望，西濒南中国海，东临太平洋。陆地面积29.97万平方千米，全国设有首都地区、科迪勒拉行政区、棉兰老穆斯林自治区等17个地区，下设 81 个省和 117 个市，首都马尼拉是菲律宾最大的港口。

东帝汶位于东南亚努沙登加拉群岛最东端，西部与印度尼西亚西帝汶相接，南隔帝汶海与澳大利亚相望，国土面积 14 874 平方千米，共有 13 个省，包括帝汶岛东部和西部北海岸的欧库西地区以及附近的阿陶罗岛等。首都帝力是东帝汶的政治、经济和文化中心（祁广谋、钟智翔，2013）。

第二节　自 然 环 境

一、地质地貌

东南亚地区的三个基本自然区是：巽他台地、萨呼尔大陆基台以及上述两区边缘及其间的幼年山脉。其中，巽他台地是组成东南亚的核心并且充任各主要部分地质链环，是亚洲最南的大陆块，除边缘有地壳运动外，在长期的地质时代中陆块的性能仍然保存，这种地质构造是加里曼丹、苏门答腊东部、爪哇北部及马来亚的基础。另一个相似的台地是在马来群岛以东，构成澳大利亚与伊里安共同基础的萨呼尔大陆架[①]。

根据地理特征，东南亚分为半岛地区和海岛地区。半岛地区通称为中南半岛，地势大体为北高南低，山脉均为纵向。主要的山脉有那加山脉，为缅甸与印度的边界。缅甸境内有阿拉干（若开）山脉，越南境内有长山山脉。山脉之间为丘陵和高原地带以及冲积平原。缅甸境内的掸邦高原是东南亚地区面积最大的高原，此外有泰国境内的呵叻高原和老挝境内的川圹高原。山脉之间的河流基本上是从北向南流入大海。主要河流有缅甸的伊洛瓦底江和萨尔温江（上游为中国境内的怒江）、泰国的湄南河、老挝的湄公河（上游为中国境内的澜沧江）和越南的红河（上游为中国境内的元江）等。柬埔寨的洞萨里湖是东南亚最大的天然淡水湖。

东南亚海岛地区是世界上最大的岛群，主要由大巽他群岛、小巽他群岛、马鲁古群岛和菲律宾群岛等组成。它们又可细分为许多小的群岛。巴布亚岛是世界第二大岛，其西部为印度尼西亚的巴布亚省，东部是属于大洋洲的巴布亚新几内亚独立国。加里曼丹岛（旧称婆罗洲）是世界第三大岛，其北部沿海地区（约占全岛面积的 1/3）分属于文莱及马来西亚（东部），南部地区为印度尼西亚的领土。因岛屿面积所限，东南亚海岛的河流都比较短，如印度尼西亚的爪哇岛内最长的梭罗河也只有约 560 千米。

---

① 〔英〕道比著，赵松乔、侯学焘、徐成龙译：《东南亚》，商务印书馆，1960 年。

东南亚的另一重要地质特征是岛与岛之间形成的海峡和内海。巴士海峡介于菲律宾与中国台湾之间,其他如巽他海峡、马六甲海峡和龙目海峡则是沟通太平洋与印度洋的重要海上通道。主要的内海有印度尼西亚的爪哇海、苏拉威西海、弗洛勒斯海、班达海等。东南亚的深海在地形上主要分为两类:一是深海盆地,海底平坦,边缘陡峭,如苏禄海、西里伯斯海和班达海;二是深海沟,作弯曲的狭长形,从爪哇以南,经小巽他群岛,直至菲律宾以东,都有这种深海沟。

东南亚海岛多山,除加里曼丹岛以外,印度尼西亚和菲律宾群岛上都有许多活火山,这些火山是环太平洋火山带的组成部分。被称为千岛之国的印度尼西亚,活火山约占世界活火山总数的1/6,因此又被称为火山之国。近200年来,印度尼西亚发生过多次火山爆发引起的强地震,如1815年松巴哇岛上的坦波拉火山爆发,引起地震和海啸,使该岛的人口减少了8万多人;1883年巽他海峡的克拉卡托火山大爆发,造成4万多人死亡,甚至在美国和欧洲都可以看到这座火山喷发出的灰土。2004年12月26日,苏门答腊岛西北岸海底发生了8级以上的地震,并引发了海啸,在该岛北部和泰国南部共造成了20多万人的死亡。2005年1月和5月,苏门答腊岛又接连发生火山爆发导致的6级以上地震。

二、河流与湖泊

1. 中南半岛

东南亚较大的河流多数分布在中南半岛,随着山脉和地形走向,大多自北向南流。其中以越南的红河和湄公河、泰国的湄南河、缅甸的萨尔温江和伊洛瓦底江最为重要。中南半岛上的河流因处于热带季风气候区域,受降雨影响,水位和流量自每年5月的雨季开始上升,7~10月为汛位高峰;每年3~4月水位最低。这些河流的上游多经山区,因此河流的落差大,蕴藏着丰富的水力资源,河流下游地区则地势开阔,水流平缓。此外,由于雨量丰沛、降雨强度大,河流因冲刷山体而夹杂了大量的泥沙,这些泥沙在河流入海处不断沉积,形成较大的河口三角洲和冲积平原。这些区域土壤肥沃、灌溉便利、农业发达,符合城市的区位要求,许多大城市都是傍河而建(表1-1)。

湄公河,干流全长4 880千米,流域面积80万平方千米,发源于中国青藏高原唐古拉山北麓,自北向南先后流经中国的青海、西藏和云南三省区及缅甸、老挝、泰国、柬埔寨、越南五国,在越南胡志明市西部入海,是东南亚地区唯一一条穿越六国的国际性河流。湄公河在中国的源头有东、西两支,在西藏昌都两大支流汇合后始称澜沧江,澜沧江在云南西双版纳州勐腊县的南阿河口出境后称湄公河。湄公河是连接中国、老挝、缅甸、泰国、柬埔寨、越南六国的天然水上通道,水体庞大,两岸重镇星罗棋布,横向河流的运输网络四通八达,是中国西南地区与东南亚地区的黄金水道,素有"东方多瑙河"美称。湄公河航运资源开发应作为该河流国际合作开发的优先位置予以考虑。

表 1-1 中南半岛主要河流及沿河城市

河流	上游名称	流经国家	注入海洋	沿河主要城市
红河	元江	中国、越南	太平洋	河内
湄公河	澜沧江	中国、缅甸、老挝、越南、泰国、柬埔寨	太平洋	金边、万象
湄南河	湄南河	泰国	太平洋	曼谷
萨尔温江	怒江	中国、缅甸	印度洋的安达曼海	毛淡棉
伊洛瓦底江	独龙江	中国、缅甸	印度洋的安达曼海	仰光

红河,全长 1 280 千米,流域面积 11.3 万平方千米,发源于云南大理白族自治州巍山县和祥云县,到红河哈尼族彝族自治州河口县出中国境入越南。在越南境内上段称富春江,下段称红河,在海防市注入北部湾。流域中下游从三江口到河口,可通航 337.5 千米,对云南南部地区的社会经济发展具有重要作用,从河口下行到河内航程 335.0 千米,由河内再到海防航程 114 千米或再到红河入海口航程 170 千米即可与海洋运输相衔接,是云南省入海最便捷的通道。

湄南河,泰国又称昭披耶河,发源于泰国北部山区,自北而南纵贯泰国全境,全长 1 352 千米,流域面积 25 万平方千米,是泰国第一大河。以那空沙旺为界,湄南河上游有宾河、汪河、荣河、难河四条河流,下游流至猜纳时分为东、西两支,东支仍称湄南河,西支则称巴真河,最后注入泰国湾(又称暹罗湾)。湄南河下游水网稠密,主要有巴塞河、华富里河、莲河及色梗河等。这些河流在入海口附近形成了广阔的平原,是泰国人口最集中、经济最发达的地区。

伊洛瓦底江是缅甸最大最重要的河流,全长 2 150 千米,流域面积 43.1 万平方千米,河源有东、西两支,东源为发源于中国西藏察隅县境内的伯舒拉山南麓的恩梅开江,西源为发源于缅甸北部山区的迈立开江。两江自北向南延伸,在缅甸北部克钦邦首府密支那以北约 50 千米处的圭道汇合后始称伊洛瓦底江。整个流域受西部山地和掸邦高原的夹束,呈南北长条状,流经曼德勒、德耶谬、蒲甘等地,在缅昂以下进入河口的扇形三角洲,后分为数支,散状南下,注入安达曼海。伊洛瓦底江流域中国境内干流独龙江段水系,主要支流在中国境内有瑞丽江和大盈江,还有盈江县西部单独出境的勐嘎河水系和羯羊河水系,是云南西部至印度洋出海口的重要水陆通道(何大明等,2000)。

萨尔温江,干流全长 3 673 千米,流域面积 32.5 万平方千米,是中南半岛的主要河流之一。萨尔温江发源于中国青藏高原的唐古拉山脉南麓，流程在中国西藏自治区洛隆以上称那曲，洛隆以下始称怒江，出中国境入缅甸，称萨尔温江。但在上缅甸称查黑江，下缅甸又称滚龙江。萨尔温江流入缅甸后，两侧支流渐多，依次接纳了左岸的南定河、南卡江以及右岸的南邦河与南腾河等支流。这一段纵穿缅甸东部，深切掸邦高原及南北向纵列山谷，谷深流急，是典型山地河流。下游部分河段为缅、泰两国界河，因主要流经山地，在缅甸孟邦首府毛淡棉附近分西、南两支注入安达曼海的马达班湾（又称莫塔马湾）。

洞里萨湖，又名金边湖、大湖，位于中南半岛东南部、柬埔寨西部，是东南亚最大的淡水湖泊，由泥沼平原、小湖和大湖三部分组成。泥沼平原是一块面积广大的沼泽地，其中有许多沙质小岛；小湖在泥沼平原的北部，长35千米，宽28千米；大湖在小湖的北部，长75千米，宽32千米。洞里萨湖是湄公河的天然蓄水池，湖面面积受季节的影响很大。每年12月至次年6月的枯水期，湖水经洞里萨河向南注入湄公河，这时水位仅1～3米，面积为2 500～3 000平方千米，保证了湄公河下游的灌溉和航行；每年7～11月的雨季，湄公河水倒灌入湖中，水位可达10米以上，面积扩至1万多平方千米，极大地缓解了湄公河下游的洪水威胁。洞里萨湖盛产鱼类，周围农田灌溉便利，交通便捷，是世界上最富饶的淡水鱼产地之一，也是柬埔寨最重要的稻米产区和经济核心区域之一。

宋卡湖，位于泰国南部马来半岛左岸，濒临泰国湾，面积1 295平方千米，湖口与海水相通，是东南亚最大的咸水湖。宋卡湖渔产丰富，湖中有数百小岛，其中五岛有大量燕子栖息，盛产燕窝。湖岛形状各异，并有果树种植园。湖畔风景宜人，是泰国重要的旅游胜地。

2. 马来群岛

马来群岛上的河流因受岛屿地形和轮廓的限制，大多源短流急，不利船运，但水能资源较为丰富，有以下主要河流。

棉兰老岛上的棉兰老河，发源于菲律宾布基农省东北部山区，全长400千米，菲律宾第一大河。上游为普兰吉河，向南流，汇入卡拜坎河后称棉兰老河，最后注入莫罗湾中的伊拉纳湾。河道曲折，多沼泽，通航历程有限。

吕宋岛北部的卡加延河，发源于菲律宾新比斯开省的马德雷山，由南向北在阿帕里流入巴布延海峡，全长352千米，流域面积2.54万平方千米，沿河流经中科迪勒拉山脉与马德雷山脉之间的卡加延峡谷，该区域是亚洲最著名的烟草和水稻产区。

东马沙捞越州西部的拉让河，发源于东部边境伊兰山脉西坡，曲折西流，注入南海。全长592千米，流域面积3.9万平方千米。上中游多险滩、瀑布与峡谷，不利航行，下游流贯广阔的海滨平原，河曲发达，河道深阔，海潮可倒灌60千米。

西马东侧的彭亨河，发源于金马伦高原，汇集吉保山脉以东、大汉山以南、东海岸山脉以西诸水，注入南海，全长434千米，流域面积29 137平方千米，是马来半岛上最长的河流。上游地势陡峻，穿行在山崖中，多险滩与瀑布；中下游河水含沙量大，经常改道，东北季风期间常泛滥成灾；下游两岸沼泽广布，瓜拉立卑以下 320 千米可通小船，淡马鲁以下可通较大木船。

加里曼丹岛西部的卡布瓦斯河，发源于印度尼西亚和马来西亚交界处的巴都布罗克山脉的西部山岭。卡布瓦斯河由东向西流，沿赤道流经整个西加里曼丹省，在入海口附近分两支流注入南海，全长 1 010 千米，流域面积 25.9 万平方千米。

加里曼丹岛南部的巴里托河，发源于印度尼西亚的北部边境山区，注入爪哇海。长约 880 千米，流域面积 10 万平方千米，流程 2/3 可通航。中下游进入平原沼泽地，多河曲浅滩，下游与附近平行的其他大河有运河沟通。

加里曼丹岛东部的马哈坎河，发源于印度尼西亚加里曼丹岛的中部山区，东南流分为四条支流，在广阔三角洲注入望加锡海峡，全长约 650 千米。

新几内亚岛西北部的曼伯拉莫河，由塔里塔图和塔里库两河汇合而成，大致向西北流，在迪维尔角附近注入太平洋。连同上游的塔里塔图河，全长 805 千米，是巴布亚最大水系。上游流经范雷斯山脉时形成一系列峡谷和急流，下游河口以上 160 千米段可通航（祁广谋、钟智翔，2013）。

三、气候

东南亚大部分地区主要属热带季风气候与热带雨林气候，水热资源丰富，但是温度和降水受地形与地理位置的影响极大。全区年平均气温 20℃～27℃，全年可分为旱季和雨季，因受季风气候影响，雨量时空变率大，岛屿、山地向风侧通常多雨，背风侧往往降雨量少。中南半岛是世界上季风最显著的地区之一。北部 10 月至次年 4 月，南部 11 月至次年 4 月，半岛盛行从亚洲内陆来的东南季风，天气晴朗干燥，称为旱季；北部 5 月至 9 月，南部 5 月至 10 月，西南季风从印度洋面上吹来，天气阴沉潮湿，全境进入雨季。中南半岛的大多数地区，一年中最热的月份是雨季来临以前 4 月或 5 月上旬，雨季中因为云雨丰盛气温反而下降，所以有些东南亚国家放暑假在 4、5 月而不是在 7、8 月。克拉地峡以南的马来半岛部分以及大部分东南亚地跨赤道的海岛地区，气候主要属于热带雨林气候。除少数雨影地带降水较少外，全年通常高温湿热多雨。东南亚大部分地区由于位置、地形及气流的影响，年降雨量达 2 000 毫米以上。

东南亚地区可分为四个气候区，分别是亚热带北半球太平洋气候地区、北半球热带太平洋地区、热带印度洋气候地区和赤道带。其典型气候特点如北部湾及越南北部的气候特点是具有伴有蒙蒙细雨的烟雾的蒙雨天气，空气潮湿，从 1 月底或 2 月初开始，到 4 月中结束。

菲律宾群岛大致可分为三个气候区：东南部冬季为太平洋信风占优势期，处在迎风面的地区得到更多降雨，夏季降雨较少，西部区的年降雨分配与东南部相反，中部区自北向南纵观全境，大部分降雨集中在夏秋季。泰国地区明显分出两个季节：从12月到次年3月的干季以偶有微雨的少云天气占优势，从5月到10月的湿季每隔几天就有倾盆大雨。马来亚和苏门答腊的西部沿岸季风活动期差不多每天下午都会有或近或远的雷电并下雨，季风稳定下来时雷雨的活动减弱，雨量减少，苏门答腊的焚风和马六甲海峡的飑线风是季风时期的特征，在麦敦那附近称为巴霍洛的焚风几乎是所有山地东坡的特征①。

第三节　政治环境

一、各国政治制度

东南亚国家的政治体制类型多样，可划分为四类政体：一是人民代表制国家，包括越南和老挝，与中国实行的社会主义国家体制基本相同；二是君主制国家，其中柬埔寨、泰国和马来西亚是君主立宪制国家，文莱是绝对君主制国家；三是总统共和制国家，包括菲律宾、印度尼西亚、缅甸和东帝汶；四是议会共和制国家，即新加坡。

1. 人民代表制国家

越南，全称"越南社会主义共和国"，实行人民代表制。越南共产党是国家和社会的领导力量，国会是越南最高权力机构和立法机构，国会代表由民选产生，但不是一次投票直选产生，而是层层选举，任期五年。国会每年召开两次例会，负责制定、修改宪法和法律，讨论决定国家经济计划和财政预算，选举国家主席、副主席和政府成员，任免司法机构领导人。国会领导人称为国会主席，由每届国会第一次会议选举产生，国会设常务委员会为常设机构，负责国会例会间隙的日常工作。政府是越南最高权力机关的执行机构和最高行政机构，由国家主席、政府总理、副总理、各部部长组成。国家主席是国家元首，由国会选举产生，任期五年。总理是政府首脑，也由国会选举产生，任期五年，总理和政府接受国会、国会常务委员会及国家主席的监督与领导。人民法院和人民检察院是越南司法机构，独立行使司法权。越南实行一党制，共产党是唯一合法政党和执政党。越南共产党的组织机构与其他国家的共产党基本相同。党的全国代表大会是最高权力机构，五年举行一次，权力集中在由党代会选举产生的中央委员会和中央政治局，实行总书记领导下的集体负责制。与其他共产

---

① 维特威斯基著，何大章、彭沫霞译：《亚洲各国气候》，广州地理研究所资料室藏，油印本，1980年。

党执政国家略有不同的是，越南共产党对政府机构控制并不十分严密，1986年革新后，党开始和其他政治机构分享权力，虽然党的领导决定政策方向，国家机关内部的党组织仍然存在，但越南共产党总书记不兼任国家主席，而是由不同人士担任。

老挝，全称"老挝人民民主共和国"，老挝人民革命党是执政党，国会是最高权力机构和立法机构，国会议员由选民直选产生，任期五年。国会每年召开两次例会，负责制定、修改宪法和法律，讨论决定国家经济计划和财政预算，选举国家主席、副主席和政府成员，任免司法机构领导人。老挝国会领导人也称为国会主席，国会设常务委员会为常设机构，负责国会例会间隙的日常工作。国家主席为老挝国家元首，由国会选举产生，任期五年。政府是最高行政机构，总理是政府首脑，由国会选举产生，任期五年，接受国会、国会常务委员会和国家主席的监督与领导。宪法规定，当国会常委会或国会四分之一以上议员对政府或政府成员提出不信任案时，国家主席有权建议国会重新审议，如果国会仍维持不信任案，政府或政府成员应辞职。老挝各级人民法院和人民检察院独立行使司法权。老挝的选举制度有一个特点，即国会和各级人民议会代表由选民直接投票选举产生，投票采取不记名投票的方式，但所有候选人必须首先得到人民革命党领导下的老挝建国阵线的批准，因此绝大部分的国民议会代表都是人民革命党的党员，只有很小一部分是独立人士。

2. 君主制国家

柬埔寨、泰国、马来西亚和文莱是东南亚的君主制国家，但各国的君主权力、王位世袭与否、君主与其他国家权力机构的关系等各有不同。

柬埔寨，全称"柬埔寨王国"，是立宪制君主制国家，君主称为"国王"。1953年11月9日独立后，柬埔寨政治体制经历了从君主制向共和制再向君主制的演变。宪法规定国王是终身制国家元首、武装力量最高统帅、国家统一和永存的象征。与泰国君主世袭不同，柬埔寨王位不世袭，国王无权指定王位继承人，而由王位委员会选举产生，继承人人选从年满30岁的柬埔寨安东王族、诺罗敦王族和西索瓦王族后裔中挑选。国民议会是柬埔寨最高立法机构，议员人数不少于120人，全部通过民选产生，任期五年。国民议会设议长1人，第一副议长、第二副议长各1人。1999年以前，柬埔寨立法机构是一院制。1999年通过的宪法修正案规定新成立一个名为"参议院"的机构，由61名参议员组成，其中2人由国王任命，2人由国民议会推举，其余由公开投票选举产生，任期五年，设议长1人。参议院的作用是审议国民议会通过的法案，协调国民议会与政府之间的运作。王国政府是最高行政机构，称为内阁，内阁首长称首相，内阁成员包括首相、副首相、大臣、国务秘书，任期五年。首相由国民议会中的多数党产生，首相带领内阁对国民议会集体负责。2013年，人民党是柬埔寨的执政党，洪森任首相，柬埔寨正处于一个平稳发展的时期。

泰国，全称"泰王国"，是以佛教为国教的立宪制君主制国家，君主称为"国王"，类似英国的典型议会制立宪君主制。在这种体制下，国家权力的中心在议会，国王虽是法定的国家最高元首，但权力受到严格限制，政府基于议会产生且对议会负责，而不对君主负责。泰国宪法规定，国王通过国会、内阁和法院行使立法权、行政权及司法权。泰国王位世袭，无太子继位的情况下，经国会同意可由公主继承王位。国会是最高立法机构，实行两院制，由上议院（或称参议院）和下议院（或称众议院）组成，国会主席由下议院议长担任，国会副主席由上议院议长担任。国会讨论通过的法案须报国王签署后才能颁行，但如果国王对报批的法案未予签署，国会履行重新审议并再度呈批的程序，若国王仍未签署则视为已获同意，由总理颁布实行。内阁是泰国最高行政机构，由各部部长组成，阁员人数不超过 36 人，内阁首长称总理，通常由国会下院中的多数党领袖出任。内阁在总理的带领下集体向国会负责，总理遭弹劾或国会通过对内阁的不信任案，内阁都应总辞。司法权由各级法院独立行使，以国王的名义审理各类案件，最高法院是司法审判程序中的最高机构。对最高法院的判决不服者可向国王申诉，国王视情建议最高法院重新考虑判决。国王还有权决定大赦。

泰国政治的一个显著特点是军人执政。泰国政坛表现出军事政变—军人政权—民主选举—文官政权—军事政变的循环格局。自 1932 年确立君主立宪制以来，泰国一共发生了 25 次政变，其中军事政变 18 次，有 9 次是军人直接领导，16 届为军人代理政府，军人总理有 7 位。但是，泰国的政治动荡对社会影响相对较小，出现政局不稳、社会较稳的"泰国现象"。泰国军方在历次政变后大多不单独掌握政府权力，通常是进行对文人政府统治的监视，在重新举行选举以及制宪或修宪后即退出。军队在泰国的政治生活中占有举足轻重的地位，一旦政局不稳，泰国民众仍会习惯性地将目光转向军队。

马来西亚，全称为"马来西亚联邦"，是一个联邦制国家，君主称为"最高元首苏丹"。宪法规定最高元首苏丹是国家元首、伊斯兰教领袖兼武装部统帅。君主产生和继承制度与其他君主制国家不同，采取"集体君主制"，这是由该国联邦制的国家形式所决定的。马来西亚联邦由 13 个州组成，其中 9 个是原本相对独立的苏丹国，其地方首长称苏丹，另外 4 个州的地方首长称州长。最高元首苏丹的产生程序是由 9 个苏丹国的世袭苏丹和 4 个州的州长组成统治者会议，会议以秘密投票方式从 9 名世袭苏丹中选出 1 人担任最高元首苏丹，任期五年，不得连任，9 名世袭苏丹轮流担任。联邦议会是最高立法机构，实行两院制，由参议院和众议院组成。参议院议员由推举产生，主要是各行业杰出代表和少数民族代表，任期三年；众议院议员由民选产生，任期五年。众议院的权力大于参议院，宪法规定众议院审议通过的法案交参议院审议，再呈最高元首苏丹批准，参议院如认为法案需要修正，则将法案退回众议院，但众议院不接受参议院意见时，可直接将法案呈最高元首苏丹批准，参议院对此无否决权。内阁是马来西亚最高行政机构。内阁首长称总理，内阁由总理、副总理以及各部部长、副部长、政务次长组成，总理由众议院多数党领袖担任，内阁集体对议会负责。政府还设立"国家行政理事会""国家经济理事会"和"国家安全理事会",由总理直接领导,负责协调监督政府各部的工作。马来西亚联邦所辖各州的权力较大而且有一套类似于联邦政府的完整的州行政机构,君主立宪的原则也适用于各州。马来西亚的政制特色表现在独特的政党联合制度与政治生活中强烈的族群色彩。20 世纪 60～70 年代,马来人与非马来人族群围绕政治、经济地位与权力的争夺异常激烈,一度引发 1969 年的"5·13"大规模种族骚乱。进入 20 世纪 80 年代,在马哈蒂尔总理的带领下,马来西亚进行了一系列政治经济改革,采取措施弥合族群矛盾,逐渐迈入稳定发展时期。

文莱是绝对君主制国家,君主称为"苏丹",其一般特征是:第一,国家最高权力集中于君主一人手中;第二,王位是终身和世袭的;第三,君主通过对其本人负责的政治军事官僚机构管理国家。虽然文莱在 1984 年独立时颁布宪法修正案,称"国家实行立宪君主制",但实质上苏丹拥有绝对权力。文莱设置枢密院、内阁和立法议会等权力机构,这些机构全部对苏丹本人负责。其中,枢密院是苏丹的咨询机构,由其本人任主席;内阁是协助苏丹履行职权的行政机构,苏丹兼任内阁首相和国防大臣,内阁其他成员均为苏丹家族成员或亲信;立法议会成员非民选产生,全部由苏丹任命。

3. 总统共和制国家

菲律宾,全称"菲律宾共和国",特点是既有掌握实权的国家元首,又有拥有立法权的议会及其他政权机关。总统是国家元首、政府首脑和武装部队总司令,有权任免政府成员、最高法院首席法官和陪审法官,总统和副总统由全民投票选举产生,任期六年,不得连任。国会是最高立法机构,由参议院和众议院组成。国会两院均有立法权,众议院的权力更大一些,有关拨款、税收等重要法案均由众议院提出,参议院可以提出修正案。国会有权对总统、副总统、最高法院法官等进行弹劾,这个规定在整个第三世界都是少有的。菲律宾实行多党制,与泰国的政党相比,菲律宾政党组织化程度更高,意识形态更加鲜明,各党都有较明确的政治纲领。菲律宾政治的一大特色是"家族政治",即少数社会影响力大、经济基础雄厚的家族掌握政坛,左右着每一次地方和全国选举。这种现象根源于美国殖民统治时期,当时只有少数受过教育、拥有财产的社会精英阶层才具备选举权,地方政治被地方家族把持,政治地位逐渐成为这些家族的世袭资产。2013 年,菲律宾大约有 250 个政治家族,在国会议员中有 140 多人出身政治家族。另外,菲律宾社会中尚存的封建色彩浓厚的依附关系为这种现象在当代的存续提供了土壤。

印度尼西亚,全称"印度尼西亚共和国",除了一般的总统制共和制特征外,政体中最具特色的是代议体制。宪法规定,印度尼西亚人民协商会议是最高权力机构,由 678 人组成,其中包括 128 名委任代表、550 名民选代表,民选代表同时组成隶属于人民协商会议的立法机构——人民代表会议,简称国会。人民协商会议设主席 1 名、副主席 3 名;人民代表会议设议长 1 名、副议长 3 名。人民协商会议和人民代表会议的分工是：前者负责宪法的起草、修订，制定国家重大方针政策，监督评价总统执政情况并在总统违宪时对其进行弹劾或罢免，其余普通法立法权由人民代表会议行使。简言之，印度尼西亚的立法机构中，由民选产生的议员拥有一般的立法权，而有关重大国事的事项，须由民选代表和执政势力的委任代表共同决定，从而保证总统和政府执政地位的巩固以及对立法机构的控制。印度尼西亚的政治体制也在不断地发展和完善，近年来，人民协商会议多次通过宪法修正案，限制总统权力，强化国会职能，强调民主。

缅甸，全称"缅甸联邦"，自 1945 年脱离英国殖民统治独立后，政体历经议会制共和制、人民代表制、军人政权等数次变革。2008 年颁发新宪法后，规定缅甸政体是总统制共和制，实行立法、行政和司法三权分立，最高立法机构称联邦议会，实行两院制，由民族院（上议院）和人民院（下议院）组成，联邦议会中 75%的议席由直选产生，另外 25%的议席留给由军队总司令选任的军人代表，地方各级立法机构也按总席位数 25%的比例为军人代表预留席位。国家元首称总统，同时也是政府首脑，任期五年，最多连任两届。最高法院是最高的司法机构。缅甸新宪法向外界展示了一个三权分立的民主政体，但实际上缅甸军队在国家政治生活中地位依然独特。缅甸新宪法在关于国家宗旨的条款中明确写到坚持贯彻军队参与领导国家政治生活，要求总统必须熟悉军事事务等。除前面提到的各级议会 25%的议席留给非选举产生的军人代表外，缅甸总统也不是由全民选举产生，而是由联邦议会的两院代表和军队代表分别组成一个总统选举团，各推荐一名总统候选人，三个总统选举团共同投票，票数最多者任总统，其余两名候选人任副总统。此外，联邦政府的国防部长、内政部长、边境事务部长由军队总司令提名。这些条款和规定确保只有军方中意的人选才可能顺利出任总统，同时总统权力受到军队的制约。

东帝汶，全称"东帝汶民主共和国"，总统、国民议会、政府和法院是国家权力机构。总统是国家元首和武装部队最高统帅，由民选产生，任期五年，可连任一届。国民议会是最高立法机构，实行一院制，全部民选产生，任期五年。国民议会行使立法、监督政府和政治决策权。政府是最高行政机构，政府首脑称总理，由国民议会中多数党或政党联盟推选，总统任命。政府成员包括总理、副总理、各部部长和国务秘书，集体向议会负责。由于建国时间不长，政府缺乏执政经验，经济基础薄弱，社会问题较为突出。2006 年曾爆发大规模骚乱。在联合国的帮助下，局势恢复平静并于 2007 年顺利举行了第二次总统选举。

4. 议会共和制国家

新加坡，全称"新加坡共和国"，典型特征为国会是国家权力中心，是国家最高权力机关，享有立法权、组织与监督政府和内阁的权力。总统由全民选举产生，任期六年，职权是任命政府总理并根据政府总理的提名任命政府成员，任命司法机构首长，召集国会，批准国会通过的法案等。国会是最高立法机构，实行一院制，任期五年，国会议员由民选议员、非选区议员和管委议员组成。民选议员由选民在各选区投票直选产生；非选区议员从反对党中未当选的候选人中产生，最多不超过三人。管委议员由总统根据国家特别遴选委员会的推荐任命，最多不超过九人，任期只有两年。内阁是新加坡最高行政机构，内阁首脑称总理，由国会中多数党领袖担任，内阁由总理、副总理、各部部长组成，集体对议会负责。

新加坡政体最显著的特征是"有控制的民主"，是多党民主体制外壳下一党独大的体制。从形式上看，新加坡由多党组成政府施政，但从实践看，人民行动党处于绝对的优势地位，一直是执政党，长期垄断政权。而新加坡宪法和相关法律均未明文规定人民行动党为唯一执政党。除共产党外，其他一切政党均享有合法地位。人民行动党一党独大格局的形成，既有人民行动党长期坚持从严吸纳各界人士入党的因素，更得益于执政党通过一系列特殊的选举程序设计，并利用程序合法的方式，把反对党的活动有效地限制在对执政党不可能造成任何实质性的政治挑战的范围。例如，人民行动党牢牢控制着制定选举程序的选举委员会，每次选举选区的划分都是根据有利于执政党的原则重新安排的，通过对选区的合并或拆分来分散反对党的票源。由于新加坡是小国，实行了严格的法治，且领导层由一批洁身自好的社会精英组成，保证了事实上一党专政下持续的政治稳定与经济繁荣，拥有举世公认的廉洁高效的政府，形成了成功的新加坡精英政治模式[①]。

二、政治体制的主要特征

东南亚各国政治体制的特征概括为两方面：一是政治体制形态复杂多样；二是政治体制发展不成熟。

首先，东南亚各国政治体制存在很大差异，即使是实行同一类型政治体制的国家内部，也往往会在权力主体的产生方式、国家机构的组织形式、权限及任期等方面各有差异。政体多样化格局的形成，原因是多方面的。既有历史根源，也有现实因素。从历史上看，自15、16世纪开始，东南亚地区遭受西方殖民者的入侵，葡萄牙、西班牙、荷兰、英国、法国、美国依次将本地区瓜分殆尽，各宗主国在实施殖民统治过程中，按照各自意愿向殖民地灌输了各种不同的政治思想与文化，深刻地影响了战后东南亚民族独立运动的领袖和精英们对独立后本国政治发展道路的选择。从现实上看，东南亚国家社会经济发展水平极不平衡，有跻身发达国家之列的新加坡，也有位列世界最不发达国家的缅甸和老挝，社会经济发展水平的不同决定了政治发展与政治体制的多样。同时，东南亚地区也有着全世界最复杂多样的民

---

① 〔澳〕约翰·芬斯顿主编，张锡镇等译：《东南亚政府与政治》，北京大学出版社，2007年。

族、宗教和文化体系，素有"人种博物馆"和"宗教博物馆"之称。最引人注目的现象无疑是人种的大杂烩，每个种族都有自己信仰的宗教，有自己的文化、语言、思想和行为方式。文化差异性也是造成东南亚政治体制多样的重要因素。

其次，东南亚各国政治体制的不成熟性体现在制度建构不完善、体制架构不稳定和多数政体的威权主义特质三个方面。从政治稳定的角度看，独立之初，东南亚各国普遍面临经济基础落后，社会矛盾激化，导致政局不稳的问题，从而引发政权更迭和军事政变。频繁的政权变动使得这些国家不能集中精力开展经济建设，极易引发政治危机。从战后独立到20世纪80年代的40多年间，东南亚地区政治发展基本陷入这种恶性循环的怪圈。从政治体制建构的角度看，政治发展的不稳定带来的是政治体制建构的多样与多变。一些国家政权更迭或发生军事政变后，原有的政体模式和程序多被废除或革新，新的当权者希望通过新的模式提升治理能力。政体的不断变动，无法为国家政治发展提供一个相对固定的平台，反过来又影响政治稳定，并导致东南亚国家政治体制发展至今仍不完善。

三、地理政治特征

地理政治学，又名地缘政治（Geopolitics），是关于国际政治现象制约于各种地理要素和人文要素共同作用结果的理论。通俗地讲，地缘政治是指国家间、地区间或民族间，基于地理区位、地理空间和历史地理等因素而形成的政治军事联合、结盟（政治和军事集团化）或政治对立乃至遏制或者战争的相互关系态势及演变过程（陆大道、杜德斌，2013）。地缘经济是在地缘政治的影响和支配下，国家与区域之间围绕商品市场、资源供应、资金技术流向等形成的竞争、合作与结盟关系。它是在冷战结束后的新形势下，以经济利益和经济关系取代政治军事对抗而出现的新型国际关系，目的在于使各自国家在复杂多变的国际关系中，在政治经济权利控制、支配与反控制、反支配的世界现实中，处于有利地位。按照地缘政治的观点，密切的地缘经济可以起到政治关系"稳定器"的作用（毛汉英，2014）。

东南亚位于通往太平洋与印度洋、亚洲大陆与澳洲大陆的十字路口上，其中马六甲海峡、巽他海峡、望加锡海峡三条水道连接着太平洋和印度洋两大洋，通过这个十字路口向北是东北亚工业、技术和军事大国的汇集地，向西是南亚次大陆和中东石油产地，向南是澳大利亚。在地缘战略方面，东南亚犹如一把钥匙，扼守着太平洋和印度洋相互通往的要道，是亚太地区中、美、日等大国运输战略物资和武器的必经通道，是北美航线的汇合点。在经济实力和发展潜力方面，东南亚虽然并非核心经济体，但超过5亿的人口总量是世界劳动密集型产品的主要生产基地，加之其丰富的资源储藏，成为新世纪经济增长最快的地区之一。在政治力量方面，东南亚国家实现了"大东盟"的内部联合，成为各大国争取和争夺的主要对象。

"二战"后至冷战期间,东南亚地区的地缘政治呈现破碎的特征。在经历一系列殖民化统治,特别是经历了民族独立运动高潮后,东南亚各国先后建立统一主权。但随即而来的冷战,东南亚首当其冲地成为东西方冲突的前沿地带之一。冷战期间,东南亚国家中海洋国家与陆地国家在美、苏等大国势力的博弈与角逐过程中,分裂严重,形成了典型的地缘政治"破碎地带"。而东、西方两大集团对于在这个地缘政治博弈上的"破碎地带"势力范围的争夺都十分关注。美、苏冷战争霸在东南亚的标志是越南抗美救国和越南侵柬两次战争,美、苏参与制造的两次印度支那战争,使得东南亚地区长期处于战乱和动荡之中,严重侵犯了一些国家的领土和主权。加之在外交阵营的"站队"问题,特别是美国西方意识形态的威权政治,使东南亚的一些国家推行亲美反共政策,对一些曾经试图中立的国家产生了一定影响。

1961年,东盟的成立标志着东南亚地缘政治进入全新发展时期。东盟是区域化建设和发展的结果,是东南亚各国在经济上互惠,实行贸易、资本、技术和投资的区域共享,并没有实质性的中心国家,其目的是为了改变长期以来的"边缘地带"或"破碎地带"的贫弱状况,向全球体系的核心区迈进,力求占有多极世界中的一席之地。冷战结束后,东南亚的地缘战略地位彻底改变。1990年1月,金兰湾撤军标志着苏联援助和控制势力开始退出东南亚地区,随后由于其自身的解体,影响着越南从柬埔寨撤军,使得整个东南亚地区的安全形势得到很大改善。与此同时,美国也相应地改变了亚太战略,将"合作性戒备"战略作为基础,以经济合作协调亚太地区各国之间的政治利益,其目的在于用促进经济发展、贸易和投资来协调地缘政治的多样性(孔爱莉,1992)。

由于东南亚地缘战略安全同时具有海洋性和大陆性双重鲜明特征,能够确保控制印度洋和太平洋之间的联络路线,冷战后大多数东南亚"破碎地带"的国家与亚太沿岸地区合在了一起,俄罗斯对其影响力几乎消失,而中国主要的战略关注放在与前印度支那国家的关系上。澳大利亚和日本开始分别作为新亚太沿岸地区的南、北两块战略基石。具体情形是,马来西亚与泰国的工业取得了很大的发展,它们与日本及美国有经济交往。新加坡作为海洋地缘战略地域中的一个部分,在经济上也取得了显著增长。印度尼西亚也对其与西方及近海亚洲邻国之间的关系重新进行了组合调整。加之,东南亚地区各国力图通过政治上的和解与合作来自己主导命运,随着20世纪90年代越南、柬埔寨、老挝三国先后加入东盟,它们也回归到了东亚地缘带。即使孤立、贫困的缅甸,也于2010年实行民主大选,开始了民主化进程,在地缘政治上被美国地缘政治学家索尔·科恩归入了南亚地缘带,最终完成了东南亚地缘政治由原来"破碎地带"地位转变为分区明确的南亚地缘带国家与东亚地缘带国家两部分组成(贺圣达,2010)。

近几年,美国实行重返亚太的地缘战略给东南亚地缘政治格局带来新的变化。在美国奥巴马政府积极准备重返亚太地区的时候，东南亚地缘政治新的变化，即南海问题和缅甸民主化的迅速推进，让美国重返亚太地区的战略有了施展舞台。在缅甸民主化过程中，美国积极关注缅甸的动态，逐步放宽对缅甸的制裁，时任国务卿希拉里、总统奥巴马先后访问了缅甸，并最终和缅甸建立了外交关系。奥巴马甚至加强和缅甸的军事合作并建立战略伙伴关系。在南海主权争端问题上，美国借着南海航线的安全问题强调南海问题国际化，甚至认为南海也是美国国家战略与国家利益的一部分。

除此之外，对于菲律宾，不断加强对菲律宾的军事援助、军事演习；对于越南，和越南签署了越战以来的首份军事协定，海军舰队访问越南金兰湾，贷款给越南购买军事装备以及同越南海军进行军演；对于其他东南亚国家，和泰国签署了首份联合防务宣言，和印度尼西亚展开联合军演，国务卿希拉里成为 57 年来首访老挝的美国最高领导人。在奥巴马刚刚连任总统时，便已加紧落实在亚太地区维持强大军力的政策，包括巩固区域联盟和扩大军事演习，从而实现在 2020 年以前，改变美国海军在太平洋与大西洋部署战舰的格局，即太平洋 60% 对大西洋 40%。美国重返亚太地区战略除了加强和亚太地区国家进行军事合作以外，还在经济领域主推了一个"跨太平洋战略经济伙伴关系协定"（TPP）。2011 年，参加 TPP 的国家已经达到 10 个，这其中东南亚国家占了 4 个，美国还要力推泰国也加入该协定。由此不难看出东南亚地缘政治在美国战略中的重要性以及美国对东南亚地缘战略的重视。

对此，中国正致力于在东南亚构建新的地缘政治关系。中国国家主席习近平 2013 年 10 月 3 日在印度尼西亚国会演讲时提出，中国将致力加强同东盟国家发展好海洋合作伙伴关系，致力于同东盟共同建设"21 世纪海上丝绸之路"，这一国际合作构想得到了国际社会的积极响应（于光军，2014）。基于"一带一路"新的发展构想，中国与东南亚各国的发展在未来有着更为明确的理论指引。首先是进一步发展与大湄公河次区域的合作关系，包括湄公河流域的几个国家地区，即柬埔寨、越南、老挝、缅甸和泰国。这是推进"一带一路"实现中路突破的重要环节。2015 年，中国与东南亚基础设施合作成效显著，基础建设发展战略上重点推进的从云南昆明经老挝、泰国、马来西亚至新加坡的中线高铁建设也将加速实现泛东南亚高速铁路网络化；公路方面，广西、云南两省区积极推进连接大湄公河次区域各国的公路网络建设，国际公路在中国境内段已经全部实现高等级化，对实现中路突破具有重要意义。其次，中路突破下的东、西两翼发展也至关重要，进一步连通中国珠三角、香港同马来西亚和新加坡的港口，加大双方贸易合作。推进国际航运走廊与航运网络建设，这对强化与东盟国家的合作有重要意义（刘宗义，2015）。

第四节　社会文化环境

一、主要民族与民族问题

东南亚地区绝大多数居民属于南蒙古人种，此外的土著居民有生活在马来半岛中部和菲律宾中北部的尼格里陀人，以及居住在巴布亚岛及其周围的美拉尼西亚人。热带潮湿气候使远古时代的化石难以保存，因此关于东南亚人种的起源及其迁徙过程，仍众说不一，有待继续研究。大多数学者认为，大约4万年前，美拉尼西亚人曾占据东南亚大部分地区。南蒙古人种起源于中国南部和东南亚北部地区，从大约4万年前起，特别是在近7 000年间，南蒙古人种开始大规模向南和向东扩展，这些人种经过长期的迁徙和不断结合，并逐渐适应不同的生活环境，终于形成了今日东南亚的众多民族。

东南亚是一个典型的多民族地区，民族构成复杂。东南亚各国都是多民族国家，其中，印度尼西亚有民族100多个，菲律宾有民族90多个，越南有50多个，缅甸有30多个。民族构成方面，越南、缅甸、老挝、柬埔寨、新加坡都有一个占人口多数的主体民族，其他民族人口比重较小，越族（京族）约占越南人口的89%，缅族约占缅甸人口的65%，老龙族约占老挝人口的60%，高棉族约占柬埔寨人口的80%，华族约占新加坡人口的75.9%；菲律宾有两个较大的民族，占总人口比例42%的比萨杨人和24%的他加禄人共同构成主体民族，但两个民族的人口均未超出全国总人口的半数；马来西亚主要由三大民族构成，其中马来族人数最多，约占62%，其次为华人，约占27%；印度尼西亚的主要民族为爪哇族，约占总人口的47%；文莱的主要居民属于马来族。

由于各国政治体制不同等原因，民族政策也具有不同特点。除新加坡外，其他国家现今并没有较好地将其境内不同民族成功塑造为统一的民族国家认同。族群认同与异族之间的矛盾纷争，极大地影响着地区的安定和发展。东南亚地区主要是受殖民化及其后遗症的影响。经过殖民化而建立的东南亚各个现代国家，脱胎于原有殖民行政区，继承了原有疆界范围，而这样的疆界在划定之初完全未考虑当地居民，甚至殖民者并不知道当地有哪些居民。在"二战"后东南亚国家摆脱殖民并逐个独立后，随即进入冷战两极的世界大格局背景，美、苏争霸掩盖了该地区诸多矛盾，民族问题并不明显。

冷战结束后，东南亚地区缺乏外部力量制约，加之民族主义思潮冲击，民族问题暴露，各类民族主义情绪高涨。其中，民族分裂主义的高涨与跨界民族问题较为突出。前者如印度尼西亚最西端苏门答腊北部盛产石油天然气的亚齐地区和最东端的巴布亚省分离主义滋生，菲律宾南部"摩洛民族解放阵线",越南、缅甸、老挝的部分少数民族与中央政府对峙谋求独立或推翻中央政府。而后者如马来人跨马、新、泰、印度尼西亚、文莱等国而居,政治、经济、社会地位不同,自然受到并不相同的对待。如马来人在马来西亚和文莱是主体民族,在新加坡和泰国则是少数民族。泰国南部马来人由于经济贫困等原因,深受生活境况较好的马来西亚马来人的影响,加之该地马来人有过建立北大年王国的历史,从而很快发展成为民族脱离运动。

目前,东南亚地区居住着 2 000 多万华人。他们绝大多数是来自中国闽、粤等省的移民及其后裔。其中,印度尼西亚的华人最多,约为 800 万人,但只占该国人口的 4%。由于华人的出生率低于当地原住民的出生率,华人的人口虽有增长,但在各国人口中所占的比例则有下降的趋势,尤以马来西亚的情况最为明显。1991 年,华人约占马来西亚人口的 28%,到 2000 年已下降到 26%。20 世纪 60 年代以后,东南亚各国原有的华侨已有 95% 以上陆续加入了所在国国籍,成为各国的华裔公民。其中,泰国华人融入主流社会的程度最高,与泰人通婚的现象十分普遍,以至很难判定华人的准确人数。在印度尼西亚等国,则由于历史、文化、宗教等原因,华人与原住民之间仍存在各种矛盾和冲突,致使种族暴力事件时有发生[①](陈衍德,2009)。

二、主要语言

柬埔寨的主要语言是柬埔寨语,又称高棉语。高棉语、英语、法语三种语言同为柬埔寨的官方语言。高棉文属于印度文明传播到中南半岛后产生的,因此柬埔寨的文字有着深刻的印度南部特色。

泰国的官方语言是泰语,又称暹罗语。泰语属于壮侗语系侗台语族,泰语在泰国共分为四个较大的语言区,包括了泰北、泰东北、泰中、泰南四大方言区,语音语调大同小异。其中,曼谷泰语被视为标准语。

老挝的主要语言为老挝语,属于汉藏语系壮侗语族泰老语支,与泰语大同小异,同中国的西双版纳傣族语也较为接近。老挝语在国内的使用普及至 80% 左右,基本普及全境。老挝文是唯一的老挝民族文字。

缅甸境内有 100 多种不同的语言和方言,语言的种类较为丰富,缅语是缅甸国内各民族的共同语言。缅文字母源于孟文,是一种拼音文字,由印度南部帕那瓦地区流行的巴利文字演变而来。

---

① 〔英〕黛安·K. 莫齐主编,季国兴等译:《东盟国家政治》,中国社会科学出版社,1990 年。

越南使用的官方和社会交际语言是越南语，现代越南语采用的是拉丁化拼音文字，其中70%的词汇是汉根词，这是由于在20世纪30年代以前越南使用的都是汉字。越南语是在1945年民主共和国成立后获得国家正式文字地位的，越南全国上下包括各少数民族几乎都可以使用越南语。

新加坡的官方语言为马来语、英语、汉语和泰米尔语，其中马来语是新加坡的国语，英语为行政语言，在新加坡的使用最为广泛。新加坡在19世纪中后期成为一个多民族、多语言的国家，为促进民族间的交流与团结，新加坡实行的是国语加英语的双语政策。

印度尼西亚由于多岛屿、地理阻隔明显等特点，语言较为复杂多样。在印度尼西亚通行的语言为印度尼西亚语，是在马来语的基础上发展起来的。除此之外，印度尼西亚国内还有400多种语言，语言种类十分多样。

马来西亚作为一个多民族国家，其语言也很丰富多彩。马来语是马来西亚的国语，英语作为商务语言，在商务活动中的运用较为广泛，作为交际语言，是马来西亚的第二语言。同时，马来西亚国内也有大量华人，福建话、广东话、客家话等在马来西亚也很常见。

文莱的国语是马来语，在1984年文莱独立时确认，除了马来语外，文莱国内使用较多的语言还包括汉语、英语。文莱大量的华裔居民带来了普通话与汉语方言，其中客家话的使用较多，同时文莱因其殖民地的历史，英语的使用也较为广泛。

菲律宾的全国通用语言为加禄语。以加禄语为基础的菲律宾语、英语、西班牙语是三种流行的官方语言。菲律宾使用的文字是拉丁字母拼音文字，其他的大部分方言也是采用拉丁字母拼音。菲律宾国内共有语言70多种。

东帝汶的官方语言为德顿语和葡萄牙语，国语则是包括了德顿语在内的其他土著语言。同时，印度尼西亚语和英语也被视为行政人员工作语言所必要的。东帝汶过去复杂的殖民历史背景也使得现在外来语言对国内语言的影响非常大，国内的语言种类也较为丰富（祁广谋、钟智翔，2013）。

三、主要宗教

东南亚各国居民宗教信仰与其民族情况一样十分复杂，素有"世界宗教博物馆"之称。在东南亚各地，佛教、伊斯兰教、天主教、基督教和印度教都有大量信徒。东南亚地区中南半岛大陆和马来群岛两大部分由于地理环境复杂，族群差异大，其宗教文化也有显著的地域特征，大陆以佛教为主，海岛和马来半岛以伊斯兰教和天主教为主。宗教因素是东南亚地区文化的核心，宗教文化以民族为主要载体，呈现出异质性突出的特征（古小松，2015；余益中，2013）。

1. 伊斯兰教

目前在东南亚信奉伊斯兰教的人口约占人口总数的 39.8%。其中，印度尼西亚集聚了东南亚地区 90% 的穆斯林，马来西亚占 4.6%，菲律宾占 2%，泰国占 1.2%，缅甸占 1.2%，其他穆斯林则生活在新加坡、文莱、柬埔寨、东帝汶、老挝和越南等国。印度尼西亚居民中信奉伊斯兰教的占 88%，文莱占 82%，马来西亚的穆斯林也占居民人口的 60% 以上，新加坡占 15%。从宗派看，东南亚的穆斯林绝大多数属于比较温和的逊尼派。伊斯兰教分布和发展不均衡的特点存在于整个东南亚地区。从地理分布上来说，东南亚地区伊斯兰穆斯林大部分分布在北纬 10°以南的地区。东南亚地区 90% 以上的穆斯林聚集在印度尼西亚，印度尼西亚的穆斯林主要分布在苏门答腊岛、爪哇岛、加里曼丹岛和苏拉威西岛，马鲁古群岛的穆斯林大约占 45%；马来西亚的穆斯林在西马和东马都有较大的分布，东马更为集中；新加坡和文莱的穆斯林遍布全国；菲律宾的穆斯林主要是摩洛人，集中在南部的苏禄、拉瑙、哥打巴托、三宝颜和达沃等省；泰国的穆斯林也主要集中在南部的一些省份，在那拉提瓦（陶公府）、北大年、也拉和沙敦四府，穆斯林占其人口的 70% 以上，中部和北部的穆斯林则很少；缅甸的穆斯林人口主要分布在缅孟边境的若开邦和钦邦，在仰光、曼德勒等大城市也有不少穆斯林；少量的柬埔寨穆斯林则主要分布在洞里萨湖南岸、磅湛和沿海地区的占族人聚居地。总的来说，东南亚西部和沿海地区（除越南和菲律宾外）的穆斯林较为集中，而中南半岛地区的穆斯林人口却相对较少。

2. 佛教

东南亚佛教教徒仅次于伊斯兰教。佛教信徒占东南亚人口总数的 34% 以上。在中南半岛国家中，佛教占有绝对优势，占东南亚佛教教徒的 94% 以上。泰国有着最大的佛教宗教团体，佛教信徒约占东南亚地区佛教徒总数的 34%；越南占 28.4%，缅甸占 22%，柬埔寨占 7%，老挝占 2.7%，马来西亚占 2%，印度尼西亚占 2.6%，新加坡占不到 1%。佛教信徒占各国人口的比重，最高的是柬埔寨和泰国，均占各自人口总数的 95%，缅甸占 90%，老挝占 67%，越南占 81%，新加坡占 43%，马来西亚占 19%，文莱占 7%。从宗派上来看，2013 年，在东南亚佛教信仰中，信仰南传佛教的国家主要集中在缅甸、泰国、老挝、柬埔寨等国家，这些国家约 1 亿人口信仰南传佛教。越南等国家信奉大乘佛教。缅甸以其主体民族缅族的文化为代表，以缅族信仰的上座部佛教为主流宗教文化；泰国以泰族的民族文化和上座部佛教宗教信仰为代表；老挝和柬埔寨分别以老龙族和高棉族的传统文化为代表，以两国的主体民族信仰的上座部佛教为宗教文化代表；越南以越族（京族）为其主体民族；地缘文化的差异也使佛教在中南半岛的扩展中面临伊斯兰教和基督教的抵抗。例如，在泰国南部也拉、北大年、陶公及沙敦四府的人口绝大多数为穆斯林，与泰国大陆佛教文化之间的矛盾，缅北克伦族因宗教信仰的不同发生民族文化分化，因宗教分化存在长期的民族斗争等等。

3. 基督教

东南亚人口中有近16%的人信仰基督教,但其分布很不均衡。在中南半岛国家,基督教徒只占东南亚基督教徒总数的12%,其中菲律宾的基督教徒占68.7%,绝大多数是天主教徒。印度尼西亚仅次于菲律宾,其基督教徒占东南亚基督教徒总数的19%。越南的基督教徒占6.7%,缅甸约占3%。菲律宾被称为亚洲天主教之国,天主教徒占其总人口数的81%,东帝汶的天主教徒比重也相当高,占其全国人口总数的31.7%,越南为9%,印度尼西亚为2%。东南亚国家中,绝大多数新教徒集中在印度尼西亚,占东南亚新教徒总数的71%,其次是菲律宾和缅甸,均占12%。东南亚新教比天主教占优势的只有三个国家,即印度尼西亚、缅甸和文莱。印度尼西亚新教徒占本国人口总数的4%,缅甸占4%以上,文莱占4%。近代以来,基督教在东南亚地区广泛传播,但影响程度不同。基督教在印度尼西亚、马来西亚、文莱等以伊斯兰教为传统宗教的国家中影响相对较小;在越南、老挝、柬埔寨、泰国、缅甸等以佛教为传统宗教的国家中,通过近代以来的传教活动,已有一定的影响;在菲律宾、新加坡等地影响更大,菲律宾主要受天主教影响,新加坡受基督教影响较深。

4. 华人宗教

东南亚地区各国聚集着相当数量的华人,他们在不同的时期迁移到这些地方,在东南亚各地的社会经济和宗教生活中起着重要的作用。东南亚华人的宗教有着自身的特点。其一,来自故国故土,为适应华人在当地立足及求得生存和发展的需要而发展起来。华人移居海外,头等大事是要求平安,再就是追求发财致富。中国本土的儒教、佛教、道教在精神上可以满足这些需求,因而得以保存、传播和发展。其二,祀奉神祇大多是人们根据生存和发展的需要而制造出来的,有多元化的特点。各行各业都有各自供奉的护佑神。比如农民供奉五谷神,木匠供奉鲁班先师,商人供奉关帝神,渔民和水手供奉妈祖。其三,年轻一代大多接受英语教育,信仰天主教、基督教的人数呈现增多的趋势。

第五节 政策启示

首先,东南亚包含了各种复杂的社会和多种不同的族群,这些族群各自发展出自己的宗教方式。这对中国—东盟合作是一个很大的挑战。应加强宗教文化地区差异性及其演化机制的研究,充分理解宗教文化的细微差异,在此基础上充分尊重当地居民的思维模式、精神生活等,尊重当地宗教文化,实行本土化的管理策略,对于保证合作的进行与投资项目在当地的长足发展，极其关键。跨国公司在国外经营时应该在生产、经营、销售、人事等各个方面做到与东道国经济、文化的融合，同时积极承担东道国的公民责任，服务于社会。本土化管理策略有利于中国企业更加全面地了解当地的市场状况、投资环境以及提高投资的回报率；有利于加强对当地风俗习惯的了解以及与当地文化的融合，以减少文化上的冲突，淡化民族的抵触情绪和仇视心理。

其次，发挥宗教文化地缘一体化效应，顺应地缘文化竞争的国际趋势，积极谋求和发展构建有利于对外投资的"地缘文化"，构建社会文化共同体。21世纪争取话语权、说服力和民众思想是地缘宗教的核心。以南传上座部佛教为例，中国南传佛教与东南亚佛教文化圈有内在的文化区位优势，可以同中国与东盟国家经济区位优势形成互补，进一步推动中国全面发展战略的可持续发展（徐以骅，2013）。在"一带一路"建设中，以宗教优势来持续打造文化区位优势，补充经济区位动力的不足，建立深层的文化合作机制，形成平等包容的对话模式，进一步推动"一带一路"建设的顺利进行。南传佛教是东南亚地区当地社会与华人社会中广泛存在的民间信仰。在当前面向东南亚的对外开放战略中，可以利用云南等地丰富的佛教资源和与东南亚国家的深厚渊源关系，搭建新的文化交流平台（郑筱筠，2015a）。

再次，发挥西南地区的民族文化资源优势，促进宗教文化资源的有效利用。以地缘关系、亲缘关系为纽带的跨境民族可以成为宗教力的民间外交主体。历史上云南与东南亚国家之间的跨境民族、亲缘民族就以文化交流为平台，形成了鲜明的宗教跨境传播，跨民族、跨地域发展的特点。宗教民族文化的相通性是云南与周边东南亚国家的共同现象，云南省通过澜沧江—湄公河与缅甸、老挝、泰国、柬埔寨和越南相连，并与马来西亚、新加坡等国接近，是中国连接东南亚最便捷的陆上通道。云南又地处澜沧江—湄公河次区域经济合作的中心，以其独特的区位优势扮演着中国与东盟各国之间开展经贸合作的重要角色，在经济区位优势的商贸往来中已经形成了经济区位边境地区一体化效应。这一经济区位优势可以与中国南传佛教的文化区位优势相互结合，形成合力，共同推动中国与东盟国家的经济、文化、政治等方面的交流（郑筱筠，2015b）。

最后，需重视儒学（教）文化与印度尼西亚"孔教"、越南儒教等在中华传统文化层面的感召和吸收，以及与东南亚华人民间宗教信仰的文化对接和辐射作用。马来西亚、新加坡、印度尼西亚等国，儒教受到高度重视，成为重要的信仰之一。儒教在东南亚的传播与发展，不仅丰富了东南亚多样化的宗教信仰，也推进了东南亚各国与中国的宗教文化及经济的交流。

总之，在东南亚地区，将宗教文化资源转化为中国—东盟合作与积极外交的战略资源，仍有很大空间。宗教文化资源的运用可以成为增强中国与东盟之间政治与经济内在联系的天然优势。中国应该在加强与东盟各国经济合作机制的同时，积极建立宗教文化机制的深度合作体系，逐步建立宗教文化机制的合作平台，从不同层面深化中国在与东盟合作战略格局中的地位。

参 考 文 献

[1] 陈衍德主编：《多民族共存与民族分离运动——东南亚民族关系的两个侧面》，厦门大学出版社，2009年。
[2] 古小松：《东南亚文化》，中国社会科学出版社，2015年。
[3] 何大明、汤奇成等：《中国国际河流》，科学出版社，2000年。
[4] 贺圣达："中国—东南亚关系60年回顾"，《东南亚研究》，2010年第3期。
[5] 〔美〕索尔·科恩著，严春松译：《地缘政治学——国际关系的地理学》，上海社会科学院出版社，2011年。
[6] 孔爱莉编译："冷战结束后的全球地缘政治格局"，《人文地理》，1992年第4期。
[7] 刘宗义："我国一带一路倡议在东南、西南周边的进展现状问题及对策"，《印度洋经济体研究》，2015年第4期。
[8] 陆大道、杜德斌："关于加强地缘政治地缘经济研究的思考"，《地理学报》，2013年第6期。
[9] 毛汉英："中国周边地缘政治与地缘经济格局和对策"，《地理科学进展》，2014年第3期。
[10] 祁广谋、钟智翔主编：《东南亚概论》，中国出版集团、世界图书出版公司，2013年。
[11] 徐以骅："地缘宗教与中国对外战略"，《国际问题研究》，2013年第1期。
[12] 于光军："建设丝绸之路经济带与21世纪海上丝绸之路研究热点述评"，《内蒙古社会科学》，2014年第6期。
[13] 余益中：《东盟宗教》，广西师范大学出版社，2013年。
[14] 郑筱筠：《东南亚宗教研究报告：东南亚宗教的复兴与变革》，中国社会科学出版社，2014年。
[15] 郑筱筠："发挥宗教在对外交流中的战略支点作用"，《中国宗教》，2015a年第10期。
[16] 郑筱筠：《全球化时代的东南亚宗教》，中国社会科学出版社，2015b年。

第二章 城市化与城市体系

第一节 城市化进程

一、城市化水平与速度

1960年以来，东南亚各国经历了较快的城市化发展时期，城市化率由1960年的22.7%增长至2014年的47.03%，增长了1倍多（图2-1）。虽然东南亚各国先后都经历了较快的城市化发展时期，但基本与亚洲地区的城市化进程同步，且低于世界平均水平（图2-2）。东南亚城市化水平在2005年之前普遍高于亚洲，2005年之后基本与亚洲平均水平持平，但总体上，与世界城市化平均水平的差距逐步缩小。

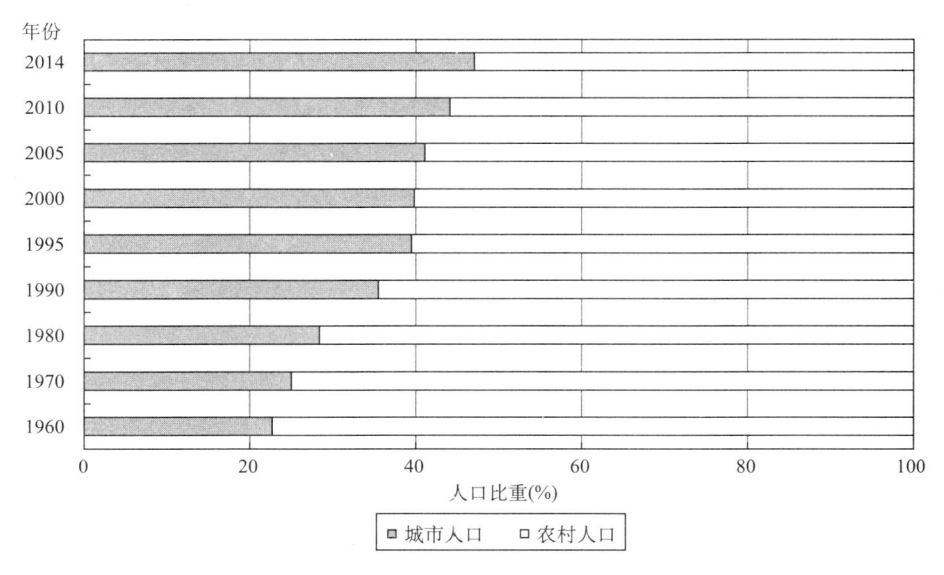

图2-1 东南亚地区的城市化水平

资料来源：United Nations，2014；Asian Developent Bank，1997；《国际统计年鉴》（2011）。

尽管东南亚地区城市化水平增长较快，但与欧美等世界其他发达国家或者地区相比，差距依然较大。早在1960年，北美地区城市化率就已经接近70%，欧洲的城市化率达到57%，而东南亚地区的城市化率仅22.7%。2010年，东南亚地区的平均城市化水平仍远低于欧洲（72.7%）和北美地区（82%）。

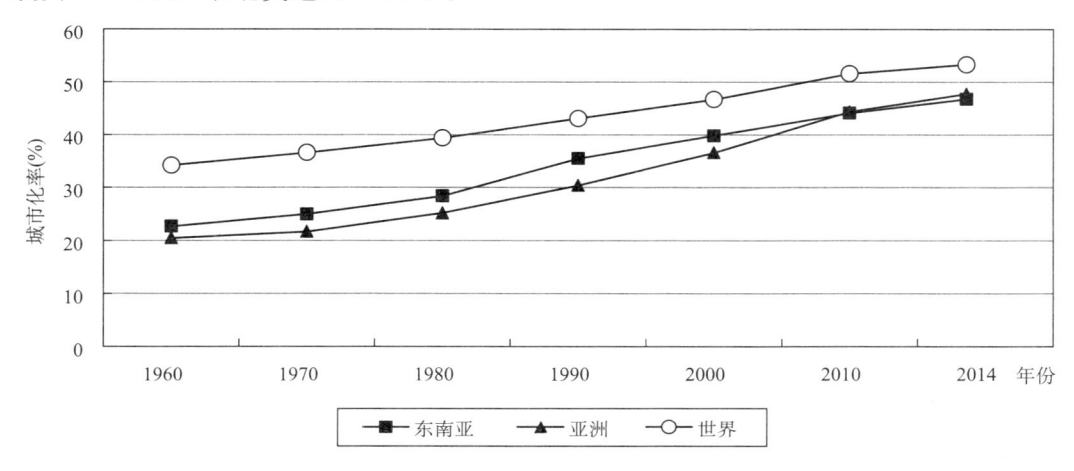

图2-2 东南亚城市化与亚洲和世界平均水平

资料来源：同图2-1。

在快速城市化发展的推进下，东南亚城市人口增长迅速，由1990年的1.58亿人增长到2014年的2.94亿人，25年来增长了近1倍（图2-3）。同期，农村人口仅由1990年的2.86亿人增长到3.32亿人，增长速度远低于城市人口。1990～2014年，城市人口年均增长率为2.64%，远高于同期乡村人口的年均增长率（0.62%）。图2-4表明，东南亚2000～2005年城市人口增长率稍缓，而后城市人口年均增长率继续高于2.5%，而乡村人口的年均增长率

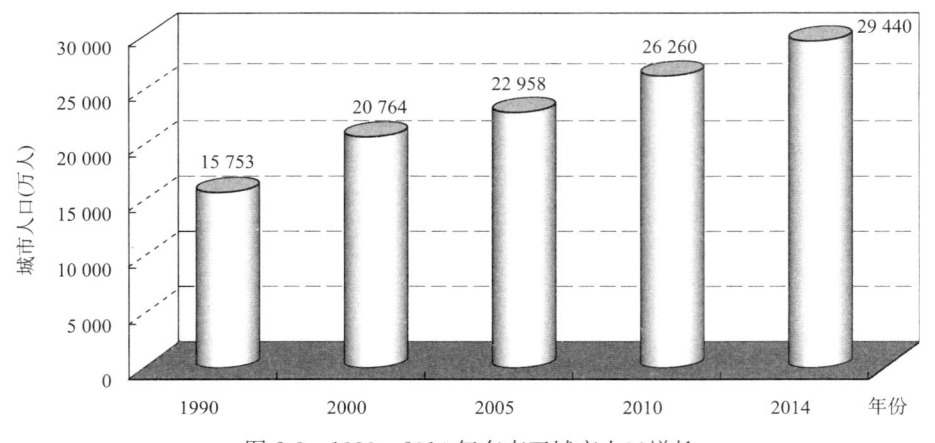

图2-3 1990～2014年东南亚城市人口增长

资料来源：United Nations，2014；《国际统计年鉴》（2011、2014）。

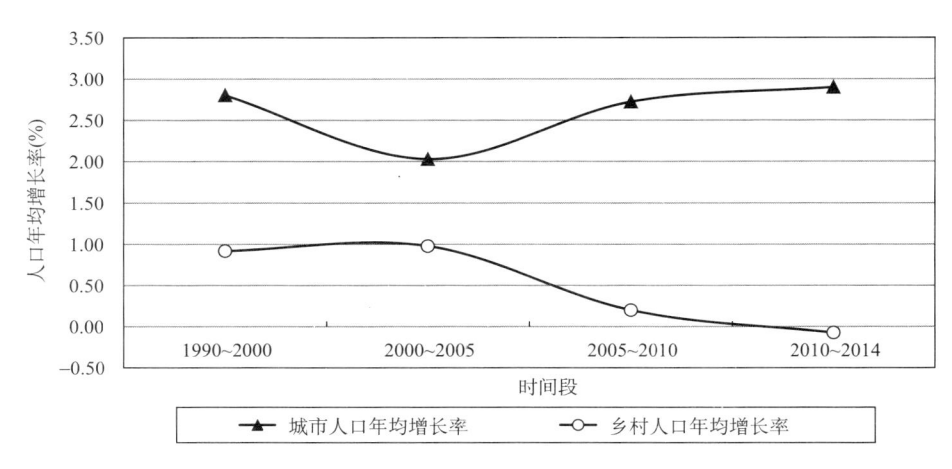

图 2-4　1990~2014 年东南亚城市人口和乡村人口的增长对比

资料来源：同图 2-3。

则在 2005 年后持续下降，2010~2014 年出现负增长。尽管如此，由于农村人口基数大，农村人口仍然占据总人口增长的较大部分，导致城市化水平还较低。

从城市化发展的速度看，1960 年以来，东南亚城市化速度总体上快于世界平均水平，与亚洲平均水平相当（表 2-1）。但在 1995~2005 年，城市化水平增速明显降低。1995~2000 年城市化水平年均增长率仅为 0.17%，不仅远低于亚洲 2.23% 的平均水平，而且低于世界 0.66% 的平均水平，2000~2005 年亦是如此。2005 年以后，东南亚城市化速度逐渐加快，2005~2010 年达到 1.42%，2010~2014 年达到 1.62%。

表 2-1　东南亚城市化年均增长速度与亚洲和世界平均水平　　　　　　　　　　单位：%

时段	1960~1970	1970~1980	1980~1990	1990~1995	1995~2000	2000~2005	2005~2010	2010~2014
东南亚	0.97	1.28	2.26	2.16	0.17	0.63	1.42	1.62
亚洲	0.57	1.51	1.89	1.96	2.23	2.00	1.46	1.97
世界	0.68	0.74	0.90	0.96	0.66	1.01	1.00	0.94

资料来源：同图 2-1。

二、城市化发展阶段

根据费昭珣（1999）和刘倩倩（2013）的研究，可将东南亚国家的城市化进程划分为城市化初始发展阶段（1960~1970 年）、城市化蓬勃发展阶段（1970~1995 年）和城市化稳步发展阶段（1995年至今），如图2-5所示。

1. 城市化初始发展阶段：1960~1970年

这个时期，东南亚各国纷纷制定了以工业化为核心的经济发展计划（孟令国、胡广，2013）。例如，印度尼西亚制订了以发展工业化为重点的八年全面建设计划，泰国颁布了工业投资鼓励条例等。工业化的蓬勃发展带动了城市化进程。这一时期东南亚人口出现迅速增长，特别是60年代出现了人口增长的高峰期，而城市人口的增长速度又远远超过农村人口的增长速度。例如，印度尼西亚城市人口比重从1950年的12.41%上升到1970年的17.07%，上升超过2个百分点，而同期农业人口的比重则下降了13%；从年均人口增长率来看也是如此，城市的平均人口增长率要比农村高大约2%。泰国、马来西亚、菲律宾也出现了城市人口迅速增长的现象。这并不只是因为城市人口的自然增长率比农村高，城市人口膨胀的主要原因是农村向城市移民的规模不断扩大。第二、三产业的迅速发展吸引大量农村人口进入城市，马来西亚、泰国等国家均开始出现城市人口快速膨胀的势头。

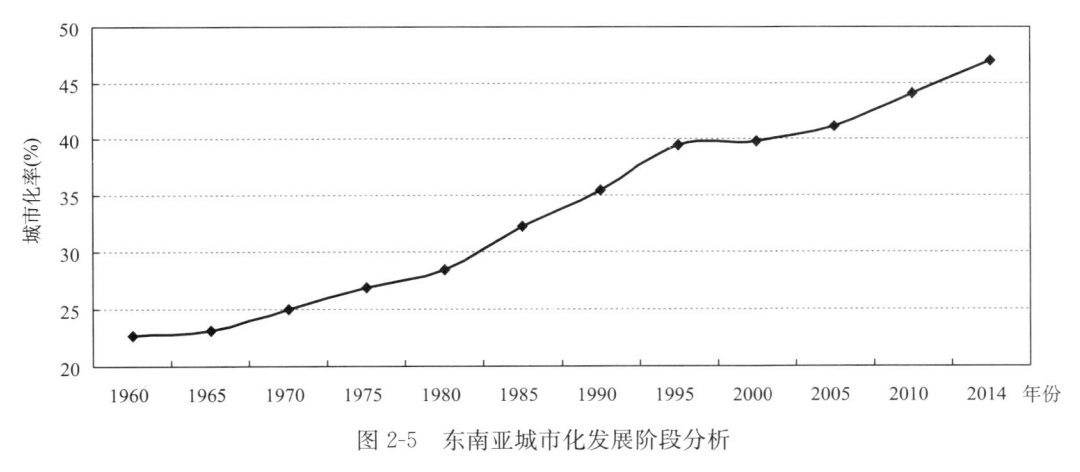

图2-5 东南亚城市化发展阶段分析

资料来源：United Nations，2014；《国际统计年鉴》（2011）；费昭珣，1999。

2. 城市化蓬勃发展阶段：1970~1995年

这个阶段正是东南亚地区经济飞速发展的阶段。由于政府政策倾向于发展工业，工业在很多东南亚国家的国民经济中都占有很大比重，且大量工业投资集中在城市。这一时期，大量农村人口进入城市，各国城市人口出现爆发式增长，城市化发展迅速。在这20年期间，东南亚地区主要国家的城市化速度以平均2.1%的速度发展，大大超过0.8%的世界平均速度，与发展中国家1.6%的速度相比也有明显优势，这种势头一直持续到90年代初，这段时期称为东南亚地区城市化的加速阶段（孟令国、胡广，2013）。

在国内经济快速发展的同时，各国的城市人口增长率都远远超过了同期农村人口的增长率。在1970～1980年和1980～1990年两个发展时期，印度尼西亚、泰国、马来西亚、菲律宾的城市人口增长率均超过3.5%，同期农村人口增长率则普遍低于2%。以马来西亚为例，70年代和80年代城市人口分别增长了170万和260万，同期农村人口只增加了113万和95万；城市人口年均增长率分别是4.76%和4.42%，而农村人口却下降了0.5%。根据印度尼西亚1970年和1980年人口统计，1975～1980年五年间，在370万移民中，48%是从农村地区迁移到城市地区的，城市人口的总比重从1970年的17%上升到1985年的25%。泰国的城市化在东盟国家中起点是最低的，但发展很快。从城市数目来看，1975年泰国有大小城市424个，1988年增加到660个；从城市化的速度来看，70年代一直保持在2.5%，但进入80年代上半期，由于受资本主义世界经济衰退的影响，泰国的城市化速度趋缓。这期间东南亚各国都受到一定程度的影响，泰国表现得最为明显。70～80年代是东南亚地区城市化发展的重要阶段，正是在这20年中，东南亚地区的经济以前所未有的高速度迅猛发展，工业在各国国内生产总值中占的比重都有显著增长。政府把大量的工业基础设施投资集中在城市地区，吸引了大批农村劳动力到城市中寻找就业机会，这就构成了这一阶段城市化加速的大背景。

3. 城市化稳步发展阶段：1995年至今

这个阶段各国纷纷调整经济政策，不再一味追求经济的高速发展，转而寻求经济的可持续发展。随着经济政策的调整，各国城市化速度也逐渐放缓。90年代中期以来，东南亚地区快速城市化的势头有所缓和，城市化速度也有所下降。这主要是由于各国开始纷纷调整国内政策，以期获得更均衡的发展。各国政府和有关专家都认识到，如果让经济继续保持高速度，显然不利于经济的稳定增长。不能一味追求高速度，而应该把目标放在可持续发展上，成为各国的共识。随着各国经济政策的调整，城市化速度也有所下降，印度尼西亚90年代城市化速度比80年代下降了0.4%，马来西亚下降了0.3%，菲律宾下降0.7%。

三、城市化水平与进程的空间差异

从城市化水平的空间差异看，东南亚地区大致存在三类城市化水平不同的国家（图2-6）。

第一类是城市化水平较高的国家，包括新加坡、文莱和马来西亚，这些国家的城市化率基本高于70%。尤其是新加坡的城市化率，早在20世纪60年代，新加坡就达到城市化全覆盖的程度。

第二类是城市化水平中等的国家，包括印度尼西亚、泰国、菲律宾，这些国家的城市化率基本在40%～60%之间。其中，印度尼西亚的城市化率为53%，基本接近世界平均水平；泰国城市化率为49.2%，略高于东南亚平均水平。

第三类是城市化水平较低的国家，包括老挝、缅甸、越南、东帝汶、柬埔寨，这些国家的城市化率在20%～40%之间，严重低于世界平均水平。其中，柬埔寨的城市化率仅20.5%，依然处于城市化的初期阶段。

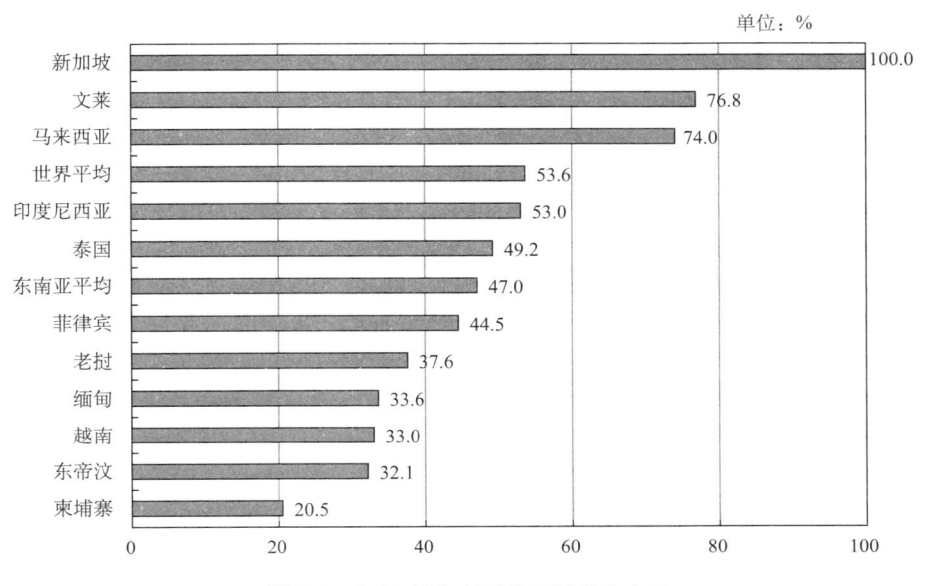

图 2-6　2014 年东南亚各国城市化水平

资料来源：United Nations，2014。

从城市化发展进程的空间差异看，1990 年以来东南亚主要国家的城市化发展进程各异（表 2-2）。其中，印度尼西亚和马来西亚的城市化属于稳定的较快增长。印度尼西亚 1960 年城市化率仅 14.6%，远低于当时 34.2% 的世界平均水平，1990 年城市化率超过 30%，进入了城市化中期发展阶段。2014 年，印度尼西亚城市化率已达到 53%，接近世界平均水平。马来西亚的城市化进程更快，由 1960 年不足世界平均水平的 26.6% 增长至 2014 年的 74%，远超世界平均水平。泰国的城市化率呈现"阶梯式"迈进，2000 年达 31.1%，进入城市化中期发展阶段，但 2000～2010 年城市化率增长缓慢，2010 年城市化率仅为 33.73%，2014 年城市化水平猛增至 49.17%。与泰国相反，菲律宾的城市化率出现"先增后降"的趋势。1960～2000 年为城市化快速推进阶段，城市化率由 1960 年的 30.3% 增加至 2000 年的 58.5%，随后出现下滑，至 2014 年，降低至 44.49%。缅甸的城市化进程增长速度较慢，1960 年，缅甸的城市化率为 19.2%，高于印度尼西亚和泰国等国家，与亚洲平均水平相当。但 2014 年，缅甸城市化率仅 33.55%，刚刚进入城市化中期发展阶段。

东南亚城市化空间差异的原因主要包括以下三方面（饶本忠，2004）。第一，各国人口、地理位置和资源禀赋等实际状况不同。第二，各国的经济发展水平和工业化程度差异很大，既包括新加坡、文莱等经济水平发达国家,又包括菲律宾、印度尼西亚等中等发展水平国家,以及越南、老挝、柬埔寨、缅甸等经济落后的新东盟国家。工业化是城市化发展的重要驱动力,工业化程度的差异必然会影响东南亚各国城市化发展水平的差异。例如,20世纪80年代末,新加坡的人均制造业产值已经超过3 000美元,而老挝的工业化还没有开始。第三,东南亚各国国内政治局势、社会环境各不相同。政治局势稳定是城市化发展的重要外在条件。老挝、越南等国家很长一段时间都陷入战争和政治动荡中,无暇顾及经济生产和城市建设。相比之下,新加坡国内局势相对稳定。

表2-2 1990～2014年东南亚各国城市化率变动的差异　　　　单位:%

国家/地区	1990年	2014年	增幅
文莱	65.76	76.83	11.07
柬埔寨	15.55	20.52	4.97
印度尼西亚	30.58	53.00	22.42
老挝	15.43	37.55	22.12
马来西亚	49.79	74.01	24.22
缅甸	24.57	33.55	8.98
菲律宾	48.59	44.49	−4.10
新加坡	100.00	100.00	0.00
泰国	29.42	49.17	19.75
东帝汶	20.88	32.12	11.24
越南	20.26	32.95	12.70
东南亚	31.59	47.03	15.44
世界	42.95	53.60	10.65

资料来源:United Nations,2014。

四、城市化发展存在的问题

东南亚地区城市化进程中主要存在的问题包括:工农业发展与城市化进程不同步、城市化总体水平不高与过度城市化并存、大城市特别是首都超前发展。

第一,工农业发展与城市化进程不同步。与发达国家相比较,东南亚地区城市化的特征是人口城市化速度远超过工业化增长速度,同时又以牺牲农业为代价,这种城市化缺乏工业和农业发展的基础。尽管战后几十年,东南亚工业化已达到相当水平,但城市化进程依然快于工业化发展。战后东南亚地区的经济增长引起经济结构转换,制造业在国民经济中所占的比重越来越大,进而引起劳动力就业结构的变化,越来越多的劳动力从农村向城市转移。但是,劳动力大量进入城市很大程度上是由于城市的拉力而非农村的推力造成。换言之,城市化水平的提高并不是以农业现代化发展而产生的大量剩余劳动力为基础。究其原因,东南亚很多国家把发展重点放在城市,工业、基础设施的发展、价格政策和投资优惠都明显向城市倾斜。农村落后的生产关系带来了广泛的贫困问题以及农村人口的增长,驱使大批劳动力到城市地区谋求生路,城市较高的发展水平和生活水平也吸引着农村居民向城市迁移。城市人口的增长和真正的城市化日益脱节(吴崇伯,2000)。

第二,城市化总体水平不高与过度城市化并存。东南亚地区城市化发展一方面整体水平不高,另一方面又存在着过度城市化问题,即城市的发展跟不上城市人口的扩张速度,进而引发一系列的城市问题,如基础设施不足、城市贫困人口涌现、贫民窟及环境问题等。在东南亚国家中,泰国的曼谷、菲律宾的马尼拉和印度尼西亚的雅加达的交通都非常拥堵。此外,东南亚城市还存在大量贫民窟问题。例如,雅加达和马尼拉,有大量人口居住在贫民区,这些地方缺少必需的安全用水和排污系统,交通、保健、教育服务不足或根本没有。住在贫民窟中的人虽然身在城市,但与城市文化隔绝,享受不到或很少享受城市文明,许多人仍按农村习俗生活,是城市中的"乡村"。因此,在一定程度上,这些国家存在"虚假城市化""畸形城市化"或"过度城市化"(新玉言,2013)。

第三,大城市特别是首都的超前发展使得东南亚地区出现"大城市化"现象。在东南亚地区的城市化过程中,人口和经济活动在首都过度集中是最为突出的特点。很多学者认为这个问题比城市化本身更为严重。以曼谷为例,曼谷在泰国经济中的突出地位与其他城市的巨大差距,使其成为大部分移民的目的地。城市首位度问题本质上就是生产力布局的问题,人口在首位城市集中的背后就是经济活动的集中。人员、生产能力和基础设施都高度集中在首都。作为泰国唯一的大海港,曼谷及其周围地区早在20世纪初就已经发展成为泰国的经济中心。战后,国家政策和外国投资又都向曼谷倾斜,使曼谷的城市经济发展明显快于其他城市。曼谷占泰国总人口的10%,承担了该国银行、保险、制造业、房地产方面绝大多数业务,国内生产总值越来越集中到曼谷地区。悬殊的地区差距导致了以曼谷为中心的高生产率地区与曼谷以外的低生产率地区形成两极分化的经济结构。同样地,印度尼西亚的爪哇岛是国家的心脏,绝大部分人口和工业集中在爪哇,1/3的印度尼西亚私人投资集中在雅加达,其他岛屿则根本没有工业。马来西亚的生产力布局相对来说是最好的,工业和第三产业多集中在人口较为密集的西海岸地区。这种情况直接导致东南亚各国的首都或首位城市出现严重的"城市病",包括环境污染、强占定居、失业、通货膨胀等(吴崇伯,2000)。

第二节 城市体系

一、城市规模等级结构

东南亚城市规模等级结构较为清晰，城市人口规模可分为五个等级。

第一等级：特大城市。人口规模为500万人以上，包括7个城市（表2-3）。其中，曼谷、马尼拉、雅加达的人口超过1 000万人，是超大城市。胡志明市、河内、新加坡、仰光的人口规模为500~1 000万人，为特大城市。这些城市往往是一个国家的首都或者最重要的经济中心，集聚了全国最多的资源，是东南亚地区的区域中心城市。

第二等级：大城市。人口规模为100~500万人，包括8个城市，其中泗水、棉兰、金边人口超过200万人，吉隆坡、海防、新山、万隆、三宝垄的人口规模为100~200万人。

表2-3　2014年东南亚中等以上城市规模等级及其人口数　　　　　单位：万人

城市规模等级	规模位序	城市	国家	城市人口
特大城市 （500万人以上）	1	曼谷	泰国	1 197
	2	马尼拉	菲律宾	1 186
	3	雅加达	印度尼西亚	1 019
	4	胡志明市	越南	775
	5	河内	越南	645
	6	新加坡	新加坡	547
	7	仰光	缅甸	515
大城市 （100~500万人）	8	泗水	印度尼西亚	270
	9	棉兰	印度尼西亚	211
	10	金边	柬埔寨	201
	11	吉隆坡	马来西亚	190
	12	海防	越南	188
	13	新山	马来西亚	180
	14	万隆	印度尼西亚	120
	15	三宝垄	印度尼西亚	103

续表

城市规模等级	规模位序	城市	国家	城市人口
中等城市（50~100万人）	16	乌戎潘当	印度尼西亚	94
	17	巨港	印度尼西亚	90
	18	曼德勒	缅甸	80
	19	万象	老挝	78
	20	岘港	越南	71
	21	宿务	菲律宾	70
	22	达沃	菲律宾	70
	23	坤甸	印度尼西亚	63
	24	三马林达	印度尼西亚	56
	25	巴科洛德	菲律宾	50
	26	巴东	印度尼西亚	50

资料来源：各个城市的政府网站。

第三等级：中等城市。人口规模为50~100万人，共11个城市，包括乌戎潘当、巨港、曼德勒、万象、岘港、宿务、达沃、坤甸、三马林达、巴科洛德、巴东，以印度尼西亚和菲律宾的城市居多。

第四等级：小城市。人口规模为10~50万人，约53个城市，主要分布在越南、印度尼西亚、泰国、缅甸、马来西亚、菲律宾和东帝汶六个国家（表2-4）。

第五等级：小城镇。人口规模为10万人以下，包括文莱首都斯里巴加湾市等。

表2-4　东南亚小城市（人口10~50万）分布情况

国家	城市
越南	下龙、荣市、顺化、归仁、芽庄、大叻、蕃切、迪石
印度尼西亚	日惹、巴里巴板、北干巴鲁、占碑、丹戎加兰、班达亚齐、丹戎巴兰、槟港、加拉璜、井里汶、普禾加多、马塔兰、古邦、帕郎卡拉亚、万鸦老、安汶、查亚普拉、明古鲁
泰国	清迈、吞武里、沙拉武里、清莱、孔敬、呵叻、乌汶、那空是贪玛叻
缅甸	东枝、实兑
马来西亚	怡保、亚罗士打、哥打巴鲁、瓜拉丁加奴、马六甲、古晋、泗务、哥打基纳巴鲁、山打根、斗湖
菲律宾	拉打、八打雁、罗哈斯、塔克洛班、帕加迪安、桑托斯将军城
东帝汶	帝力

资料来源：根据中国地图出版社出版的《世界地图册》（2014年第2版）中关于东南亚国家的资料整理。

城市规模等级结构特征构成了东南亚的城市规模"金字塔"（图2-7）。其中，东南亚的中等规模城市数量较少，仅11个，而特大城市和大城市数量总和达到了15个，小城市也相对较多，城市规模的两极分化较为明显。将每个城市的人口规模排序，形成东南亚城市规模位序图。如图2-8所示，东南亚城市规模位序曲线呈现典型的对数分布。由于中等规模城市较少，曲线在其区间下降明显。

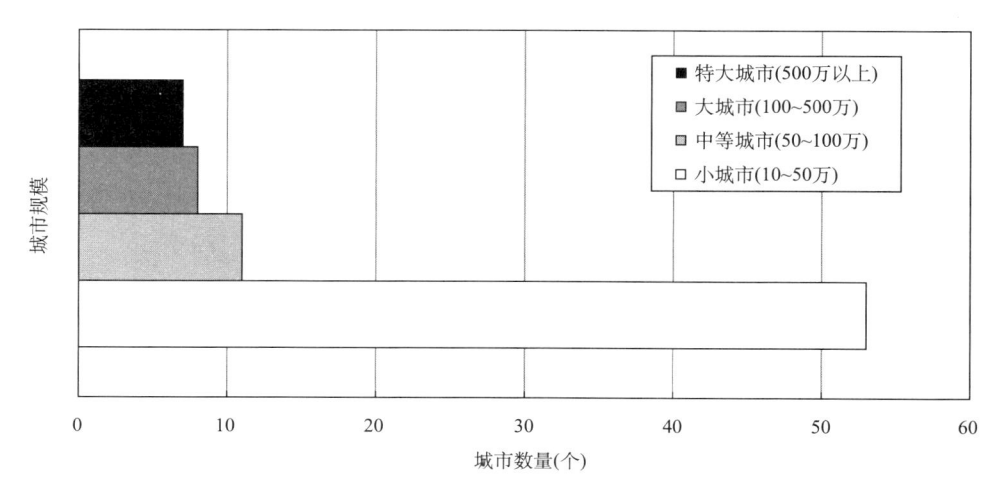

图2-7 东南亚城市规模的"金字塔"

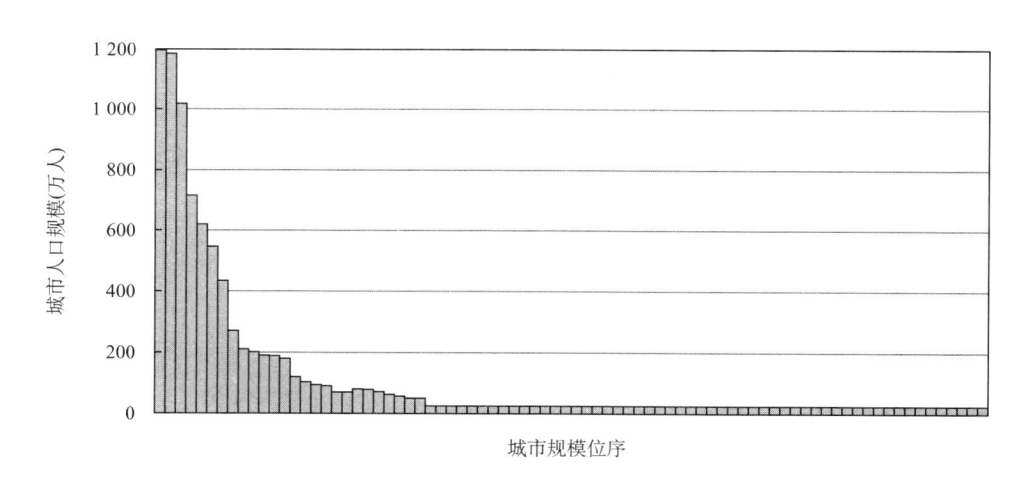

图2-8 东南亚城市规模等级排序

注：人口规模10~50万人的城市按一个人口等级表示（以下有关规模位序的图与此同理）。

以主要国家为例，对城市规模等级结构进一步分析发现，东南亚的城市规模等级结构模式主要有"首都一极化"和"双城极化"两种。属于"首都一极化"模式的国家有菲律宾、泰国、缅甸和印度尼西亚。其中，菲律宾有 1 个超大城市、3 个中等城市、6 个小城市。城市人口主要集中在首都马尼拉，马尼拉人口达 1 186 万人，占全国人口的 12.38%，而全国第二大城市宿务的人口仅 70 万人，与首都人口差距巨大（图 2-9）。泰国有 1 个超大城市、8 个小城市，缺乏大城市和中等城市（图 2-10）。首都曼谷人口为 1 197 万人，占全国人口的 17.94%，其他 8 个城市都为 10~50 万人的小城市。缅甸有 1 个大城市、1 个中等城市、2 个小城市（图 2-11）。首都仰光人口规模为 515 万人，占全国人口的 7.2%，第二大城市曼德勒人口为 80 万人。印度尼西亚，属于"首都一极化"的金字塔式分布，有 1 个超大城市、4 个大城市、5 个中等城市、18 个小城市，城市规模等级分布较为合理（图 2-12）。首都雅加达人口规模为 1 019 万人，占全国人口的 4.29%，第二大城市泗水人口为 270 万人，第三大城市棉兰人口为 211 万人。另外，万隆、三宝垄人口也超过 100 万人。乌戎潘当、巨港、坤甸、三马林达、巴东为人口 50~100 万人的中等城市。

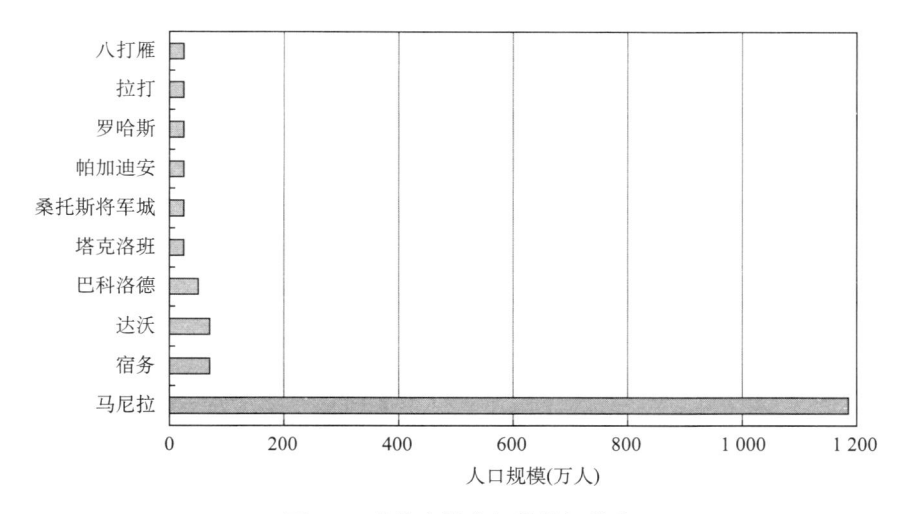

图 2-9 菲律宾城市规模等级排序

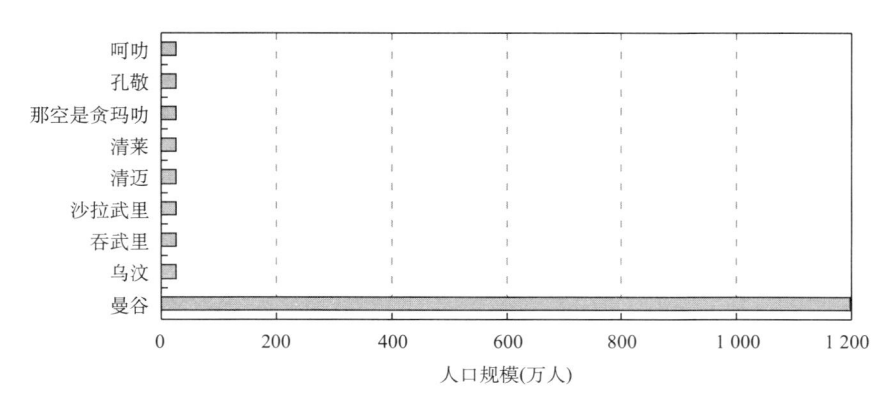

图 2-10 泰国城市规模等级排序

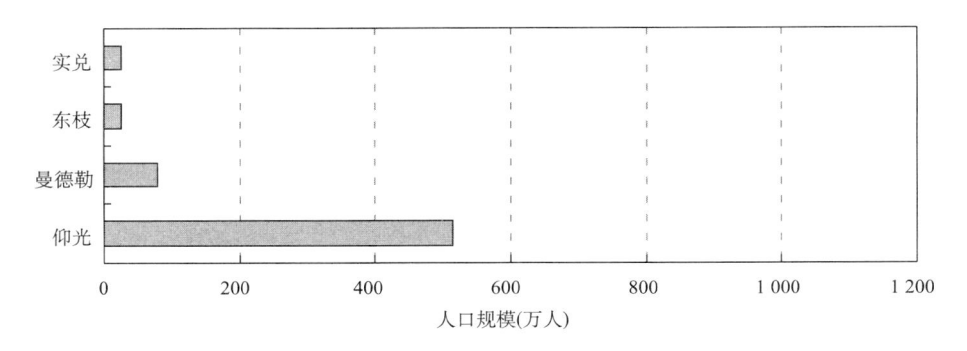

图 2-11 缅甸城市规模等级排序

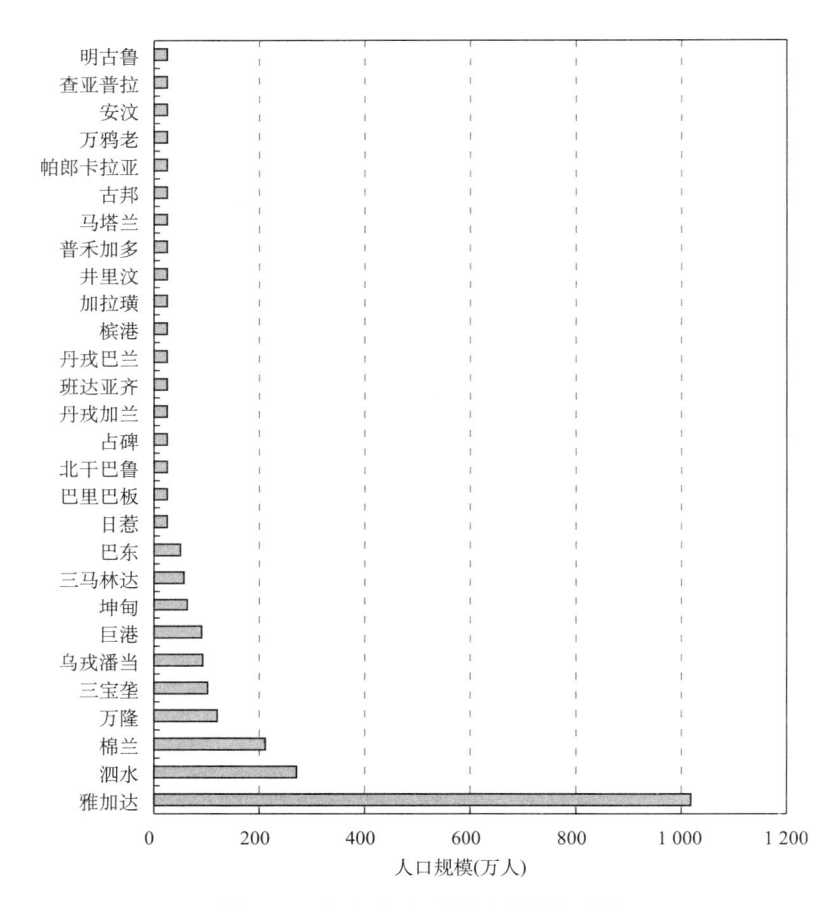

图 2-12 印度尼西亚城市规模等级排序

属于"双城极化"模式的有越南和马来西亚。越南有 2 个特大城市、1 个大城市、1 个中等城市、8 个小城市（图 2-13）。其中，胡志明市和河内人口分别为 775 万和 645 万，是越南最大的两个城市；海防人口为 188 万人，为大城市；岘港人口为 71 万人，为中等城市。马来西亚有 2 个大城市、10 个小城市，缺乏中等规模城市（图 2-14）。第一、第二大城市吉隆坡和新山人口规模分别为 190 万和 180 万，其余为人口 10～50 万人规模的小城市。

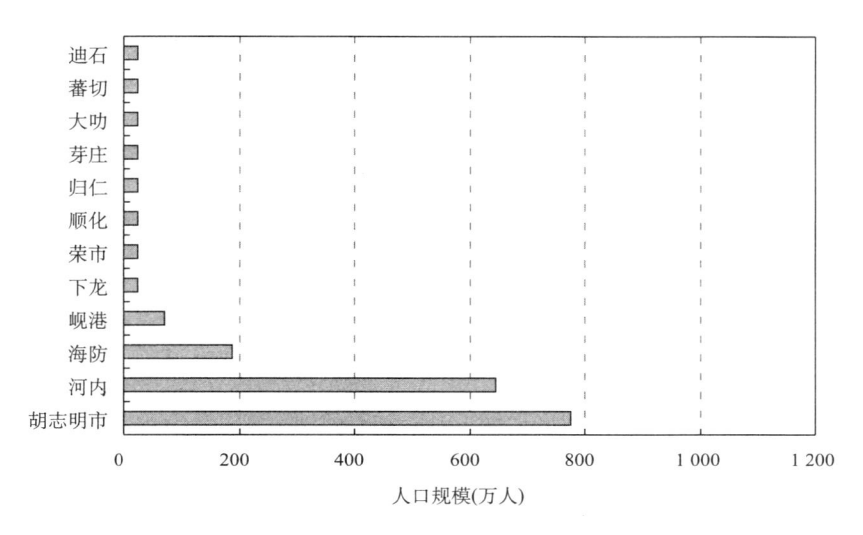

图 2-13　越南城市规模等级排序

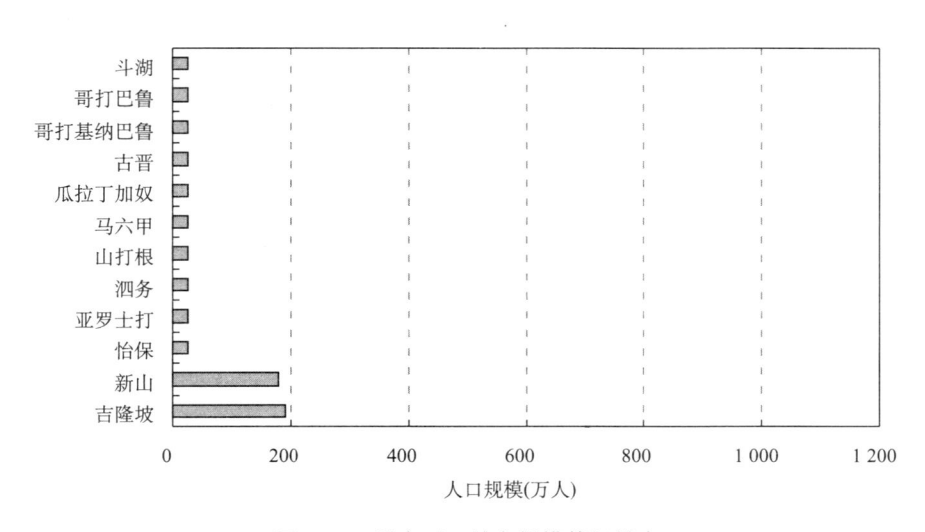

图 2-14　马来西亚城市规模等级排序

城市首位度是用来检验人口和经济活动在一个或少数几个大城市聚集的程度。首位度与一个国家的历史、自然地理、发展阶段、政府类型等因素密切相关，但最根本的还是经济因素。首位度一定程度上代表了城市体系中的城市人口在最大城市的集中程度。东南亚的大部分国家中，首位城市都集中了全国大量的人口。城市首位度过高，尤其是首都城市人口占据国家大部分人口时，就出现了"首都一极化"现象，是指在城市化进程中，人口和经济活动过度集中在首都，这是东南亚国家城市化过程中的一个显著特征。

东南亚很多国家的首都往往是该国最大的城市，如印度尼西亚的雅加达、马来西亚的吉隆坡、泰国的曼谷、菲律宾的马尼拉、越南的胡志明市、柬埔寨首都金边等（表 2-5）。虽然近年来各国首都的城市首位度已经有所下降，但首都人口占全国城市总人口的比重仍然很高。不仅在亚洲，即使在全世界都是非常高的。2010 年，柬埔寨首都金边的人口占城市总人口的比重高达 53.9%，泰国首都曼谷 2010 年人口超过国家城市总人口的 1/3，达到35.2%。这些首都城市的人口数量往往远高于该国第二大城市的人口数量。例如，曼谷人口在 1970 年是当时泰国第二大城市清迈的 33 倍，在此后的几十年间曼谷的人口一直猛增，到2010 年，曼谷人口发展到 828 万，而清迈只有 15 万人左右，曼谷人口是清迈的 55 倍。印度尼西亚的第一大城市雅加达的人口总数为第二大城市的 19.1 倍，雅加达所在爪哇岛只占印度尼西亚面积的 7%，却拥有印度尼西亚总人口的 60%，雅加达地区的人口增长速度也居全国之首。这些首都城市不仅是国家的最大城市，而且是全国的政治、经济、商业中心。在东南亚国家城市化的过程中，人口和经济活动过度集中在首位城市是最为严重的问题之一，已经直接影响各国经济的持续稳定发展。

表 2-5　东南亚主要国家最大城市人口占国家总人口的比重　　　　　　　　　单位：%

国家	首都	1950 年	1960 年	1970 年	1980 年	1990 年	2000 年	2010 年
柬埔寨	金边	82.1	69.7	81.2	40.8	41.5	49.7	53.9
印度尼西亚	雅加达	15.6	20.0	19.4	18.0	14.5	9.4	8.0
马来西亚	吉隆坡	16.7	15.8	12.4	15.8	12.4	9.0	7.5
缅甸	仰光	47.0	39.5	32.6	30.2	30.1	29.0	28.3
菲律宾	马尼拉	30.9	28.9	30.2	33.8	26.6	26.8	25.7
泰国	曼谷	40.0	40.0	40.3	37.1	35.1	32.3	35.2
越南	胡志明市	36.9	27.1	24.0	26.1	22.4	22.9	23.2

资料来源：陶涛、周梦璐，2014。

这种城市化进程中人口过度集中于首都的特征，与生产力布局和首都经济结构有着密不可分的关系。以泰国首都曼谷为例，曼谷早在 20 世纪初就发展成为泰国经济的中心，是泰国对外投资集中的地区。2010 年，占泰国总人口 10% 的曼谷创造了约 983 亿美元的经济产值，约占泰国国内生产总值的 29.1%；曼谷还集中了泰国全国将近一半的服务业；曼谷大区是东南亚地区最大的汽车制造业基地；曼谷还是泰国最主要的商业和金融中心。而泰国其他地区的经济发展远远落后于曼谷，与曼谷地区反差极大。菲律宾首都马尼拉的人口占全国人口的15%，但却承担了全国75%的工业产值。东南亚各国悬殊的地区差异导致了首都和其他地区两极分化的经济结构。

二、城市空间结构

东南亚城市空间分布的最大特征是：几乎东南亚所有100万人以上的大城市都分布在沿海和河口地区，并且集中分布在三个区域，即中南半岛沿海及河口地区、马来半岛—苏门答腊岛—爪哇岛沿海地区与菲律宾群岛沿海地区。这种分布模式与东南亚岛屿众多、港口成为其城市发展的重要因素密切相关。

（1）中南半岛沿海及河口地区。中南半岛包括越南、老挝、柬埔寨、缅甸、泰国及马来西亚西部，是世界上国家最多的半岛，分布有许多重要港湾，地势北高南低，多山地和高原。该地区分布有伊洛瓦底江、萨尔温江、湄南河、湄公河、红河。河流上游多穿行于掸邦高原，深切的河谷将高原分为数块，形成山河相间的地形特征。一些河流的中下游河谷平原及各河的河口三角洲为主要农业区和人口集中区。

（2）马来半岛—苏门答腊岛—爪哇岛沿海地区。马来半岛亦称克拉半岛，东南亚一狭长半岛，南北长约1 127千米，最宽处322千米。半岛上的巴来海角（Cape Balai）是亚洲大陆最南端。半岛北接大陆，西临印度洋安达曼海和马六甲海峡，南为新加坡海峡，东濒泰国湾、中国南海。西部河流短，近海处大面积淤泥沉积，通航受阻。东部河流较长，上游坡降平缓。马来半岛包括泰国的西南部、马来西亚的西部和新加坡。苏门答腊的古名为"金岛"，中国文献称为"金洲"，世界第六大岛，印度尼西亚第二大岛屿，仅次于加里曼丹岛，为大巽他群岛岛屿之一，经济地位仅次于爪哇岛。东北隔马六甲海峡与马来半岛相望，西濒印度洋，东临中国南海和爪哇岛，东南与爪哇岛遥接。爪哇岛，印度尼西亚第四大岛，南临印度洋，北面爪哇海，雅加达位于爪哇西北。爪哇岛是世界上人口最多以及人口密度最高的岛屿之一。

（3）菲律宾群岛沿海地区。菲律宾群岛北隔巴士海峡与中国台湾相望，西临南海，东滨太平洋，南与印度尼西亚和马来西亚的沙巴州隔海相望，东北隔菲律宾海与马里亚纳群岛相望。菲律宾的马尼拉、宿务、达沃、巴科洛德等大中城市位于该岛沿海地区。

根据东南亚的陆路交通基础设施和城市分布特征，得出东南亚城市空间结构为：以三条城市联系主轴线为核心的树枝状城市空间结构（图2-15）。这三条一级城市发展主轴线分别为中南半岛沿海联系轴线、苏门答腊岛—爪哇岛城市联系轴线、菲律宾南北城市联系轴线。以上述三个轴线为基础，以核心城市为纽带，向外放射二级城市发展轴线。

（1）中南半岛沿海联系轴线：集中了中南半岛绝大多数重要城市。由北向南依次为：海防、河内、胡志明市、金边、曼谷、仰光、吉隆坡、新山、新加坡，并通过海路联系雅加达。其中，曼谷是中南半岛陆路交通网络的枢纽城市。

（2）苏门答腊岛—爪哇岛城市联系轴线：集中了印度尼西亚的大多数重要城市。由西向东分别为：班达亚齐、棉兰、巨港、雅加达、万隆、三宝垄、泗水、马塔兰等。其中，雅加达是该轴线中的枢纽，向北通过海运联系新加坡等城市。

（3）菲律宾南北城市联系轴线：集中了菲律宾的绝大多数城市。由南向北包括拉打、马尼拉、巴科洛德、宿务、达沃等城市。马尼拉是该轴线的核心城市。

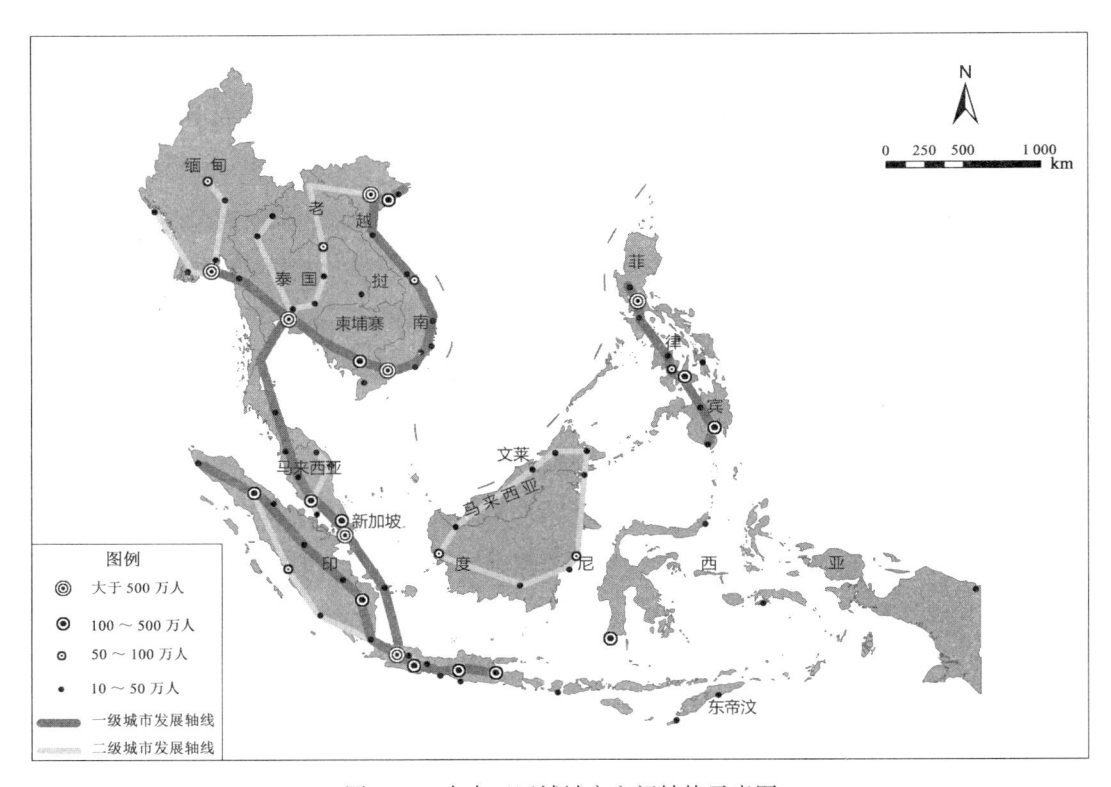

图 2-15　东南亚区域城市空间结构示意图

注：底图根据中国地图出版社出版的东南亚地图［审图号 GS（2013）790 号］绘制。

三、城市职能结构

根据城市在东南亚职能分工中的角色，将东南亚城市职能分为四类，分别是国际性中心职能城市、东南亚或国内中心职能城市、国内地区性职能城市和一般职能城市（表 2-6）。

第一类是国际性中心职能城市。这类城市同时具有全球性专业职能和国内综合中心职能，包括新加坡、曼谷、雅加达。其中，新加坡是国际金融中心、全球贸易中心、世界重要的转口港；曼谷是国际贵金属和宝石的交易中心、国际活动中心、国际佛教制度中心；雅加达是国际航运中心。这三个城市承担了国际性中心的部分职能，同时也是国内的经济、社会、政治、交通等综合性中心。

第二类是东南亚或国内中心职能城市。这类城市具有东南亚区域性专业职能和国内综合中心职能，包括马尼拉、仰光、金边、吉隆坡、胡志明市、河内、万象、斯里巴加湾市、帝力等。其中，马尼拉和吉隆坡既是东南亚的区域中心城市，也是国内的中心城市，承担了东南亚的部分中心职能和国内的综合职能。仰光、金边、河内、胡志明市、万象、斯里巴加湾市、帝力主要具备国内综合性中心职能。

第三类是国内地区性职能城市，例如泗水和棉兰的航运职能及工商业职能，主要包括各国的中等规模城市。

第四类是一般职能城市，以小城市为主。

表 2-6　东南亚主要城市的城市职能

城市	城市职能
新加坡	国际金融中心、全球贸易中心、世界重要的转口港，联系亚、欧、非、大洋洲的航空中心
曼谷	国际贵金属和宝石的交易中心、国际活动中心、国际佛教制度中心；泰国政治、经济、贸易、交通、文化、科技、教育、宗教等各方面中心
雅加达	国际航空中心、亚洲通往大洋洲的重要桥梁；印度尼西亚政治、经济、文化中心，海陆交通枢纽，太平洋与印度洋之间的交通咽喉
马尼拉	亚洲重要港口、航运中心；菲律宾经济、政治中心
胡志明市	越南南方经济、文化、科技、旅游和国际贸易中心
河内	越南政治中心
仰光	缅甸政治、经济、文化中心
泗水	印度尼西亚第二大港口、重要工商业城市
棉兰	重要工商业城市和港口城市
金边	柬埔寨政治、经济、文化、交通、贸易、宗教等各方面中心
吉隆坡	马来西亚政治、经济、金融、工业、商业和文化中心
万象	老挝政治、经济、文化、宗教中心
斯里巴家湾市	文莱政治、文化教育中心
帝力	东帝汶政治、经济和文化中心

四、城市网络结构

根据东南亚内部城市之间的陆路交通和海运交通,得出东南亚地区城市网络结构(图 2-16)。东南亚城市网络结构体系中,新加坡、雅加达、马尼拉、曼谷、胡志明市构成了东南亚城市网络结构中五个一级网络节点城市,仰光、万象、金边、河内、吉隆坡、泗水、棉兰、乌戎潘当等城市是东南亚地区城市网络中的二级节点城市。

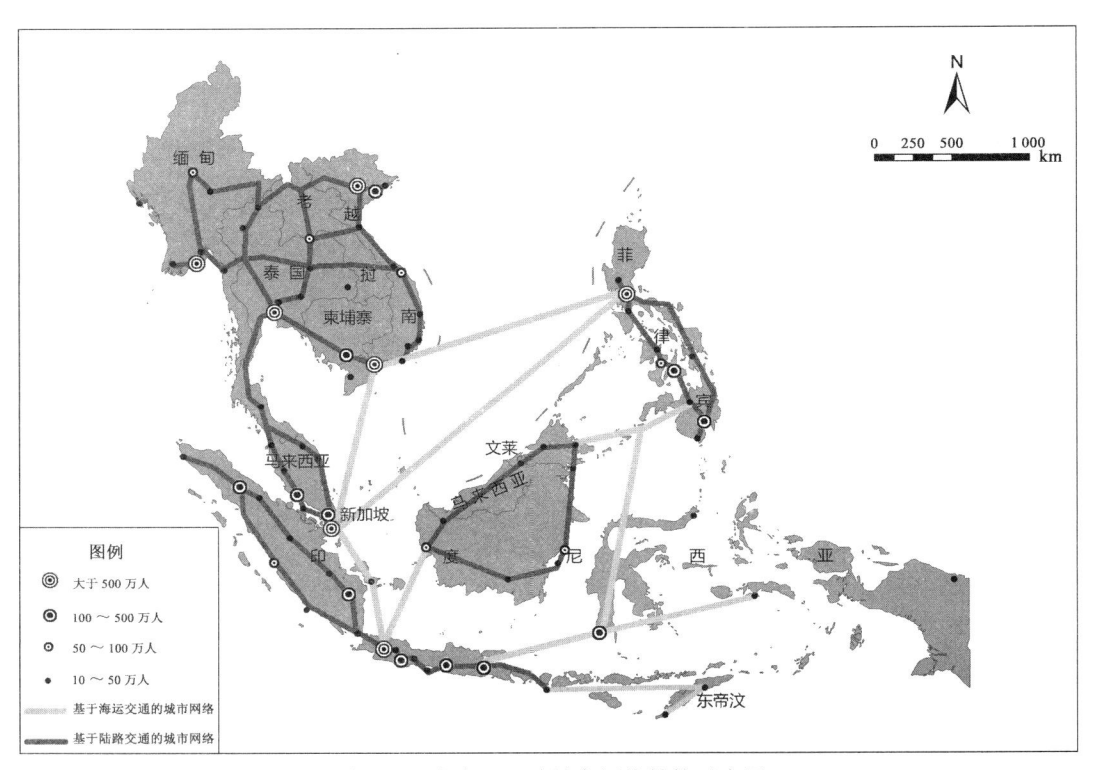

图 2-16 东南亚区域城市网络结构示意图

注：底图根据中国地图出版社出版的东南亚地图[审图号 GS（2013）790 号]绘制。

第三节 主要城市发展概况

一、超大城市

1. 曼谷

曼谷是泰国首都和最大城市,为泰国政治、经济、贸易、交通、文化、科技、教育、宗教中心。大曼谷总人口 1 197 万人，其中城市注册人口达到 980 万，人口密度为 5 801 人/平方千米。逾半数曼谷人有某种程度上的华人血统，每年都有大量移民及外国人涌入曼谷。曼谷下辖 24 个县、150 个区，主要部分在湄南河以东，共有六个主要工商业区。湄南河沿岸地区，是泰国的政治中心，也是旅游景点密集区；达思特地区，则是泰国新的政治中心。曼谷还是国际活动中心之一，每年有多达两三百起的各种国际会议在此举行。城内有联合国亚太经社委员会总部、世界银行、世界卫生组织、国际劳工组织以及 20 多个国际机构的区域办事处。

在经济方面，曼谷经济占泰国总量的 44%，人均 GDP 达到 13 000 美元，是泰国的经济中心，是东南亚发达城市之一。工商业发达，是世界著名米市，拥有碾米、纺织、制糖、建筑材料等工厂，拥有 536 家上市公司，在泰国证券交易所上市，总资本达到 3 千亿美元（2012 年），因此曼谷是东南亚的重要经济支柱。曼谷港承担着泰国 90% 的外贸，主要出口货物为大米、烟草、橡胶、豆类、锡、柚木、水果、黄麻及手工业品等，进口货物主要有机械、钢铁、汽车、药品、纺织品、食品、石油制品及化工品等。此外，曼谷旅游业十分发达，为重要的经济支柱，市内有大量高级酒店，设施齐全，一年接待近 1 500 万的旅客，以马来西亚、日本、中国（包含香港、澳门）等国家最多。2013 年 5 月 27 日，万事达卡国际组织宣布，曼谷超越英国伦敦成为全球最受游客欢迎旅游目的地。

在城市建设方面，整个曼谷的建设是以大皇宫为中心向外扩散，第一圈是寺庙和官方建筑，第二圈是商业圈，第三圈是住宅区，最外面是贫民区，王宫和佛寺大多建在湄南河圈。但曼谷的城市规划比较混乱，政府允许私人拥有土地，因此在繁华的商业街区中常常存在用铁丝网隔出的荒地，在高楼大厦间存在与木屋铁皮房彼此紧挨的不和谐图景。曼谷市中心既有最前卫的后现代主义广场设计，又有旧式公寓楼，俨然是一个后现代拼贴城市。

曼谷的另一特点来自其宗教景点。曼谷佛教历史悠久，东方色彩浓厚，佛寺庙宇林立，建筑精致美观，以金碧辉煌的大王宫、镏金溢彩的玉佛寺、庄严肃穆的卧佛寺、充满神奇传说的金佛寺、雄伟壮观的郑王庙最为著名。曼谷是世界上佛寺最多的地方，有大小 400 多个佛教寺院，充满了神秘的东方色彩。曼谷众多的寺院中，玉佛寺、卧佛寺、金佛寺最为著名，被称为泰国三大国宝。

2. 马尼拉

马尼拉，是菲律宾的首都城市和最大的港口，位于菲律宾最大的岛屿——吕宋岛马尼拉湾的东岸，濒临天然的优良港湾——马尼拉湾。马尼拉大都会区，面积达 638.55 平方千米，人口超 1 千万，是亚洲最大的城市之一。马尼拉是菲律宾的经济中心，集中了全国半数以上的工业企业，主要有纺织、榨油、碾米、制糖、烟草、麻绳、冶金企业等，产值占全国的 60%。马尼拉是菲律宾重要的交通枢纽和贸易港口，全国出口货物的 1/3 和进口货物的 4/5 集中在这里。这个城市是银行和金融、零售、交通运输、旅游、房地产的主要中心，是新媒体以及传统媒体、广告、法律服务、会计、保险、戏剧、时尚等产业的集聚地。马尼拉港是菲律宾最大的港口,使之成为重要的国际航运可通往全国各地。

在城市建设方面,马尼拉既有现代化城区,也有古老的街道教堂,体现了悠久的东方传统,汇合了西班牙和美国的西方文明。然而,马尼拉面临着严重的社会问题,被称为亚洲罪恶之都或绑架之都。这并不是因为马尼拉的经济繁华,而是因为菲律宾警察的素质和多民族在一个地区共同生活造成的矛盾。

3. 雅加达

雅加达,又名椰城,是东南亚第一大城市,世界著名的海港。位于爪哇岛西部北岸,在芝里翁河口,靠近雅加达湾。大雅加达特区面积为650.4平方千米,分为五个市,即东、南、西、北、中雅加达市,其中,东雅加达市面积最大,为178.07平方千米,人口达1 019万。雅加达被划为首都特区,由印度尼西亚政府直接管辖,享有省级地位。多数居民为印度尼西亚爪哇人,少数为华人、华侨、荷兰人,官方语言为英语、印度尼西亚语。作为印度尼西亚的政治、经济、文化中心,海陆交通的枢纽,雅加达也是太平洋与印度洋之间的交通咽喉,是亚洲通往大洋洲的重要桥梁,国内外的许多船只都把雅加达作为一个停靠站。

雅加达是印度尼西亚的经济中心,占该国生产总值的28.7%。经济主要以金融居多,拥有国内最大的金融和主要工商业机构,就业人口因而以从事商业、贸易、银行居多,其次是服务业、工业及交通业。主要工业部门有造船、纺织、汽车装配、建筑材料、化工和食品加工等。印度尼西亚是东南亚最大的石油生产国,雅加达的炼油厂逐年扩大,产品大部分通过外港出口。雅加达的旅游业也十分发达,是印度尼西亚三大旅游城市之一,世界著名的波格尔植物园及茶园坐落在此,还有独立广场公园、印度尼西亚缩影公园、安佐尔梦幻公园、中央博物馆、伊斯蒂赫拉尔清真寺等名胜古迹。

在城市建设方面,雅加达是一个传统与现代、富有与贫穷对比强烈的城市,城市布局颇具英国风格。雅加达城区分为两个部分,北面滨海地区是旧城,为海运和商业中心,南面是新区,为行政中心。两区已连成一片,难以区分。雅加达市中心独立广场的东面是国家宫,原是荷兰总督的官邸,现为印度尼西亚的总统府,广场西面是国家博物馆。城市有众多名胜古迹,包括旧葡萄牙教堂、国家档案馆、总统府、伊斯蒂赫拉尔清真寺、旧市政厅、伊里安国家纪念碑等。

二、特大城市

1. 新加坡

新加坡毗邻马六甲海峡南口,北隔狭窄的柔佛海峡与马来西亚紧邻,土地面积718.3平方千米，海岸线总长200余千米，由新加坡岛、圣约翰岛、龟屿、圣淘沙岛、姐妹岛、炯岛等60余岛屿组成，最大的三个外岛为裕廊岛、德光岛和乌敏岛。2014年常住总人口为547万，人口密度7 615人/平方千米。新加坡以符合都市规划的方式将全国划分为五个社区（行政区），分别为中区社区、东北社区、西北社区、东南社区和西南社区，由相应的社区发展理事会管理。新加坡人主要是由近100多年来从欧亚地区迁移而来的移民及其后裔组成，其移民社会的特性加上殖民统治的历史和地理位置的影响，使得新加坡呈现出多元文化的社会特色。新加坡公民主要包括四大族群：华人（汉族），占总人口的74.2%；马来族（13.3%）；印度裔（9.1%）；欧亚裔（3.4%）。大多数新加坡华裔的祖先源自中国南方，尤其是福建、广东和海南，其中以闽南人为主，其次是潮汕人、广府人、莆仙人（莆田人）、海南人、福州人、客家人等。

新加坡经济以外向型为主导特征，2013年，国内生产总值2 422亿美元，人均国内生产总值5.4万美元。根据2014年全球金融中心指数（GFCI）排名报告①，新加坡是全球第四大国际金融中心。经济以电子、石油化工、金融、航运、服务业为主，高度依赖美、日、欧和周边市场，主要贸易伙伴包括马来西亚、泰国、中国、日本、澳洲、韩国、美国、欧盟、印度尼西亚等。服务业在新加坡经济中扮演重要的角色，主要产业包括批发零售业、商务服务业、交通与通信、金融服务业、膳宿业等。批发与零售业、商务服务业、交通与通信业、金融服务业是新加坡服务业的四大重头行业。依托这四大服务业的发展，新加坡确立了其亚洲金融中心、航运中心、贸易中心的地位。此外，新加坡的旅游业也十分重要，是外汇主要来源之一，游客主要来自东盟国家、中国、澳洲、印度和日本等地。

在社会发展方面，新加坡已达到发达国家城市的水平。居民住房拥有率达90.5%，人均寿命82.5岁，识字率96.7%（15岁以上）。全国平均每一万人有医生23人，共有病床1.2万张。每千人拥有私车110辆，手机渗透率148%，家庭电脑拥有率81%，上网率77.7%。

2. 胡志明市

胡志明市，为纪念越南共产党的主要创立者胡志明而设立，原名叫"西贡"。胡志明市是越南第一大城市，是越南五个中央直辖市之一，是越南南方经济、文化、科技、旅游和国际贸易中心，面积2 095平方千米，人口700多万。位于湄公河三角洲东北、同奈河支流西贡河右岸，距海口800千米。社会经济发展受西方影响，商业发达，有"东方巴黎"之称。

胡志明市是越南最大的工业基地，工业产值占全国工业总产值的30%以上。2013年，

---

① "全球金融中心排名：纽约居榜首 深圳超上海"，财新网，http://datanews.caixin.com/2014-03-18/100653019.html（访问日期：2015-09-22）。

胡志明市生产总值达764万亿盾（约合363亿美元），同比增长9.3%，人均GDP为4 513美元。主要有碾米、制糖、酿酒、编织、卷烟、化学、造船和机械修配等产业，郊区为稻米主要产地，是东南亚最大的米市之一，每年的大米出口约占越南大米总出口的1/4。胡志明市为了吸引外资，加快建设步伐，开辟了灵中出口加工区和新顺出口加工区。同时，胡志明市是越南南方的重要交通枢纽，有越南最大的内河港口和国际航空港。铁路可通往河内及其他大中城市，公路可通往全国各地，经公路或水路可通往柬埔寨和老挝。

3. 河内

河内，越南首都和第二大城市及政治中心、历史名城，面积3 324平方千米，人口623万余人。位于越南境内红河三角洲西北部，坐落在红河右岸和红河与苏沥江的汇流处，无论是从南方到北方，还是从内地到沿海，均是必经之地，地理位置十分重要，水、陆、空交通都很便利。由于地处亚热带，临近海洋，气候宜人，四季如春，有"百花春城"之称。

自20世纪90年代开始，河内的工业开始迅速发展，拥有8个工业园区，正在兴建的有5个大型工业园区、16个中小型的工业群。以机械、化工、纺织、制糖、卷烟等工业部门为主，是全国的机器制造中心。除此之外，主要支柱产业还包括农业和贸易，其中，农业正在努力进行改革，引进新的高产粮食和牲畜种类，并推行现代的农业管理技术。河内经济结构逐渐转型，现代旅游、金融和银行业逐渐占据重要地位。然而，河内的经济增长速度与基础设施水平不相匹配，过多的人口产生了极大的住房需求，交通系统和新兴城区的建造速度仍然严重滞后。

4. 仰光

仰光，位于伊洛瓦底江入海口附近，仰光河（又名"莱河"）与勃生堂河交汇处，是一座具有热带风光的美丽的海滨城市。城区三面环水，东面是勃固河，南面是仰光河，西有伊洛瓦底江入海汊河之一的莱河。仰光不仅是缅甸的政治、经济、文化中心，也是缅甸最大港口和东南亚最大港口之一。仰光市共辖27个镇区，市区总面积约598.75平方千米，居民中的90%为缅甸人，其余为华人、印度人等。

仰光是缅甸最发达和最富庶的地区，有三大出口产品，分别是稻米、柚木和宝石。仰光附近的伊江三角洲和锡唐河谷一带是水稻的主要产区，产量占缅甸稻谷总产量的2/3以上。仰光的宝石和玉石在世界上享有盛誉，宝石贸易已成为国家外汇的主要来源之一。与其他东南亚的大城市比较，仰光相对不太繁荣。新城区和其他近郊地区仍然很贫穷。20世纪30年代，仰光遭受到严重的地震和海啸的重创，在第二次世界大战时期又成为同盟国和日本的战场，更因为缅甸军政府所采取的孤立政策，使城市经济一蹶不振。近几年，仰光工业开始发展起来，全国30%的产业工人集中在仰光，全国30%的稻米、矿石、木材、棉花输出和贸易多在此进行，仰光成为缅甸全国的贸易中心。外国在仰光主要的投资领域为石油天然气、水产业、矿产业、成衣制造业和饭店旅游业，主要投资国为新加坡、英国、泰国。

三、主要大城市

1. 吉隆坡

吉隆坡，马来西亚的首都和三个直辖区之一，位于雪兰莪州之中和马来西亚半岛中央偏西海岸。城市总面积243平方千米，市区人口190万，是马来西亚政治、经济、金融、工业、商业和文化中心。吉隆坡是一座新旧辉映、东方色彩与西方文明有机融合的新兴国际大都市，也是一个具有独特魅力的城市，充满多元文化的气息，风俗传统别具特色，全方位凸显了马来西亚多民族和睦共存、开拓奋进的独特魅力。坐落于市中心的石油双塔是吉隆坡的著名地标。华人是吉隆坡的主要族裔，占该地区总人口的42%。

吉隆坡和邻近区域是马来西亚工业化与经济快速发展的区域。在吉隆坡，制造业、农业和服务业都较为发达。制造业部门齐全，产品种类繁多，产值及就业人数均居马来西亚全国第一，农业主要是发展橡胶，橡胶业是国内的一个重要产业。服务业以金融、保险、地产批发、零售、餐厅、旅馆、运输、通信、公共服务、政府雇员为主。吉隆坡市内设有越来越多的伊斯兰金融机构，如世界上最大的伊斯兰银行Al-Rajhi银行。道琼斯公司与吉隆坡证券交易所合作，创立马来西亚指数股票型基金，提升马来西亚在东南亚的商业金融地位。许多本地和跨国金融、会计和资讯科技公司在吉隆坡设立总部。

2. 泗水

泗水，印度尼西亚东爪哇省省会和第二大城市，面积326平方千米，常住人口270万。城市的正北方是邻近乌戎海军基地的著名港口丹戎佩拉港，该港是仅次于雅加达的爪哇第二大港。泗水交通设施完善，电车轨道铺遍全城。泗水是印度尼西亚工业化程度最高的工商业城市，印度尼西亚很大一部分的进口商品都通过泗水港口进入国内，而出口的大宗蔗糖、咖啡、烟草、柚木、木薯、橡胶、香料、植物油和石油产品也通过该港口输出。工业有船坞、铁路机车制造、纺织、玻璃、化工、啤酒酿造、卷烟和制鞋。在交通方面，该市与爪哇各城镇有良好的铁路、公路与航空联系。泗水有国际航空站和庞大的渔船队，城市周围是富饶的农业区。市内有著名古建筑大清真寺和荷兰古堡，以及包括艾尔朗加大学、理工学院、海军学院等在内的多所大学。泗水市在2003年还与中国广州市建立了合作交流关系。

3. 棉兰

棉兰是印度尼西亚苏门答腊岛第一大城市，北苏门答腊省首府，位于苏门答腊岛东北部日里河畔。棉兰市设有21个区和151个分区，人口约211万，由爪哇人、马来人、华人等组成，其中华人占19%以上。历史上，棉兰是烟草、橡胶、椰子、茶、油棕等农产品集散地和加工中心。工业有炼油、化工、纺织、机械制造、椰油、橡胶制品、卷烟、肥皂、饮料等。设有种植园、油田和铁路管理局、货栈及与之紧密联系的国内外银行机构，是仅次于雅加达的金融和商业中心。市内有外港勿老湾，是现代化港口，是石油装运、橡胶、烟草、剑麻和棕油的出口港，进出口船舶吨位居印度尼西亚第四，仅次于雅加达、巨港和泗水。

4. 金边

金边，柬埔寨的首都和最大的城市，为柬埔寨政治、经济、文化、交通、贸易和宗教中心。坐落在湄公河与洞里萨河之间的三角洲地带，面积375平方千米，人口约200万。在金边的民族构成中，90%为高棉族，其余少数民族为华族、占族、普侬族、佬族、泰族。90%的金边市居民信奉佛教，少数人信奉伊斯兰教与基督教。使用的官方语言为柬埔寨语，并有少数的英语与法语。金边是一个内河港口，3 000～4 000吨海轮从金边沿湄公河顺流而下，可经越南南方直接驶入南中国海。柬埔寨仅有的两条铁路会合于金边。金边—马德望铁路经过干丹省、磅士卑省、磅清扬省、菩萨省和马德望省，到达柬埔寨第二大城市马德望，再向前延伸，经诗梳风到柬泰边境重镇波贝，与泰国境内的铁路相连，可通往泰国首都曼谷。金边—西哈努克港铁路经过干丹省、磅士卑省、茶胶省和贡布省，通往柬埔寨最大海港西哈努克港。金边的公路更是四通八达，有七条国家公路通向全国各地及其周围邻国。通过这些航空、水路、铁路、公路，可把各省出产的稻米、木材、橡胶、水产等运往金边或出口到世界各地，也把金边的工业产品或进口物资运向全国。

四、中小城市

1. 万象

万象是老挝的首都，是一座历史悠久的城市，始建于公元前4世纪，以前叫文单或雍田，即掸族之城。城市傍依在湄公河左岸，市区由西向东和向北伸展，宽阔的滨河大道横贯全市。万象的工矿企业约占全国的3/4，主要有锯木、砖瓦、纺织、火柴、肥皂等，尤以绸缎、花布、编织及金银首饰业最为著名。老挝居民85%以上信奉佛教，万象市区到处都可以见到庙宇和宝塔，据说在老挝佛教鼎盛时期，市内有149座佛寺，如今保留下来的有34座。这些古老的佛寺、精美的佛塔以及精湛的浮雕都是老挝古代文化的宝贵遗产，而最著名的是市区北面的塔銮，它是万象著名的旅游胜地之一。

2. 斯里巴家湾市

斯里巴家湾市是文莱的首都，原名文莱市，始建于中世纪，16世纪手工业闻名。濒临文莱河，邻近文莱湾，人口约6万，主要是马来人和华人。斯里巴家湾市是世界上最大的水上村庄，有"东方威尼斯"的美称。斯里巴加湾市是全国的政治、经济、文化教育中心，重要农贸中心、河港。随着文莱石油经济的飞速发展，该市现已建设成为一个现代化城市。斯里巴家湾市的工业主要是石油、天然气、橡胶和木材加工等，居民生活所需的食品、衣物等日常消费品依赖进口。交通联系全国各地，主要滨海公路可通诗里亚和马莱奕，港区有两座码头。1973年建成现代化国际机场，航线通新加坡、曼谷、马尼拉、吉隆坡等地。城市中有豪华宫殿、体育馆、博物馆和巨大清真寺等，还有博尔基亚苏丹陵墓、丘吉尔纪念馆、国家博物馆等名胜古迹，是东南亚的游览胜地之一。

3. 帝力

帝力，东帝汶的首都及国家政治、经济和文化中心，人口16.7万人，是主要港口和商业中心，帝力机场同时为民航及军方所用。位于帝汶岛东北海岸，临翁拜海峡，遥对阿陶罗岛，三面环山，北濒海洋。气候炎热，终年高温，是一个深水良港。经济以农牧业为主，附近有油田和金矿，盛产香水、肥皂、陶器和纺织品，加工咖啡，手工艺有牙雕、木雕与草编。出口棉花、咖啡、大米、小麦、檀香木、羊毛、椰干与皮革。帝力集中了东帝汶80%以上的经济活动。资源方面主要矿藏有金、锰、铬、锡、铜等，帝汶海有储量丰富的石油和天然气资源。

第四节 政策启示

城市化的快速推进是近年来东南亚区域发展的显著特征。1960年至今，东南亚各国先后经历了较快的城市化发展时期，城市化率由1960年的22.7%增长至2014年的47.03%，城市化率虽然仍低于世界平均水平，但其差距逐渐缩小。东南亚城市人口增长迅速，由1990年的1.58亿人增长到2014年的2.94亿人，25年来增长近1倍，体现出快速城市化的特征。这些人口主要集聚在首都周边的特大城市地区，显现出首都超前发展的"特大城市化"现象。与此同时，东南亚的城市化质量较低，表现为城市人口增长与其就业性质、生活质量、文化教育水平等城市生活方式的转化脱节，呈现"虚假城市化"特征。这些特征对东南亚地区城市的可持续发展产生了诸多挑战。

当前，由"丝绸之路经济带"和"21世纪海上丝绸之路"构成的"一带一路"倡议进入全面推进建设阶段。东南亚地区毗邻中国南海，是中国推进海上丝绸之路战略的必经通道和重要合作平台，是中国与世界关系格局中的重要组成部分，也是中国经济对外线路中的重要节点区域。在这一背景下，城市化的快速推进依然是未来东南亚区域发展的主旋律。东南亚总体城市化处于中期阶段表明了未来东南亚的城市化进程依然持续很长时间。而这一过程中对交通、市政、公共服务等重大基础设施建设的需求将与日俱增，对房地产的需求也将持续增大。因此，未来中国与东南亚区域的经济合作重点将集中在重大基础设施建设和房地产领域。但与此同时，东南亚各国的城市化进程具有显著差异：新加坡和文莱呈现人口—经济—社会城市化高水平协调发展特征；马来西亚、印度尼西亚、菲律宾、越南、老挝、缅甸的人口城市化超前发展，属于"超前城市化"国家；泰国显现出人口城市化滞后发展特征；柬埔寨的人口—经济—社会城市化都表现出低水平的滞后发展。因此，中国与各国间的区域合作应根据其城市化发展阶段差异特征，针对不同国家差异性的发展需求特征，因地制宜地制定分区分类差异化的政策，使中国—东南亚区域合作更具针对性，更具效益。另外，由于东南亚城市体系发展极其不平衡，首都极化和大城市化显著，因此，东南亚各国首位城市（及其与首位城市相关的）产业需求将是中国与东南亚区域合作的重点区域。因此，可从以下三个方面开展中国与东南亚的区域合作。

第一，推进与东南亚地区城市间的交流合作。通过建立"友好城市"和开展"城市论坛"等方式加强中国（尤其是华南、西南地区）与东南亚城市间的经济、文化、贸易等方面的联系。将城市间的友好联络作为国家间交流合作的"原点"和"支点"，成为中国—东南亚合作的首要空间载体。

第二，加强与东南亚地区基础设施建设的合作。积极参与东南亚地区的交通基础设施、市政基础设施、能源基础设施、环境保护基础设施的投资、建设、运营、管理等多环节。可采取合资、购买—建设—经营、建设—经营—转让、管理契约等模式，实现与东南亚国家多元化的基础设施建设合作。

第三，加强与东南亚城市流空间网络的融合。进一步推动中国与东南亚陆上交通联系，加强二者之间的铁路与公路建设，完善中越通道、中老通道、中缅通道，强化中国西南地区与东南亚的交通可达性；进一步增加中国与东南亚主要城市的航空线路，推动中国—东南亚航空网络一体化；根据贸易需求开通更多航运线路，为中国—东南亚经贸往来提供坚实的运输保障；更加注重中国与东南亚信息基础设施的网络连通，形成高效的信息网络。通过上述措施，综合提升中国与东南亚人流、物流、信息流的空间联系，最终形成区域一体化程度较高的流空间网络。

参 考 文 献

[1] Asian Developent Bank. 1997. *Aspects of Urban Water and Sanitation in the Context of Rapid Urbanization in Developing Asia*.
[2] United Nations. 2014. *World Urbanization Prospects: The 2014 Revision*. New York.
[3] 费昭珣："东南亚国家的城市化进程及其特征"，《东南亚研究》，1999年第4期。
[4] 刘倩倩："东南亚国家城市化发展与城市贫困问题"，中国国际扶贫研究中心研究报告，2013年。
[5] 饶本忠："论东南亚国家城市化的差异及其形成原因"，《东南亚纵横》，2004年第10期。

[6] 陶涛、周梦璐:"亚洲城市化进程对中国新型城市化的启示",《云南师范大学学报(哲学社会科学版)》,2014年第4期。
[7] 吴崇伯:"东南亚国家的就业形势、对策与前景",《南洋问题研究》,2000年第1期。
[8] 新玉言:《国外城镇化:比较研究与经验启示》,国家行政学院出版社,2013年。
[9] 中华人民共和国国家统计局:《国际统计年鉴》(2011),中国统计出版社,2011年。
[10] 中华人民共和国国家统计局:《国际统计年鉴》(2014),中国统计出版社,2014年。

第三章　人口与劳动力

第一节　人口变动与分布格局

东南亚人口呈现稳定增长态势,增长速度与世界基本相同。各国人口数量差异巨大,印度尼西亚人口最多,东帝汶人口最少。人口密度远高于世界平均水平。

一、人口数量与变动趋势

2014年,东南亚人口总量为6.26亿人,相比于1990年4.44亿人的总人口(表3-1),增长了1.82亿人,年均增长率为1.44%,高于同期世界人口年均增长率(1.29%),人口增长较快。东南亚人口占世界比重由1990年的8.34%增加到2014年的8.64%。根据联合国发布的世界城市化远景报告的预测结果,2050年东南亚总人口将达到7.87亿人(United Nations, 2014)。

表3-1　1990~2014年东南亚人口及其占世界人口的比重

年份	1990	2000	2005	2010	2014
东南亚人口(万人)	44 374	52 126	55 904	59 497	62 598
占世界人口比重(%)	8.34	8.54	8.61	8.64	8.64

资料来源:United Nations,2014;《国际统计年鉴》(2014)。

从人口增长速度看,1990~2014年,东南亚人口的年均增长率为1.44%,略高于世界1.29%的平均水平。但总体上,1990年以来东南亚人口增长率呈下降趋势:1990~2000年,东南亚人口的年均增长率高达1.62%,而2010~2014年降低为1.28%,与世界平均水平基本一致(图3-1)。

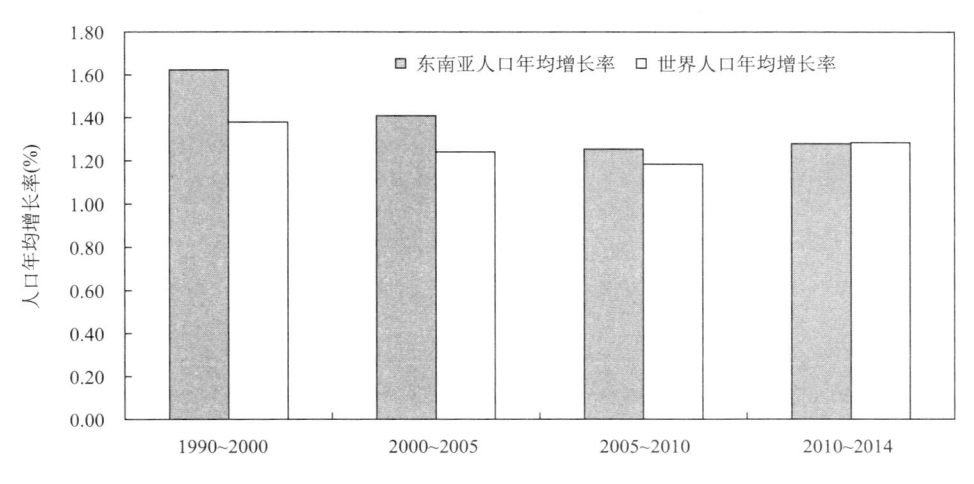

图 3-1　1990～2014 年东南亚人口增长变动及其与世界水平的比较

资料来源：同表 3-1。

二、人口数量空间差异

东南亚各国人口差异巨大，人口最多的是印度尼西亚，总人口达到 2.53 亿人，占世界人口的比重达 3.49%；泰国、越南、菲律宾的人口总量都超过 5 000 万人，人口最少的是文莱，仅 42.3 万人（表 3-2）。从区域尺度看，印度尼西亚人口占东南亚总人口的比重达到 40.4%，其次是菲律宾、越南、泰国和缅甸，占东南亚人口的比重分别为 16.0%、14.8%、10.7%、8.6%，比例最少的是文莱，仅占 0.1%（图 3-2）。

表 3-2　1990～2014 年东南亚各国人口数及其变动格局

国家	1990 年（万人）	2014 年（万人）	占世界人口比重（1990 年,%）	占世界人口比重（2014 年,%）
文莱	25.7	42.3	0.004 8	0.005 8
柬埔寨	905.7	1 540.8	0.170 2	0.212 7
印度尼西亚	17 863.3	25 281.2	3.357 2	3.490 1
老挝	424.4	689.4	0.079 8	0.095 2
马来西亚	1 821.1	3 018.8	0.342 3	0.416 7
缅甸	4 212.3	5 371.9	0.791 7	0.741 6
菲律宾	6 194.9	10 009.7	1.164 3	1.381 8
新加坡	301.6	551.7	0.056 7	0.076 2

续表

国家	1990年 （万人）	2014年 （万人）	占世界人口比重 （1990年,%）	占世界人口比重 （2014年,%）
泰国	5 658.3	6 722.3	1.063 4	0.928 0
东帝汶	75.2	115.2	0.014 1	0.015 9
越南	6 891.0	9 254.8	1.295 1	1.277 6
总计	44 373.5	62 598.1	8.339 6	8.641 6

资料来源：同表3-1。

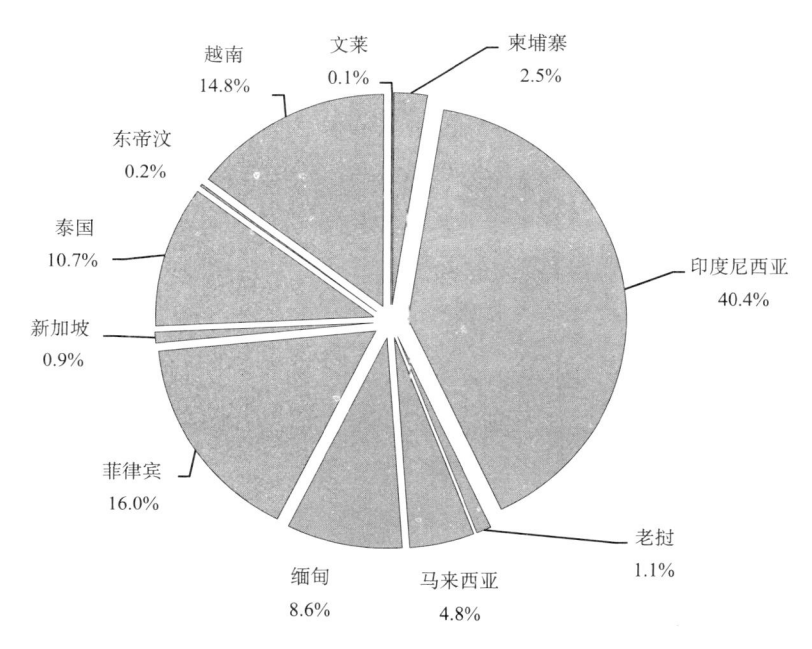

图 3-2　2014年东南亚各国人口占区域总人口的比重

资料来源：同表3-1。

三、人口增长率空间差异

1990~2014年，东南亚人口的年均增长率为1.44%，人口增长数量为1.82亿人，人口增长速度较快。从增量看，印度尼西亚、菲律宾和越南是人口增量最多的三个国家，其次是马来西亚和缅甸，文莱的人口增量最少（表3-3）。从增速看，新加坡的人口增长速度最快，其次是柬埔寨、马来西亚、文莱、老挝、菲律宾，其人口年均增长率都超过了2%，增长速度较快。泰国的人口年均增长率最低，仅为0.72%（图3-3）。

表 3-3　1990～2014 年东南亚各国人口数及其变动的空间差异

国家/地区	1990 年（万人）	2014 年（万人）	人口增长数量（万人）	年增长率（%）
文莱	25.7	42.3	16.6	2.10
柬埔寨	905.7	1 540.8	635.1	2.24
印度尼西亚	17 863.3	25 281.2	7 417.9	1.46
老挝	424.4	689.4	265.0	2.04
马来西亚	1 821.1	3 018.8	1 197.7	2.13
缅甸	4 212.3	5 371.9	1 159.6	1.02
菲律宾	6 194.9	10 009.7	3 814.8	2.02
新加坡	301.6	551.7	250.1	2.55
泰国	5 658.3	6 722.3	1 064.0	0.72
东帝汶	75.2	115.2	40.0	1.79
越南	6 891.0	9 254.8	2 363.8	1.24
东南亚	44 373.5	62 598.1	18 224.6	1.44

资料来源：同表 3-1。

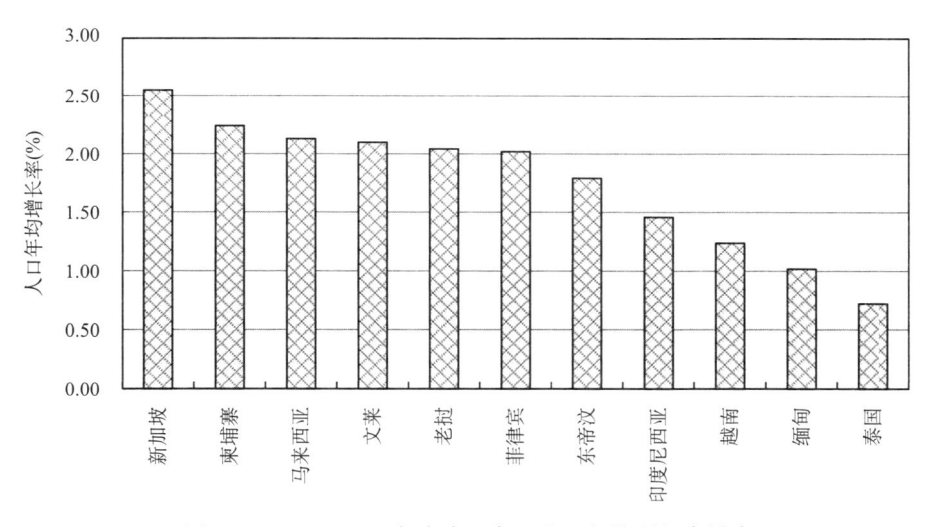

图 3-3　1990～2014 年东南亚各国人口年均增长率排序

资料来源：同表 3-1。

四、人口密度格局

东南亚人口密度为 139 人/平方千米（表 3-4），远高于世界平均水平，是世界上人口稠密地区之一。在东南亚各国中,新加坡人口密度最高,达到 8 527 人/平方千米,其次是菲律宾和越南,分别为 334 人/平方千米和 281 人/平方千米,再次是印度尼西亚和泰国,分别为 133 人/平方千米和 131 人/平方千米,老挝的人口密度最低,为 29 人/平方千米。

东南亚人口稠密地区主要分布在大河沿岸平原、河口三角洲和大岛屿沿海平原上。例如,越南河内地区、泰国曼谷地区、菲律宾、马六甲海峡两岸、印度尼西亚爪哇岛等。这些区域自然条件优越,农业发达,交通便利;而山区交通不便,多为热带雨林,气候过于湿热,导致人口稀疏。

表 3-4　2014 年东南亚各国人口密度

国家	面积（km²）	人口（万人）	人口密度（人/km²）
文莱	5 765	42.3	73
柬埔寨	181 035	1 540.8	85
印度尼西亚	1 904 443	25 281.2	133
老挝	236 800	689.4	29
马来西亚	329 733	3 018.8	92
缅甸	676 581	5 371.9	79
菲律宾	299 700	10 009.7	334
新加坡	647	551.7	8 527
泰国	513 115	6 722.3	131
东帝汶	14 874	115.2	77
越南	329 556	9 254.8	281
总计	4 492 249	62 598.1	139

资料来源：同表 3-1。

第二节　人口发展特征

一、年龄结构

东南亚各国人口的年龄结构各异（表 3-5）。其中,新加坡和泰国的人口老龄化问题显著,而老挝、柬埔寨、菲律宾的年轻人口比重大,人口红利显著。抚养比[①]方面,老挝、菲

---

① 抚养比（即赡养率）＝（老龄人口＋未成年人口）/劳动力人口。

律宾的抚养比非常高，都超过了60，而新加坡和泰国的抚养比较低，分别为35.6和38.6。其他部分国家虽人口红利特征显著，但人口红利具有减少趋势。

表3-5 2012年东南亚各国年龄结构差异

国家	0~4岁	5~19岁	20~54岁	55~64岁	≥65岁	总计	抚养比
文莱	7.8	25.9	56.5	6.1	3.7	100	42.1
柬埔寨	10.7	31.7	47.7	5.5	4.4	100	57.3
印度尼西亚	9.7	27.2	51.3	6.6	5.1	100	51.8
老挝	14.4	34.2	42.9	4.7	3.7	100	63.9
马来西亚	8.5	27.4	51.8	7.0	5.3	100	45.9
缅甸	9.4	29.1	48.9	6.7	5.9	100	43.1
菲律宾	11.4	31.0	47.0	6.0	4.5	100	61.4
新加坡	4.9	18.3	54.2	12.7	9.9	100	35.6
泰国	5.9	21.3	54.4	10.0	8.4	100	38.6
越南	8.2	26.7	52.9	5.7	6.4	100	41.4
东南亚平均	9.3	27.4	50.8	6.8	5.7	100	—

资料来源：《国际统计年鉴》(2014)；ASEAN Statistical Yearbook (2013), The ASEAN Secretariat, Jakarta, 2014. ASEAN是东盟的英文缩写，全称是"The Association of Southeast Aisan Nations"。

1. 新加坡和泰国的人口老龄化问题显著

按照联合国最新的老龄化社会标准（即65岁及以上老人占总人口的7%）统计，新加坡、泰国的65岁及以上老人占总人口的比重分别达到9.9%和8.4%，属于人口老龄化国家。文莱、老挝、柬埔寨、菲律宾等国家65岁及以上老年人口比重相对较低。

在新加坡，由于老年人到60岁没有一定数额的存款，政府将不提供某些保障，所以大部分老年人仍然坚持工作，以达到政府的标准。此外，新生儿的出生率太低，年轻人不愿意生小孩，导致老龄化非常严重。但由于法律限制，新加坡老年人不能从事全职工作，因而常常可以看到出租车司机、大厦管理员等大部分是老年人，不像其他国家，食堂和快餐店收拾盘子不是打工的学生，大部分是老年人。

在泰国，老龄化趋势引起了政府的极大关注。泰国人的生活方式和观念以及家庭的基本结构，正随着时代进步和经济发展逐渐变化。过去几代同堂的大家庭，渐渐由两代人组成的"核心家庭"模式所取代，进而又被只有夫妻、没有孩子的"丁克家庭"分化。越来越多的年轻人在成家后离开父母，单独居住。随着工作压力和经济负担日趋沉重，"子女赡养父母"开始变得不那么理所当然。泰国政府向来主张，赡养老人的责任应由家庭、社区和社会承担，而不应仅仅依赖政府机构。然而，家庭和社会结构的改变，使这种观念受到挑战。与此同时，当前泰国政府养老福利措施的缺失也日益突显。由于秉持传统观念，泰国政府在养老保障方面并没有做好准备。政府直至 1992 年才出台《国家养老长期行动计划（1992～2011）》，拟定了一些保障老年人福利的政策措施，包括培养老年人"自立谋生"的意识和技能，向老年人传播预防疾病和营养保健方面的知识，同时也鼓励社会福利机构为老年人，尤其是低收入或无人赡养的老人提供服务。

2. 老挝、柬埔寨、菲律宾的年轻人口比重大

老挝、柬埔寨、菲律宾 19 岁以下人口与总人口的比重分别达到了 48.6%、42.4%、42.4%，属于年轻型人口结构，而新加坡和泰国的这一指标仅分别为 23.2% 和 27.2%。

以老挝为例，老挝目前的人口结构偏年轻化，社会抚养负担正在减轻，人口红利"两低一高"的趋势越来越明显：少儿抚养负担及老年赡养负担低，适龄劳动人口比重高。目前老挝的人口结构明显属于"年轻型"人口结构，根据联合国人口预测数据显示，老挝将在 2058 年进入所谓"成年型"人口结构，而老挝进入老龄化社会的速度远远低于世界平均水平，因此处于"人口机遇期"。当一个国家大部分人口都处于可用劳动力阶段时，一个国家将会获得人口红利。老挝也不例外，在未来 10～15 年时间内大部分人口都将处于工作年龄段，正确的人口劳动力配置无疑将使得国家繁荣发展。对于老挝来说，未来即将到来的人口红利的机遇期能否被顺利转化为经济增长的动力，需要看老挝政府相应的政策支撑。鉴于老挝国内目前的现实状况，人口红利转化为经济动力的制度性保障仍然欠缺。因为社会抚养负担呈下降趋势的老挝，国内劳动力却处于紧缺的状况，而这种紧缺，并非是劳动力数量因素造成，而是由教育结构和职业培训的落后，以及经济发展未能释放出大量的匹配性劳动力需求导致。老挝国内劳动力人口就业率及劳动参与率都不算太低。但是据联合国发布的 2014 世界人口报告显示，近年来老挝工人的收入却下降了 50%。因此，老挝国内的实际可利用劳动力应该比上述所公布的数据要少，主要原因在于大部分人口集中在农村地区，农业劳动力较多，而工业劳动力较少，另有一部分劳动力迁移到泰国等工资收入较高的国家[①]。

菲律宾的年轻人口比重主要源于人口的快速增长。近几年，菲律宾人口数量保持高速的增长，同时这种人口增长趋势与经济的高速增长是一致的。值得注意的是，菲律宾是一个天主教国家，有 85% 以上的国民信奉天主教，反对堕胎。尽管政府积极地推动健康教育，提倡使用避孕套以减少非计划内怀孕的概率。同时，单个家庭子女的高出生率也是刺激菲律宾人口快速增长的一个重要原因。菲律宾人口委员会调查显示，菲律宾总生育率为 3.2 人，意味着一对夫妇平均有 3～4 名子女。但调查指出，数量庞大的贫困家庭平均每个妇女育有 6

---

① "人口红利是否真的存在？"世界人口网，http://www.renkou.org.cn/countries/laowo/2015/2402.html（访问日期：2015-09-10）。

名子女，而富有的民众反而平均只有2~3名子女。根据菲律宾2012年人口普查的数据，这个国家的人口年龄中位数大约是23岁，是全世界最年轻的国家之一，15~65岁的劳动适龄人口数量占到总人口的60%以上。但菲律宾的经济发展并不能有效满足人口增长带来的就业压力，人口增长较难转化为人口红利。菲律宾海外劳工占到总人口的10%，说明菲律宾国内市场狭小，很难有效地消化庞大的就业压力。在享受人口红利之前，人口增长带来的教育、就业和生活技能方面的压力，是菲政府首先要面对的问题。

3. 部分国家人口红利特征显著，但人口红利具有减少趋势

东南亚国家以发展中国家居多，人口红利正处于收获期。研究认为，人口红利已成为影响东南亚经济未来走向的重要因素，有利于东南亚提升制造业水平，特别是劳动力密集型产业[①]。但是人口结构有利并不必然导致人口红利，还需要对物质和人力资本的投资以及社会、经济、政治制度的保障。随着东南亚劳动力产出和收入的提高，人口红利也将有利于形成更大的消费市场。外资受东盟地区人口红利的吸引，未来十年进入东盟的速度和规模预计将不断增加。人口红利有利于劳动密集型制造业的发展，对吸引这部分外资是有利的。

孟令国和胡广（2013）通过对印度尼西亚、菲律宾、马来西亚、泰国、越南五个国家人口年龄结构及其产生的人口红利情况进行研究表明，东南亚的经济增长与人口结构的转变密切相关。他们指出，东南亚主要国家人口抚养比现在都进入了一个下降通道，其中，各国少儿抚养比的下降幅度都很大，但老年抚养比的变化各不相同，有的已率先进入老龄社会，有的则正处于人口红利期。因为人口结构不同，东南亚各国的经济发展模式也各异。

表3-6　东南亚典型国家优化人口结构的政策

国家	人口与劳动力增长政策
马来西亚	鼓励生育、加强人力资源开发、吸引周边国家劳动力的发展模式
菲律宾	在实行控制人口增长政策的同时，采取向周边国家输出剩余劳动力的模式
印度尼西亚和越南	在控制人口生育率的基础上，既采取多元化吸收劳动力的措施，同时也采取向海外进行劳务输出的模式
泰国	一方面加强人口生育率的控制；另一方面，又实行对外开放、吸收外来劳工并实行多元化经济发展

尽管东南亚人口老龄化水平相对较低，但人口老龄化趋势依然增强，人口红利减少的趋势逐步凸显。研究表明，人口红利减少是经济快速发展和城市化进程的必然结果，东南亚主

---

① 王慧、丁刚："人口红利将托起东南亚经济"，人民网，http://theory.people.com.cn/n/2013/0325/c40531-20902526.html（访问日期：2015-09-11）。

要国家也不例外（孟令国、胡广，2013）。以印度尼西亚为例，总抚养比呈下降趋势，主要因为少儿抚养比的较快下降，抵消了老年抚养比的逐年攀升。进入21世纪以来，随着出生率的降低，老年人口增加，劳动人口比重降低，印度尼西亚也进入了老龄社会，人口红利不断减少，经济增速明显减缓。同样地，菲律宾的总抚养比呈下降趋势，主要是因为其少儿抚养比逐年下降，而其老年抚养比则基本没变；马来西亚的总抚养比呈下降趋势，其中老年抚养比增长缓慢，而少儿抚养比却下跌较快；泰国的总抚养比也呈下降趋势，但这主要是靠少儿抚养比的较快下降形成的，因其老年抚养比在逐年攀升；越南的人口抚养比无论是少儿抚养比，还是老年抚养比，一直呈下降趋势，并且表现较明显。人口红利的减少是东南亚地区人口发展的趋势，并将对经济增长减速或停滞产生影响，从而导致家庭负担过重。

二、性别结构

东南亚各国性别比差异较大，性别比值为 95.6~107.0（表 3-7）。其中，柬埔寨、泰国、新加坡、缅甸、越南的女性人口多于男性，菲律宾、印度尼西亚、马来西亚、文莱的男性人口多于女性，老挝的男女人口数量基本一致（图 3-4）。

表 3-7 2012 年东南亚各国分性别人口数及其性别比

国家	男性人口数（万人）	女性人口数（万人）	男性人口比重（%）	女性人口比重（%）	性别比
文莱	20.7	19.3	51.7	48.3	107.0
柬埔寨	720.4	753.7	48.9	51.1	95.6
印度尼西亚	12 333.1	12 209.4	50.3	49.7	101.0
老挝	325.4	326.0	50.0	50.0	99.8
马来西亚	1 518.7	1 433.1	51.4	48.6	106.0
缅甸	3 013.9	3 083.7	49.4	50.6	97.7
菲律宾	4 905.2	4 854.3	50.3	49.7	101.0
新加坡	188.0	193.8	49.2	50.8	97.0
泰国	3 332.8	3 458.3	49.1	50.9	96.4
越南	4 390.7	4 486.6	49.5	50.5	97.9

资料来源：*ASEAN Statistical Yearbook*（2013），The ASEAN Secretariat, Jakarta, 2014.

以泰国为例，国内人口女性比例显著高于男性，长期下去会对泰国社会未来的人口结构产生影响。通过对泰国国内人口结构的分析研究，发现泰国国内女性人口比男性多约一百万。研究表明，泰国社会男女性别比例的失衡持续已久，从 1960 年起，国内女性人口数量就开始比男性多。国内女性单身趋势加大，出生率下降，每对夫妇平均生育率只有一个小孩，势必对泰国社会未来的人口结构带来影响[①]。

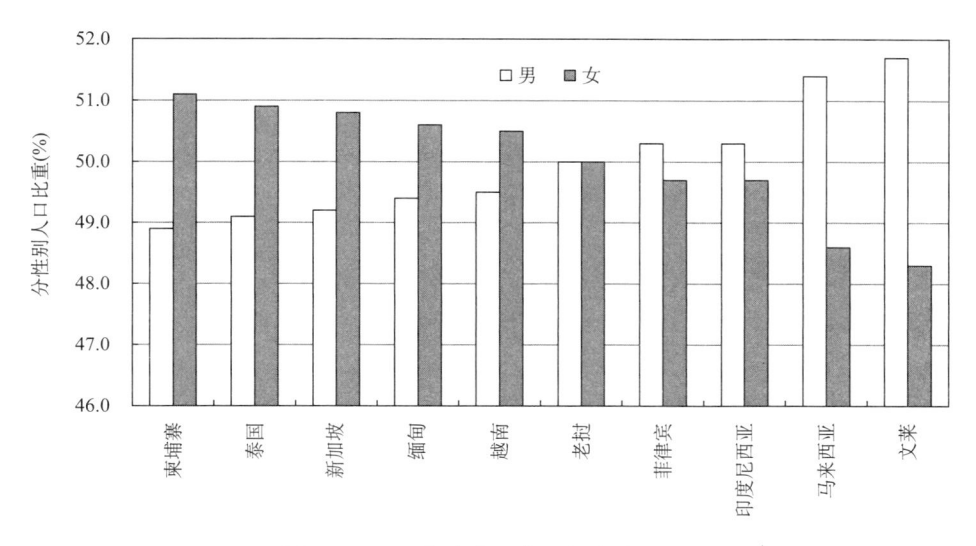

图 3-4　2012 年东南亚各国男女人口比重

资料来源：同表 3-7。

三、健康水平

基于婴儿死亡率和预期寿命两项健康评价指标，新加坡、文莱、马来西亚的总体健康水平较高，而缅甸、老挝、柬埔寨的健康水平较差（表 3-8）。但总体上，2000 年以来东南亚各国的婴儿死亡率都有所降低，人口预期寿命普遍增长，各国的健康状况普遍提升。

在婴儿死亡率方面，2012 年，新加坡仅为 2.3‰，文莱、马来西亚也较低，分别为 6.7‰ 和 7.3‰。而老挝（54.0‰）、缅甸（41.1‰）、柬埔寨（33.9‰）的婴儿死亡率较高。但柬埔寨的婴儿死亡率降低较多，由 2000 年的 81.6‰ 降低到 2012 年的 33.9‰，印度尼西亚、老挝也有较大幅度的改善。

在预期寿命方面，2012 年，新加坡为 82.1 岁，文莱为 78.4 岁，普遍高于东南亚其他国家；缅甸（64.9 岁）、老挝（67.8 岁）、菲律宾（68.6 岁）的人口预期寿命较低，表明其人口健康状况较差。总体上，新加坡的健康状况最好，在 2015 年度"全球最健康国家"排行榜中

---

① "泰国男女人口比例失衡，女性人口比男性多一百万"，中国新闻网，http://www.chinanews.com/gj/yt/news/2008/06-21/1288743.shtml。

名列榜首①。新加坡人口的平均寿命高于很多国家，而婴儿死亡率则低于很多国家。新加坡的健康风险惩罚分很低，也是因为新加坡政府注重人民的健康，鼓励采取健康的生活方式。

表 3-8　东南亚各国婴儿死亡率和预期寿命

国家	婴儿死亡率（‰）			预期寿命（岁）		
	2000 年	2005 年	2012 年	2000 年	2005 年	2012 年
文莱	7.6	7.1	6.7	76.0	77.0	78.4
柬埔寨	81.6	51.9	33.9	61.9	67.0	71.4
印度尼西亚	41.1	33.6	25.8	67.3	68.9	70.6
老挝	84.7	71.0	54.0	61.6	64.5	67.8
马来西亚	8.7	7.0	7.3	72.9	73.7	74.8
缅甸	58.5	50.7	41.1	62.0	63.5	64.9
菲律宾	30.4	27.8	23.5	66.8	67.5	68.6
新加坡	3.0	2.3	2.3	78.1	80.0	82.1
泰国	19.2	15.1	11.4	70.9	72.3	74.2
越南	24.6	20.8	18.4	73.6	74.6	75.6

资料来源：《国际统计年鉴》（2014）。

从医疗卫生的视角来看，东南亚各国健康的主要指标也有很大差异。1 岁以内婴儿接种麻疹疫苗和百白破疫苗比重方面，泰国、新加坡、越南、马来西亚的疫苗接种比例较高，而老挝、缅甸、印度尼西亚、菲律宾等国比重较低；HIV 病毒感染方面，泰国 15～24 岁人口感染 HIV 病毒的比重最高，高达 1.2%，柬埔寨、缅甸、越南也普遍高于 0.5%，而文莱、菲律宾、新加坡的比重低于 0.1%；饮水安全方面，文莱、新加坡、泰国的安全饮用水比重达到 100%。而印度尼西亚仅为 43%，柬埔寨也仅为 51%，饮用水安全隐患较高（表 3-9）。

表 3-9　2012 年东南亚各国健康状况的主要指标　　　　　　　　　单位：%

国家	1 岁以内婴儿接种麻疹疫苗比重	1 岁以内婴儿接种百白破疫苗比重	15～24 岁人口感染 HIV 病毒比重	安全饮用水人口比重
文莱	98.6	90	<0.1	100
柬埔寨	93	95	0.7	51
印度尼西亚	78	90	0.3	43
老挝	72	79	0.3	70

---

① "新加坡被评为世界最健康国家"，联合早报，http://xhg.tiandaoedu.com/about/story/76043.html。

续表

国家	1岁以内婴儿接种麻疹疫苗比重	1岁以内婴儿接种百白破疫苗比重	15～24岁人口感染HIV病毒比重	安全饮用水人口比重
马来西亚	95	99	0.4	94
缅甸	84	85	0.6	—
菲律宾	85	86	<0.1	83
新加坡	95	96	0.1	100
泰国	98	99	1.2	100
越南	96	97	0.5	96

资料来源：同表3-7。

四、出生与死亡情况

在出生率方面，老挝、柬埔寨、菲律宾的出生率较高，普遍在24‰以上，新加坡、泰国的出生率较低，在10‰左右。如表3-10所示，2012年，死亡率方面，缅甸死亡率最高，为8.5‰，泰国死亡率也较高，为7.6‰；文莱的死亡率最低，为3.1‰，新加坡和马来西亚相对较低，分别为4.5‰和4.7‰。人口自然增长率方面，2012年，老挝的人口自然增长

表3-10　东南亚各国出生率、死亡率及人口自然增长率　　　单位：‰

国家	出生率			死亡率			人口自然增长率		
	2000年	2005年	2012年	2000年	2005年	2012年	2000年	2005年	2012年
文莱	22.8	19.6	15.9	2.8	2.8	3.1	20.0	16.9	12.9
柬埔寨	27.6	26.2	25.9	8.5	6.9	6.0	19.0	19.3	19.9
印度尼西亚	21.5	21.4	19.2	6.8	6.6	6.3	14.7	14.8	12.9
老挝	30.9	28.4	27.3	8.4	7.2	6.1	22.5	21.2	21.2
马来西亚	22.7	18.5	17.6	4.4	4.5	4.7	18.3	14.1	13.0
缅甸	20.9	19.0	17.4	8.8	8.5	8.5	12.1	10.5	8.9
菲律宾	29.6	27.3	24.6	6.1	6.0	6.0	23.5	21.3	18.6
新加坡	11.8	10.2	10.1	3.9	4.4	4.5	7.9	5.8	5.6
泰国	14.6	12.6	10.5	6.8	7.0	7.6	7.8	5.6	2.9
越南	17.3	17.0	15.9	5.4	5.4	5.7	11.9	11.5	10.2

资料来源：同表3-8。

率最高，达 21.2‰；柬埔寨、菲律宾的人口自然增长率也非常高；泰国的人口自然增长率最低，为 2.9‰；新加坡、缅甸的人口自然增长率分别为 5.6‰ 和 8.9‰，在东南亚国家中属于较低水平。总体上，泰国人口呈现"低出生、高死亡、低增长"特征，老挝、柬埔寨、菲律宾人口呈现"高出生、低死亡、高增长"特征，新加坡人口呈现"低出生、低死亡、低增长"特征。

2000 年以来，各国的出生率都有一定幅度的下降趋势，而死亡率则有降有升。泰国、马来西亚、新加坡、越南、文莱的死亡率有所上升，其中泰国和新加坡上升幅度较为显著，柬埔寨、老挝则死亡率降低较为显著。人口自然增长率变动方面，文莱、马来西亚、缅甸、泰国都有非常显著的下降。

五、其他社会特征

受教育水平和收入状况是人口的其他两个重要特征，前者反映人口的文化程度，后者反映人口的经济地位和生活水平。从受教育程度看，东南亚各国教育水平差距明显（表 3-11）。2012 年，新加坡人口的平均受教育年限达 10.2 年，而缅甸仅为 4 年，远低于世界平均水平。马来西亚、菲律宾、文莱人口的平均受教育年限也相对较高，高于世界平均水平。预期受教育

表 3-11 2012 年东南亚各国人口受教育基本情况   单位：年

国家	平均受教育年限	预期受教育年限
文莱	8.7	14.5
柬埔寨	5.8	10.9
印度尼西亚	7.5	12.7
老挝	4.6	10.2
马来西亚	9.5	12.7
缅甸	4.0	8.6
菲律宾	8.9	11.3
新加坡	10.2	15.4
东帝汶	4.4	11.7
泰国	7.3	13.1
越南	5.5	11.9
世界	7.7	12.2

资料来源：同表 3-8。

年限方面,新加坡、文莱较高,而泰国、印度尼西亚超过了世界平均水平,其中,泰国预期受教育年限显著高于当前的平均受教育年限,显示出其教育水平的快速提升。

从人口的收入水平看,东南亚各国差距巨大(表3-12)。人均国民总收入最高的新加坡(72 371美元)是最低的柬埔寨(2 805美元)的25.8倍。东南亚的人均国民总收入可分为五个等级。第一等级包括新加坡和文莱,人均国民总收入都超过了70 000美元,远高于世界平均水平;第二等级包括马来西亚,人均国民总收入为21 824美元,是世界平均水平的1.6倍;第三等级包括泰国,人均国民总收入为13 364美元,接近世界平均水平;第四等级包括东帝汶、印度尼西亚,人均国民总收入低于世界平均水平;第五等级包括菲律宾、越南、老挝、缅甸、柬埔寨,人均国民总收入远低于世界平均水平,属于较为贫困的国家(图3-5)。

以日均收入不足2美元作为贫困人口标准,老挝的贫困人口比重高达66%,柬埔寨、越南、印度尼西亚、菲律宾的贫困人口也都在40%以上;以日均收入不足1.25美元作为极度贫困人口标准,老挝的比重达到33.9%,柬埔寨、印度尼西亚、菲律宾、越南的这一数值也都超过16%,贫困问题非常严重。

表3-12 东南亚各国收入与贫困情况

国家	人均国民总收入(美元,2011年)	日均收入不足1.25美元的贫困人口比重(%,2012年)	日均收入不足2美元的贫困人口比重(%,2012年)
文莱	70 883	—	—
柬埔寨	2 805	18.6	49.5
印度尼西亚	8 970	16.2	43.3
老挝	4 351	33.9	66.0
马来西亚	21 824	—	2.3
缅甸	3 998	—	—
菲律宾	6 381	18.4	41.5
新加坡	72 371	—	—
东帝汶	9 674	—	—
泰国	13 364	0.4	4.1
越南	4 892	16.9	43.4
世界	13 723	—	—

资料来源:同表3-8。

```
新加坡      72 371
文莱        70 883
马来西亚    21 824
世界        13 723
泰国        13 364
东帝汶      9 674
印度尼西亚  8 970
菲律宾      6 381
越南        4 892
老挝        4 351
缅甸        3 998
柬埔寨      2 805
```

人均国民收入(美元)

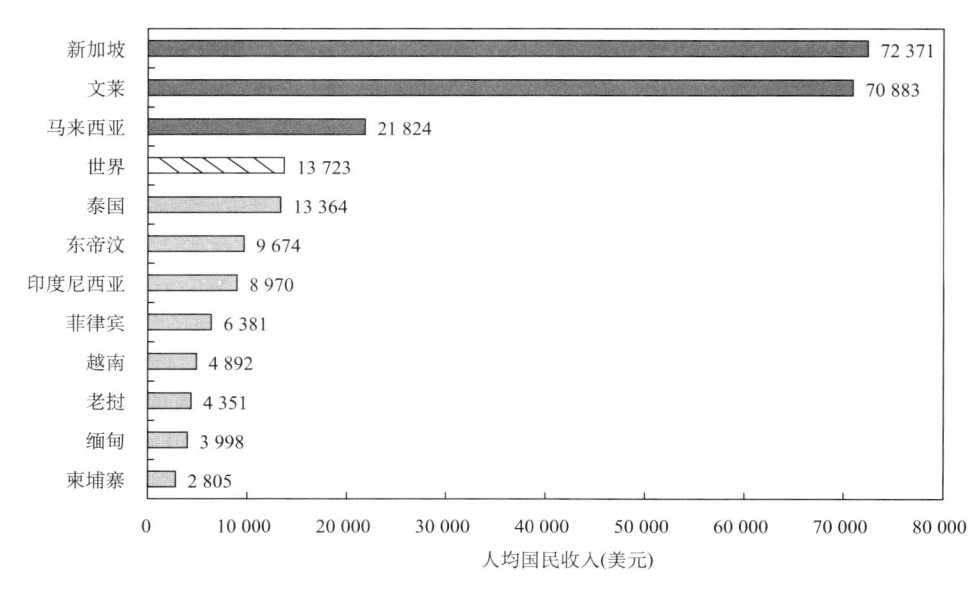

图 3-5 2011 年东南亚各国人均国民收入与世界平均水平的比较

资料来源：同表 3-8。

第三节 劳动力与就业

一、劳动力人口与劳动参与率[①]

2000 年以来，伴随着东南亚各国的人口增长，东南亚劳动力人口大幅增长（表 3-13）。例如，印度尼西亚、菲律宾、越南等国家在 2000～2012 年劳动力人口都增长了超过 1 000 万人，新加坡劳动力人口增加了 1/2。

东南亚国家的劳动参与率普遍高于世界平均水平。其中，柬埔寨、缅甸、越南、老挝四个国家的劳动参与率高达 77% 以上，这是由于这些国家的工资收入偏低、投资市场不完善、教育落后、社会保障制度不完善等导致。马来西亚、文莱的劳动参与率相对较低。世界平均劳动参与率由 2000 年的 70.3% 降低到 2012 年的 63.6%，反映了劳动参与率下降的世界性趋势，但东南亚的柬埔寨、缅甸等国的劳动参与率仍然处于上升趋势。

女性劳动参与率方面，2012 年世界平均水平为 50.5%，而东南亚仅马来西亚低于世界

---

① 劳动参与率，是指经济活动人口（包括就业者和失业者）占劳动年龄人口的比率，是用来衡量人们参与经济活动状况的指标。

平均水平，其余国家的女性劳动参与率都较高，如柬埔寨、老挝、缅甸、越南的女性劳动参与率都高于72%（表3-13）。

表3-13 东南亚各国劳动力人口与劳动参与率

国家	劳动力人口（万人）		劳动参与率（%）		女性劳动参与率（%）	
	2000年	2012年	2000年	2012年	2000年	2012年
文莱	16	20	67.7	64.3	55.5	52.9
柬埔寨	568	843	78.5	82.5	76.0	78.9
印度尼西亚	9 765	11 838	67.4	67.8	50.3	51.3
老挝	243	332	79.9	77.6	78.8	76.3
马来西亚	981	1 272	62.8	59.3	44.6	44.3
缅甸	2 574	3 101	76.7	78.6	73.4	75.2
菲律宾	3 113	4 128	65.2	65.2	48.7	51.0
新加坡	207	302	65.4	68.1	52.6	59.0
泰国	3 441	3 942	72.8	72.4	65.4	64.4
越南	4 132	5 286	77.8	77.2	73.1	72.8
世界平均	—	—	70.3	63.6	57.1	50.5

资料来源：同表3-8。

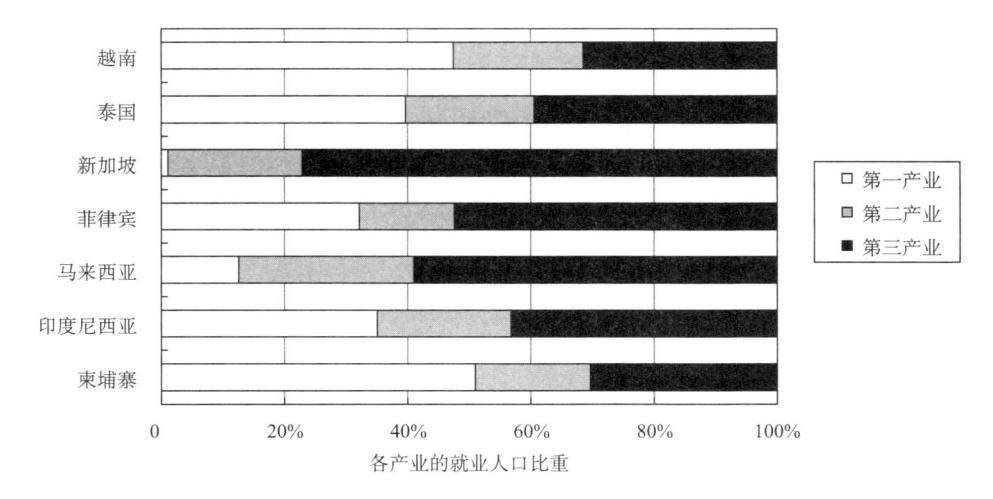

图3-6 2012年东南亚主要国家就业结构

资料来源：同表3-8。

二、就业构成

东南亚主要国家间的就业构成差异巨大（图3-6）。新加坡、马来西亚、菲律宾的就业行业主要集中在第三产业。其中，新加坡第三产业就业人口比重高达77.1%，但新加坡在第二产业就业中依然保留了21.8%。越南和柬埔寨的第一产业就业人口比重最高，泰国的就业人口同时集中在第一产业和第三产业。总体上，东南亚第二产业就业人口比重普遍在20%左右（除了马来西亚的28.4%），因此东南亚的主要就业结构不集中在第二产业，反映了东南亚地区整体工业化水平尚不高。

2000~2012年就业结构变动方面，第一产业就业人口比重普遍下降，第三产业就业人口比重普遍上升，体现出东南亚产业结构由第一产业向第三产业的转移（表3-14）。但第二产业就业的变动各不相同：马来西亚、新加坡的第二产业就业人口比重大幅下降，越南、柬埔寨的第二产业就业人口比重大幅提升，菲律宾、泰国的变动不大。这体现出不同国家发展阶段的差异性。

表3-14 东南亚主要国家就业构成　　　　　　　　　　　单位：%

国家	第一产业就业人口比重		第二产业就业人口比重		第三产业就业人口比重	
	2000年	2012年	2000年	2012年	2000年	2012年
柬埔寨	73.7	51.0	8.4	18.6	17.9	30.4
印度尼西亚	45.3	35.1	17.4	21.7	37.3	43.2
马来西亚	18.4	12.6	32.2	28.4	49.5	59.0
菲律宾	37.1	32.2	16.2	15.4	46.7	52.5
新加坡	—	1.1	33.8	21.8	65.5	77.1
泰国	48.8	39.6	19.0	20.9	32.2	39.4
越南	65.3	47.4	12.4	21.1	22.3	31.5

资料来源：同表3-8。

三、失业问题

由于东南亚国家经济社会发展程度不同，失业率也存在显著的差异。如表3-15所示，2012年柬埔寨、泰国的失业率分别为0.2%和0.7%，而菲律宾、印度尼西亚的失业率都超过了6%，就业问题较为严峻。总体上，农业就业人口比重较高的国家，往往失业率低，如柬埔寨。在这些地区，大多数人从事个体谋生的农业生产活动。泰国成功实现了低失业率与工业化并举。

从2005～2012年的发展看，各国失业率都有不同程度的下降。其中，文莱、印度尼西亚、新加坡、泰国、越南的失业率下降幅度较大，体现出其就业情况明显改善的大趋势；而马来西亚、缅甸、菲律宾失业率的下降幅度则相对较小（表3-15）。

表3-15　东南亚主要国家15岁以上人口失业率　　　　　　　　　　　单位：%

国家	2005年	2006年	2007年	2008年	2009年	2010年	2011年	2012年
文莱	4.3	4.0	3.4	3.7	3.5	2.9	1.7	1.7
柬埔寨	0.8	—	0.7	0.3	0.1	0.3	0.2	0.2
印度尼西亚	10.3	10.3	9.1	6.5	5.8	5.5	5.0	6.1
马来西亚	3.5	3.3	3.2	3.3	3.7	3.3	3.1	3.0
缅甸	4.0	4.0	4.0	4.0	4.0	4.0	4.0	4.0
菲律宾	7.5	7.4	6.3	6.8	7.1	7.1	6.4	6.8
新加坡	4.1	3.6	3.0	3.2	4.3	3.1	2.9	2.8
泰国	1.8	1.5	1.4	1.4	1.5	1.0	0.7	0.7
越南	5.3	4.8	4.6	4.7	4.6	4.3	3.6	3.2

资料来源：同表3-8。

失业人口变动的绝对数量方面，2005年以来，降幅较为显著的是文莱、泰国、柬埔寨和印度尼西亚。其中，印度尼西亚失业人口下降达361.42万，泰国也下降了40.6万，而马来西亚、缅甸、菲律宾、新加坡的失业人口变动不大（表3-16）。

表3-16　东南亚主要国家15岁以上失业人口数量　　　　　　　　　单位：万人

国家	2005年	2006年	2007年	2008年	2009年	2010年	2011年	2012年
文莱	0.72	0.73	0.63	0.7	0.68	0.53	0.32	0.32
柬埔寨	—	—	5.16	2.46	1.1	2.75	1.6	1.2
印度尼西亚	1 085.42	1 093.2	1 001.11	939.45	896.26	831.98	770.01	724
马来西亚	36.81	35.36	35.14	36.85	41.8	39.58	38.29	39.63
缅甸	112	115	118	120	122	124	126	128
菲律宾	261.9	262.5	224.6	252.5	271.9	279.9	264.3	276.3
新加坡	7.49	6.76	5.67	6.29	8.69	6.48	6.06	6
泰国	66.3	55.2	50.8	52.2	57.23	40.22	26.43	25.7

资料来源：同表3-7。

四、劳动力价值

东南亚大多数国家的劳动力价值低于世界平均水平，仅新加坡和马来西亚超过世界平均水平，其他国家均低于世界平均水平，而且这一状况从 2000 年以来均如此（表 3-17），反映了东南亚地区的社会劳动生产率水平尚较低。从区域内部角度看，各个国家的劳动力价值水平差异显著，其中，新加坡是劳动力价值最高的东南亚国家，马来西亚排在第二，最低的是柬埔寨。

表 3-17 显示，尽管大部分国家低于世界平均水平，但 2000~2012 年东南亚国家的劳动力价值均得到普遍增长，反映随着工业化和现代化的发展，社会劳动生产率得到了提高。其中，缅甸的提升幅度最为显著，2000 年每个就业者创造的 GDP 仅为 3 003 美元（1990 年不变价，下同），2012 年则增长到 7 670 美元，提高幅度达 155.41%。其他国家的劳动力价值也有不同程度的增长，但国家间劳动力价值的差异仍然较大。2012 年，新加坡每个就业者创造的 GDP 已达 49 719 美元，而柬埔寨仅 5 449 美元，两者差距达到 9.12 倍，即缅甸 9.12 个就业人员创造的价值才相当于同期新加坡 1 个就业人员创造的价值。

表 3-17 东南亚主要国家每个就业者创造的国内生产总值（购买力平价法）

单位：1990 年不变价美元

国家	2000 年	2005 年	2009 年	2010 年	2011 年	2012 年	2000~2012 年增长率（%）
柬埔寨	3 103	3 343	4 761	4 988	5 224	5 449	75.60
印度尼西亚	7 588	9 140	10 186	10 474	11 002	11 461	51.04
马来西亚	19 253	22 394	23 920	23 728	24 226	24 857	29.11
缅甸	3 003	4 599	6 301	6 765	7 335	7 670	155.41
菲律宾	6 931	7 398	8 024	8 401	8 457	8 667	25.05
新加坡	41 245	48 122	44 756	48 981	49 704	49 719	20.55
泰国	12 608	14 591	15 157	16 152	15 988	16 764	32.96
越南	3 803	4 801	5 654	5 877	6 061	6 272	64.92
世界平均	13 936	15 766	17 371	18 074	18 556	18 948	35.96

资料来源：同表 3-8。

五、劳动力成本

以东南亚主要国家的月平均实际工资为视角，总体上，除菲律宾以外，东南亚各国的劳动力成本逐年上升（表 3-18）。2000 年以来，印度尼西亚的月平均实际工资增加 46.20%，增幅显著；马来西亚增加 26.44%，新加坡（增加 14.52%）和泰国（增加 14.28%）的增幅不大，菲律宾 2005 年以来的劳动力成本反而略微下降。

表 3-18　东南亚主要国家月平均实际工资（本币）

国家	2000 年	2005 年	2007 年	2008 年	2009 年	2010 年	2011 年
印度尼西亚	731 925	1 102 777	1 018 990	998 811	1 002 981	1 070 097	—
马来西亚	1 808	2 119	2 185	2 115	2 115	2 199	2 286
菲律宾	—	6 760	6 757	6 534	6 536	6 639	6 564
新加坡	3 498	3 808	4 047	4 001	3 873	3 978	4 006
泰国	7 757	7 908	8 088	8 453	8 317	8 579	8 865

资料来源：同表 3-8。

以制造业的每小时人工成本分析（表 3-19），菲律宾和新加坡 2000～2012 年都有一倍以上的增长。其中，菲律宾由 2000 年的 1 美元增长至 2012 年的 2.1 美元，尽管增长了一倍以上，但其成本仍然远远低于世界其他主要国家。新加坡由 2000 年的 11.7 美元增长至 2012 年的 24.2 美元，这一数字与以色列、韩国、新西兰、西班牙基本同处一个水平，但依然远低于同为发达国家的澳大利亚、德国、法国、荷兰、加拿大等。总体上，东南亚制造业的每小时人工成本在世界范围依然处于低水平区间，这有助于该地区吸引以劳动力密集型为主的制造业资本。

表 3-19　菲律宾和新加坡与世界主要国家制造业每小时人工成本比较　单位：美元

国家	2000 年	2005 年	2008 年	2009 年	2010 年	2011 年	2012 年	2000～2012 年增长率（%）
菲律宾	1.0	1.2	1.8	1.7	1.9	2.0	2.1	110.00
墨西哥	4.7	5.6	6.5	5.7	6.1	6.5	6.4	35.32
波兰	3.4	5.6	9.6	7.7	8.2	8.7	8.3	141.94
巴西	4.4	5.0	8.4	8.1	10.0	11.7	11.2	157.47
捷克	3.4	7.3	12.2	11.4	11.4	12.7	12.0	251.47
阿根廷	8.2	5.5	10.0	10.2	12.8	16.0	18.9	131.25
以色列	12.3	13.3	18.5	17.6	19.2	21.1	20.1	64.41
韩国	9.6	14.8	16.9	15.1	17.9	19.3	20.7	115.38
新加坡	11.7	13.3	18.5	17.5	19.4	23.1	24.2	106.32
新西兰	9.0	16.3	19.2	17.5	20.4	23.4	24.8	175.22
西班牙	12.4	20.7	27.8	27.9	26.7	28.4	26.8	116.37
英国	20.7	29.7	34.2	29.5	29.1	30.8	31.2	51.09

续表

国家	2000年	2005年	2008年	2009年	2010年	2011年	2012年	2000~2012年增长率（%）
意大利	16.6	27.7	35.1	34.3	33.6	36.2	34.2	105.41
日本	25.0	25.3	27.5	30.0	31.8	35.7	35.3	41.25
美国	25.0	30.1	32.8	34.2	34.8	35.5	35.7	42.91
加拿大	18.3	26.3	32.1	29.4	34.4	36.3	36.6	99.62
荷兰	21.0	33.3	43.1	41.4	39.5	42.3	39.6	88.31
法国	21.4	32.7	41.8	40.4	39.1	42.1	39.8	86.29
德国	25.4	38.0	47.5	45.8	43.8	47.4	45.8	80.20
澳大利亚	16.5	28.6	35.9	33.4	39.7	46.5	47.7	189.85

资料来源：同表3-8。

六、劳动力迁移

根据李昕蕾和任向荣（2008）的研究，东南亚的劳动力迁移主要包括两个方面：一是从东南亚国家迁往东北亚工业化国家和地区（除了新加坡和文莱），具体表现为菲律宾、印度尼西亚、越南等国的移民劳工流向中国香港和中国台湾、日本、韩国，移民以非技术或半技术移民劳工为主，尤其包括女性劳工移民和非正规移民；二是在东南亚区域内部的国际劳工迁移，表现为大批技术和非技术工人从印度尼西亚、菲律宾、越南、泰国流向经济较发达的新加坡、马来西亚、文莱。这些移民输入国相比于移民输出国有着相对较高的工资和较低的失业率。这一层次的移民流动起初源于政府和雇主的劳工招募，随着区域间移民流的形成，迅速发展成为一种自我持续的过程。

这种劳动力迁移无疑增加了东南亚区域经济活力。来自邻国的劳动力转移为移民接收国的快速发展提供了充足动力，降低了这些国家发展的成本。这种移民趋势提高了移民所在国的家庭生活水平，也保障了这些国家的货币稳定性。移民所产生的住房需求和其他商品、服务需求对当地经济产生了具有乘数效应的重大影响。

第四节 政策启示

当前，中国与东南亚国家之间的人口与劳动力流动主要体现在劳动力流动、求学流动、移民流动三个方面。由于东南亚区域内发展极不平衡，应根据不同国家的发展阶段，因地制宜地采用差异化的人口与劳动力政策。

对于东南亚的不发达国家，主要以劳动力流动为主。当前，中国进入了人口红利逐渐消失的新阶段，劳动力成本上升，传统制造业面临挑战，沿海地区出现"用工荒"，劳动力成本持续攀升；发达的一二线城市的基础性服务行业也出现"招人难"的问题。与此同时，东南亚一些不发达国家的人口红利还在持续发挥作用，越南、印度尼西亚、菲律宾、柬埔寨、老挝等国家劳动力成本低廉，二者的互补性明显。因此，在人口与劳动力领域，中国与东南亚的合作可从"引进来"和"走出去"两个方面进行。

"引进来"是指引入东南亚技术工人和服务人员，进入中国从事制造业和基础服务业工作。在中国尝试建立一些中国—东南亚产业合作集聚区，招聘东南亚籍技术工人来中国工作，利用东南亚地区的人口红利解决中国人口红利消失所带来的问题。另外，可根据实际需求鼓励东南亚基础性服务业人员进入中国主要大城市，从事餐饮、搬运、家政等日常基础性服务工作，为这些大城市日常基本运营提供服务保障。

"走出去"是指积极鼓励中国企业到东南亚地区开展教育、医疗卫生、科技、文化等社会事业领域的业务。该措施既可提高当地人口素质和质量，又可推动中国—东南亚之间的区域融合。另外，世界制造业向东南亚地区迁移的趋势依然持续，中国企业可顺势而为，在东南亚地区积极开展劳动技术培训，形成职业教育产业链，并派优秀技术人员和管理人员进入当地企业，扩展"中国制造"的影响力。

对于新加坡等发达国家，以求学流动和移民流动为主。新加坡依然是全球教育水平最高的国家之一。中国应继续加强与新加坡在教育领域，尤其是高等教育领域的交流，通过高级访学、派留学生等方式加强人才交流，促进中国教育科技水平的提升。

参 考 文 献

[1] The ASEAN Secretariat. 2014. *ASEAN Statistical Yearbook*（2013）. Jakarta.
[2] United Nations. 2014. *World Urbanization Prospects：The 2014 Revision*. New York.
[3] 李昕蕾、任向荣："东亚国际劳工移民的流动特征及其动力机制——基于政治经济学的分析向度"，《东南亚纵横》，2008年第11期。
[4] 孟令国、胡广："东南亚国家人口红利模式研究"，《东南亚研究》，2013年第3期。
[5] 中华人民共和国国家统计局：《国际统计年鉴》（2014），中国统计出版社，2014年。

第四章 经济发展与投资政策

第一节 经济发展

一、经济总体概况

2014年,东南亚地区生产总值达24 796亿美元,约为同年中国的24%,人均GDP为3 973美元,外国投资净流入为1 316亿美元(图4-1)。印度尼西亚是东南亚最大的经济体,经济总量达8 885亿美元,占区域经济总量的35.8%。东帝汶是最小的经济体,也是世界最贫穷的国家之一,经济总量仅为16亿美元,人均GDP为1 280美元。新加坡和文莱虽然是最小的国家,但却是人均GDP最高的两个国家,分别达到56 287美元和40 776美元,分别是区域平均水平的14倍和10倍(图4-2)。在东南亚,新加坡是吸引外资最多的城市国家,2014年外资净流入额为647.9亿美元,占整个区域外资流入总量1 316.4亿美元的近一半。

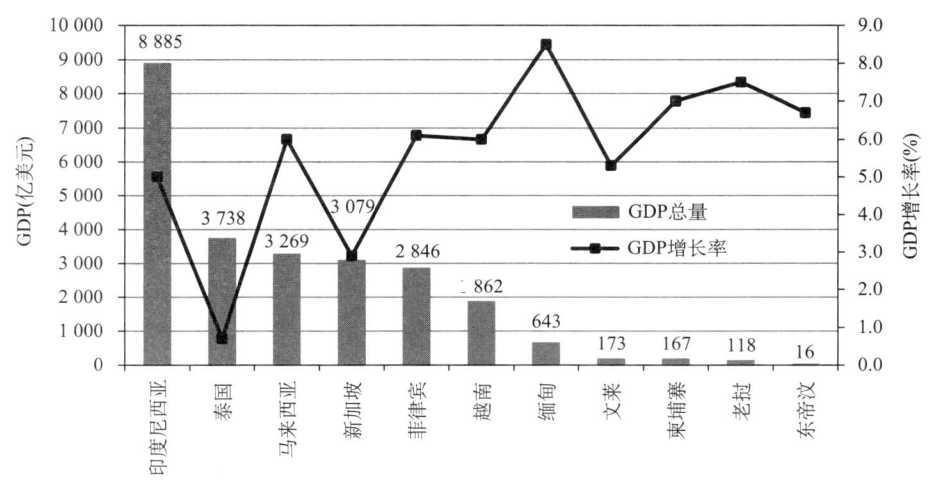

图4-1 2014年东南亚各国GDP总量与增长率

资料来源:根据世界银行国家数据库(http://data.worldbank.org.cn/country)整理。

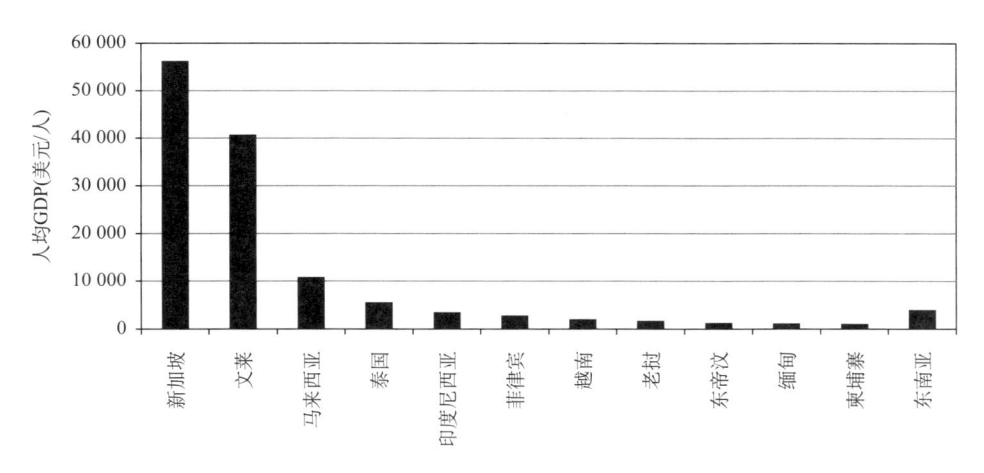

图 4-2 2014 年东南亚各国人均 GDP

资料来源：同图 4-1。

二、发展阶段判断

从平均水平看，东南亚整体处于工业化中期阶段。从国家个体看，国家之间的发展程度存在巨大的差异，分别处于工业化的不同阶段。结合钱纳里经济发展阶段划分标准与三次产业结构特征，可大致将东南亚国家划分为四类经济体（表 4-1）。

第一类是处于工业化初期、以传统农业经济为主的经济体，包括柬埔寨、缅甸、东帝汶、老挝、越南和菲律宾，这些国家的人均 GDP 均在 3 000 美元以下，第一产业占 GDP 的比重都在 10% 以上。这些国家的工业基础薄弱，工业化不发达，第二产业比重明显低于以传统服务业为主的第三产业比重。

第二类是处于工业化中期，虽传统农业仍占重要地位，但加工制造业、旅游服务业均较为发达的经济体，包括印度尼西亚、马来西亚和泰国，这些国家的人均 GDP 均超过 3 000 美元，正进入工业化加速发展时期，第二产业比重均达到 40% 以上。其中，印度尼西亚、马来西亚与新加坡的经济合作关系紧密，加工制造业发展较快。虽然泰国的农业仍然占有重要地位，但制造业和加工业也较为发达，以旅游业为代表的服务业在东南亚处于领先位置（古小松，2013）。

第三类是处于工业化后期、以现代服务业为主导、制造业发达的经济体，即新加坡，人均 GDP 达到 5 万美元以上，达到中等收入国家的水平。新加坡是东南亚国家中综合实力最强的经济体，现代服务业比重远超过工业经济，具有多元化的经济结构，化工、电子、医药、金融保险等现代工业和服务业均较为发达。

第四类是较为特殊的资源型经济体,即文莱,人均 GDP 达到 4 万美元以上。虽然国民收入达到中等发达国家水平,但文莱工业基础薄弱,经济结构单一,主要依赖石油和天然气的开采与生产,第二产业占经济总量的比重明显大于第三产业,产业结构尚未达到工业化后期的阶段。

表 4-1 按经济发展阶段划分的东南亚国家类型

类型	发展阶段特征	国家	三次产业结构(2014 年)		
			一产(%)	二产(%)	三产(%)
第一类型	工业化初期,以传统农业经济为主,工业基础薄弱	柬埔寨	29.8	27.3	42.9
		缅甸	36.4	26.0	37.6
		东帝汶	18.4	19.8	61.8
		老挝	27.5	31.3	41.2
		越南	18.1	38.5	43.4
		菲律宾	11.3	31.2	57.5
第二类型	工业化中期,农业仍占重要地位,但工业基础较好,旅游业较发达	印度尼西亚	13.7	42.9	43.3
		马来西亚	9.1	40.5	50.4
		泰国	11.6	42.0	46.3
第三类型	工业化后期,以现代服务业为主导	新加坡	0	25.1	74.9
第四类型	资源型国家,以油气生产为主,经济结构单一	文莱	0.7	68.2	31.0

注:缅甸为 2010 年的数据,东帝汶为 2012 年的数据,新加坡和文莱为 2013 年的数据。
资料来源:同图 4-1。

三、经济发展特点

1. 经济社会发展不均衡

东南亚各国的经济和社会发展水平很不平衡(表 4-2)。在经济发展方面,按照世界银行人均国民收入的分类,新加坡和文莱属于高收入国家,马来西亚、泰国属于中等偏上收入国家,其他各国属于中等偏下收入国家,其中柬埔寨是国民收入最低的国家。在社会发展方面,根据联合国开发计划署利用人文发展指数(HDI)的划分,新加坡、文莱属于超高人文发展水平国家,马来西亚、泰国属于高人文发展水平国家,其他各国则处于中、低人文发展水平国家,其中缅甸属于人文发展水平最低的国家。东南亚内部发展水平的差异与各个国家的区位、政治环境、资源禀赋以及融入全球经济系统的程度紧密相关。

表 4-2 东南亚国家经济与人文发展水平差异

国家	人均国民收入（美元）	国家	人文发展指数
高收入经济体	GNI≥12 276	超高人文发展水平	HDI≥0.800
新加坡	55 150	新加坡	0.901
文莱	36 710	文莱	0.852
中等偏上收入经济体	3 976≤GNI≤12 275	高人文发展水平	0.700≤HDI＜0.800
马来西亚	10 660	马来西亚	0.773
泰国	5 410	泰国	0.722
中等偏下收入经济体	1 006≤GNI＜3 975	中人文发展水平	0.550≤HDI＜0.700
印度尼西亚	3 650	印度尼西亚	0.684
菲律宾	3 440	菲律宾	0.66
东帝汶	3 120	东帝汶	0.62
越南	1 890	越南	0.638
老挝	1 600	老挝	0.584
缅甸	1 270	柬埔寨	0.569
柬埔寨	1 010	低人文发展水平	HDI＜0.550
		缅甸	0.524

注：①人均国民收入数据来自世界银行国家数据库，人文发展指数来自《国际统计年鉴》（2014）；②根据世界银行的划分，低收入经济体为 1 005 美元或以下者；下中等收入经济体为 1 006～3 975 美元；上中等收入经济体为 3 976～12 275 美元；高收入经济体为 12 276 美元或以上者；③人均国民收入除缅甸为 2012 年的数据之外，其他国家为 2014 年的数据，人文发展指数为 2013 年的数据。

资料来源：世界银行的国家数据库（http://data.worldbank.org.cn/country）；《国际统计年鉴》（2014）。

2. 经济增长速度放缓

近几年，东南亚各国均保持一定的经济增长（表 4-3）。2014 年，马来西亚、缅甸、菲律宾、越南、老挝、柬埔寨、东帝汶的经济增长速度均达到 6% 以上。但从总体趋势看，大多数国家的经济增长速度都不同程度地放缓，这与当前全球经济不景气的大环境紧密相关。新加坡受国际金融危机的影响最大，经济增长率从 2010 年的 15.2% 降至 2014 年的 2.9%，这与其以服务业为主的经济结构和外向型经济有关。泰国受国内政治因素的影响，经济发展几乎停滞，2014 年经济增长率只有 0.7%。文莱和东帝汶的经济增长较为波动，这与它们的国民经济高度依赖石油和天然气出口、受全球市场价格波动的影响紧密关联。

表 4-3 2010～2014 年东南亚国家经济增长概况　　　　　　　　　单位:%

国家	2010 年	2011 年	2012 年	2013 年	2014 年
新加坡	15.2	6.2	3.4	4.4	2.9
马来西亚	7.4	5.2	5.6	4.7	6.0
印度尼西亚	6.2	6.2	6.0	5.6	5.0
菲律宾	7.6	3.7	6.8	7.2	6.1
越南	6.4	6.2	5.2	5.4	6.0
缅甸	—	—	—	8.2	8.5
泰国	7.8	0.1	6.5	2.9	0.7
柬埔寨	6.0	7.1	7.3	7.4	7.0
老挝	8.5	8.0	8.0	8.5	7.5
文莱	2.6	3.4	0.9	−1.8	5.3
东帝汶	9.4	14.7	7.8	5.4	6.7

注：缅甸只有 2013 年和 2014 年的数据。
资料来源：同图 4-1。

3. 经济对外依存度大

东南亚国家的经济对外部市场特别是欧美市场的依赖性很大。20 世纪 80 年代中期开始，多数东南亚国家采取一系列改革政策措施，如私有化、贸易自由化、对外开放等，逐步发展起外向型经济模式。表 4-4 和图 4-3 显示，大多数国家的货物和服务进出口额占 GDP 的百分比达到 100% 以上，包括新加坡、马来西亚、越南、泰国、柬埔寨、文莱、东帝汶。其中，新加坡的外向型经济最明显，货物和服务进出口占 GDP 的百分比高达 350%。在东南亚国家中，印度尼西亚经济的对外依存度是最小的，进出口占 GDP 的比例为 48.2%，其次是菲律宾，进出口占 GDP 的比例为 60.6%。

从进出口平衡度来看，新加坡、马来西亚、越南、泰国、文莱的出口大于进口，处于贸易顺差状态，说明这些国家的外向型经济是比较可持续的。印度尼西亚、菲律宾、柬埔寨、老挝、东帝汶的出口小于进口，处于贸易逆差状态，说明这些国家的外向型经济不可持续，特别是东帝汶，出口远低于进口，如果没有国际社会的援助，东帝汶的经济难以持续。

从外部的贸易伙伴结构看，东南亚经济对中国、日本、欧盟和美国四个经济体具有最大的依存度。无论是进口源地还是出口市场，中国、日本、欧盟和美国都是东南亚对外贸易比例前四位的经济体（图 4-4、图 4-5），其中，中国是东南亚最大的贸易伙伴。2012 年，东盟十国出口到中国的贸易额达到 1 418.9 亿美元，占东盟国家出口总额的 11.3%。同年，从中国进口的贸易额达到 1 775.93 亿美元，占东盟国家进口总额的 14.5%。因此，从国际贸易角度来看,东南亚的经济发展对中国有很大的依存度。

表4-4 2014年东南亚各国货物和服务进出口额占GDP的百分比

国家	进口额（亿美元）	进口占GDP百分比（%）	出口额（亿美元）	出口占GDP百分比（%）	进出口占GDP百分比（%）
新加坡	5 024.5	163.2	5 775.7	187.6	350.8
马来西亚	2 285.3	69.9	2 602.4	79.6	149.5
印度尼西亚	2 176.9	24.5	2 105.8	23.7	48.2
菲律宾	896.4	31.5	828.1	29.1	60.6
越南	1 547.4	83.1	1 608.8	86.4	169.5
泰国	2 530.7	67.7	2 803.5	75.0	142.7
柬埔寨	126.7	75.8	114.3	68.4	144.2
老挝	58.3	49.5	47.4	40.3	89.8
文莱	56.1	32.5	131.5	76.2	108.7
东帝汶	19.3	124.6	1.9	12.1	136.7

注：①缺乏缅甸的数据；②文莱为2013年的数据，东帝汶为2012年的数据。
资料来源：同图4-1。

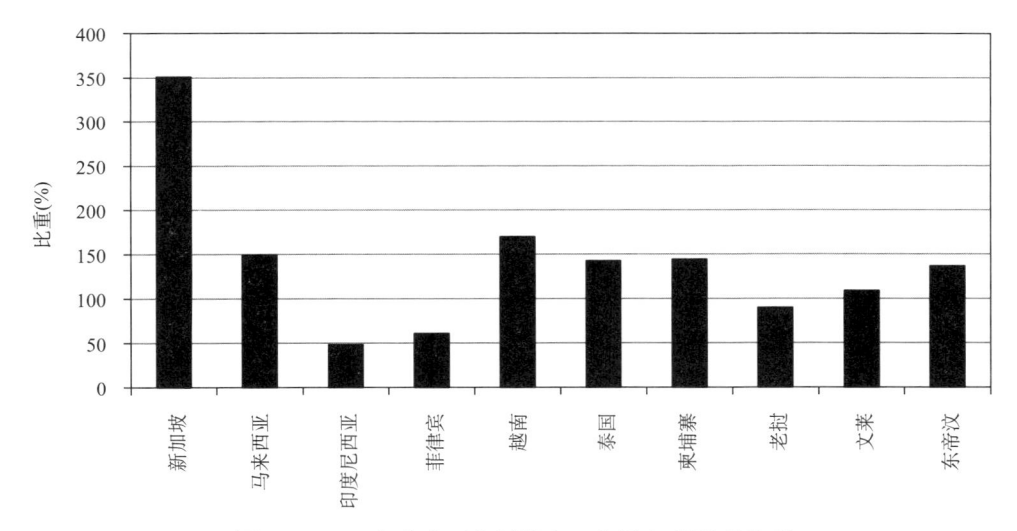

图4-3 2014年东南亚各国进出口总额占GDP的比重

资料来源：同图4-1。

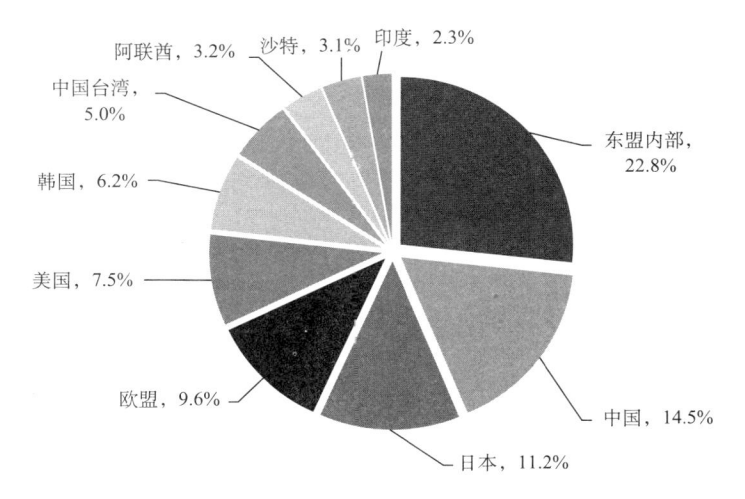

图 4-4 2012 年东南亚十大进口源地

资料来源：*ASEAN Statistical Yearbook*（2013），The ASEAN Secretariat, Jakarta, 2014.

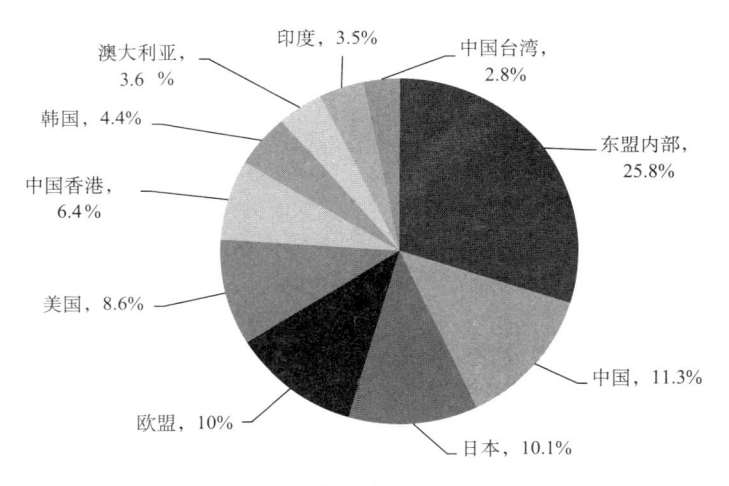

图 4-5 2012 年东南亚十大出口市场

资料来源：同图 4-4。

第二节　产业布局

一、产业总体特征

东南亚国家的产业总体上表现出三个特征（王勤，2014）。首先，农业在国民经济体系中的地位不断下降。伴随工业化的快速发展,东南亚国家的农业部门不断萎缩。1960年,马来西亚、印度尼西亚、泰国的农业产值分别占国内生产总值的37%、54%和40%,2014年这一比重分别下降为9.1%、11.7%和13.6%。在农业内部,主要有粮食生产和经济作物两大部分。在粮食生产领域,稻米生产在各国农业均占有重要地位,其中,印度尼西亚、越南、泰国和缅甸的稻米产量分别居世界第三、五、六、七位。在经济作物生产领域,橡胶、棕榈油、玉米、甘蔗、咖啡、椰子和木薯等是各国种植的主要经济作物。

其次,工业在国民经济体系中的地位迅速提高。1960年,马来西亚、印度尼西亚、泰国的工业产值分别占国内生产总值的18%、14%和19%,2014年这一比重分别上升至40.5%、42.9%和42%。工业发展得益于东南亚20世纪60年代采取的进口替代战略,采用高关税政策保护国内工业,以本国产品取代外国制成品尤其是消费品的进口。70年代后,各国实施外向型经济发展战略,大力引进外资,鼓励工业品出口,促使制造业成为工业的主导部门。在制造业内部,东南亚主要国家传统制造业行业的地位总体日益下降,而新兴制造业行业迅速发展,如电子信息工业、石油化学工业、汽车工业、机械交通装备等部门在各国均得到较快发展,并成为一些国家制造业的主导行业。

最后,服务业在国民经济体系中的地位总体上升。由于历史的因素,各国的服务业部门发展不平衡。历史上,新加坡经济高度依赖转口贸易,服务业部门一直占较高比重。战前,马来西亚的服务业部门也相对较发达。但总体上看,东南亚主要国家的服务业部门在国民经济中的地位趋于上升。1960年,马来西亚、印度尼西亚、泰国的服务业部门产值分别占国内生产总值的45%、32%和41%,2014年这一比重分别上升至50.4%、43.3%和46.3%。而新加坡的这一比重从1960年的78%下降至2014年的74.9%。在各国的服务业内部,传统服务业的比重逐步下降,现代服务业的比重日益提高,主要表现在:现代金融部门由于各国放宽了对金融业的管制,实施国内金融制度改革,大力发展国内金融市场,并采用先进技术设备,大大提高了金融效率,使得金融部门的产值在服务业部门中的比重不断上升;各国旅游业持续发展,成为服务业中发展最快的行业。新加坡、泰国均已跻身世界旅游大国的行列,马来西亚、菲律宾和印度尼西亚也以旅游业为外汇收入的重要来源。

二、各国主要产业

1. 新加坡

新加坡的主要产业包括化学工业、电子工业、生物医药、精密工程业、交通工程业、运输仓储业、金融保险业、资讯通信业和旅游业。其中,化学工业和电子工业是最主要的制造业产业部门,2013年产值分别达到971亿新元和809亿新元,占制造业总产值的比重分别达 33.4% 和 27.8%，就业人数分别为 2.49 万人和 7.64 万人，占制造业就业人数的比重分别达到 6% 和 18.4%。特别在化学工业方面，新加坡是世界第三大炼油中心和石油贸易枢纽之一，也是亚洲石油产品定价中心，分布有世界著名的石化企业，包括壳牌、住友化学公司、埃克森美孚及中国的中石油、中石化。电子工业是新加坡传统主导产业之一，主要生产半导体、计算机外部设备、数据存储设备等。近年来，生物医药渐渐成为新加坡重点培育的战略性新兴产业，2013 年总产值达到 237 亿美元，达到制造业总产值的 8.2%（表 4-5）。

表 4-5 新加坡主要产业概况

主要产业	产业特点	2013 年发展规模
化学工业	世界第三大炼油中心和石油贸易枢纽，主要生产石油、石化产品及特殊化学品	产值 971 亿新元，占制造业总产值的 33.4%
电子工业	传统主导产业，主要生产半导体、计算机外部设备、数据存储设备、电信及消费电子产品等	产值 809 亿新元，占制造业总产值的 27.8%
生物医药	重点培育的战略性新兴产业	产值 237 亿美元，占制造业总产值的 8.2%
精密工程业	主要生产半导体引线焊接机和球焊机、自动卧式插件机、半导体与工业设备	产值 331 亿新元，占制造业总产值的 11.4%
交通工程业	以胜科海事（Sembcorp Marine）和吉宝集团（Keppel Group）为龙头企业	产值 322 亿新元，占制造业总产值的 11.1%
运输仓储业	拥有 100 多家航空公司提供服务，本地海运公司主要有海皇集团（NOL Group）、万邦航运（IMC Group）和太平船务（PIL）等	产值 243 亿新元，占 GDP 的 6.6%
金融保险业	区域金融中心和亚洲美元市场中心之一	产值 424 亿新元，占 GDP 的 11.4%
资讯通信业	主要电信供应商为新电信（Singtel）、星和电信（Starbhub）和第一通信（M1）	产值 138 亿新元，占 GDP 的 3.7%
旅游业	主要外汇来源之一	旅游业收入 235 亿新元，到访游客 1 556.78 万人次

资料来源：根据商务部《对外投资合作国别（地区）指南》（新加坡）整理。

2. 文莱

文莱是一个主要依靠油气产业的资源型国家，已探明原油储量 14 亿桶，天然气储量为 3 900 亿立方米。近年来，文莱石油日产量控制在 20 万桶以下，是东南亚第三大产油国；天然气日产量 3 500 万立方米左右，为世界第四大天然气生产国。文莱工业基础薄弱，经济结构单一，主要以石油和天然气开采与生产为主。近年来，纺织服务业有所发展，绝大部分出口到美国、加拿大和欧盟。由于美国、欧盟市场对文莱纺织品服装产品没有配额限制，自20世纪80年代末期起，服装制造业一度成为外国直接投资的热点，发展迅速。但近年降速明显，2009年服装出口总额为0.57亿文莱元，同比下滑53.1%，2011年降到仅630万文莱元。

随着政府大力实施经济多元化战略，农业对GDP的贡献有所增加，但蔬菜、水果、装饰植物、鲜花只能部分满足国内市场需求，肉类、大米和新鲜牛奶的自给率也非常低，90%左右的食品仍需进口。为保障国家粮食安全，提高粮食自给率，政府2009年制定了农业中长期发展规划。目前已有中国、韩国、菲律宾、新加坡等国通过各种形式参与文莱的稻米实验和发展项目。此外，文莱有丰富的渔业资源，渔业被列为经济多元化战略的重点发展领域。文莱目前50%的渔产品依赖进口，反映文莱渔业领域发展潜力巨大。政府发展渔业目的之一即减少对进口渔产的依赖，进而降低外汇的流失。中资企业已经进军文莱渔业养殖领域。

3. 马来西亚

在农业方面，2013年马来西亚农业产值为559亿马来西亚林吉特，同比增长2.1%，出口总值为642亿马币，占出口总值的8.9%。农产品以经济作物为主，主要有油棕、橡胶、可可、稻米、胡椒、烟草、菠萝等。其中，2013年油棕种植面积为523万公顷，同比增加3.0%；原棕油产量为1922万吨，同比增加2.3%。马来西亚棕油产量和出口仅次于印度尼西亚，为世界第二大生产国和出口国。在工业方面，采矿业是重要的一个部门，以开采石油、天然气为主，日产原油58万桶，出口额达316.4亿马来西亚林吉特，天然气开采量2.7万亿标准立方英尺，出口2525.2万吨。2013年采矿业的出口占出口总值的13.4%，主要销往日本、韩国和中国台湾。制造业中，主要的部门包括电子、石油、机械、钢铁、化工及汽车制造等行业。2013年，制造业产值为1930亿马来西亚林吉特，同比增长3.4%，占GDP的24.5%。在服务业方面，2013年马来西亚服务业产值为4340亿马来西亚林吉特，同比增长5.9%，占GDP的55.2%，是国民经济中最大的产业部门，吸收就业人数占全国就业人数的60.3%。其中，旅游业是重要部门之一，2013年吸引游客2572万人次，主要来自新加坡、印度尼西亚、中国、文莱、泰国等。

4. 泰国

泰国的主要优势产业之一是农业。2013年农业产值达到455亿美元，主要农产品包括稻米、天然橡胶、木薯、玉米、甘蔗和热带水果。2013年，大米出口661万吨，出口额为43.6亿美元；天然橡胶出口343.7万吨，出口额81.2亿美元；木薯出口581.6万吨，出口额12.9亿美元。其次是旅游业，泰国旅游资源丰富。2013年到访外国游客达2645万人次，同比增长17.47%。2013年，旅游业收入达到110亿美元，同比增长12.24%。泰国的制造业也有一定的发展。2013 年，制造业产值 1 290 亿美元，占 GDP 的 34.6%。主要制造业门类有汽车装配、电子、塑料、纺织、食品加工、玩具、建材、石油化工等。其中，汽车工业是泰国较有竞争力的产业，2013 年汽车产量达到 250 万辆，跻身全球十大汽车生产国，成为东南亚唯一具有竞争力的汽车生产国。

5. 菲律宾

菲律宾的农业占 GDP 的 11.24%，主要出口产品为椰子油、香蕉、鱼虾、糖及糖制品、椰丝、菠萝和菠萝汁、未加工烟草、天然橡胶、椰子粉和海藻。除了农业、制造业和旅游业，菲律宾的经济很大程度上依靠服务外包和海外劳工汇款。2013 年，菲律宾服务流程外包（BPO）业务出口收入为 133 亿美元，同比增长 15%。七个城市被列入"2013 年前 100 外包投资地"，其中马尼拉排名第 2 位，宿务排名第 8 位。菲律宾是全球主要劳务输出国之一，在海外工作的劳工有 1 000 多万。2013 年，菲律宾海外劳工汇款达 229.7 亿美元，同比增长 7.4%，占 GDP 的 8.4%，是名副其实的劳务输出大国。

6. 印度尼西亚

印度尼西亚是东南亚最大的经济体，农业、工业、服务业均在国民经济中发挥重要作用。印度尼西亚是一个农业大国，全国耕地面积约 8 000 万公顷，从事农业人口约 4 200 万人，生产的主要经济作物有棕榈油、橡胶、咖啡、可可。2012 年，棕榈油产量达到 2 850 万吨，成为全球最大的棕榈油生产国。此外，印度尼西亚有丰富的森林资源，森林覆盖率为 54.25%，达 1 亿公顷，是世界第三大热带森林国家，全国有 3 000 万人依靠林业维持生计。胶合板、纸浆、纸张出口在印度尼西亚的出口产品中占很大份额，其中藤条出口占世界 80%～90% 的份额。作为世界上最大的群岛国家，印度尼西亚海岸线有 8.1 万千米，水域面积 580 万平方千米，包括领海渔业区 270 万平方千米，专属经济区 310 万平方千米，渔业资源相当丰富，海洋鱼类多达 7 000 种，政府估计潜在捕捞量超过 800 万吨/年，目前已开发的海洋渔业产量占总渔业产量的 77.7%，专属经济区的渔业资源还未充分开发。

在工业方面，采矿业占 11.44%，制造业占 23.59%，电气水供应业占 0.83%，建筑业占 10.18%。其中，制造业包含 30 多个不同种类的部门，主要有纺织、电子、木材加工、钢铁、机械、汽车、纸浆、纸张、化工、橡胶加工、皮革、制鞋、食品、饮料等。其中，纺织、电子、木材加工、钢铁、机械、汽车是出口创汇的重要门类。

在服务业中，贸易、住宿、餐饮业占 13.90%，运输通信业占 6.66%，金融房地产商业服务业占 7.26%，其他服务业占 10.78%。旅游业日益成为印度尼西亚创汇的一个重要行业。2013 年印度尼西亚旅游业显著增长，全年访问印度尼西亚的国际游客共 880 万人次，增长 9.4%，旅游外汇收入 101 亿美元，增长 11%。中国是印度尼西亚旅游业最有潜力的市场之一，2013 年印度尼西亚共接待中国游客 80 万人次。

7. 柬埔寨

农业是柬埔寨国民经济的第一大支柱，具有举足轻重的地位。柬埔寨农业资源丰富，自然条件优越，劳动力充足，农业经济效益良好。农业被列为优先发展的领域，政府竭力改善农业生产及其投资环境。2013 年，全国水稻种植面积 295.8 万公顷，稻谷产量 934 万吨。除满足国内粮食需求和收割过程中损失外，剩余 478.6 万吨。

制衣业是柬埔寨工业的主要支柱。2012 年，柬埔寨充分利用欧盟给予的新普惠制和美国、欧盟、日本等 28 个经济体给予的最惠国待遇等优惠政策，凭借本国劳工成本低廉的优势，积极吸引外资投入制衣和制鞋业。2013 年，制衣制鞋业出口达 53.82 亿美元，占全年出口总额的 78%。截至 2013 年年底，柬埔寨全国约有 630 家制衣厂和制鞋厂，创造约 60 万个就业岗位。

旅游业也是柬埔寨国民经济的重要部分，2013 年旅游收入达 25 亿美元，约占 GDP 的 16%。国内政局的稳定使柬埔寨旅游业得到了恢复并较快发展，2013 年共接待外国游客 421 万人次，同比增长 17.5%。前三大外国游客来源国分别为越南、中国和韩国。

8. 缅甸

缅甸是一个以农业为主的国家，农业产值占国民生产总值的 40% 左右。主要农作物有水稻、小麦、玉米、花生、芝麻、棉花、豆类、甘蔗、油棕、烟草和黄麻等。工业产值占国民生产总值的 31.8%，主要部门包括石油和天然气开采、小型机械制造、纺织、印染、碾米、木材加工、制糖、造纸、化肥和制药等。在能源方面，截至 2013 年年底，外国企业在缅甸石油和天然气领域投资达 143.72 亿美元，占外商在缅甸投资的 32.46%。目前有 16 个国家在 17 个内陆天然气开采区块经营，有 15 家公司在 20 个近海天然气区块进行勘探和生产。中国的中石化、中石油、中海油、北方石油，泰国的国家石油公司（PTTEPI），韩国的大宇（DAWEOO），法国的道达尔（TOTAL），越南石油等公司都已与缅甸签署了油气勘探开发区块协议。

9. 越南

越南的经济发展依靠农林渔业、油气和工业的支撑。2013 年，农林渔业产值 283 亿美元，农林水产品出口额 274 亿美元，主要的出口农产品有咖啡、大米、橡胶和腰果。在工业方面，主要产品包括煤炭、原油、天然气、水产品、化肥和水泥。其中，2013 年原油产量 1 706 万吨，天然气 97.5 亿立方米。越南首家炼油厂——容桔炼油厂于 2010 年正式投产，年加工原油 650 万吨，可以满足全国成品油需求量的 40%。近几年，汽车工业也得到发展，全行业现有 12 家外资企业和 100 多家本国企业，其中近 20 家从事整车组装，近 20 家生产汽车车身，60 多家生产汽车零部件。越南汽车企业以进口部件进行组装为主，国产化率较低，为 5%～10%。越南华重商用车有限公司为中方独资企业，也是越南唯一的中资汽车企业，位于海防市图山工业区，一期总投资 1 000 万美元，主要生产卡车。

10. 老挝

老挝国民经济的重要部分是农业。农业以水稻种植和经济作物种植为主，其中经济作物包括果树、咖啡、玉米、黄豆、绿豆、花生、烟草等。老挝工业基础相当薄弱，近年来依靠吸引外资得到一定发展，主要部门包括电力、采矿、炼铁、水泥、服装、食品、编织等。由于整体经济落后，服务业也不发达，主要的服务业是旅游业。

11. 东帝汶

东帝汶经济的重要组成部分是农业，农业人口占总人口的 90%，产值约占 GDP 的 1/4，但东帝汶农业不发达，粮食不能自给，主要的农产品有玉米、稻谷、薯类等，经济作物有咖啡、橡胶、椰子等。东帝汶年产咖啡 7 000～10 000 吨，是政府收入和外汇的重要来源。2012 年，农、林、渔业产值 1.9 亿美元，占国内生产总值的 26%。东帝汶仅有 5% 的劳动人口从事工业生产，主要包括纺织品、饮用水装瓶和咖啡加工等。服务业是东帝汶经济的另一个重要组成部分，占 GDP 的 56%，大部分集中在首都帝力。2000 年以后，由于国外援助的不断涌入，贸易、餐饮、旅店等为国际机构服务的行业得到较快发展，建筑业也受益颇多。建筑业和服务业的发展与驻东帝汶的国际机构规模密切相关，国际机构的动向对东帝汶的经济发展造成一定的影响。此外，石油、天然气开采业也是东帝汶国民经济的重要部分，石油收入占 GDP 总量的 78%，占出口总额的 95%。

三、各国经济发展区

进入 20 世纪 90 年代以后，东南亚地区不仅在投资方面继续成为热点地区之一，在经济发展上也体现出勃勃生机。其中，从经济形式来看，最令人注目的现象是建设经济开发区，目的主要是促进外向型经济，增强地区经济发展的动力。新加坡的开发区起步最早，硬件和软件配备完善，发展较为成熟，其他国家由于起步慢，发展状况虽不如新加坡，但处于积极推动发展的阶段。尽管东南亚各国开发区的软硬件环境存在较大差距，但各自具有优势和劣势，对于投资者来说都是机遇。

1. 新加坡

为了更加集约有效地利用稀缺的国土资源，并通过海外投资租赁飞地的方式带动经济增长，新加坡设立了不同类型的开发区，包括商务园、工业园和科学园（表 4-6）。

商务园的建设是新加坡鼓励产业与商务结合，并向高技术高附加值的知识型产业发展的战略措施之一，主要有国际商务园和樟宜商务园，分别占地 33 公顷和 66 公顷。国际商务园目前入驻有索尼电子、创新科技、Mobile One、德国商务中心等超过 200 家企业和机构，樟宜商务园入驻有 IBM、Honeywell、Invensys、Ultro Technologies 等国际著名企业。

工业园主要包括裕廊工业区、晶圆制造园和大士生物制药工业园。裕廊工业区目前以石化、修造船、工程机械、一般制造业、物流等为主导产业，园区规模由 14.5 平方千米逐步扩大到 50 平方千米，区内企业数量已超过 8 000 家，各主导产业也由最初的初加工向高附加值产品领域延伸，形成了完整的产业链，使裕廊发展成为一个世界级的工业城镇。晶圆制造园的建立是为了配合新加坡 20 世纪 90 年代中期向高附加值的技术型产业转型与发展半导体行业的战略，占地 27 公顷，是新加坡的半导体生产中心。大士生物制药工业园是为新加坡近年推动的生命科学产业而设立。作为制造业发展的战略方向，新加坡目前吸引了世界前 10 名制药和生命科学企业中的 6 家企业落户大士生物制药工业园。目前正准备扩大一倍的面积以满足不断增长的行业需求。

新加坡科学园旨在为新加坡提供一个研发和创新的中心，科学园Ⅰ期、Ⅱ期和Ⅲ期分别于 80 年代后期、90 年代初期和 2000 年开发。其中Ⅰ期园区占地 30 公顷，建筑面积 24.5 万平方米，包括信息科技中心（CINTECH）、其他科技研发机构和企业，如特许半导体、标准生产力与创新局、Det Norske Veritas（海洋科技）、国防科技局、DS 实验室和路透社（信息科技）。科学园Ⅱ期，占地 20 公顷，建筑面积 5 万多平方米，入园企业包括微电子研究所（IME）、高性能计算研究所、Crimsonlogic 和通信技术园，园区还包括一个商务创业孵化中心 iAxil，专门协助技术专家和高科技起步公司将其产品市场化。科学园Ⅲ期，占地 4 公顷，吸引生命科技、软件开发和其他研发企业。在科学园附近还建设了一个纬壹科学园，根据规划，园区将包括专注于资讯科技、媒体和娱乐产业的中央交流区，提供商务商业支持的 Vista 交流区，专注于生命科学产业的生命科学交流区以及孵化科技企业的科技创业园。

表 4-6 新加坡的开发区

类型	园区
商务园	国际商务园、裕廊东商务园、樟宜商务园、资讯园
工业园	裕廊工业区，淡滨尼、巴西立、兀兰的晶圆制造园，淡滨尼的先进显示器卫监园，大士生物制药工业园，樟宜机场物流园、裕廊岛化工物流园和物流产业园，麦波申、大士的食品产业园等
科学园	裕廊东的企业家园、新加坡科学园的 iAxil、红山—新达城科技企业家中心、莱市科技园、大士生物医药园、纬壹科学园

资料来源：李钦："新加坡工业园区建设发展经验与启示"，《青海科技》，2015 年第 4 期。

2. 文莱

文莱目前并未特别设置经济开发区，仅有工业园区。为改变国民经济过度依赖油气资源的局面,文莱政府积极推行经济多元化战略,其中一个重要的方面就是扶持中小企业发展,尤其是制造业在文莱的发展。1989 年,文莱政府设立工业和初级资源部(Ministry of Industry and Primary Resources),负责推动工业化进程,其属下专门设立了文莱工业发展局(Brunei Industrial Development Authority),其主要职能就是统筹规划、实施建设工业园区,吸引投资,发展制造业。如表 4-7 所示,文莱政府在国内共划出十大工业区以吸引外国投资。

表 4-7 文莱十大工业区

编号	工业区名称	规划面积(公顷)	主要用途
1	Serasa	83	制造业及服务
2	Kampong Saler	40	家具、仓储及冷藏
3	Lambak Kanan (East)	74	高科技产业
4	Lambak Kanan (West)	45	食品加工
5	Berbi Ⅰ & Ⅱ	47	制造业及服务
6	Serambangun	40	制造业及服务
7	Sungai Liang	283	石油下游产业、高科技
8	Sungai Bera	50	制造业及服务
9	Pekan Belait	38	制造业及服务
10	Batu Apoi	5	制造业及服务

资料来源:根据商务部《对外投资合作国别(地区)指南》(文莱)整理。

3. 马来西亚

近年来,马来西亚政府鼓励外资政策力度逐步加大,为平衡区域发展,陆续建设五大经济发展区,基本涵盖了西马半岛大部分区域以及东马的两个州(表 4-8)。凡投资该地区的公司,均可申请 5~10 年免缴所得税或 5 年内合格资本支出全额补贴。根据具体区域实际情况,2006 年马来西亚联邦政府推行了经济走廊计划,至今五大经济走廊已吸引投资 264.5 亿马来西亚林吉特,创造了 13.2 万个工作机会。

4. 泰国

据泰国工业园区管理局(IEAT)统计,截至 2009 年年底,泰国共有 14 个府建立了各类工业区 41 个,其中 IEAT 独立开发的工业区 11 个,与合作者联合开发的工业园 28 个,还有 2 个工业港。另根据 IEAT 的最新统计,泰国现有工业区 46 个,分布在全国 15 个省府,其中春武里府、罗勇府、首都曼谷是工业区主要分布地区(表 4-9)。据《曼谷商业报》报道,泰国工业区委员会还将建立 12 个新工业区,归为三组:第一组是中小企业工业区,位于泰国北部、东北部及中部;第二组是物流服务业工业区,位于清莱府;第三组是其他工业区,位于呵叻府、孔敬府、乌汶府、乌隆府、莫达汉府、色军府、那空帕农府及廊开府。

表 4-8　马来西亚五大经济发展区

经济走廊	位置范围	占地面积	鼓励投资行业	发展现状
伊斯干达开发区（IDR）	马来半岛南端柔佛州	约 2 200 平方千米	旅游服务、教育服务、医疗保健、物流运输、创意产业及金融咨询服务等	吸引投资额最高，达83.4亿马来西亚林吉特，创造了5.6万个工作机会
北部经济走廊（NCER）	马来半岛北部玻璃市州、吉打州、槟榔屿州及霹雳州北部	约1.8万平方千米	农业、制造业、旅游及保健、教育及人力资本和社会发展等	吸引投资 68.9 亿马来西亚林吉特，创造了2.6万个工作机会
东海岸经济区（ECER）	东海岸吉兰丹州、丁加奴州、彭亨州及柔佛州的丰盛港地区	约 6.7 万平方千米	旅游业、油气及石化产业、制造业、农业和教育等	吸引投资 51.4 亿马来西亚林吉特，创造了2.7万个工作机会
沙巴发展走廊（SDC）	东马沙巴州大部分地区	约 7.4 万平方千米	旅游业、物流业、农业及制造业等	吸引投资 54.2 亿马来西亚林吉特，创造了1万个工作机会
沙捞越再生能源走廊（SCORE）	东马沙捞越州西北部	约 701 万平方千米	油气产品、铅业、玻璃、旅游业、棕油、木材、畜牧业、水产养殖、船舶工程和钢铁业等	吸引投资额 8.3 亿马来西亚林吉特，创造了1.3万个工作机会

资料来源：钟继军、唐元平：《马来西亚社会经济地理》，中国出版集团、世界图书出版公司，2014年。

表 4-9　泰国的工业园区

省府	工业园区
首都曼谷（4个）	挽仓工业区、叻甲邦工业区、珠宝城工业区、珠宝城工业区2期
北柳府（3个）	外沟工业区、捷威市工业区、TFD工业区
北榄府（3个）	挽浦工业区、挽霹雳工业区、索万那普亚洲工业区
春武里府（9个）	合美乐春武里工业区、合美乐春武里工业区2期、安美达那空工业区、安美达那空工业区2期、斌通工业区、廉差邦斌通工业区、廉差邦工业区、斌通工业区3期、挽邦帕塔拉工业区
罗勇府（9个）	马达普工业区、马达普合美乐东部工业区、帕岭工业区、东部海岸工业区、安美达城市工业区、合美乐东部海岸工业区、亚洲工业区、邦凯罗勇工业区、那差橡胶城工业区
南奔府（3个）	北部工业区、南奔工业区、南奔2工业区
披集府（1个）	披集工业区
北标府（2个）	景溪工业区、廊坑工业区
大城府（3个）	挽瓦高科技工业区、挽芭茵工业区、沙哈叻那空工业区
叻丕府（2个）	叻丕工业区、V.R.M.叻丕工业区

续表

省府	工业园区
巴真府（1个）	高科技甲民工业区
龙仔厝府（3个）	龙仔厝工业区、辛沙空工业区、玛哈叻空工业区
宋卡府（1个）	南部工业区
北大年府（1个）	清真食品工业区
佛丕府（1个）	泰国珠宝城工业区

资料来源：邹春萌、罗圣荣：《泰国经济社会地理》，中国出版集团、世界图书出版公司，2014年。

近年来，随着中国经济的发展壮大与对东南亚投资的增多，泰国政府越来越重视对中国进行招商引资，不少工业区配备了懂中文的工作人员，宣传资料也同时有中文版本。目前，已有2家中资企业与泰国当地企业合作参与了2个工业园的开发，即泰国罗勇工业园和泰国湖南工业园。罗勇工业园区位于泰国东部海岸，靠近泰国首都曼谷和廉差邦深水港，总体规划面积12平方千米，主要吸引汽配、机械、家电等中国企业入园设厂。泰中罗勇工业园开发有限公司已被中国政府认定为首批"境外经济贸易合作区"。泰国湖南工业园位于泰国巴真府甲民工业区内，总开发面积为3平方千米，五大区进行规划布局，包括纺织服装工业园区、家电电子工业园区、轻工机械制造园区、建材冶金工业园区、生活配套设施区。

5. 菲律宾

菲律宾经济区主要由菲律宾经济区管理局（PEZA）所辖的96个各类经济区和独立经营的费德克工业区、卡加延经济区、三宝颜经济区、苏比克湾自由港和克拉克经济特区等组成。从经济区的投资来源看，日本是菲律宾经济区最大的海外投资来源国；从投资的行业分布看，电子业是主要的投资领域。表4-10显示了菲律宾主要经济区的类型。

菲律宾政府在自行设立和运营经济区的同时，积极鼓励私营部门设立各种类型的经济区。所谓私营部门经营的经济区，是指园区的土地归私人所有，园区内的基础设施由私人经营者投资建设，面向国内外投资者开放，并享受政府经营的经济区的同等优惠待遇。在PEZA所辖的96个各类经济区中，私营部门经营的经济区占92个，区内投资的企业444个；由PEZA直接经营的经济区仅4个，区内投资的企业有436个。在独立经营的经济区中，重要的是费德克工业区、苏比克湾自由港、克拉克经济特区及卡加延经济区。其中，费德克是最大的工业区；苏比克湾重点吸引领域为教育、信息和通用技术、物流、造船业、船舶修理和旅游业；克拉克经济特区以制造业、工业、商业、旅游业、娱乐业、信息和通用技术、航空业、农业和农业加工业为重点投资领域；卡加延经济区则定位发展成为具有相应退休居住区、配套设施齐全的工业、商业、金融、旅游休闲中心和自由港（申韬、缪慧星，2014）。

表4-10 菲律宾经济区类型

类型	具体含义
工业园区（IE）	指在统一管理下，按照综合计划进行规划和开发的特定区域，园区提供基础设施、预先建成的标准厂房和公共设施
出口加工区（EPZ）	指坐落于海关管辖领域以外的特别工业园区，主要生产出口产品；在出口加工区内的企业进口资本设备和原材料免税，并不受其他进口限制
自由贸易区	指临近进口港（或航空港）的独立区域，进口货物在此卸货后进行直接转运、储存、重新包装、分类、混合或其他处理。如这些进口货物从自由贸易区转到非自由贸易区，须按照海关和国内税收的相关规章制度办理
农业经济区	指按照综合计划进行规划和开发的大片区域，园区位于利于农业或自然资源丰富的地区，为投资者提供由于出口的农业和自然资源性产品加工活动的基础设施
其他类型的经济区	投资、商业、金融中心，旅游休闲中心和促进软件、IT服务以及相关信息产品出口的信息技术园等

资料来源：根据中国商务部"菲律宾经济及其管理政策"资料整理，详见：http://www.mofcom.gov.cn/aarticle/i/jyjl/j/200312/20031200155561.html。

6. 印度尼西亚

根据《2011～2025年加速和扩大印度尼西亚经济发展总体规划》，印度尼西亚将实施建设六大经济走廊、加快互联互通建设、提高人力资源和科研水平三大发展战略。这六大经济走廊包括爪哇经济走廊、苏门答腊经济走廊、加里曼丹经济走廊、苏拉威西—北马鲁古经济走廊、巴厘—努沙登加拉经济走廊、巴布亚—马鲁古经济走廊（表4-11）。

表4-11 印度尼西亚六大经济走廊

区域及定位	中心城市	经济预期	焦点行业
苏门答腊经济走廊——国家农产品加工中心和能源基地	棉兰、北干巴鲁、占碑、巨港、楠榜、西冷、雅加达	从2010年的1 390亿美元上升至2030年的4 730亿美元	棕榈油、橡胶、煤炭
爪哇经济走廊——国家工业和服务业的引擎	雅加达、万隆、三宝垄、泗水	从2008年的3 040亿美元上升至2030年的12 820亿美元	食品生产、纺织业、运输工具工业
加里曼丹经济走廊——国家矿产生产和提炼中心、国家能源基地	坤甸、帕朗卡拉亚、巴厘巴板、三马林达	从2008年的590亿美元上升至2030年的940亿美元	目前的焦点项目是石油天然气、棕榈油、煤炭；未来发展的工业是渔业、木材、橡胶

续表

区域及定位	中心城市	经济预期	焦点行业
苏拉威西—北马鲁古经济走廊——国家农业、种植业、渔业生产和加工中心	万鸦老、哥伦打洛、肯达里、马穆米、望加锡	从2008年的210亿美元上升至2030年的940亿美元	粮食作物、种植园、渔业、镍矿业
巴厘—努沙登加拉经济走廊——国家旅游门户和副食品基地	登巴萨、马塔兰、泗水	从2008年的180亿美元上升至2030年的760亿美元	旅游业、农业和畜牧业
巴布亚—马鲁古经济走廊——自然资源加工业基地和人力资源培训基地	索龙、马诺夸里、瓦梅纳、查亚普拉、马老奇	从2008年的130亿美元上升至2030年的830亿美元	矿产业、旅游业、农业和园林种植园

资料来源：蔡金城：《印度尼西亚社会文化与投资环境》，中国出版集团、世界图书出版公司，2012年。

2014年，印度尼西亚经济统筹部长哈达在雅加达称，在现有廖内省巴淡、北苏拉威西省比通、北苏门答腊省双溪芒克、万丹省丹戎乐孙等特殊经济区外，批准成立南苏门答腊省丹戎阿比—阿比、北马鲁古省摩罗泰和西努沙登加拉省曼达里卡三个特殊经济区（表4-12）。特殊经济区，是印度尼西亚区别于工业开发区和保税区外的经济开发区，旨在通过在各主要岛屿建立经济集群和商业中心以带动当地经济发展。印度尼西亚的特殊经济区都是《2011～2025年经济发展中长期规划》的重点发展项目，将作为印度尼西亚六大经济走廊战略的重要支撑点，并成为连接印度尼西亚主要岛屿的重要经济纽带。

表4-12 印度尼西亚新设的三大特殊经济区

特殊经济区	产业地位	投资金额	入驻公司
丹戎阿比—阿比特殊经济区	以椰子加工为中心，包括橡胶、矿产、煤炭加工等产业为主的特殊经济区	前期投资由印度尼西亚国有企业PT Pupuk Sriwidjaja投资2.7万亿印尼盾（约合2.3亿美元），园区总的基础设施投入将达12万亿印尼盾（约合10亿美元）	PT Taiba、PT Hanaruba Sawit Kencana等公司将入区投资
摩罗泰特殊经济区	以渔业加工、制造业和旅游业为主	预计项目开发投资需6.8万亿印尼盾（约合5.7亿美元）	台湾"国际合作发展基金"（IC-DF）、长荣公司、Everspring Marine、Kinpo Elektronik、CTCI等公司均有意投资
曼达里卡特殊经济区	以旅游业为主	总投资需2.2万亿印尼盾（约合1.8亿美元）	印度尼西亚巴厘旅游发展公司、PT MNC Land和环球国际等公司有意投资

资料来源：同表4-11。

7. 柬埔寨

柬埔寨经济特区分为两类：一类是普通的经济特区，另一类是出口加工区。柬埔寨经济特区发展非常迅速，2010年柬埔寨政府批准的经济特区数量达21个，2011年柬埔寨各类经济特区共吸引外资项目39个，吸引投资7.15亿美元，占柬埔寨全年新批投资额的10%；到2014年，柬埔寨政府正式批准了25个经济特区，获批的经济特区主要分布在戈公省、西哈努克省、柴桢省、班迭棉吉省、茶胶省、干拉省、贡布省、磅湛省和金边市（毕世鸿，2014）。在柬埔寨经济特区投资，可享受税收、设备和原材料进口、产品出口等方面的优惠政策。目前，在柬埔寨经济特区投资的外商主要来自日本、中国、新加坡和马来西亚，投资行业涉及服装、制鞋、电子、农产品加工等。

值得注意的是西哈努克港经济特区（西港特区），它是中国商务部首批中标的境外经贸合作区之一，也是首批获商务部、财政部验收确认的六个境外合作区之一。西港特区坐落于西哈努克市东郊，规划面积11.13平方千米，首期开发面积5.28平方千米，以纺织服装、五金机械、轻工家电等为主要发展产业，集出口加工区、商贸区、生活区于一体，预计全部建成后可容纳入驻企业300多家（李志轩，2012）。截至2014年，已吸引服装、摩托车等类入区企业56家。目前，因配套基础设施落后，投资特区的成本比较高，减弱了投资吸引力。

8. 缅甸

2011年，《缅甸经济特区法》和《土瓦经济特区法》的颁布，标志着缅甸政府真正下定决心推动经济特区建设。目前，缅甸有土瓦、迪洛瓦、渺瓦底、毛淡棉、帕安和皎漂六个经济特区（廖亚辉，2014）。

土瓦经济特区：位于缅甸南部德林达依省，占地面积6.4万公顷，包括德耶羌、耶漂、龙龙和土瓦四个镇区，建成后将成为东南亚最大的经济特区。投资人在该特区内可从事的行业有：①原料加工、机械化深加工、仓储、运输、服务；②投资项目所需的原材料、包装材料、机器零配件、机械用油可以从国外进口；③进出口贸易；④生产除药品和食品以外的产品，其他未达到质量标准但可以使用的产品，如果产品符合特区管委会的规定，可以在国内市场销售；⑤经特区管委会批准，投资人和国外服务商可以在特区内设办事处。

迪洛瓦经济特区：位于仰光市以南25千米处，占地12.8平方千米，是缅甸进出口贸易的枢纽。在迪洛瓦经济特区，优惠政策包括：土地可租用50年，并可续租25年；出口税为8%，进口税为零；土地可转租和质押。在区内可设立国内和国外银行机构，可提供兑换外汇和转账服务。特区局限性体现为电力供应不稳定，基础设施水平有待提高，政策不透明，经济特区法尚待落地，一些经济法规需要修改，缺乏技术熟练工人。

渺瓦底经济特区：位于克伦邦缅泰交界处，园区面积为4平方千米，渺瓦底经济特区着重发展技术密集型产品，包括消费电子产品、陶瓷和玻璃产品、化工和农业机械。由于邻近泰国，大多数投资来自泰国。目前，渺瓦底面临的问题是基础设施非常薄弱，但政府已经着手解决这个问题，如向特区提供电力和通信服务，修建从缅甸渺瓦底经济特区到泰国湄索经济特区的高速公路，以方便运输产品、劳动力和原材料；在渺瓦底经济特区设立技能开发中心，推动人力资源开发和管理培训，加强制度建设和能力培训等。

毛淡棉和帕安经济特区：毛淡棉是孟邦首府，也是缅甸农产品主要产地，特区面积约3平方千米。由于自然资源丰富，毛淡棉和帕安经济特区短期内大力发展农产品与食品加工业、畜牧产品与木品加工业等。但从长期来看，经济特区依靠优惠政策，吸引来自中国、日本、泰国、韩国、马来西亚和新加坡的投资者，投资重点在摩托车和轻型卡车配件及组装、消费电子、计算机周边设施、塑料、橡胶、化肥和化工下游产业等。

皎漂经济特区：皎漂是缅甸若开邦的主要城镇之一，位于缅甸西海岸东部，仰光西北约400千米。皎漂半岛西邻印度洋，岛西北端至东部航道是优良的天然避风避浪港，自然水深约24米，可航行、停泊25～30万吨级远洋客货轮船，是未来缅甸最大的远洋深水港。皎漂临港工业新城是中国中信集团在2009年12月习近平访问缅甸期间，同缅甸国家计划和经济发展部签署《中国中信集团与缅甸国家计划和经济发展部关于缅甸皎漂经济技术开发区、深水港、铁路项目合作备忘录》后规划建设的一个综合性工业新城。该项目的目标是，最终建设成为一座以重化工业和港口物流业为经济主体，第三产业相对发达，文化繁荣、生态宜居的现代化港口工业城市，成为缅甸区域性工业、科技、金融及文化中心城市，成为缅甸经济发展和城市化进程中的典范。皎漂工业新城项目土地总规划面积350平方千米，水域规划面积70平方千米，规划建设以现代港口物流业、石化工业、加工制造业、装备制造业四个产业为主导产业，以精品钢铁产业、综合配套产业、港口物流业等为关联产业的现代产业体系。

9. 越南

根据阮洪文（2014）的研究，20世纪90年代以来，越南先后设立了四个重点经济区，包括北部重点经济区、中部重点经济区、南部重点经济区和九龙江平原重点经济区。四个重点经济区囊括了全国五大直辖市和19个省直辖市，占全国面积的27.4%，人口占全国人口的51%。

北部重点经济区：位于越南红河平原和东北山区之间，包括河内、海防、广宁、海阳、兴安、永富以及北宁七个省市，是越南经济、政治、科技中心。根据越南政府发布的《北部重点经济区至2020年经济社会发展总体规划》，该经济区力争2016～2020年经济增长率达9%，2015年人均国内生产总值达3 200～3 500美元和2030年达5 500美元，经济结构从农业向工业、建设和服务业等转移。该经济区将优先投资发展纺织服装、鞋类、农林水产加工、机械制造、电子电信设备和信息技术、高新科技产品、物流服务技术等领域。2020～

2030年，北部重点经济区则将注重建设适度规模且远离河流冲积水稻土和城市等地的工业区①。

中部重点经济区：是越南西原地区和老挝南部通往大海的重要门口，包括直辖市岘港、承天—顺化、广南、广义和平定共五省市，总面积27 894平方千米，占全国面积的8.4%。经济区的GDP增长2008年达到11%，高于全国平均水平，初步形成了一批大城市和重要的经济区，重工业、加工工业、小手工业得到了较快发展，成为推动中部经济社会发展的核心。根据《到2020年面向2030年中部重点经济区经济社会发展总体规划》，到2015年，该地区年均经济增长达8%；2016～2020年，年均经济增长约9%；到2020年，人均GDP约3 600美元，为全国人均GDP的1.1～1.2倍。中部重点经济区将重点发展机械、船舶制造与修理等工业，并将石化工业作为本地区的重点工业之一，使该地区成为全国最大的石化中心之一②。

南部重点经济区：包括位于东南和西南部的八个省、直辖市，即胡志明市、同奈省、巴地—头顿省、平阳省、平福省、西宁省、隆安省和前江省，占全国人口的20%，占国土面积的9.2%以及国内生产总值（GDP）的40%，成为全国经济发展火车头。2005～2010年，南方重点经济区GDP年均增长11%，增幅比全国平均水平高4个百分点，出口增长迅速，占全国出口额的64%。该经济区工业门类较多，包括电力、电子、油气开发、化肥、化工和制药等，工业产值占全国工业总产值的53%。该经济区也是越南工业园区最集中的地区，共有90余个工业区和出口加工区，截至2011年年底，全区吸收外资有效项目7 940个，合同总额近950亿美元，分别占全国外资项目和合同总额的61.5%和47.6%。未来，该经济区将重点发展高附加值、高技术含量的产业，包括机械、电子、软件、新材料和生物技术等，集中发展高级服务业，建设高效港口系统和现代储运设施，为整个南部地区提供货物中转服务，将胡志明市建设成为全国通信、运输、金融和旅游等服务业中心。

九龙江平原重点经济区：包括芹苴市、金瓯省、安江省和建江省，与南部重点经济区接近，是越南通往柬埔寨以及东盟的门口之一。该经济区的土地和水资源适合于水稻种植和水产养殖，其水稻面积占全国的20.6%，其中建江省和安江省是越南水稻面积最大的两个省。同时，该经济区的海域也是越南重要的渔场。根据规划，经济区将重点发展农产品，提高农产品的竞争力和实现可持续发展，同时集中发展农林水产品的加工和出口，发展工业电、能

---

① "越南北部重点经济区至2020年发展规划正式对外公布"，http://www.cnvnlo.com/ReadArt.aspx? A rticle_id=4033-8（访问日期2015-09-29）。
② "越南拟提高中部重点经济区发展速度"，驻胡志明市总领馆经商室，http://hochiminh.mofcom.gov.cn/article/ztdy/201410/20141000758955.shtml（访问日期2015-09-29）。

源和生物质发电等。规划预计 2016～2020 年经济增长率达到 16%[①]。

10. 老挝

目前，老挝已设立了 10 个经济开发区，占地 13 564 公顷，其中有 2 个经济特区和 8 个专业经济区，即：沙湾—色诺经济特区、金三角经济特区、磨丁丽城专业经济区、维塔特别经贸园、赛色塔综合开发区、东坡西专业经济区、万象隆天专业经济区、普乔专业经济区、塔盔湖专业经济区、他曲专业经济区。目前，进驻开发区的国内外投资企业共 100 多家，其中有国内企业 26 家，外资企业 74 家，合资企业 5 家，协议资金 42.7 亿美元。投资行业中服务业占 49%、工业占 33%、商业占 18%（郑茗戈、陈嵩，2014）。各个经济特区的地理位置、规模和主要投资领域见表 4-13。

表 4-13 老挝的经济开发区

特区名称	位置	面积（公顷）	主要发展领域
沙湾—色诺经济特区	老挝沙湾拿吉省老泰第二友谊大桥的 9 号公路旁	954	银行、金融、保险、旅游促进服务、酒店、度假村等服务业；进出口商业、边境免税贸易、商品展销店等贸易服务；交通商业、物流服务、仓库、冷藏等物流业；食品、木材、纺织、鞋加工和其他电子零配件等工业
金三角经济特区	位于博胶省敦鹏区，同泰国、缅甸交界	3 000	基础设施建设、农业、畜牧业和制造业；酒店和住房；旅游和博彩业；高尔夫球场；教育机构和卫生医疗中心；商业和国贸中心；银行、保险和金融机构；邮政、电信、互联网、广告和印刷；货物与乘客的运输；仓库、免税店和免税区等
磨丁丽城专业经济区	位于琅南塔省琅南塔区，毗邻 3 号公路	1 640	农业、畜牧业和制造工业；文化中心、五星级酒店和度假村；高尔夫球场、旅游；教育机构、医院；商业与贸易；发展实体资产和银行金融、股票市场；邮政和电信；仓库和物流
维塔特别经贸园	位于万象塞塔尼区，距离万象市区 22 千米	110	工业（纺织、鞋、服装、电子零部件等生产）；商业（零售业、贸易中心、商业建筑等）；服务业（训练中心、学校、酒店、医院等）

---

① "越南拟发展九龙江平原重点经济区"，驻胡志明市总领馆经商室，http://www.mofcom.gov.cn/article/i/jyjl/j/201402/20140200492213.shtml（访问日期 2015-09-29）。

续表

特区名称	位置	面积（公顷）	主要发展领域
赛色塔综合开发区	毗邻万象市中心	1 000	农业加工工业；木材加工工业；红灯区；旅游；电器制造业；机械工业；新能源工业
东坡西专业经济区	距老泰友谊大桥400米	1 640	金融、度假、酒店等商业；保税仓库、批发市场等工业；居住；大学、行政等机构
万象隆天专业经济区	距老泰友谊大桥400米	558	高尔夫36洞；五星级酒店；豪华公寓、豪华别墅；度假村；会议中心；体育中心；超市；医疗中心；学前教育、国际学校；停车场
普乔专业经济区	距老泰第三友谊大桥14千米	365	商业（商品展销）；工业（商品生产、包装）；体育（高尔夫球、国际赛事）；物流（航空、船舶、公路服务）；教育
塔盔湖专业经济区	毗邻万象市中心	365	大使馆文化区；金融商业区；密集居住区（医院、国际学校和幼儿园）；低层住宅区；旅游休闲区（零食、休闲生活街、度假村和酒店）；高尔夫球场
他曲专业经济区	距老泰第三友谊大桥14千米	1 035	贸易服务、物流、交通站服务、会议、居住、体育方面、教育和卫生等

资料来源：郑茗戈、陈嵩：《老挝经济社会地理》，中国出版社集团、世界图书出版公司，2014年。

第三节 投资环境

一、投资环境综合评价

虽然受近年经济危机的影响，但是从2000以来，总体而言，东南亚地区的经济发展较好，已经成为国际投资的热点区域之一，对中国而言，尤其具有投资潜力。根据2009年中国国际贸易促进会"中国企业对外投资现状及意向调查表"显示，东南亚成为中国企业对外投资的首选区域。

东南亚地区吸引外来投资越来越多，反映地区投资环境总体趋好。如图4-6所示，2005~2012年，东盟十国吸引外资总额达到5 145.56亿美元，吸引外资金额总体上逐年增加，从2005年的383.46亿美元增加至2012年的901.31亿美元。2012年，来自其他国家的投资金额占总外来直接投资金额的比重达到81.7%，其余18.3%的外来直接投资则来自东盟国家之间的相互投资。从投资来源地看，2005～2012年，东南亚外来直接投资主要来自欧盟，其次是日本、美国、中国大陆、中国香港和韩国，其中日本是亚太地区中对东南亚投资最多的国家，其投资金额是中国大陆的3.7倍（图4-7）。

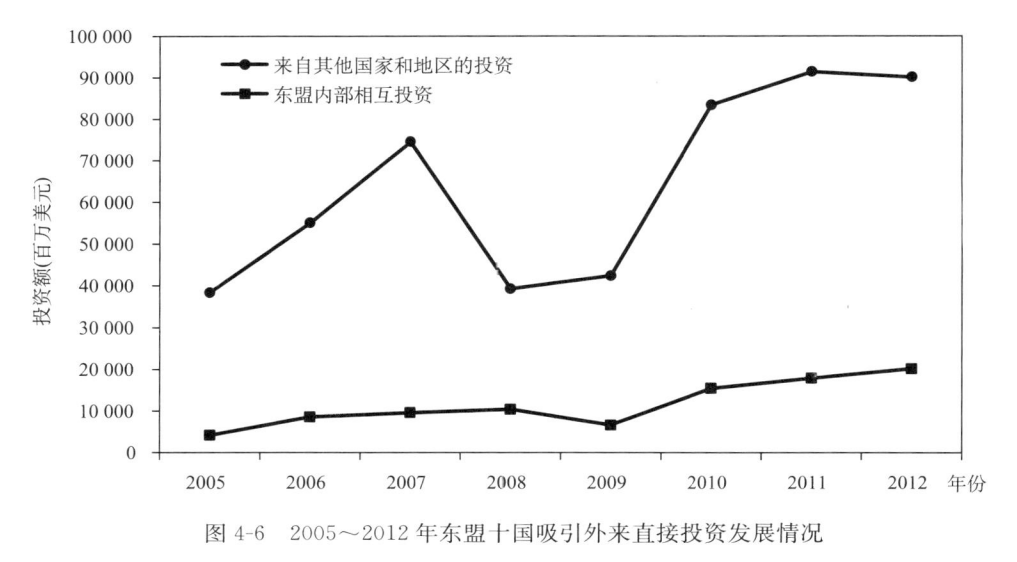

图4-6　2005～2012年东盟十国吸引外来直接投资发展情况

资料来源：*ASEAN Statistical Yearbook*（2013），The ASEAN Secretariat，Jakarta，2014.

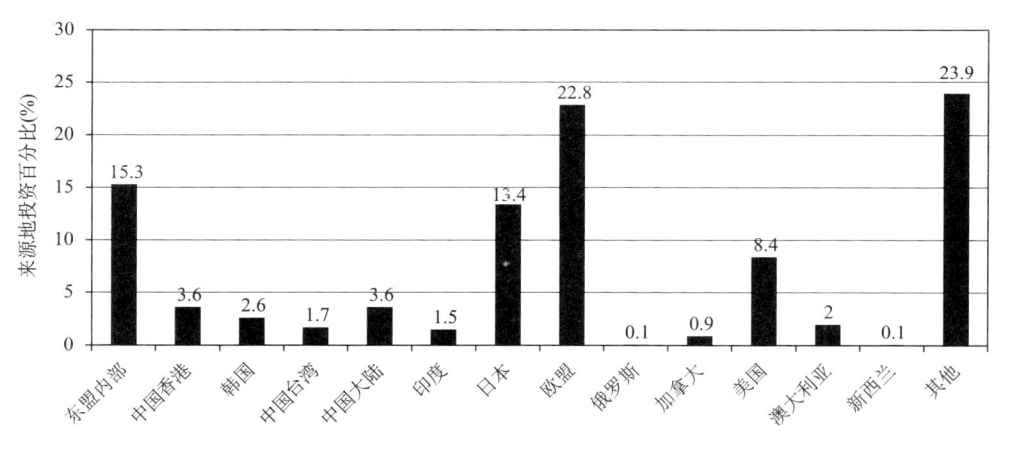

图4-7　2005～2012年东南亚（东盟十国）外来直接投资来源地结构

资料来源：同图4-5。

虽然总体投资环境趋好，但东南亚内部各国的投资环境存在较大差异。根据世界银行《全球营商环境报告》，新加坡是东南亚地区乃至全世界企业经营环境最好的城市国家，除了注册财政方面劣于泰国之外,在申请建筑许可、投资者保护和企业破产收回率等方面均优于其他东南亚国家,特别是在解决企业破产方面,竞争力远优于其他国家(表4-14)。其次是马来西亚和泰国,分别排在第6名和第18名,其中马来西亚主要在申请建筑许可方面优于泰国,而泰国主要在注册财产方面优于马来西亚。再次是文莱和越南,分别排在第59名和第99名,其他东南亚国家均排在100名以外,其中企业经营环境最差的国家是缅甸,在全世界排在第182名。

表 4-14 东南亚企业经营环境

国家	企业经营环境排名	申请建筑许可		注册财产		投资者保护指数	解决破产	
		手续(个)	时间(天)	手续(个)	时间(天)		时间(年)	收回率(美分/美元)
新加坡	1	11	26	5	6	9	1	89.4
马来西亚	6	15	130	5	14	9	2	48.9
泰国	18	8	157	2	2	8	3	42.2
文莱	59	22	95	7	298		3	47.2
越南	99	11	114	4	57	3	5	16.2
菲律宾	108	25	77	8	39	4	3	29.9
印度尼西亚	120	13	158	6	22	6	5	17.9
柬埔寨	137	21	652	7	56	5	6	8.2
老挝	159	23	108	5	98	2		
东帝汶	172	19	238			5		
缅甸	182	16	159	6	113	2	5	14.7

资料来源:《国际统计年鉴》(2014)。

二、投资环境比较分析

1. 综合经济实力和投资潜力

除文莱近年由于石油产量下降导致经济增长出现停滞外,从GDP年均增长率可以看出,东南亚各国综合经济实力总体上稳步增强。但世界论坛《2013~2014年全球竞争力报告》显示,东南亚区域各国之间的综合经济实力差异很大,新加坡位居全球第2名,其次是马来西亚、文莱、泰国、印度尼西亚、菲律宾、越南、老挝、柬埔寨,而东帝汶和缅甸竞争力较差,分别位于全球第138和139名(表4-15)。马来西亚、印度尼西亚和泰国担负着较多的外债，经济发展容易受全球经济变化的影响，具有较大的不稳定性。

此外，东南亚地区作为传统的人口密集区和新兴的消费市场，随着经济的发展和人均可支配收入的提高，消费能力逐步提高。各国的人口自然增长率也正处于大于1‰的高速增长阶段，印度尼西亚2.5亿人口位居首位，菲律宾、越南也即将踏入过亿人口国家行列，因此东南亚地区的市场潜力巨大。

表4-15 东南亚各国综合经济实力和投资潜力

国家	国内生产总值（亿美元）	经济增长率（%）	人口数量（万人）	（市场规模）增长率（%）	全球竞争力排名	主权债务等级	外债（亿美元）
新加坡	2 957	4.1	551.7	2.548 2	2	AAA（稳定）	0
马来西亚	2 064	4.7	3 018.8	2.128 2	24	A	970
文莱	146	−1.8	42.3	2.097 9	26	—	0
泰国	3 755	2.9	6 722.3	0.720 5	37	A-/A-2	1 398.9
印度尼西亚	7 570	5.8	25 281.2	1.457 7	38	BBB-	1 945.5
菲律宾	2 783	7.2	10 009.7	2.018 4	59	Baa3（积极）	585
越南	1 700	5.4	9 254.8	1.444	70	—	918
老挝	102	8.0	689.4	2.042	81	—	39
柬埔寨	152	7.6	1 540.8	2.238 6	88	B（稳定）	36
东帝汶	15	8.0	115.2	1.793	138	—	2
缅甸	564	7.5	5 371.9	1.018 4	139	—	95.9

资料来源：根据商务部《对外投资合作国别（地区）指南》（东南亚各国）整理。

2. 基础设施条件

基础设施条件最好的国家是新加坡和文莱（表4-16）。新加坡拥有全球最繁忙的集装箱码头、服务优质的机场、亚洲最广泛宽频互联网络体系和通信网络，水电供应能满足生活生产需求。文莱是东南亚地区拥有私家车比例最高的国家之一，全国几乎没有公共交通服务系统，也没有铁路铺设，但其水运和航空运输能满足国内外需求，互联网普及率位居东南亚地区前列，电力均采用油气发电，基础设施较为完善。

基础设施条件一般的国家包括马来西亚、印度尼西亚和泰国。马来西亚政府向来重视对高速公路、港口、机场、通信网络和电力等基础设施的投资与建设，现有的基础设施能较好地为各类投资服务。泰国的公路和航空运输比较发达，公路网覆盖全国城乡各地，电信网络也已覆盖全国各地，电力基本能满足国内需求，但铁路相对落后，均为窄轨。印度尼西亚的基础设施条件虽可以，但发展还是相对滞后，作为群岛国家，与邻国直接接壤较少，外界互联互通主要通过海路和航空等方式。

其余国家的基础设施条件均较差。与其他老东盟成员相比，菲律宾的基础设施比较落后。菲律宾将发展基础设施作为一项重要内容纳入《2011~2016年菲律宾发展中期规划》中，各项基础设施正处在建设和完善的过程中。柬埔寨主要以公路和内河运输为主，公路是优先发展设施，但铁路的修复与发展由于资金问题困难重重。老挝近年来逐渐加大基础设施的投入，优先改善贯通南北的13号公路和中心城市的基础设施。越南以公路和内河运输为主，近年来在财政困难的情况下仍将坚持加大基础投入，以改善公路和铁路运输条件，河内和胡志明市基础设施相对较好。缅甸交通以水运为主，铁路多为窄轨，近年来公路和铁路有了较大的发展，但全国电力供应不足，对外国人收取的电费较高。东帝汶近年来随着政治局势的稳定，其基础设施建设依托不断增长的石油基金有快速发展之势，但仍然严重缺乏，特别是缺少自来水供应，居民需自打水井。

表 4-16　东南亚各国基础设施评价

基础设施质量评价	国家	基础设施指数值
好	新加坡	6.30
	文莱	5.64
一般	马来西亚	5.37
	印度尼西亚	4.90
	泰国	4.86
差	菲律宾	4.46
	越南	4.36
	老挝	4.41
	柬埔寨	4.18
	东帝汶	3.88
	缅甸	3.40

资料来源：《国际统计年鉴》（2014）。

3. 投资经营成本

从外资企业进入东南亚各国的时间成本来看（表4-17），各国所要求办理的手续数量和所需时间都有较大的差异，短则数天，多则三个多月。新加坡和马来西亚开办企业所需要的手续数量和办理时间最少，一个星期之内即可；其次是泰国、越南、菲律宾、印度尼西亚和缅甸，大概需要一个月；老挝、文莱和柬埔寨则需要长达三个多月的开办企业时间。

而从开办企业成本占人均收入比重方面，可以发现土地和水电供应价格与该国的经济发展水平紧密相关。从商业土地租金方面看,新加坡、缅甸和越南的成本较高,其中缅甸租金较高主要因为商务楼数量少且集中在首都城市中心商务区,其厂房租金价格远低于新加坡;其次是印度尼西亚、马来西亚、文莱、泰国;柬埔寨、菲律宾的商业土地租金价格均较小,其中柬埔寨的厂房租金要低于菲律宾;老挝和东帝汶的商业土地租金数据缺少,但从土地价格来看,它们基本与菲律宾处于同一水平,低于柬埔寨、缅甸、越南三国。东南亚地区各国水供应普遍采用阶梯式收费,每立方米水平均在 0.4~0.8 美元,而电价每度在 0.024~0.36 美元。

在劳动力成本方面(表 4-18),新加坡最高,其他各国差异较小,其中文莱为 437 美元/月,为最低月薪第二高的国家,紧跟的是泰国、菲律宾、马来西亚、印度尼西亚、缅甸、东帝汶、柬埔寨、越南以及劳动者月薪最低的老挝。

表 4-17　在东南亚各国开办企业的成本

国家	开办企业所需手续数(个)		开办企业所需时间(天)		开办企业成本占人均收入比重(%)	
	2005 年	2013 年	2005 年	2013 年	2005 年	2013 年
文莱	—	15		101	—	9.9
柬埔寨	10	11	86	104	276.1	150.6
印度尼西亚	12	10	151	48	101.7	20.5
老挝	7	6	153	92	17.4	6.7
马来西亚	10	3	37	6	26.6	7.6
缅甸	—	11		72	—	176.7
菲律宾	17	15	47	35	23.9	18.7
新加坡	6	3	6	3	0.9	0.6
泰国	8	4	33	28	9.2	6.7
越南	11	10	50	34	27.6	7.7

资料来源:同表 4-16。

表 4-18　东南亚各国劳动力、土地和水电成本

国家	最低月薪(美元)	土地(美元/m²)			水价(美元/m³)	电价(美元/度)
		土地	商业租金	厂房租金		
文莱	437	—	8.7~22	—	0.44~0.8	0.14~0.36
柬埔寨	100	2 000~6 000	6~11	1.1~2	0.19	0.12~0.2
印度尼西亚	220	—	22.5	—	0.49~1.25	0.03~0.04

续表

国家	最低月薪（美元）	土地（美元/m²）			水价（美元/m³）	电价（美元/度）
		土地	商业租金	厂房租金		
老挝	80	300～1 500	—	—	0.06～0.36	0.07
马来西亚	236	—	6.7～32	0.25～2.2	0.07～0.66	0.05～0.14
缅甸	120	2 000～5 000	20～90	1～5	1	—
菲律宾	260	800～1 500	6～10	2～6.5	0.29～0.67	0.17
新加坡	2 538	—	29～88	9.5～20.4	0.94～1.62	0.18
泰国	300	—	14～23	—	0.27～0.45	0.04～0.05
越南	90	2 000～3 000	30～50	—	0.39～0.45	0.024～0.11
东帝汶	115	600～1 500	—	—	—	0.12

注：①最低月薪为人均收入水平中位数；②水电价格均为工业、商业服务业价格；③缅甸对外国人收取电价因具体情况而定。

资料来源：同表4-16。

4. 外资流入状况

新加坡是东南亚吸引外资最多的国家，其次是印度尼西亚、泰国、马来西亚和越南，吸引外资最少的国家是老挝和文莱。各个国家的外资来源地虽有差异，但基本以欧盟、美国和日本三大世界经济体为主。外资主要来自中国的国家是柬埔寨、老挝和缅甸。与三大世界经济体比较，中国在东南亚的投资增长空间仍然较大（表4-19）。

表4-19 2005～2012年东南亚各国吸引外资及主要来源地分布

国家	吸引外资		外资前三大来源地
	金额（亿美元）	比重（%）	
文莱	35.19	0.58	欧盟（70.3%）、日本（14.0%）、美国（3.4%）
柬埔寨	63.17	1.04	中国（19.7%）、韩国（13.7%）、欧盟（7.0%）
印度尼西亚	872.39	14.36	日本（26.9%）、欧盟（12.5%）、美国（7.1%）
老挝	20.13	0.33	中国（13.7%）、欧盟（11.5%）、韩国（3.6%）
马来西亚	578.85	9.53	欧盟（22.8%）、日本（18.2%）、美国（9.7%）
缅甸	87.76	1.44	中国（12.2%）、欧盟（8.1%）、中国香港（8.0%）
菲律宾	171.09	2.82	美国（28.2%）、日本（11.9%）、中国香港（6.8%）
新加坡	3 015.40	49.62	欧盟（32.5%）、美国（8.3%）、日本（4.7%）
泰国	710.39	11.69	日本（31.8%）、欧盟（11.3%）、美国（4.4%）
越南	522.26	8.59	日本（15.0%）、美国（11.7%）、韩国（11.4%）

资料来源：*ASEAN Statistical Yearbook*（2013），by The ASEAN Secretariat, Jakarta, 2014.

从美国、欧盟、日本和中国对东南亚各国的投资分布可侧面评价各个国家的投资吸引力。美国的投资主要分布在新加坡、印度尼西亚、越南、马来西亚和菲律宾（图4-8），欧盟的投资主要分布在新加坡、印度尼西亚和马来西亚（图4-9），日本的投资主要分布印度尼西亚、泰国、新加坡和马来西亚（图4-10），中国的投资主要分布在新加坡、印度尼西亚、泰国和柬埔寨（图4-11）。比较而言，美国、欧盟、中国的投资分布较为不均衡，高度集中于新加坡，而日本的投资分布较为均衡。

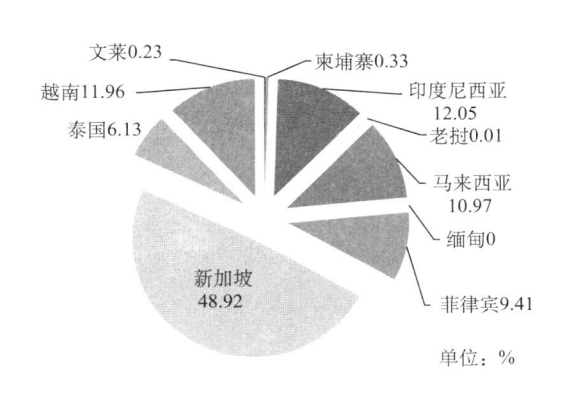

图 4-8　2005～2012 年美国在东南亚的投资分布
资料来源：同表 4-19。

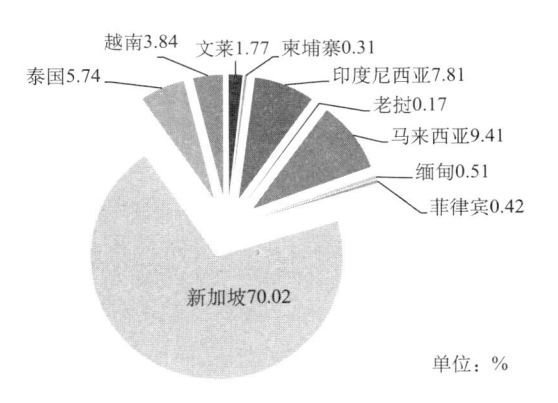

图 4-9　2005～2012 年欧盟在东南亚的投资分布
资料来源：同表 4-19。

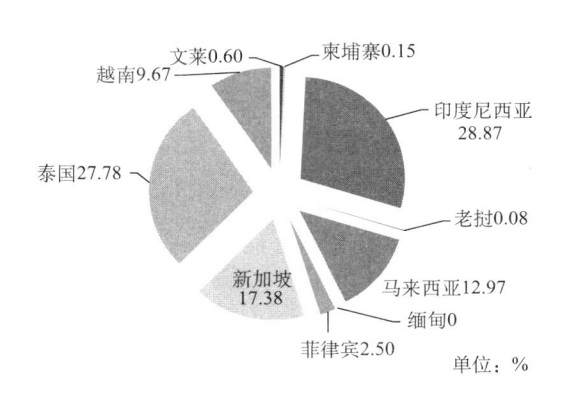

图 4-10　2005～2012 年日本在东南亚的投资分布
资料来源：同表 4-19。

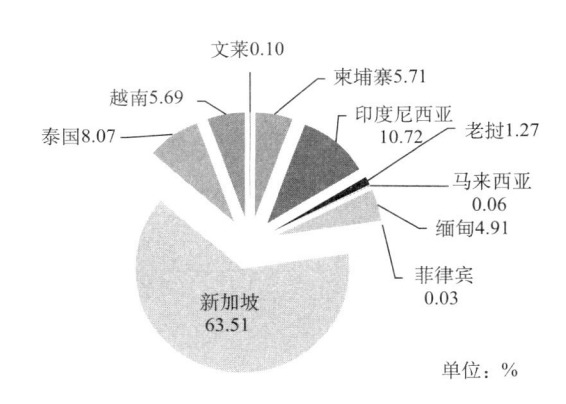

图 4-11　2005～2012 年中国在东南亚的投资分布
资料来源：同表 4-19。

5. 与中国的经贸关系

新加坡是首个同中国签署全面自贸协定的东盟国家，自 2009 年 1 月 1 日起取消了全部自中国进口的商品关税。中国也于 2010 年 1 月 1 日对 97.1% 的新加坡进口产品实现零关税。近年来，中新双边货物贸易持续稳定增长，据中方统计，2013 年双边货物贸易额达

759.14亿美元，增长9.6%，中方顺差158.14亿美元。中国对新加坡直接投资20.33亿美元，主要投资在机电产品、塑料橡胶、化工品、纺织服装、玩具、家具等领域。

马来西亚与中国保持着良好的经贸关系，中国是马来西亚最大的贸易伙伴，马来西亚则是中国在东盟国家中的第一大贸易伙伴。2013年，中马双边贸易额高达1 060.76亿美元，是继日本、韩国后第三个与中国双边贸易关系突破1 000亿美元的亚洲国家。2013年，中国对马来西亚的直接投资额为6.16亿美元，主要投资在橡胶种植、通信、水电站、制造业、服务业等领域。

泰国与中国的经贸关系近年来持续稳步增长。2012年4月中国和泰国在北京签署了经贸、农产品、防洪抗灾、铁路、自然资源保护等领域的七项双边合作文件。据中国海关统计，2013年，中泰双边贸易总额712.6亿美元，同比增长2.2%；中国对泰直接投资7.55亿美元，主要投资在农产品、防洪抗旱、轨道交通、自然资源保护、电力、太阳能等领域。

印度尼西亚与中国近年来双边投资贸易合作呈快速上升的趋势，中国在印度尼西亚对外经贸关系中占有比较重要的地位。2013年，中印贸易总额为683.5亿美元，同比增长3.2%；中国对印度尼西亚直接投资15.63亿美元，主要投资在通信、电力、能源、道路交通、石油开发等领域。

越南与中国的经贸关系近年来发展迅速，中国已连续10年成为越南第一大贸易伙伴。2013年，越南是中国在东盟的第五大贸易伙伴。据中国海关统计，2013年，中越双边贸易总额达654.8亿美元，中国对越直接投资4.81亿美元，主要集中在加工制造业、房地产、建筑、高新技术产业、基础设施等越南政府鼓励的领域。目前投资规模不大，尚有许多具有较大发展潜力的领域。

菲律宾与中国的经贸合作发展较快。据中国海关统计，自2000年开始，双边贸易以年均35%的增速快速增长。2013年，双边贸易总额达380.7亿美元，中国对菲律宾直接投资5 440万美元，投资主要集中在矿业、制造业、电力等领域。

缅甸与中国2013年的双边贸易总额达102.5亿美元，同比增长45.6%，中国已成为缅甸第一大贸易伙伴。中方对缅甸直接投资为4.75亿美元，投资主要集中在油气开发、油气管道、水电资源开发、矿业资源开发等领域。

柬埔寨与中国的双边贸易呈持续增长态势。据中国海关统计，2013年，中柬双边贸易额达37.73亿美元，同比增长29.05%。中国长期为柬埔寨提供援助，涉及工农业、科教文、人才培养等方面，取得良好的经济社会效益。中国对柬埔寨直接投资4.99亿美元，主要集中在水电站、电网、通信、服务业、纺织业、农业烟草、医药、能源矿产、境外合作区等领域。

老挝与中国的贸易保持稳步增长。据中国海关统计，2013年，中老双边贸易总额达27.41亿美元，增长58.61%；中国对老挝直接投资7.81亿美元，投资主要集中在矿业、水电、农业、服务业、工业和手工业等领域。

文莱与中国的贸易近年来快速增长。据中国海关统计，2008～2013年，两国贸易额实现了翻两倍以上，2013年达17.9亿美元，同比增长36%；中国对文莱直接投资额852万美元，投资主要集中在化工、建筑、工程、水电等领域。

东帝汶与中国2013年的双边贸易总额达4 778.3万美元，同比下降24.34%；中方对东帝汶直接投资额为160万美元。目前，中国对东帝汶的投资主要以民营企业和个体为主，投资主要集中在餐饮、旅店、百货、建材、服务业等领域。

表4-20 2013年中国与东南亚各国的经贸关系和投资领域

双边国家	双边贸易额（亿美元）	中方对外直接投资（亿美元）	主要投资领域
中国—文莱	17.90	0.085 2	化工、建筑、工程、水电等
中国—柬埔寨	37.73	4.99	水电站、电网、通信、服务业、纺织业、农业烟草、医药、能源矿产、境外合作区等
中国—印度尼西亚	683.50	15.63	通信、电力、能源、道路交通、石油开发等
中国—老挝	27.41	7.81	矿业、水电、农业、服务业、工业和手工业等
中国—马来西亚	1 060.76	6.16	橡胶种植、通信、水电站、制造业、服务业等
中国—缅甸	102.50	4.75	油气开发、油气管道、水电资源、矿业资源开发等
中国—菲律宾	380.70	0.544	矿业、制造业、电力等
中国—新加坡	759.14	20.33	机电产品、塑料橡胶、化工品、纺织服装、玩具、家具等
中国—泰国	712.60	7.55	农产品、防洪抗旱、轨道交通、自然资源保护、电力、太阳能等
中国—越南	654.80	4.81	加工制造业、房地产、建筑、高新技术产业、基础设施等
中国—东帝汶	0.48	0.016	餐饮、旅店、百货、建材、服务业等

资料来源：根据商务部《对外投资合作国别（地区）指南》（东南亚各国）整理。

第四节　产业投资政策

一、总体投资政策环境

东南亚各国在政治体制、经济发展水平以及民族、语言、历史、宗教、文化等各方面存在着巨大的差异性和多样性，因此，这些国家的投资环境千差万别，存在各自的优势和劣势，在外资引进规模、引进方向和引进模式上有很大不同。但是，东南亚地区作为一个整体，在地理位置、自然资源等方面有着相对同一性，尤其是它们都意识到外资对发展本国经济的重要性，因此，各国都想方设法创造条件，吸引外资，以期带动和促进国民经济的发展。

目前，东南亚的外资投入主要集中在制造业和服务业；矿产资源丰富的老挝、文莱等国家吸引了大量资金；缅甸、文莱等石油和天然气丰富的国家也吸引了大量的资金；经济落后的国家如柬埔寨、东帝汶等，外资的投入主要集中在电力、基础设施建设等行业。东南亚的国家中除东帝汶外，其余十国都是东盟成员国，《东盟投资框架协议》的签署，为东盟成员国营造了一个更自由、更透明的投资环境，并且给予国际投资者更多的优惠。另外，东盟积极推进电子商务，严格执行知识产权，增加政府采购的透明度并不断开放金融业，令东盟成员国的投资吸引力不断加强。企业投资东南亚这十国之中的任意一国，其产品都可以顺利打入其他九国，并进一步走向全球市场。

东南亚是中国对外投资应该优先考虑的重点区域之一。第一，东盟国家是中国的近邻，适合中国企业对外直接投资初期发展的"区位就近选择"原则；第二，东盟大部分国家资源丰富，与中国经济的互补性较强，是中国企业"走出去"的重点地区；第三，2010年中国—东盟自由贸易区的建成，更为中国企业到东盟投资创造了良好的条件。因此，分析东南亚各国的投资政策，对中国企业顺利"落户"东南亚，推动中国"一带一路"国际合作构想具有重要的现实意义。

二、各国投资政策分析

根据中国商务部发布的《对外投资合作国别（地区）指南》，重点从对外投资市场准入规定、对外投资优惠政策和与中国企业投资合作的相关协定三方面对东南亚各国的投资政策进行阐述。

1. 新加坡

新加坡主管外资的政府部门是经济发展局。在对外投资市场准入方面，除国防相关行业及个别特殊行业外，对外资的运作基本没有限制，对外资投资的方式也没有限制；电子、石油化工、生命科学、工程、物流等九个行业被列为奖励投资领域。

对外投资优惠政策包括以下五个方面。①产业优惠政策——包括先锋计划、投资加计扣除计划、业务扩展奖励计划、金融与资金管理中心税收优惠、特许权使用费奖励计划、批准的外国贷款计划、收购知识产权的资产减值税计划、研发费用分摊的资产减值税计划等税收优惠措施，以及企业研究奖励计划和新技能资助计划等财政补贴措施。②环球贸易补贴——支持企业开展国际贸易活动、打造环球都市，推出了环球贸易商计划。③中小企业优惠政策——为扶持中小企业发展、鼓励创新、提升企业劳动生产力，推出了天使投资者税收减免计划、天使基金、孵化器开发计划、标新局起步公司发展计划、技术企业商业化计划、企业家创业行动计划、企业实习计划、管理人才奖学金、高级管理计划、业务咨询计划、人力资源套餐、知识产权管理计划、创意代金券计划、技术创新计划、品牌套餐、企业标准化计划、生产力综合管理计划、本地企业融资计划、微型贷款计划等财税优惠措施。④创新优惠计划——推出生产力及创新优惠计划、培训资助计划和特别红利计划，设立国家生产力基金，强化就业入息补助计划。⑤特殊经济区域的规定——商业园和特殊工业园无特殊税收优惠政策，海外工业区主要享有当地的优惠政策。

新加坡与中国企业投资合作的相关协定主要包括：《关于促进和保护投资协定》《避免双重征税和防止漏税协定》《经济合作和促进贸易与投资的谅解备忘录》《海运协定》《邮电和电信合作协议》《成立中新双方投资促进委员会协议》《中华人民共和国政府和新加坡共和国政府自由贸易协定》和《中华人民共和国政府和新加坡共和国政府关于双边劳务合作的谅解备忘录》。

2. 文莱

文莱主管外资的政府部门是工业与初级资源部和经济发展局。在投资行业规定方面，详细规定了禁止的行业、限制的行业、鼓励的行业的类型。同时规定了投资方式，对大部分行业外资企业投资没有明确的本地股份占比规定，对外国自然人投资也无特殊限制，仅要求公司董事至少1人为当地居民，本地工程一般仅向本地私人有限公司发放。

对外投资优惠政策包括税收鼓励政策和行业鼓励政策两类。税收鼓励政策包括：①发展规定的先锋产业，可享受免所得税以及可结转亏损和补贴待遇；免税期8年，可延长，但不超过11年。②先锋服务公司可享受免所得税以及可结转亏损和补贴待遇；免税期8年，可延长，但不超过11年。③出口型生产企业，从事农业、林业或渔业的企业，若产品出口不低于其销售总额的20%，且年出口额不低于2万文莱元，文莱工业与初级资源部可认定其为出口型生产企业并颁发证书。出口型生产企业申请续期每次不超过5年，最长不超过20年。④企业出口规定的服务，自服务提供日起最长可获得11年的免除所得税及抵扣补贴与亏损的待遇。⑤从事国际贸易的企业，只要符合规定的条件，自开始进出口业务之日起可获得8年的免税期。在行业鼓励政策方面，为摆脱对油气资源的严重依赖，文莱采取了多元化发展战略，鼓励国内外商人在文莱投资、经商，外资在高科技和出口导向型工业项目上可以拥有100%的股权。

文莱与中国企业投资合作的相关协定主要包括：《鼓励和相互保护投资协定》《促进贸

易、投资和经济合作谅解备忘录》《避免双重征税和防止偷漏税的协定》《民用航空运输协定》《卫生合作谅解备忘录》《文化合作谅解备忘录》《中国公民自费赴文旅游实施方案的谅解备忘录》《最高人民检察院和文莱达鲁萨兰国总检察署合作协议》《高等教育合作谅解备忘录》《最高法院合作谅解备忘录》《旅游合作谅解备忘录》。

3. 马来西亚

马来西亚贸工部下属的投资发展局管理制造业领域的投资，总理府经济计划署（EPU）及国内贸易与消费者事务部（MDTCC）等有关政府部门则管理其他行业投资。

投资行业规定包括三个方面。①限制的行业——外商投资金融、保险、法律服务、电信、直销及分销等行业会在股权方面受到严格限制，一般外资持股比例不能超过50%或30%。②新开放的领域——2009年政府开放了计算机、保健、社会、旅游、运输、体育、休闲、商业这八个服务业领域的27个分支行业，允许外商独资，不设股权限制；2012年又逐步开放电信领域的服务供应商执照申请、电信领域的网络设备供应与网络服务供应商执照申请、快递服务、私立大学、国际学校、技工及职业学校、特殊技术与职业教育、技能培训、私立医院、独立医疗门诊、独立牙医门诊、百货商场与专卖店、焚化服务、会计与税务服务、建筑业、工程服务以及法律服务共17个服务业分支行业的外资股权限制。③鼓励的行业——鼓励外国投资进入其出口导向型的生产企业和高科技领域，可享受优惠政策的行业。在马来西亚，规定的投资方式有直接投资、跨国并购和股权收购。

马来西亚的对外投资优惠政策包括三类。第一类是优惠政策，包括七个方面。①新兴产业优惠（PS）——获得新兴产业地位称号的企业可享受为期5年的所得税部分减免，仅需就其法定所得的30%缴纳所得税。②投资税务补贴（ITA）——获得投资税务减免的企业，可享受为期5年合格资本支出的60%的投资税务补贴。③再投资补贴（RA）——主要适用于制造业与农业，运营12个月以上的制造类企业，因扩充产能需要而进行生产设备现代化或产品多样化升级改造的开销，可申请再投资补贴。合格资本支出额的60%的补贴可用于冲抵其纳税年法定收入的70%，其余30%按规定纳税。④加速资本补贴（ACA）——使用了15年的再投资补贴后，再投资在"促进产品"的企业可申请加速资本补贴，为期3年，第一年享受合格资本支出的40%的初期补贴，之后两年均为20%。⑤农业补贴（AA）——投资者在土地开垦、农作物种植、农用道路开辟及农用建筑等项目的支出均可申请资本补贴和建筑补贴。考虑到农业投资计划开始到农产品加工的自然时间间隔，大型综合农业投资项目在农产品加工或制造过程中的资本支出还可独立享受为期5年的投资税务补贴。⑥多媒体超级走廊地位（MSC Status）——经多媒体发展机构核准的信息通信企业可在新兴工业地位的基础上，享受免缴全额所得税或合格资本支出全额补贴（首轮有效期为5年），同时在外资股权比例及聘请外籍技术员工上不受限制。⑦运营总部地位、国际采购中心地位和区域分销中心地位。除了100%外资股权不受限制以外，还可享受为期10年的免缴全额所得税等其他优惠。

第二类是行业鼓励优惠政策，包括三个方面。①清真食品加工及认证——凡生产清真食品的公司，自符合规定的第一笔资本支出之日起5年内所发生符合规定资本支出的100%可享受投资税赋抵减。②多媒体超级走廊公司——提供世界级的硬体及资讯基础设施；无限制地聘请国内外知识型雇员；公司所有权自由化；长达10年的税收豁免政策或5年的财税津贴等。③鼓励发展生物科技——生物科技公司从首年营利开始，免交10年所得税；从第11年开始缴纳20%的所得税，优惠期仍为10年；在生物科技领域进行投资的个人和公司，将减去与其原始资本投资相等的税收，并获得前期的融资支持；生物科技公司在进行兼并或收购时，可免征印花税，并免交5年的不动产收益税；用于生物科技研究的建筑物可获得有关的工业建筑物津贴。

第三类是地区鼓励政策，即凡投资五大经济发展区（依斯干达开发区、北部经济走廊、东海岸经济区、沙巴发展走廊、沙捞越再生能源走廊）的公司，均可申请5~10年免缴所得税或5年内合格资本支出全额补贴。

马来西亚与中国企业投资合作的相关协定主要包括：《关于相互鼓励和保护投资的协定》《关于对所得避免双重征税和防止偷漏税的协定》《海运协定》《贸易协定》《民用航空运输协定》《资讯谅解备忘录》《科学工艺合作协定》《体育协定》《教育谅解备忘录》《关于迈向21世纪全方位合作的框架文件》《中国加入WTO的双边协议》《中马双边本币互换协议》《关于扩大和深化经济贸易合作的协定》《关于马中关丹产业园合作的协定》《中国和马来西亚政府经贸合作五年规划（2013~2017）》《中国—东盟全国经济合作框架协议货物贸易协议》。

4. 泰国

泰国主管投资的是投资促进委员会。在投资行业的规定方面，泰国限制外国人投资的行业有以下三类：因特殊理由禁止外国人投资的业务、须经商业部长批准的项目和本国人对外国人未具竞争能力的投资业务。根据泰国投资促进法的有关规定，在泰国获得投资优惠的企业，投资额在1 000万泰铢以上（不包括土地费和流动资金），须获得ISO9000国际质量标准或其他相等的国际标准的认证。此外，对股权也有限制，农业、畜牧业、渔业、勘探与采矿业和1999年颁布的《外籍人经营法》附录第一类行业中服务行业的泰国籍投资者的持股比例不得低于51%。

泰国的投资优惠政策包括四类。第一类是优惠政策，包括：①税务优惠权益，主要包括免缴或减免法人所得税及红利税、免缴或减免机器进口税、减免必需的原材料进口税、免缴出口产品所需要的原材料进口税等；②非税务优惠权益，主要包括允许引进专家技术人员、允许获得土地所有权、允许汇出外汇以及其他保障和保护措施等。

第二类是行业鼓励政策，鼓励投资的行业包括：农业及农产品加工业，矿业、陶瓷及基础金属工业，轻工业，金属产品，机械设备和运输设备制造业，电子与电器卫监、化工产品，造纸及塑胶，服务业及公用事业。政府对一些重点鼓励投资的行业都规定了特别的优惠条件，其中，农产品加工业、人才及科技发展业、公共事业、基础设施、环境保护等属于特别重视的项目。

第三类是地区鼓励政策，政府划分了三级投资区域：第一区包括曼谷、北榄、龙仔厝、巴吞他尼、暖武里和佛统 6 个府，第二区包括夜功、叻丕、北碧、素攀、大城、红统、沙拉武里、坤西育、北柳、春武里、罗勇和普吉 12 个府，第三区包括 36 个较高收入府和 23 个低收入府，对各级投资区域分别给予不同程度的投资优惠政策。

第四类是特殊经济区域的政策规定，各工业园的优惠政策与地区鼓励政策基本保持一致，根据所处的府分别享受当地最高的投资优惠（包括税收、土地、人员引进及进口机械设备或原材料免税等诸多方面优惠），各入园企业无须特别申请即可享受投资优惠政策。

泰国与中国企业投资合作的相关协定主要包括：《促进和保护投资的协定》《关于避免双重征税和防止偷漏税的协定》《关于民商事司法协助和仲裁合作的协定》《关于中国加入世界贸易组织的双边协议》《中国和泰国经贸合作五年发展规划》《中泰关系发展远景规划》。

5. 菲律宾

菲律宾的投资主管部门是贸工部。在投资行业规定方面，菲律宾政府每年都会制订一个"投资优先计划"，列出政府鼓励投资的领域和可以享受的优惠条件，引导内外资向国家指定的行业投资。优惠条件包括减免所得税、免除进口设备及零部件的进口关税、免除进口码头税、免除出口税费等财政优惠，以及无限制使用托运设置、简化进出口通关程序等非财政优惠。与此同时，菲律宾政府还制定限制外资项目清单，并每两年更新一次。部分领域外国人权益不得超过 25％，绝大多数领域外国人权益不得超过 40％。政府还对投资方式进行了规定，在股权限制方面，对绝大多数公司，规定菲律宾公民须拥有至少 60％的股份以及表决权，不少于 60％的董事会成员是菲律宾公民。在跨国并购方面，外资企业可按菲律宾国内企业收并购流程并购菲律宾企业。

菲律宾的产业投资优惠政策包括五类。第一类是财政优惠政策，包括：①免所得税，新注册的优先项目企业将免除 6 年的所得税，传统企业免交 4 年所得税，扩建和升级改造项目免税期为 3 年，如项目位于欠发达地区，免税期为 6 年，新注册企业如满足规定条件的，还将多享有 1 年免税奖励；②可征税收入中减去人工费用；③减免用于制造、加工或生产出口商品的原材料的赋税；④可征税收入中减去必要和主要的基建费用；⑤进口设备的相关材料和零部件减免关税；⑥减免码头费用以及出口关税；⑦自投资署注册起免 4～6 年地方营业税。

第二类是非财政优惠政策，包括：①简化海关手续；②托运设备的非限制使用，托运到菲律宾的设备贴上可出口的标签；③进入保税工厂系统；④雇佣外国公民——外国公民可在注册企业从事管理、技术和咨询岗位5年时间，经投资署批准，期限还可延长，总裁、总经理、财务主管或者与之相当的职位可居留更长时间。

第三类是行业鼓励政策。菲律宾投资署每年制订一个"投资优先计划"，规定政府优先发展的项目领域，该计划经总统批准后发布。

第四类是地区鼓励政策，菲律宾将棉兰老岛地区专门列入"投资优先计划"。

第五类是特殊经济区域的政策规定，包括：①经济特区鼓励政策——经济区主要由PEZA所辖的96个各类经济区和独立经营的菲律宾费德克工业区、苏比克湾自由港、卡加延经济区、三宝颜经济区、克拉克经济特区等组成；②经济区优惠政策——根据各经济区内的企业从事不同性质的活动，可享受不同的优惠政策。

菲律宾与中国企业投资合作的相关协定主要包括：《关于鼓励和相互保护投资协定》《关于对所得避免双征税和防止偷漏税的协定》《经济技术合作协定》《关于加强农业及有关领域合作协定》《渔业合作谅解备忘录》《关于促进贸易和投资合作的谅解备忘录》《关于建立中菲经济合作伙伴关系的谅解备忘录》《关于扩大和深化双边经济贸易合作的框架协定》《经贸合作五年发展规划》。

6. 印度尼西亚

印度尼西亚的投资主管部门是投资协调委员会、财政部、能矿部。在投资行业的规定方面，限制与禁止投资的部门包括生产武器、火药、爆炸工具与战争设备的部门；禁止投资的行业包括毒品种植交易业、受保护鱼类捕捞业、以珊瑚或珊瑚礁制造建筑材料、含酒精饮料工业、水银氯碱业、污染环境的化学工业、生化武器工业，机动车型号和定期检验、海运通信或支持设施、舰载交通通信系统、空中导航服务、无线电与卫星轨道电波指挥系统、地磅站、公立博物馆、历史文化遗产和古迹、纪念碑以及赌博业；完全禁止类的产业有部分化学品、特殊交通设施和博彩业等，部分禁止类的产业有制糖、矿业和医药等。在投资方式方面，外国投资者可与印度尼西亚的个人、公司成立合资企业，也可设立独资企业，但须参照《非鼓励投资目录》规定，属于没有被该《目录》禁止或限制外资持股比例的行业，此外外国投资者可通过公开市场操作购买上市公司的股票，但受到投资法律关于对外资开放行业相关规定的限制。

印度尼西亚的产业投资政策包括三类。第一类是优惠政策，包括三个方面。①旅游业优惠——兴建观光旅馆、休闲中心、高尔夫球场可免税，外资可持有100%股权；旅游设施进口手续简化并免征关税；旅游土地使用年限可延长为70年（一般为30年）。②制造业优惠——所有制造业均允许外资拥有100%股权（包括经审核的批发零售业）。外商可拥有已登记注册的新银行的100%股权。1亿美元以下的投资案,审核时间将在10天内完成。③税收优惠——对纺织、化工、钢铁、机床、汽车等22个行业的新设企业给予3~5年的所得税免征。如投资项目雇用工人超过2 000人,或有合作社20%以上的股份,或投资额不少于2亿美元,则增加1年优惠。对于扩大再生产已超过30%规模的项目,减免其资本货物以及2年生产所需材料的进口关税。对出口加工企业减免其进口原料的关税和增值税及奢侈品销售税。对位于保税区的工业企业,还有其他的鼓励措施。对有限公司和合作社形式的新投资或扩充投资提供所得税优惠。

第二类是行业优惠,印度尼西亚政府对六种战略物资豁免增值税,即原装或拆散属机器和工厂工具的资本物资(不包括零部件),禽畜鱼饲料或制造饲料的原材料,农产品,农业、林业、畜牧业和渔业的苗或种子,通过水管疏导的饮用水,电力(供家庭用户6 600瓦以上者例外)。此外,印度尼西亚政府对工业发展用机器、货物和原料免征进口税,鼓励钢铁工业和炼油厂的投资建设,包括给予长达15年的免税期,并给予2年期的减税50%优惠。

第三类是地区鼓励政策,印度尼西亚重点发展"六大经济走廊",即爪哇经济走廊、苏门答腊经济走廊、加里曼丹经济走廊、苏拉威西—北马鲁古经济走廊、巴厘—努沙登加拉经济走廊、巴布亚—马鲁古经济走廊,对在上述地区发挥比较优势的产业提供税务补贴等优惠政策,优先鼓励发展当地规划产业。除爪哇岛等地区外,未来几年印度尼西亚的发展重点将是包括巴布亚和马鲁古等在内的东部地区,将进一步出台向投资当地的企业提供税务补贴等优惠政策。

印度尼西亚与中国企业投资合作的相关协定主要包括:《促进和保护投资协定》《避免双重征税和防止偷漏税协定》。

7. 柬埔寨

柬埔寨的投资主管部门是柬埔寨发展理事会。投资行业的规定包括三个方面。①鼓励投资领域——创新和高科技产业、创造就业机会、出口导向型、旅游业、农工业及加工业、基础设施及能源、各省及农村发展、环境保护、在依法设立的特别开发区投资。②限制投资的领域——神经及麻醉物质生产及加工;使用国际规则或世界卫生组织禁止使用、影响公众健康及环境的化学物质生产有毒化学品、农药、杀虫剂及其他产品;使用外国进口废料加工发电;《森林法》禁止的森林开发业务;法律禁止的其他投资活动。③对外国公民的限制——用于投资活动的土地,其所有权须由柬埔寨籍自然人或直接持有51%以上股份的法人所有;允许投资人以特许、无限期长期租赁和可续期短期租赁等方式使用土地。在柬埔寨,外国投资者可通过直接投资、合资、合资投资项目合并及收购合资投资项目等方式进行投资。

柬埔寨的投资政策包括三类。第一类是投资保障政策,包括:①对外资与内资基本给予同等待遇,所有的投资者,不分国籍和种族,在法律面前一律平等;②柬埔寨政府不实行损害投资者财产的国有化政策；③已获批准的投资项目，柬埔寨政府不对其产品价格和服务价格进行管制；④不实行外汇管制，允许投资者从银行系统购买外汇转往国外，用以清算其与投资活动有关的财政债务。

第二类是投资优惠政策，包括两个方面。①农业——柬埔寨政府对达到规模的农业项目实施鼓励措施，这些措施有：项目在实施后，从第一次获得盈利的年份算起，可免征盈利税的时间最长为8年。如连续亏损则被准许免征税。如果投资者将其盈利用于再投资，可免征盈利税。政府只征收纯盈利税，税率为9%；分配投资盈利，不管是转移到国外，还是在柬埔寨国内分配，均不征税。对投资项目需进口的建筑材料、生产资料、各种物资、半成品、原材料及所需零配件，均可获得100%免征关税及其他赋税，但该项目必须是产品中80%供出口的投资项目。②旅游业——柬埔寨国民经济的主要增长点和支柱产业。目前全国大多数省市都把发展旅游业作为首要工作之一，将旅游产业定位于"优先发展行业""支柱产业""特色产业"而加快发展。

第三类是特殊经济区域的政策，包括：经济区开发商、投资人或外籍雇员有权将税后投资收入和工资转账至境外银行；外国人非歧视性待遇，不实行国有化政策，不设定价格；经济区开发商的利润税免税期最长可达9年；经济区内基础设施建设使用设备和建材进口免征进口税及其他赋税；经济区开发商可根据《土地法》取得国家土地特许，在边境地区或独立区域设立特别经济区，并将土地租赁给投资企业；区内投资企业与其他合格投资项目同等享受关税和税收优惠；产品出口国外市场的，免征增值税；产品进入国内市场的，应根据数量缴纳相应增值税。

柬埔寨与中国企业投资合作的相关协定主要包括：《关于促进和保护投资协定》《中柬贸易协定》《中柬文化协定》《中柬旅游合作协定》《中柬关于成立经济贸易合作委员会协定》《中柬农业合作谅解备忘录》《中柬关于旅游规划合作的谅解备忘录》《中柬领事条约》《关于柬埔寨精米输华的植物卫生要求协定书》《关于柬埔寨木薯干输华的植物检验检疫要求协定书》。

8. 缅甸

缅甸的投资主管部门是缅甸投资委。在投资行业规定方面，缅甸政府审批外商投资项目共有18项依据，同时也规定了几类限制或禁止外商在缅投资的项目。规定的投资方式有独资、与缅甸国民或相关政府部门或组织进行合作、根据双方合同进行合作。此外，规定了外商投资的最低标准，生产制造业为50万美金，服务业为30万美金，投资可以是货物也可以是现金的形式。同时，任何外国的个人和公司不得拥有土地，但可以长期租用土地用于其投资活动，土地使用期限为50年，并视情况延长两个10年等。

《外国投资法》为外来投资规定了优惠和担保措施。按照《外国投资法》批准的企业将享受 5 年免税期，其中包括企业开始商业运营的当年。如果企业申请，而且投资委认为项目符合国家利益，也可将免税期延长。此外，投资委也可能批准规定的几项减免措施。联邦政府保证在项目合同期限内包括延期期限内，不会对依法成立的企业实施国有化。如果没有充足的理由，保证不会在许可期限内搁置项目。保证外资投资人在合同期满后，可以用投资时的币种提取收益。

缅甸政府鼓励外商企业投资能够促进当地就业、增加出口、无污染的加工制造型企业。对于符合外商投资领域的加工制造，外商企业可向政府或缅甸私营企业、个人租赁土地，在签订土地租赁协议后，直接去缅甸投资管理委员会（MIC）申请注册外资公司。一般情况下，在资料提交后两周，MIC 可给外商企业颁发外资企业注册执照。

政府还制定了特殊经济区域的政策规定，投资者在免税区开始商业性运营之日起的第一个 7 年，免除收入税；在业务提升区开始商业性运营之日起的第一个 5 年，免除收入税；在免税区和业务提升区投资的第二个 5 年，减收 50% 收入税；在免税区和业务提升区投资的第三个 5 年，如在一年内将企业所得的利润重新投资，对投资的利润减收 50% 收入税。投资建设者在经济特区开始商业性运营之日起的第一个 8 年，免除收入税；在第二个 5 年，减收 50% 收入税；在第三个 5 年，如在一年内将企业所得的利润重新投资，对投资的利润减 50% 收入税。

缅甸与中国企业投资合作的相关协定主要包括：《投资促进和保护协定》《最惠国待遇》《关于边境贸易的谅解备忘录》《关于农业合作的协定》《关于成立经济贸易和技术合作联合工作委员会的协定》《关于犯监合作谅解备忘录》《关于渔业合作协定》《关于开展地质矿产合作的谅解备忘录》《关于促进贸易、投资和经济合作的谅解备忘录》《关于信息通信领域合作的谅解备忘录》《中缅航空运输协议》。

9. 越南

越南的投资主管部门是计划投资部。越南政府对投资行业的规定包括三个方面。①禁止投资项目：涉及危害国防、国家安全和公共利益，越南文化历史遗迹、道德和风俗，人民身体健康，破坏资源和环境的项目，以及处理从国外输入越南的有毒废弃物、生产有毒化学品或使用国际条约禁用毒素的项目。②限制投资项目：对国防、国家安全、社会秩序有影响的项目；财政、金融项目；影响大众健康的项目；文化、通信、报纸、出版等项目；娱乐项目；房地产项目；自然资源的考察、寻找、勘探、开采及生态环境项目等。③特别鼓励投资项目：新材料、新能源的生产；高科技产品的生产；生物技术；信息技术机械制造；配套工业；种、养及加工农林水产；制盐；培育新的植物和畜禽种子；应用高科技、现代技术；保护生态环境；高科技研发与培育；使用 5 000 人以上的劳动密集型产业；工业区、出口加工区、高新技术区、经济区及由政府总理批准的重要项目的基础设施建设；发展教育、培训、医疗、体育和民族文化事业的项目。

越南政府在2006年取消了之前《外国投资法》的诸多限制，进一步开放了市场，对外国投资的优惠政策有三类。第一类是行业鼓励政策，包括五个方面。①外商投资高新技术产业，可长期适用10%的企业所得税税率（园区外高科技项目为15%，一般性生产项目为20%～25%），并从营利之时起，享受4年免税和随后9年减半征税的优惠政策。②在高新技术企业工作的越南籍员工与外籍员工在缴纳个人所得税方面适用同等纳税标准。③外国投资者和越南国内投资者适用统一租地价格；投资者可以土地使用权价值及与该土地使用面积相关联的财产做抵押，依法向在越南经营的金融机构贷款；对高新技术研发和高科技人才培训项目，可根据政府规定免缴土地使用租金。④在出入境和居留方面，外籍员工及其家属可申请签发与其工作期限相等的多次入境签证；越南政府依据有关法律规定为外籍员工在居留、租房购房等方面提供便利条件。⑤高新技术项目，投资者根据其他投资优惠政策法规文件的规定享受最高的优惠政策待遇。

第二类是地区鼓励政策，鼓励投资的行政区域分为经济社会条件特别艰苦地区（A区）和艰苦地区（B区）两大类，分别享受特别鼓励优惠及鼓励优惠政策。①企业所得税优惠：A区享受4年免税优惠（从产生纯利润起计算，最迟不超过3年），免税期满后9年征收5%，紧接6年征10%，之后按普通项目征税；B区享受2年免税优惠（从产生纯利润起计算，最迟不超过3年），免税期满后4年征收7.5%，紧接8年征15%，之后按普通项目征税。②进出口关税优惠：A区免固定资产进口关税及从投产之日起免前5年原料、物资或半成品进口关税；属出口产品生产加工可免征出口关税或退税。③减免土地租用费：租用A区土地最长减免15年，B区最长减免11年。

第三类是特殊经济区域的政策规定，包括三个方面。①工业区：生产性企业和服务性企业均免征出口税；鼓励投资的生产性企业进口构成企业固定资产的各种机械设备、专用运输车免征进口税；对用于生产出口商品的物资、原料、零配件和其他原料可暂不缴进口税，企业出口成品时，再按进出口税法补缴进口税；服务性企业按进口税法缴税。②出口加工区：生产性企业和服务性企业均免征出口税；生产性企业和服务性企业进口构成企业固定资产的各种机械设备、专用运输车辆及各类物资、原料免征进口税；企业所得税与工业区享受同等优惠待遇。③口岸经济区：鼓励外商以BOT、BT和BTO等方式参与基础设施建设；在口岸经济区投资的项目，可享受所得税4免9减半、之后连续10年减10%的优惠；在口岸经济区工作的外国人，可免50%的个人所得税；接壤国家公民持因私护照（按规定应办理签证）可免签进入口岸经济区并停留15天；接壤国家的货车可进入口岸经济区，在区内交接货物。

越南与中国企业投资合作的相关协定主要包括：《关于鼓励和相互保护投资协定》《关于

对所得避免双重征税和防止偷漏税的协定》《贸易协定》《经济合作协定》《中国人民银行与越南国家银行关于结算与合作协定》《关于货物过境的协定》《关于保证进出口商品质量和相互认证的合作协定》《关于成立经济贸易合作委员会的协定》《边贸协定》《北部湾渔业合作协定》《关于扩大和深化双边经贸合作的协定》《中越经贸合作五年发展规划》《中越经贸合作五年发展规划重点合作项目清单》。

10. 老挝

老挝的投资主管部门有工贸部、计划投资部和政府办公厅。在投资行业的规定上，除危及国家稳定，严重影响环境、人民身体健康和民族文化的行业及领域外，其他领域均鼓励。外国投资者可以按照"协议联合经营"、与老挝投资者成立"混合企业"以及"外国独资企业"三种方式到老挝投资。

老挝的投资政策包括六个方面。一是行业鼓励政策。政府鼓励投资的行业包括出口商品生产；农林、农林加工和手工业；加工、使用先进工艺和技术、研究科学和发展、生态环境和生物保护；人力资源开发、劳动者素质提高、医疗保健；基础设施建设；重要工业用原料及设备生产；旅游及过境服务。

二是税收优惠政策，包括：①进口用于在老挝国内销售的原材料、半成品和成品，可减征或免征进口关税、消费税和营业税；②进口的原材料、半成品和成品在加工后销往国外的，可免征进口和出口关税、消费税和营业税；③经老挝计划投资部批准进口的设备、机器配件，可免征进口关税、消费税和营业税；④经老挝计划投资部或相关部门批准进口的老挝国内没有或有但不达标的固定资产，可免征第一次进口关税、消费税和营业税；⑤经老挝计划投资部或相关部门批准进口的车辆（如载重车、推土机、货车、35座以上客车及某些专业车辆等），可免征进口关税、消费税和营业税。

三是地区鼓励政策。政府根据社会经济结构和地理位置，把鼓励投资区划分为三类（一类、二类、三类投资区），并根据不同地区的实际情况给予不同的投资优惠政策。

四是资金来源的优惠。国内外的投资者均可通过向老挝和外国商业银行、金融机构贷款，以解决投资资金。

五是特别鼓励政策，包括：①投资建医院、幼儿园、普通学校、职业学校、专科学校、大学、研究分析中心等，享受免费租赁场所、免费使用土地的优惠；②投资建医院、幼儿园、普通学校、职业学校、专科学校、大学、研究分析中心等，将在一般利润税优惠的基础上再免5年利润税。

六是鼓励投资的其他优惠政策。项目投资额在25亿基普以上的外国投资者，依法有土地使用权，可修建房屋，并对所修建的房屋拥有所有权；一般外国投资者有权买卖不动产，如楼房或其他建筑物等，但对建筑物所在的土地没有使用权。

老挝与中国企业投资合作的相关协定主要包括：《中老贸易协定》《中老边境贸易的换文》《中老避免双重征税协定》《中老关于鼓励和相互保护投资协定》《中老汽车运输协定》《中老澜沧江—湄公河客货运输协定》《中老关于成立两国经贸技术合作委员会协定》《中国、老挝、缅甸和泰国四国澜沧江—湄公河商船通航协定》《中老领事条约》《中老民事刑事司法协助条约》《中老引渡条约》。

11. 东帝汶

东帝汶的投资主管部门是贸易投资局。在投资行业的规定上，鼓励外商投资于基础经济领域和出口产业，投资于农村地区比城市地区获得更多的免税期限，投资于欧库西和阿陶罗等地区则可获得比本土更长时间的免税期限。在投资方式的规定上，鼓励外资与当地人合资；暂无有关外资并购安全审查、国有企业投资并购、反垄断、经营者集中审查等方面的法律；外资收并购的主要手续及操作流程，当地也无此类咨询的专业机构。

东帝汶的投资优惠政策包括三类。一是优惠政策框架。东帝汶政府出台了一系列的关税和营业税减免的优惠政策，在不同地区投资，可免除一定年限的国有土地租金，雇用当地劳工，可减免一定比例的应纳税额等。二是地区鼓励政策。根据投资类型的不同以及投资地区的不同，减免税额的期限也有所不同，优惠程度：市区＜农村地区＜欧库西和阿陶罗地区。三是特殊经济区域的规定。在欧库西地区设立经济特区，除享受原有税收优惠政策外，还可享受一企一策的特殊约定优惠待遇。该经济特区目前尚未开始建设，目前暂无中国企业入驻。

中国与东帝汶暂未签署任何双边投资保护协定和避免双重征税协定。自 2010 年 7 月 1 日起，中国逐步对东帝汶 95% 以上的对华出口产品实行零关税优惠待遇。

第五节 政策启示

东南亚整体处于工业化中期阶段，但国家之间的发展程度存在巨大差异，分别处于工业化的不同阶段，在经济发展动力、产业结构、投资环境等方面存在很大不同。这种差异性表明，虽然以地缘为基础的区域经济或政治共同体已成为全球化时代的趋势，但民族国家仍然是主导的政治、经济和文化单位。因此，中国的地缘经济战略应处理好"超国家体"和国家两个尺度，即在利用各个区域共同体框架的基础上，需要加强与成员国全方位的双边合作机制的建设，而这有赖于对各国经济、政治和文化特性的深入研究。东南亚内部经济差异性对中国与东南亚的地缘经济合作具有重要的启示。

首先，需要认清东盟不同国家的禀赋差异，根据产业互补性与各国在不同工业化阶段的发展需求，优化中国与东盟的贸易结构，实施企业"走出去"战略。与处于工业化初期国家合作的着力点在于，实现中国的技术优势与东盟国家廉价生产要素（如劳动力、土地）的结合，这既有助于中国的产业转型，又有利于东盟国家的工业化。中国应当通过提高高技术产品的国际竞争力来扩大这类产品对东盟的出口，并加大从这些国家进口急需的能源和初级产品，实现产业间的互补。相比之下，与处于工业化后期的新加坡合作的着力点，宜在高新技术产品研发、设计和管理等方面实现产业内的合理分工。这要求中国应在"10＋1"框架下加强与东盟国家的双边经贸合作机制建设，以及与由若干国家组成的地缘经济合作区的共建，如澜沧江—湄公河开发区、泛北部湾经济区等。

其次，需要注意到政体差异产生的潜在分歧，使东盟的地缘政治环境存在一定的不稳定性，由此造成的政局不稳、政策变动会给在东盟的投资带来潜在风险。中国多年来对东盟国家的投资有一半左右集中在新加坡也正是缘于新加坡的政局稳定。维护东盟地区的政治稳定与和平发展环境，对保障投资安全和进一步拓展与东盟的经济合作具有重要意义。

最后，中国企业对东盟国家的投资和商务洽谈需要认识到各个国家的文化习俗及其与中国的差异。企业管理、品牌宣传、产品设计等都应建立在对当地文化的深入了解和充分尊重之基础上。中国历来重视与东盟的文化交流，但应认识到不存在一种"东盟文化"，文化融合必定是中国与东盟各国的双边文化融合。在开展对东盟的文化宣传时，需要考虑不同宗教和民族的价值观；在推动文化交流方面，应避开存在争议或冲突的领域，选择存在共性的领域。

参 考 文 献

[1] 毕世鸿：《柬埔寨经济社会地理》，中国出版集团、世界图书出版公司，2014年。
[2] 蔡金城：《印度尼西亚社会文化与投资环境》，中国出版集团、世界图书出版公司，2012年。
[3] 古小松：《东南亚——历史、现状、前瞻》，中国出版集团、世界图书出版公司，2013年。
[4] 李志轩：《柬埔寨社会文化与投资环境》，中国出版集团、世界图书出版公司，2012年。
[5] 廖亚辉：《缅甸经济社会地理》，中国出版集团、世界图书出版公司，2014年。
[6] 阮洪文："越南重点经济区发展研究"（博士论文），华东师范大学，2014年。
[7] 申韬、缪慧星：《菲律宾经济社会地理》，中国出版集团、世界图书出版公司，2014年。
[8] 王勤："东南亚国家产业结构的演进及其特征"，《南洋问题研究》，2014年第3期。
[9] 郑茗戈、陈嵩：《老挝经济社会地理》，中国出版集团、世界图书出版公司，2014年。
[10] 钟继军、唐元平：《马来西亚社会经济地理》，中国出版集团、世界图书出版公司，2014年。
[11] 邹春萌、罗圣荣：《泰国经济社会地理》，中国出版集团、世界图书出版公司，2014年。

第五章 土地利用与农业发展

第一节 土地资源禀赋与利用

一、土地资源构成特征

东南亚土地资源总面积约 4.4 亿公顷。按照表 5-1，东南亚土地资源分为九类。如表 5-2 所示，2010 年，东南亚土地资源构成以林地、耕地①和草地为主，面积分别为 30 631 万公顷、9 819 万公顷、2 056 万公顷，合计 42 506 万公顷，这三类土地资源占土地资源总面积的比重高达 95% 以上，仅林地比重就接近 70%，可见东南亚地区具有丰富的林木资源和良好的生态环境；其次是水体和湿地，合计面积占比约 3%；建设用地面积仅 429 万公顷，占土地总面积不足 1%，区域国土开发强度很低；其余的灌木地、裸地、冰川和永久积雪等其他土地资源类型面积与比重均很小。

表 5-1 东南亚各类土地利用类型的定义

土地类型	定义
耕地	用于种植农作物的土地，包括水田、灌溉旱地、雨养旱地、菜地、牧草种植地、大棚用地，以种植农作物为主，间有果树及其他经济乔木的土地，以及茶园、咖啡园等灌木类经济作物种植地
林地	乔木覆盖且树冠盖度超过 30% 的土地，包括落叶阔叶林、常绿阔叶林、落叶针叶林、常绿针叶林、混交林以及树冠盖度为 10%~30% 的疏林地
灌木地	灌木覆盖且灌丛覆盖度高于 30% 的土地，包括山地灌丛、落叶和常绿灌丛以及荒漠地区覆盖度高于 10% 的荒漠灌丛

---

① 在土地资源构成中，耕地包括了种植果园、茶园和咖啡园等乔木、灌木类经济作物的土地，这部分土地利用类型在中国《土地利用现状分类》（GB/T 21010-2007）中称为园地。

续表

土地类型	定义
草地	天然草本植被覆盖,且盖度大于10%的土地,包括草原、草甸、稀树草原、荒漠草原以及城市人工草地等
湿地	位于陆地和水域的交界带,有浅层积水或土壤过湿的土地,多生长有沼生或湿生植物,包括内陆沼泽、湖泊沼泽、河流洪泛湿地、森林/灌木湿地、泥炭沼泽、红树林、盐沼等
水体	陆地范围液态水覆盖的区域,包括江河、湖泊、水库、坑塘等
建设用地	又称为人造地表,是指由人工建造活动形成的地表,包括城镇等各类居民地、工矿、交通设施等,不包括建设用地内部连片绿地和水体
裸地	植被覆盖度低于10%的自然覆盖土地,包括荒漠、沙地、砾石地、裸岩、盐碱地等
冰川和永久积雪	由永久积雪、冰川和冰盖覆盖的土地,包括高山地区永久积雪、冰川和极地冰盖等

表5-2 2010年东南亚地区土地资源结构

土地资源类型	面积(万公顷)	占比(%)
耕地(含园地)	9 819	22.15
林地	30 631	69.12
灌木地	148	0.34
草地	2 056	4.64
建设用地	429	0.97
水体	632	1.43
湿地	579	1.31
裸地	19	0.04
冰川和永久积雪	5	0.01
合计	44 318	100.00

注:①由于海陆界线上的定义和投影坐标的差异,表中各类土地资源合计的土地总面积与联合国统计的各国土地总面积存在一定差异,根据联合国统计司(UNSD)2007年1月公布的数据,东南亚11国的土地总面积共44 950万公顷;②表中土地资源类型的定义见表5-1。

资料来源:根据国家基础地理信息中心研制的全球30米地表覆盖数据(GlobeLand30)统计所得,该数据下载地址为:http://www.globallandcover.com。

从国家尺度看,东南亚各国的土地资源结构较为类似,除泰国和新加坡外,林地均为面积占比最高的土地利用类型,第二高的土地利用类型大多为耕地(图5-1)。其中,文莱是东南亚林地覆盖率最高的国家,比重达到90.43%;老挝和马来西亚的林地覆盖率次之,均超过80%;除泰国、越南和新加坡外,其他国家的林地覆盖率均超过50%。

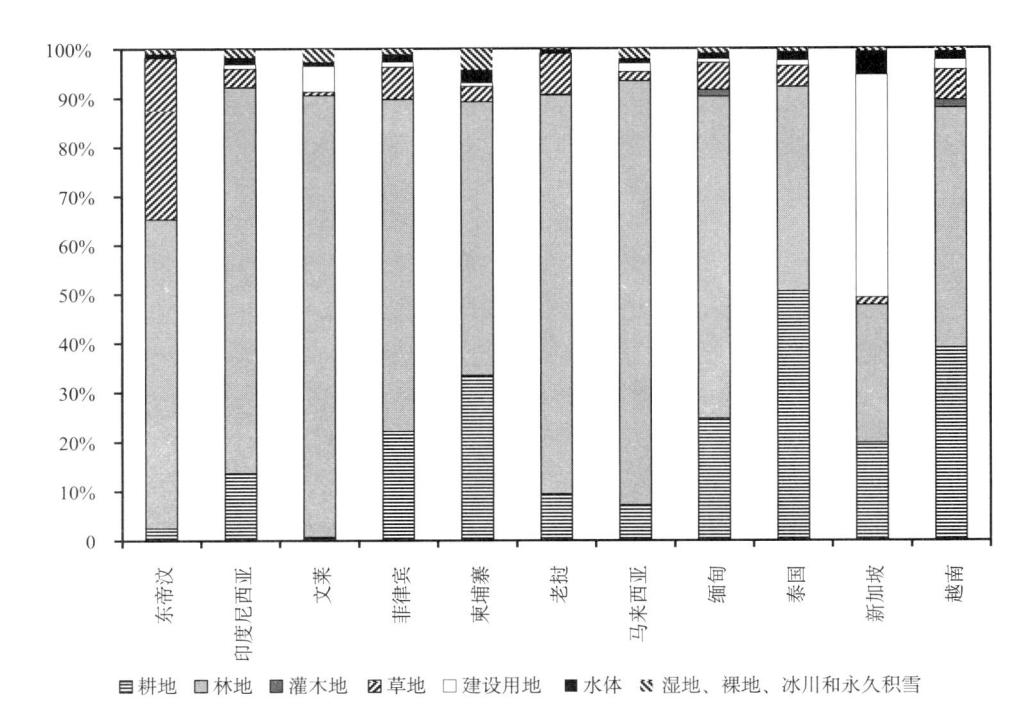

图 5-1 2010 年东南亚各国土地资源结构

资料来源：同表 5-2。

从人均资源拥有的角度看，东南亚地区的人均土地资源、人均森林资源、人均耕地资源和人均园地面积较为丰富，尤其是人均森林资源，东南亚是亚洲平均水平的两倍多。东南亚人均耕地资源与亚洲平均水平相当，高于中国平均水平。由于东南亚地区种植园规模大、数量多，人均园地面积远高于世界其他地区（表 5-3）。

表 5-3 2012 年东南亚各国人均资源及与其他地区的对比　　　单位：公顷/人

国家/地区	人均土地资源	人均森林资源	人均耕地资源	人均园地面积
东帝汶	1.34	0.65	0.14	0.07
菲律宾	0.31	0.08	0.06	0.06
柬埔寨	1.22	0.66	0.28	0.01
老挝	3.56	2.35	0.22	0.03
马来西亚	1.13	0.69	0.03	0.22
缅甸	1.28	0.59	0.20	0.03
泰国	0.77	0.28	0.25	0.07
文莱	1.40	0.91	0.01	0.01

续表

国家/地区	人均土地资源	人均森林资源	人均耕地资源	人均园地面积
新加坡	0.01	0.000 4	0.000 1	0.00
印度尼西亚	0.77	0.38	0.10	0.09
越南	0.37	0.16	0.07	0.04
东南亚	0.74	0.35	0.11	0.07
中国	0.70	0.15	0.09	0.01
亚洲	0.73	0.14	0.11	0.02
南亚	0.37	0.05	0.12	0.02
西亚	1.99	0.08	0.15	0.02
东非	1.67	0.49	0.19	0.02
大洋洲	22.47	5.01	1.28	0.04

注：中国数据不包含香港、澳门和台湾地区。

资料来源：根据联合国粮食及农业组织数据库中的东南亚数据整理，数据地址：http://faostat3.fao.org/download/Q/QC/E。

在东南亚地区，老挝是人均土地资源、人均森林资源和人均园地最为丰富的国家，人均耕地资源也较丰富，为东南亚平均水平的两倍。菲律宾、越南和印度尼西亚由于人口众多，各类人均土地资源相对匮乏。新加坡作为城市国家，与其他国家相比人均资源很少。其余国家的人均土地资源和人均森林资源较为接近。泰国和柬埔寨的平原、台地面积占比较高，因此，耕地资源相对丰富，人均耕地资源位居前列。马来西亚境内山地丘陵多、平地少，耕地资源不多，适宜种植橡胶、油棕、可可和热带水果等热带经济作物，因此，种植园面积广阔，人均园地面积远高于东南亚其他国家。

二、土地资源空间分布

东南亚土地资源空间分布与地形、人口分布特征基本吻合。耕地资源主要分布在中南半岛以及面积较大的岛屿中地势平坦地区，主要包括泰国、印度尼西亚、缅甸和越南等国家。集中分布区有越南红河三角洲、越南—缅甸湄公河三角洲、泰国东北部的呵叻高原、泰国南部湄南河三角洲、缅甸中部平原和伊洛瓦底江三角洲。此外，印度尼西亚的苏门答腊岛、爪哇岛，菲律宾的吕宋岛和棉兰老岛等地势平坦与人口集中地区也有较大面积的耕地分布。中南半岛地势较高、地形起伏大的山地丘陵地区以林地占绝对优势。马来半岛和马来群岛地处热带雨林气候区，常年气温高、降水丰富，土壤的淋溶作用强烈，微生物活跃，使得土壤养分和有机质难以积聚，因此土壤较为贫瘠，不适宜开垦为耕地。同时，由于人口稀疏、交通不便等原因，这些地区的耕地开垦活动并不频繁，土地覆盖以天然植被为主。草地主要分布在中南半岛北部丘陵地带，印度尼西亚东南部的松巴岛、弗洛勒斯岛和新几内亚岛以及帝汶岛。

建设用地主要分布在中南半岛的三角洲平原、马来半岛的几个重点城市和重要港口，以及两个群岛国家印度尼西亚和菲律宾的重要岛屿的沿海地区。建设用地规模较大的城市包括位于红河三角洲的河内和海防；位于湄公河三角洲的胡志明市；位于湄南河三角洲的曼谷和北榄；位于伊洛瓦底江三角洲的仰光；位于马来半岛西南部沿海一带的吉隆坡、怡保和马六甲；位于爪哇岛的雅加达、泗水、万隆、三宝垄和苏门答腊西北部的棉兰；位于吕宋岛南部的马尼拉以及新加坡、文莱的斯里巴加湾。此外，越南的岘港、印度尼西亚的三马林达、望加锡和楠榜港、马来西亚的槟城、菲律宾的宿务等东南亚重要港口，以及缅甸首都内比都和内陆城市曼德勒，泰国北部的第二大城市清迈，柬埔寨和老挝的首都等东南亚其他主要城市，也是建设用地相对密集分布区。

夜间灯光数据能够直接显示人类活动密集度和强度，反映出当地的工业化水平、城市化水平地区差异以及人口空间分布情况。可利用夜间灯光数据揭示东南亚建设用地密集的地区。如图 5-2 所示，高亮度、密集连片区为越南红河三角洲和湄公河三角洲、泰国湄南河三角洲、马来西亚的马来半岛两岸、新加坡岛、印度尼西亚的爪哇岛以及菲律宾的吕宋岛南部。除泰国、越南沿海地区、马来半岛沿海地区和爪哇岛能够明显看到密集城镇点及其之间的频繁联系，其余地区夜间灯光呈稀疏点状分布，且点与点之间并没有明显的联络，反映出这些地区的人口密度、工业化水平和经济联系强度较低。

各地类资源在各个国家的分布存在明显的差异（图 5-3）。印度尼西亚是东南亚土地面积最大的国家，全世界排名第 15 位，总面积约 190 万平方千米，占东南亚地区土地总面积的 42%。因此，其林地、建设用地和草地面积均排名东南亚地区首位，并且远高于东南亚其他国家，耕地面积也仅略小于泰国，林地、建设用地、草地和耕地分别占东南亚各地类总面积的 48%、37%、35% 和 26%，是东南亚地区各类型土地资源极为丰富的国家。除泰国和印度尼西亚外，缅甸、越南、菲律宾、柬埔寨也拥有较多的耕地资源，这四个国家共拥有东南亚 82% 的耕地资源。作为东南亚最主要的土地覆被类型，林地在印度尼西亚、缅甸、马来西亚、泰国、菲律宾、老挝和越南等多个国家均有广泛分布。建设用地高度集中在缅甸、泰国、马来西亚、越南和印度尼西亚，合计占东南亚总建设用地面积的 88%。除印度尼西亚之外，老挝、菲律宾、越南、泰国、缅甸也占有较大比重的草地，这六个国家的草地面积占东南亚总草地面积的比重高达 92%。

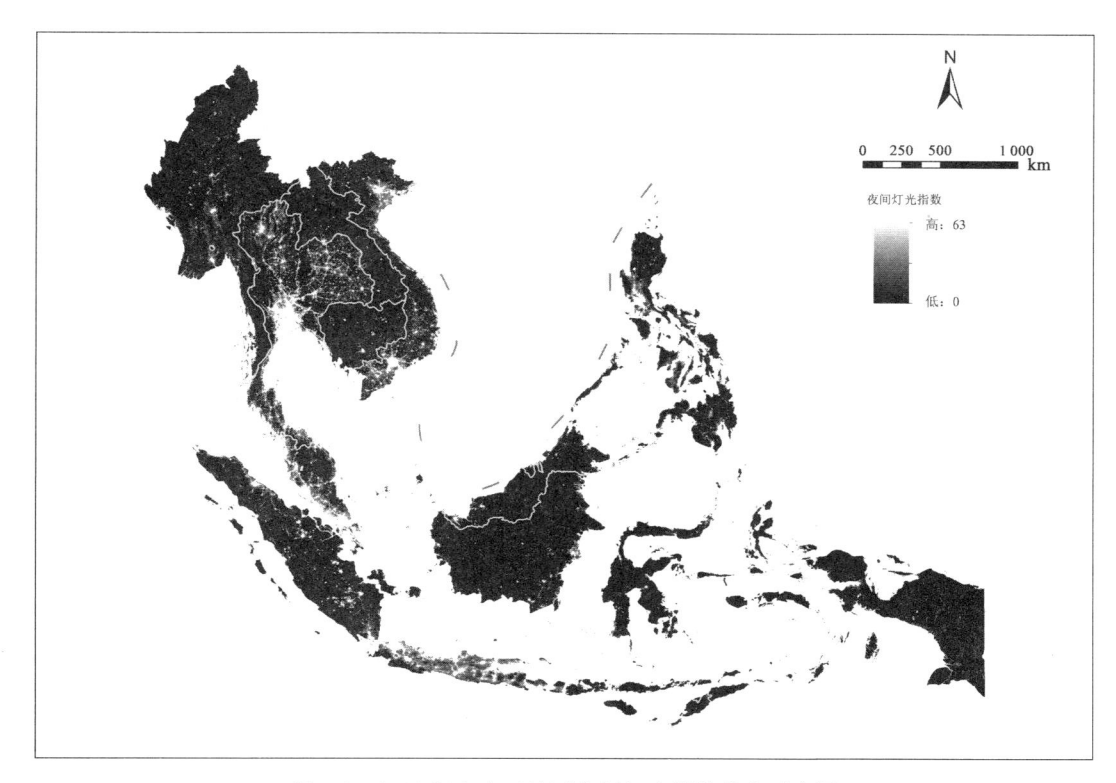

图 5-2 2012 年东南亚地区夜间灯光指数分布示意图

注：底图根据中国地图出版社出版的东南亚地图［审图号 GS（2013）790 号］绘制。

资料来源：美国国家海洋和大气管理局（NOAA）DMSP/OLS 夜间灯光数据，下载地址：http://ngdc.noaa.gov/eog/dmsp/downloadV4composites.html。

三、主要地类变化与地区差异

森林和耕地资源是东南亚最重要的土地资源，因此本节对这两个地类的变化进行重点分析。值得注意的是，本节所指的耕地面积不包含果园、可可和咖啡等永久性作物用地（即园地）。园地面积，即永久性作物用地面积，不仅包括生长开花灌木、果树、坚果树和葡萄树的土地，还包括种植橡胶林的土地。森林面积是指由自然生长或人工种植且原地高度至少为 5 米的直立树木所覆盖的土地。与上文林地不同的是，这里的森林不包括农业生产系统中的立木（如橡胶林）以及城市公园和花园中的树木。

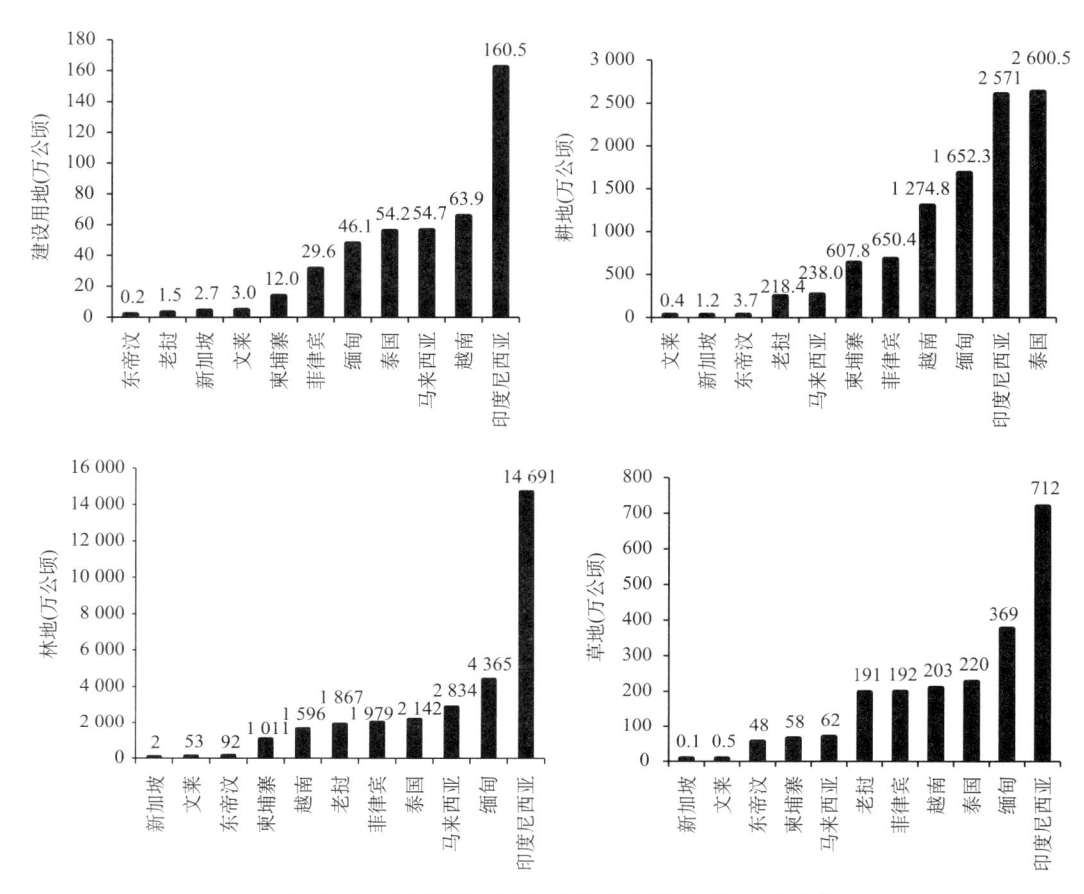

图 5-3 2010 年东南亚各国主要土地资源类型面积对比

资料来源：同表 5-2。

1. 森林资源变化与地区差异①

东南亚地处热带，高温多雨的气候为热带森林的生长提供极其有利的条件，使其成为世界上森林资源最丰富的区域之一。热带雨林和热带季雨林在该地区广泛分布，而中南半岛北部山区也有少量的山地针叶林分布，沿海地区的部分滩涂浅滩生长着红树林。联合国粮食及农业组织（FAO）的统计数据显示，2012 年，东南亚地区森林面积为 21 189 万公顷，占亚太地区森林总面积的 29%，占东南亚地区土地总面积的 47%，高于亚洲 19% 的森林覆盖率，也高于全球 31% 的森林覆盖率，老挝、马来西亚和文莱的森林覆盖率甚至超过了 60%。

然而，长期以来由于过度的森林采伐、火灾和种植园规模的持续扩大，东南亚地区的森林面积不断萎缩（图 5-4）。1990 年以来，东南亚地区净减少森林面积 3 537 万公顷，毁林面

---

① 关于东南亚森林资源的分析主要根据联合国粮食及农业组织亚太地区林业委员会发布的《亚太地区林业展望研究：东南亚地区子报告（2011）》整理。

积更是达到了 4 400 万公顷，毁林面积占 1990 年森林面积的 17%，相当于该地区陆地面积的 8%，年均毁林面积约 200 万公顷。2000 年以来，东南亚地区森林萎缩的速度明显放缓。1990~2000 年，东南亚森林面积净减少 2 422 万公顷，减幅为 10%；2000~2012 年，森林面积净减少 1 115 万公顷，净减少量不及 1990~2000 年的一半，减幅也下降至 5%（表 5-4）。究其原因，一是由于东南亚地区的毁林开荒现象和森林非法采伐得到控制，采伐量有所减少；二是人工造林及森林的自然恢复促使新森林面积的扩大。

东南亚是全球红树林分布最广的地区，但近年来由于人类活动干扰增强，东南亚地区的红树林面临严重威胁，红树林总面积由 2005 年的 510 万公顷降至 2010 年的 490 万公顷，年均毁林率为 0.9%，远高于同期东南亚平均毁林率 0.5%（粮农组织亚太地区林业委员会，2011）。

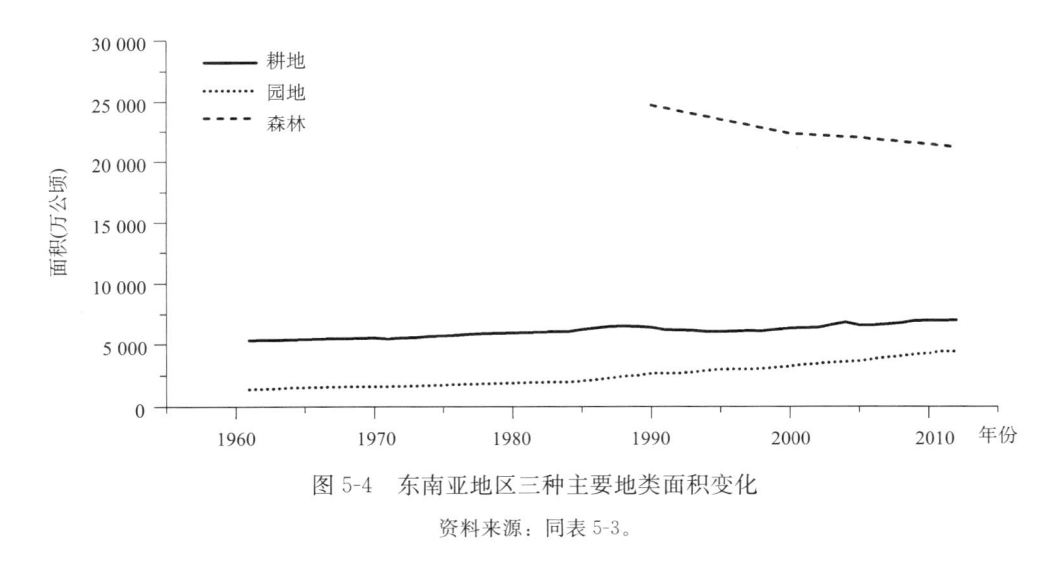

图 5-4　东南亚地区三种主要地类面积变化

资料来源：同表 5-3。

由于东南亚各国经济发展情况和森林政策差异较大，森林的退缩和扩张同时存在。根据森林面积净变化趋势，将东南亚国家分为净流失、基本不变、净增加三类（表 5-4、图 5-5）。

表 5-4　东南亚各国森林面积及其变化情况

国家	2012 年森林面积（万公顷）	森林覆盖率（%）	森林面积变化（万公顷）			
			1990~1995 年	1995~2000 年	2000~2005 年	2005~2012 年
泰国	1 900	37.03	−27	−27	−11	−10
老挝	1 559	65.86	−39	−39	−39	−55

续表

国家	2012年森林面积（万公顷）	森林覆盖率（%）	森林面积变化（万公顷）			
			1990～1995年	1995～2000年	2000～2005年	2005～2012年
缅甸	3 115	46.05	−218	−218	−155	−217
马来西亚	2 028	61.49	−39	−39	−70	−61
东帝汶	72	48.38	−6	−6	−6	−8
印度尼西亚	9 306	48.86	−957	−957	−155	−480
柬埔寨	984	54.35	−70	−70	−82	−89
新加坡	0.23	3.37	0	0	0	0
文莱	38	65.29	−1	−1	−1	−1
越南	1 409	42.46	118	118	135	101
菲律宾	777	25.92	27	27	27	38
东南亚	21 188.23	47.14	−1 211	−1 211	−355	−760

资料来源：同表5-3。

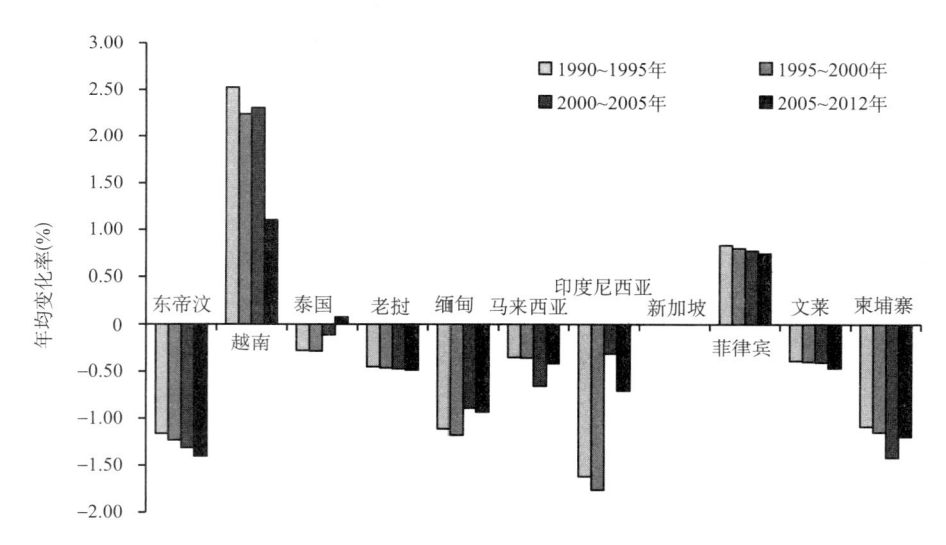

图 5-5 东南亚各国森林面积年均变化率

资料来源：同表5-3。

第一类的国家其森林面积变化趋势仍处于净减少过程中，包括印度尼西亚、缅甸、马来西亚、泰国、老挝、柬埔寨和东帝汶，而这些国家的森林面积减少的主要原因各不相同。

印度尼西亚、马来西亚和泰国森林减少的主要原因是热带经济作物的扩张。东南亚是世界上橡胶最主要的产区。1990年以来，东南亚橡胶种植面积不断扩大，2010年已达到740

万公顷，占世界橡胶总种植面积的比重超过 70%，并主要分布在印度尼西亚、马来西亚和泰国这三个国家。有学者预测，到 2050 年东南亚的橡胶种植面积将会扩张至现有面积的 2～3 倍，从而将大面积地取代原生常绿阔叶林地和刀耕火种后的次生林地（Ziegler et al.，2009）。东南亚也是油棕榈的主要产区，油棕榈的种植尤为集中在马来西亚和印度尼西亚。2010 年，马来西亚和印度尼西亚的油棕榈种植面积已超过 1 000 万公顷，占世界油棕榈种植面积的 65%，并且贡献了世界 85% 的油棕榈产量。

东南亚地区经济林的快速扩张导致许多低海拔地区的森林衰退，尤其是在苏门答腊岛、加里曼丹岛和西巴布亚地区，这些地区海拔低、坡度小、可达性高，当地农民为商业利益将天然林砍伐或焚烧后，种植高利润回报的橡胶或油棕榈。然而，东南亚地区的热带雨林和季雨林是地球上许多生物物种独有的栖息地，经济林的扩张导致许多热带雨林物种赖以生存的生境面积退缩，造成林地景观组分的单一化，不仅大幅度降低了物种丰富度（Aratrakorn et al.，2006），而且导致更多物种灭绝（Koh and Wilcove，2007、2008），从而加剧了地球生物多样性流失的状况。此外，森林转变为橡胶或油棕榈种植园还会引发水土流失、土壤有机质和总氮含量减少、局地气候变化等各种生态环境效应（Ziegler et al.，2009；Martius et al.，2004；Wang et al.，2007）。而且"低影响采伐"方式在东南亚地区没有得到广泛采纳和推广应用，非法的森林采伐在印度尼西亚、泰国和马来西亚依然普遍存在。据报道，全世界一半的非法砍伐木材都来自印度尼西亚，马来西亚加里曼丹岛的沙捞越森林砍伐状况也不容乐观。森林滥伐等不良森林作业方式不仅导致森林面积锐减，而且显著降低了森林的价值。

东帝汶是东南亚地区发展最为落后的国家之一。该国广大的农村贫困地区只能依赖于森林提供的木材、能源、药物、野生鸟类等资源以维持基本生活，所以即便政府禁止森林产品的交易，非法的森林采伐和捕猎行为依然盛行，从而使东帝汶森林减少速度在东南亚国家中位居前列。非法采伐是导致东帝汶森林退化的主要原因，在首都帝力和其他大城镇周围，森林砍伐的现象尤为突出（UNCCD，2008）。

缅甸、老挝和柬埔寨的热带经济林作物总体种植规模不大，造成这些地区森林面积减少的主要原因是高强度的森林采伐和农业耕作制度变迁。长期以来，林业是缅甸的支柱产业，2012 年，缅甸的原木生产量达到 4 274 万立方米，且过去 40 年以年均 2.6% 的速度增长，从而导致缅甸森林覆盖率从 1990 年的 58% 迅速降至 2012 年的 46%。为扭转森林面积急剧减少的状况，缅甸计划从 2014 年起全面停止原木出口，并按比例逐年减少柚木及硬木的砍伐，而且计划通过增加林业投资、提高公众环保及林业发展参与意识、引进农林混作体系、停止原木销售及增加高附加值木材产品的生产与出口等多种措施，解决薪材不足、森林乱砍滥伐等问题，最终实现国家森林转型和林业的健康、可持续发展。

与缅甸类似，由于非法砍伐，柬埔寨也呈现出森林加速减少的态势，尤其是从 2004 年开始,"经济特许地"(Economic Land Concessions)的快速扩张加速了许多高价值森林的消失。柬埔寨的森林采伐率跃居世界第三,导致森林覆盖率在过去 20 多年间大幅下降,从 1990 年的 72% 骤降至 2012 年的 54%。由于缺乏严格的批后监管,柬埔寨许多"经济特许地"在砍伐森林后没有按计划实施经济林种植(Forest Trends,2015),使得大片的森林遭受破坏,对林业发展和当地农民生活造成巨大影响。

森林资源也是老挝重要的经济资源,尤其是在经济来源稀缺的农村地区。据统计,老挝全国 80% 人口的生计依赖于森林。尽管老挝政府早在 20 世纪 70 年代末采取各类保护性措施开发森林资源并禁止滥伐森林,但随着人口的快速增长以及周边国家木材需求的激增,老挝的森林面积也呈现出快速减少的态势。在中南部地区,森林砍伐是该地区森林面积减少的主因。老挝北部是重要游耕农业活动地区,土地开垦速度十分惊人,1992~2002 年,耕地面积以年均 18% 的速度增长(Yoshida et al.,2010)。老挝北部地处"金三角"地区,罂粟种植十分广泛,曾在 1998 年达到 2.86 万公顷之多(United Nation Office of Drug and Crime,2007),后来政府对当地罂粟种植的管控力度增强,广泛实施罂粟替代种植策略,使得该地区大部分罂粟地被民营橡胶种植园所替代(Manivong and Cramb,2007;Paul,2009)。此外,森林火灾、道路建设和土地制度改革也是导致老挝北部山区森林快速退缩的不可忽略的原因(Yoshida et al.,2010)。

与马来群岛不同的是,中南半岛国家的毁林现象多发生在山区,尤其是有常绿林和半常绿林分布的山区,主要原因是中南半岛的垦殖程度较高,大多平原地带已开垦为耕地和园地。在边境地带,由于管理缺位,非法森林采伐也经常发生。此外,道路建设提高了地区可达性,从而也提高了偏远地区森林砍伐和土地开垦可能(Nagendra et al.,2003;Patarasuk and Binford,2012)。

第二类是森林面积基本保持不变的国家,包括新加坡和文莱。新加坡和文莱是东南亚地区面积最小的两个国家,也是经济最为发达的两个国家。新加坡的森林资源很少,并且基本划入了自然保护区。文莱的森林面积也不大,并且超过 50% 的森林被划为 11 个森林保护区,保护区面积约占国土总面积的 40%。新加坡和文莱的森林保护成效与其自身较高的经济发展水平、产业结构以及积极的生态保护政策密不可分。

第三类是森林面积呈现净增长态势的国家,包括越南和菲律宾。1990 年,越南和菲律宾是除新加坡外森林覆盖率最低的两个东南亚国家,覆盖率均低于 30%。越南曾经被联合国粮食及农业组织列为世界上森林采伐率最高的国家。20 世纪 60 年代开始,为缓解红河和湄公河三角洲地区与日俱增的人口压力,越南政府鼓励人们向山区转移,山区人口增加促使农地不断扩张,加之森林采伐量的增长,越南森林面积迅速减少(De Koninck,1999;Lundberg,2004;McElwee,2004)。80 年代末,越南的森林覆盖率达到历史最低点 25%,

北部地区更是跌至17%（Meyfroidt and Lambin，2008a）。由于当时越南实行的是公社农业，农民生产的积极性普遍不高，造成山区的水田产量很低，进一步迫使农民不断在坡地上进行刀耕火种式的耕种，以获取足够的粮食（Meyfroidt and Lambin，2008b），从而加剧了山区的森林流失态势。由于粮食短缺和生态环境问题日益突出，80年代末以后，越南政府开始通过类似于中国改革开放的政治管理体制和经济体制改革，解放生产力，发展经济，并实行土地承包到户、林地承包到村、允许土地流转等土地制度改革（Kerkvliet and Porter，1995；Sadoulet et al.，2002），以及推行了一系列的造林计划（Castella and Dang，2002；De Jong et al.，2006）和禁止森林采伐的保护措施（Meyfroidt and Lambin，2008b）。森林保护和恢复的成效非常显著。90年代开始，越南的森林覆盖面积迅速攀升，并发生森林转型①。

菲律宾的森林面积绝对增长率和增速都远远低于越南。菲律宾森林面积的增加得益于对森林滥伐、走私木材等非法森林作业行为的严厉监管和打击。近年来，随着停止向土地开发商发放砍伐许可证以及国家绿化工程等政策的实施，菲律宾的森林将得到进一步的恢复。

在一个地区当中，一两个国家发生森林转型并不意味着这一地区的森林面积也将发生转型。越南为保护本国的森林资源，大量非法原木进口满足其国内需求，但这实际上是将森林砍伐转嫁给相邻国家（Meyfroidt，2009）。更有研究指出，尽管森林转型是一个国家生态环境转好的指标，但要恢复森林生态系统服务功能，仅仅是面积的增加仍然是不够的，局部地区仍存在原始森林砍伐现象（Meyfroidt and Lambin，2008a）。热带雨林生态系统在生物多样性保护和大气的碳氧平衡中发挥着举足轻重的作用，但东南亚大部分贫困地区人们的生计仍十分依赖于森林。因此，经济增长和森林保护的矛盾在东南亚许多地方依然非常突出，如何在两者之间取得合理的平衡成为东南亚地区实现可持续发展必须要解决的问题。值得庆幸的是，随着生态环境保护意识的增强，东南亚各国保护森林的意愿和执行力度也在增强。除新加坡外，东南亚其他国家都有森林保护政策和单独的森林法，并实施各类型的林业发展计划促进森林生态系统的恢复。1990~2010年，东南亚地区生物多样性保护林面积增加20%，达到3 850万公顷，占东南亚土地总面积的9%和森林面积的18%；防护林面积为4 340万公顷，占该地区陆地面积的10%和森林面积的20%。除了人为干扰之外，气候变化可能会成为东南亚森林健康情况的又一重要影响因子。近几十年来，厄尔尼诺/南方涛动气候事件发生频率不断上升，增加了东南亚地区未来森林火灾发生的可能性，从而有可能带来灾难性的影响（粮农组织亚太地区林业委员会，2011）。

---

① 森林转型由英国地理学家马瑟（Mather）提出，是指一个国家森林面积从净减少到净增加的过程，森林面积呈"U"形曲线变化。

中国的森林资源在20世纪遭受过严重的破坏,森林覆盖率一度下降至13%左右。从1979年开始,中国陆续实施了天然林保护工程、退耕还林工程、三北及长江流域防护林工程等一系列工程,彻底扭转了中国森林生态系统退化的局面。东南亚地区近几十年来快速的人口增长和经济发展带来的环境压力,引发了热带雨林锐减以及生物多样性减少、人口膨胀和资源消耗量飙升、水资源短缺等资源环境问题,严重影响了东南亚地区社会、经济、生态的可持续发展。当前,随着人类活动强度和范围的增强,各国的生态环境问题已不再是局部的问题而是区域性甚至全球性的问题。因此,中国"一带一路"构想的实施不仅仅是经济合作和贸易流通的平台,还应该是沿线各国生态共建共享的平台。《推动共建丝绸之路经济带和21世纪海上丝绸之路的愿景与行动》指出:"在投资贸易中突出生态文明理念,加强生态环境、生物多样性和应对气候变化合作,共建绿色丝绸之路。"中国在推进"一带一路"建设过程中,应主动融入生态文明建设理念,探索建立生态环境建设和保护的合作交流机制,在森林资源保护、生态敏感区保护与发展、生态农业、贫困山区减贫开发等多方面开展联合研究,降低农业和林业发展的环境成本,保护好自然生态环境,促进东南亚及"一带一路"沿线其他地区生态环境的持续改善。

2. 耕地资源变化与地区差异

与森林不断收缩相对应的是农业用地面积的快速扩展,尤其是1990年以来,以水稻为主的耕地和以橡胶园为代表的园地快速扩展。图5-6和图5-7显示,1961～1990年,东南亚耕地面积增加1 067万公顷,园地面积增加1 263万公顷,合计净增加2 330万公顷。1990～2012年,耕地面积净增加574万公顷,园地面积净增加1 746万公顷,合计净增加

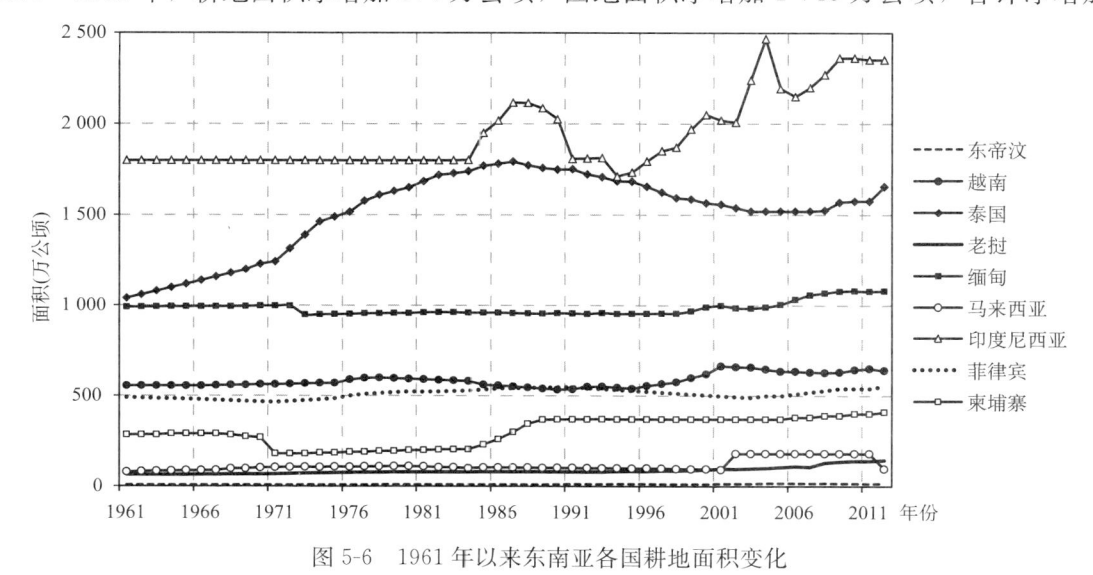

图5-6 1961年以来东南亚各国耕地面积变化

资料来源:同表5-3。

图 5-7　1961 年以来东南亚各国园地面积变化

资料来源：同表 5-3。

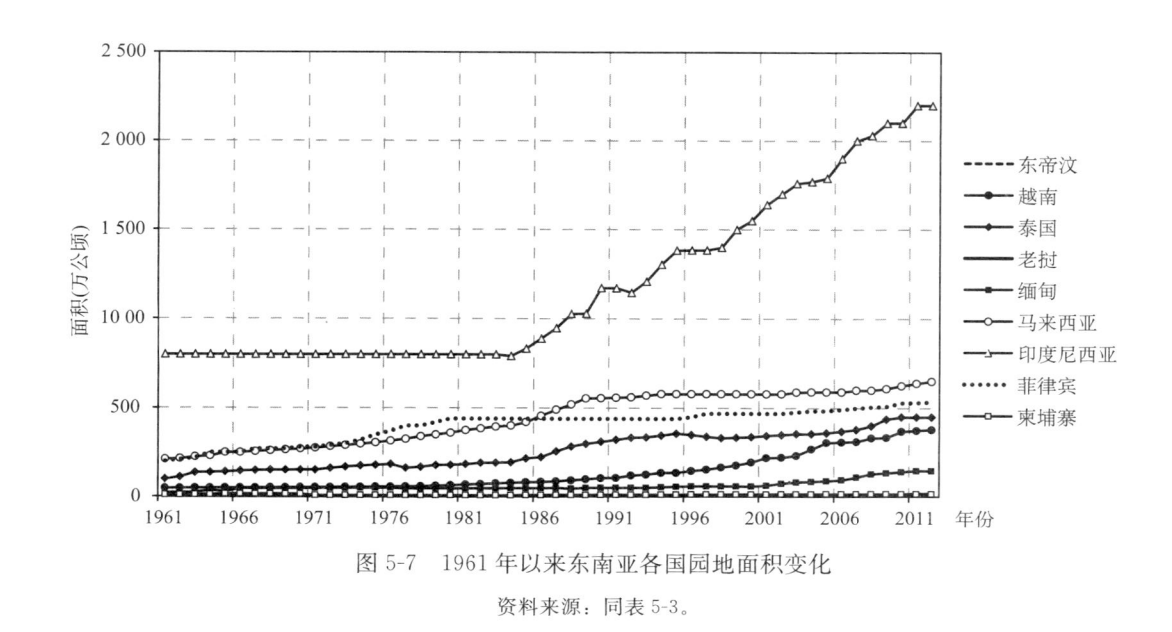

2 320 万公顷。1990 年以来，超过 50% 的耕地和园地的扩张分布在印度尼西亚。另外，缅甸和越南的耕地面积增加也较多，而园地扩张主要分布在越南、泰国、缅甸和菲律宾。泰国的耕地面积在 20 世纪 80 年代以后逐渐下降，主要原因是耕地转为了园地。总体而言，东南亚农业用地仍处于快速的扩张过程中，水稻、甘蔗、橡胶、油棕榈、椰子等作物种植面积的增长尤为明显，成为东南亚地区森林退化的主要原因之一。

东南亚地区水热充足、人口密集、平原面积广阔，适宜种植水稻、甘蔗等喜光、热、湿的作物，因此，东南亚地区的种植结构相对单一。图 5-8 显示，2013 年东南亚地区的农作物收获总面积 7 933 万公顷，其中谷类作物收获面积 6 153 万公顷，占农作物总收获面积的 78%。在谷类作物当中，水稻种植面积最广，2013 年收获面积 5 106 万公顷，远高于中国水稻种植面积 3 031 万公顷，占谷类作物收获面积的 83%，占农作物总收获面积的 64%。在过去几十年间，东南亚的水稻种植面积一直处在快速增加的过程中。1990～2013 年，农作物总收获面积增加 2 113 万公顷，水稻收获面积增加 1 443 万公顷，占比达到了 68%。

以水稻为主的农作物生产主要分布在人口密集、地形平坦、土壤肥沃的三角洲平原和爪哇岛北部。印度尼西亚和泰国是东南亚水稻种植最主要的两个国家，2013 年两国的水稻种植面积均在 1 200 万公顷以上，合计约占东南亚总种植面积的一半；其次为越南和缅甸，种植面积在 700～800 万公顷之间；再次是菲律宾和柬埔寨，种植面积在 300 万公顷以上，其他国家的种植面积较少。1990 年以来，东南亚水稻种植面积增长主要来源于印度尼西亚、泰国、缅甸和越南这几个水稻种植大国。由于农作物结构调整，2000 年以后，越南水稻种植面积基本维持不变。以出口为导向的泰国大米因其严格的品质管理和出色的品牌宣传，出口量一直占据世界首位，泰国也成为当前东南亚水稻种植规模增长最快的国家。

玉米是东南亚地区种植面积第二大的农作物。2013年东南亚地区玉米收割面积为968万公顷，占谷类作物总收割面积的16%。印度尼西亚是东南亚地区玉米种植面积最广的国家，2013年收割面积为382万公顷，占东南亚地区总收割面积的比重约为40%；其次为菲律宾、泰国和越南，种植面积均超过100万公顷。缅甸、柬埔寨和老挝的山地丘陵区也有较为广泛的种植，面积在20~50万公顷之间，其余国家的玉米种植规模都很小。不同于水稻种植面积的快速增长，东南亚地区的玉米种植面积呈现波动增长中，且增幅并不大，1990~2013年，仅增长43万公顷。受各国农业发展政策差异的影响，印度尼西亚和越南是东南亚地区玉米增长的主要地区，菲律宾和泰国的玉米种植则呈现减少趋势。

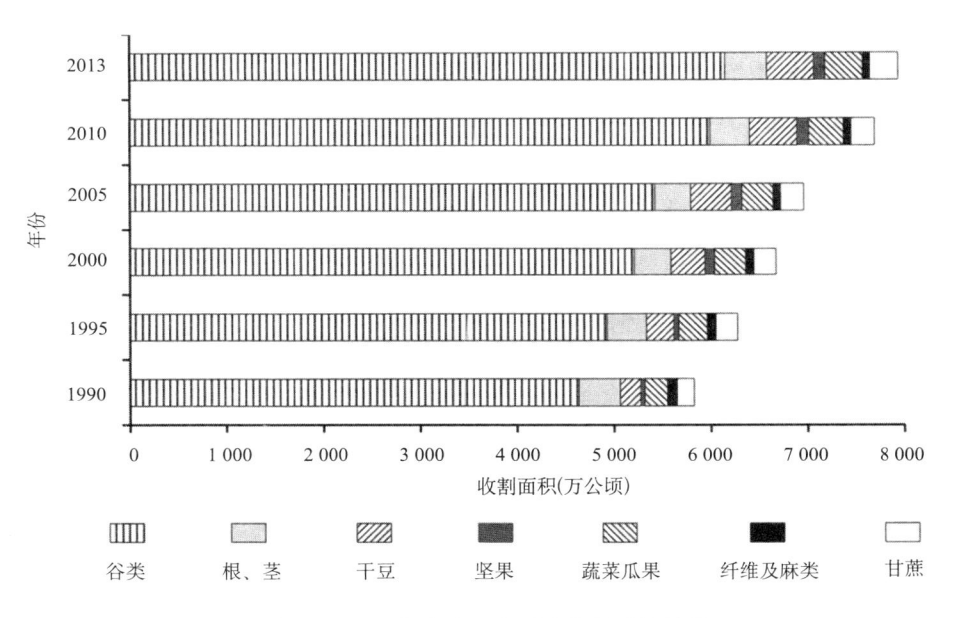

图 5-8 2013年东南亚主要农作物种植结构

资料来源：同表5-3。

四、土地资源利用与地区差异

1. 土地垦殖与国土开发

受地形条件和土壤条件影响，各国的垦殖率[①]差异很大（表5-5）。中南半岛有红河、湄

---

① 垦殖率＝耕地面积/土地总面积×100%。

公河、湄南河、伊洛瓦底江等多条大型入海河流，冲积平原和台地面积广阔，所以总体垦殖率高于马来群岛。其中，泰国垦殖率高达 50.59%，在东南亚地区排名首位；其次为越南和柬埔寨，垦殖率均超过了 30%；缅甸、菲律宾和新加坡的垦殖率也在 20% 左右；其余国家的垦殖率均较低，多数在 10% 以下。

由于社会经济发展相对落后，东南亚地区的建设用地扩张并不明显，仅新加坡和文莱两个国土面积较小的国家的国土开发强度能够达到 5% 以上，其余国家的国土开发强度均在 2% 以下。与 2000 年相比，东南亚各国的国土开发强度均有不同程度的增加，垦殖率也大多呈上升趋势，反映出近年来东南亚土地资源利用程度的增强。其中，垦殖率增加较快的国家包括柬埔寨、老挝和越南；国土开发强度增加较快的国家包括越南、泰国和缅甸。

表 5-5　东南亚各国垦殖率和国土开发强度对比

国家	林地覆盖率（%）		垦殖率（%）		国土开发强度（%）	
	2010 年	2000 年	2010 年	2000 年	2010 年	2000 年
东帝汶	62.76	63.00	2.56	2.52	0.17	0.17
印度尼西亚	78.52	78.81	13.74	13.68	0.86	0.81
文莱	89.83	90.43	0.77	0.66	5.19	5.08
菲律宾	67.57	67.60	22.21	22.17	1.01	0.98
柬埔寨	55.76	57.13	33.52	31.99	0.66	0.64
老挝	81.11	81.79	9.49	8.72	0.07	0.05
马来西亚	86.24	86.30	7.24	7.19	1.67	1.57
缅甸	65.49	63.70	24.79	24.93	0.69	0.49
泰国	41.67	41.61	50.59	50.88	1.06	0.82
新加坡	27.89	28.19	19.87	18.90	45.46	45.46
越南	48.91	48.91	39.06	38.36	1.96	1.71
东南亚	69.16	69.09	22.15	22.03	0.97	0.86

资料来源：同表 5-2。

2. 建设用地产出效益

东南亚地区多个国家的支柱产业是资源开采（尤其是油气开采）和旅游业为主的服务业，制造业的地位并不突出，经济增长对建设用地扩展的依赖性并不强，因此建设用地扩张并不明显，建设用地单位经济效益相对较高。2010 年，东南亚地区单位建设用地产出效益[①]为 39.3 万美元/公顷，高于同期的中国地均产出 30.6 万美元/公顷。

---

① 建设用地产出效益＝二、三产业增加值/建设用地面积。

各个国家的建设用地效益存在明显的差异（图 5-9）。新加坡作为城市国家，国土面积很小，经济和人口高度密集，经济发展以第三产业为主，土地集约利用程度极高，平均每公顷的建设用地产出达到惊人的 872.2 万美元。旅游业和服务外包业是菲律宾的支柱产业，其第三产业增加值比重达到 55%，建设用地产出效益达到 59.0 万美元/公顷，仅次于新加坡。泰国的产出效益排名第三，得益于其发达的旅游业和发展迅速的汽车装配、电子等制造业。马来西亚、文莱和印度尼西亚建设用地的地均产出较为接近，在 40.0 万美元/公顷左右。文莱和马来西亚经济发展水平较高，仅次于新加坡，前者经济高度依赖于石油和天然气开采，后者的服务业是其最大的产业部门，且新兴工业发展迅速。印度尼西亚是东南亚人口规模和经济体量最大的国家，产业结构较为均衡，重点产业包括制造业、油气产业、旅游业、建筑业和金融房地产业，因此地均产出也较高。东帝汶、越南、缅甸和柬埔寨是东南亚地区发展相对落后的国家，农业仍是主要的产业部门，工业和服务业发展水平相对较低，第二产业以采矿业或油气开采为主，工业基础薄弱，尤其是柬埔寨和缅甸，因此建设用地产出水平相对较低。

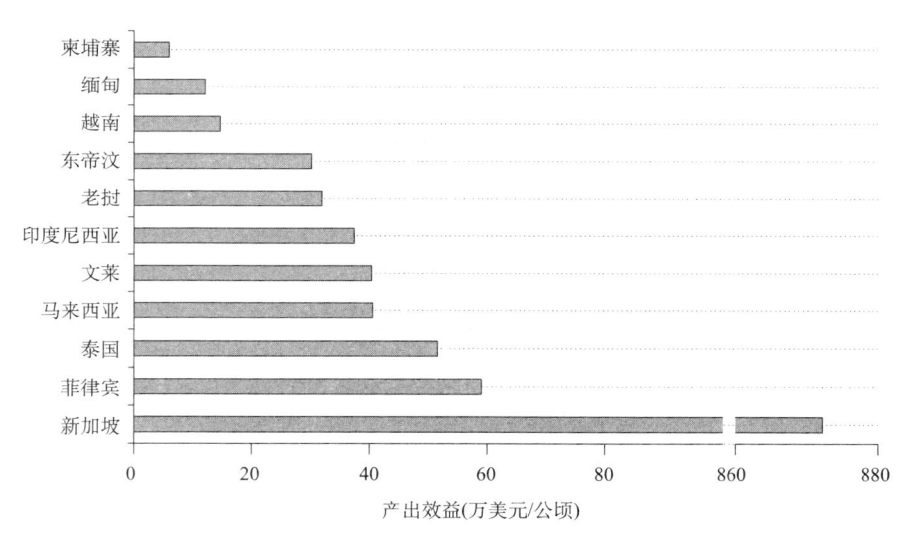

图 5-9 2010 年东南亚各国建设用地产出效益对比示意图

注：①建设用地产出为第二、第三产业增加值，数据来源于《中国统计年鉴》（2011）；②建设用地面积数据来源于全球 30 米地表覆盖数据；③缅甸的产出数据是 2010 年的。

资料来源：①《中国统计年鉴》（2011）；②全球 30 米地表覆盖数据（见表 5-2）。

3. 耕地利用集约度和产出

从投入角度来看，东南亚地区种植业属于亚洲典型的劳动密集型产业，每万公顷耕地的农业劳动力数量达到 2.1 万人，比世界平均水平的两倍还多，与亚洲平均水平基本持平。化肥投入量与世界平均水平相当，但低于亚洲平均水平。从产出效率来看，东南亚地区的主要作物单产水平不高，水稻单产水平略低于亚洲和世界平均水平，玉米单产水平仅分别为亚洲和世界平均水平的82%和75%，木薯的单产远高于世界平均水平但低于亚洲平均水平，大豆的单产则相反，高于亚洲平均水平但低于世界平均水平。

东南亚地区内部的农业发展水平差异较大（表5-6，下一节还有专门的分析）。越南、泰国、印度尼西亚、马来西亚的耕地集约利用和单产水平较高，化肥投入远高于其他国家，

表5-6 东南亚各国及其他地区耕地集约利用水平和作物单产比较

国家/地区	耕地集约利用水平（每万公顷）					灌溉率（%）	作物单产（公斤/公顷）			
	农业机械（台）	农业劳动力（万人）	化肥投入（吨）				水稻	玉米	木薯	大豆
			氮肥	磷肥	钾肥					
文莱	—	0.3	70	76	77	8.8	1 028	—	16 216	—
缅甸	33	1.9	105	18	24	18.3	3 836	3 617	12 857	1 228
印度尼西亚	48	2.1	942	261	400	12.3	5 152	4 844	22 460	1 416
柬埔寨	12	1.3	105	28	5	6.3	3 029	4 414	22 857	1 706
老挝	7	1.8	—	—	—	13.0	3 881	5 227	25 169	1 625
马来西亚	—	1.5	193	175	349	4.6	3 817	6 132	27 561	—
菲律宾	115	2.5	264	67	37	13.0	3 885	2 878	10 890	3 523
新加坡	—	3.2	—	—	—		—	—	—	—
东帝汶	—	2.2	—	—	—	9.7	2 900	1 443	4 077	1 545
泰国	530	1.1	776	286	277	30.5	2 915	4 418	21 823	1 792
越南	603	4.8	1 112	632	605	42.4	5 573	4 435	17 933	1 436
东南亚	—	2.1	573	224	288	17.8	4 193	4 143	20 777	1 449
南亚	169	1.7	916	326	108	34.4	3 717	2 810	32 648	991
西亚	—	0.4	585	320	70	5.7	6 506	6 744	—	4 126
东非	—	1.9	98	56	11	0.8	2 446	1 837	9 813	1 384
中国	142	2.0	1 806	632	479	38.0	6 710	6 016	16 099	1 760
亚洲	—	2.2	1 012	373	235	13.8	4 566	5 053	21 113	1 285
世界	183	1.0	638	245	185	6.5	4 486	5 500	13 572	2 475

注：①由于农业机械数据缺乏2012年数据，本表用2007~2008年数据替代，其余的数据均为2012年数据；②由于缺乏南亚地区的农业机械化水平，因此以印度数据为代表；③由于化肥投入是全部农业的化肥投入量，因此单位面积的化肥投入量会高于实际投入量。

资料来源：中国的数据来源于《中国统计年鉴》（2013），其余资料来源于联合国粮食及农业组织数据库（见表5-3）。

尤其是越南。这几个国家的作物单产水平也普遍较高。其中，印度尼西亚和越南的水稻单产超过 5 000 公斤/公顷，而泰国由于大面积种植利润高但单产低的香米，导致其水稻单产水平明显偏低。马来西亚的玉米单产水平很高，每公顷土地的产量超过 6 000 公斤。泰国和越南是机械化水平较高的国家，单位面积的农业机械台数超过 500 台/万公顷。其次是菲律宾，其他国家的机械化水平较低。从灌溉率来看，泰国和越南也是东南亚地区灌溉覆盖面最广的两个国家，有效覆盖率超过了 30%；缅甸、印度尼西亚、老挝和菲律宾次之；其余国家的有效灌溉率均在 10% 以下。

第二节　农业生产与发展

一、总体发展情况

东南亚农业生产具有优越的水热条件，形成了以季风水田农业和热带种植园为主的农业地域类型。农业生产的地形、土壤和水源等条件优越，地形平坦，平原和三角洲多是冲积平原，土壤肥沃，河网稠密，灌溉水源充足，农业发展条件得天独厚。越南的湄公河三角洲、红河三角洲，泰国的湄南河平原，缅甸的伊洛瓦底江三角洲，柬埔寨的洞里萨湖平原等，都是各国乃至世界重要的农业生产基地。总体上，东南亚的农业发展有以下特点。

1. 东南亚是世界粮食主产区和橡胶、棕榈油、蕉麻等热带经济作物的最大产区

东南亚是世界上最重要的稻谷产区，稻谷产量占世界稻谷产量的 25% 以上，且呈增长态势。2000 年，东南亚稻谷产量为 15 240 万吨，占世界稻谷产量 59 890 万吨的 25.45%；2013 年，东南亚稻谷产量达到 21 411 万吨，占世界产量的比例上升至 28.90%（表 5-7）。分国家来看，印度尼西亚、越南、泰国、缅甸是东南亚的稻谷生产大国（图 5-10），四国稻谷产量占东南亚产量的 80% 以上，占世界产量的 24% 左右。

表 5-7　2000～2013 年东南亚和世界稻谷、木薯产量对比

年份	稻谷			木薯		
	东南亚产量（万吨）	世界产量（万吨）	东南亚占世界比重（%）	东南亚产量（万吨）	世界产量（万吨）	东南亚占世界比重（%）
2000	15 240	59 890	25.45	3 937	17 614	22.35
2001	15 406	59 945	25.70	4 102	18 170	22.57
2002	15 749	57 106	27.58	4 027	18 419	21.87

续表

年份	稻谷			木薯		
	东南亚产量（万吨）	世界产量（万吨）	东南亚占世界比重（%）	东南亚产量（万吨）	世界产量（万吨）	东南亚占世界比重（%）
2003	16 224	58 670	27.65	4 578	19 219	23.82
2004	16 721	60 758	27.52	4 907	20 413	24.04
2005	17 349	63 428	27.35	4 556	20 617	22.10
2006	17 737	64 092	27.67	5 479	22 320	24.55
2007	18 476	65 678	28.13	5 978	22 780	26.24
2008	19 260	68 804	27.99	6 234	23 350	26.70
2009	19 778	68 693	28.79	6 694	23 744	28.19
2010	20 313	70 197	28.94	6 204	24 305	25.53
2011	20 450	72 272	28.30	6 763	25 540	26.48
2012	21 182	73 491	28.82	7 540	26 613	28.33
2013	21 411	74 090	28.90	7 614	27 676	27.51

资料来源：同表 5-3。

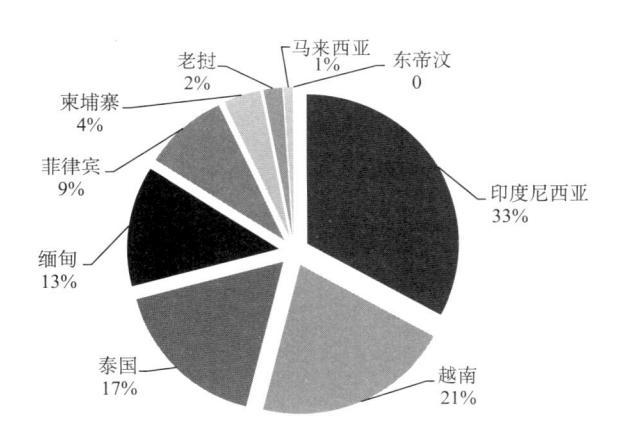

图 5-10　2013 年东南亚各国稻谷产量占比

- 印度尼西亚 33%
- 越南 21%
- 泰国 17%
- 缅甸 13%
- 菲律宾 9%
- 柬埔寨 4%
- 老挝 2%
- 马来西亚 1%
- 东帝汶 0

资料来源：同表 5-3。

东南亚木薯产量约占世界产量的 1/4。2000 年，东南亚木薯产量为 3 937 万吨，占世界产量 17 614 万吨的 22.35%；2013 年，东南亚木薯产量达 7 614 万吨，占世界产量的比例上升至 27.51%（表 5-7）。分国家来看，泰国和印度尼西亚是东南亚木薯的主产国（图 5-11），2013 年两国木薯产量占东南亚木薯产量的 71%，约占世界产量的 20%。

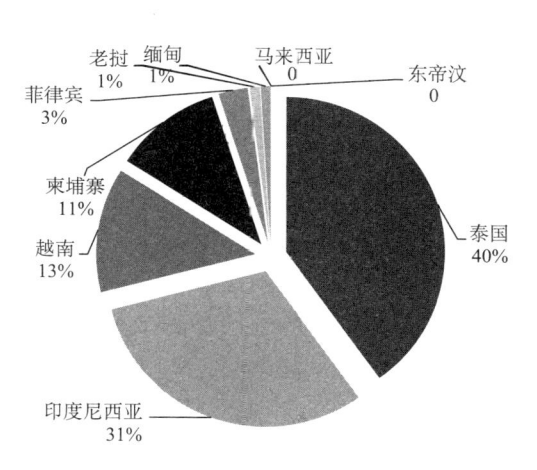

图 5-11 2013年东南亚各国木薯产量占比

资料来源：同表 5-3。

东南亚是世界天然橡胶的主产区，约占世界产量的 75%。2000 年，东南亚天然橡胶产量为 514 万吨，占世界产量 695 万吨的 73.98%；2013 年，东南亚天然橡胶产量达到 905 万吨，占世界产量的比例上升至 75.62%（表 5-8）。分国家来看，2000 年以来，泰国、印度尼西亚、越南、马来西亚四国的天然橡胶产量占东南亚的 96% 以上，占世界的 73% 以上。

表 5-8　2000～2013 年东南亚和世界天然橡胶产量对比

	2000 年	2001 年	2002 年	2003 年	2004 年	2005 年	2006 年
东南亚产量（万吨）	514	549	561	616	683	703	775
世界产量（万吨）	695	729	752	819	894	922	999
东南亚占世界比重（%）	73.98	75.22	74.61	75.29	76.36	76.30	77.56
	2007 年	2008 年	2009 年	2010 年	2011 年	2012 年	2013 年
东南亚产量（万吨）	781	791	736	776	846	874	905
世界产量（万吨）	1 014	1 023	976	1 033	1 110	1 157	1 197
东南亚占世界比重（%）	76.99	77.29	75.41	75.14	76.21	75.55	75.62

资料来源：同表 5-3。

东南亚棕榈油产量占世界的 80% 以上，呈逐年增长态势。2000 年，东南亚棕榈油产量为 1 848 万吨，占世界棕榈油产量 2 223 万吨的 83.12%；2013 年，东南亚棕榈油产量为 4 819 万吨，占世界产量的比例上升至 88.61%（表 5-9）。分国家来看，印度尼西亚和马来西亚是棕榈油的主要产地，2013 年两国棕榈油产量占东南亚的 95.69%，占世界的 84.79%。

表 5-9　2000～2013 年东南亚和世界棕榈油产量对比

	2000 年	2001 年	2002 年	2003 年	2004 年	2005 年	2006 年
东南亚产量（万吨）	1 848	2 104	2 223	2 472	2 569	2 767	3 447
世界产量（万吨）	2 223	2 484	2 614	2 868	3 006	3 227	3 942
东南亚占世界比重（%）	83.12	84.70	85.05	86.20	85.45	85.74	87.43
	2007 年	2008 年	2009 年	2010 年	2011 年	2012 年	2013 年
东南亚产量（万吨）	3 461	3 690	3 837	4 033	4 375	4 668	4 819
世界产量（万吨）	3 976	4 235	4 386	4 577	4 942	5 246	5 438
东南亚占世界比重（%）	87.05	87.13	87.48	88.12	88.52	88.98	88.61

资料来源：同表 5-3。

东南亚是世界椰子的主要产地，约占世界产量的 60%。2000～2013 年，东南亚的椰子产量总体呈上升趋势，但占世界产量的比重呈现下降趋势。2000 年，东南亚椰子产量为 3 194 万吨，占世界产量 5 119 万吨的 62.39%；2013 年，东南亚椰子产量为 3 711 万吨，占世界产量比重下降至 59.42%（表 5-10）。分国家来看，印度尼西亚和菲律宾的椰子产量占东南亚的 90%，占世界的 54%。

表 5-10　2000～2013 年东南亚和世界椰子产量对比

	2000 年	2001 年	2002 年	2003 年	2004 年	2005 年	2006 年
东南亚产量（万吨）	3 194	3 285	3 363	3 447	3 484	3 707	3 595
世界产量（万吨）	5 119	5 193	5 350	5 420	5 504	5 745	5 787
东南亚占世界比重（%）	62.39	63.27	62.86	63.61	63.30	64.53	62.12
	2007 年	2008 年	2009 年	2010 年	2011 年	2012 年	2013 年
东南亚产量（万吨）	3 833	3 698	3 813	3 702	3 606	3 870	3 711
世界产量（万吨）	6 191	6 041	6 138	6 030	5 893	6 221	6 245
东南亚占世界比重（%）	61.92	61.21	62.12	61.40	61.19	62.21	59.42

资料来源：同表 5-3。

东南亚的蕉麻在世界占有重要地位，生产了世界 60% 以上的蕉麻。2000～2013 年，东南亚的蕉麻产量总体呈增长态势，但比重却呈下降趋势。2000 年，东南亚蕉麻占世界蕉麻产量的 74.21%，2013 年这一比重下降至 63.24%（表 5-11）。目前，蕉麻只在菲律宾和印度尼西亚生产，其中菲律宾蕉麻产量占东南亚产量的 99%。

表 5-11　2000～2013 年东南亚和世界蕉麻产量对比

	2000 年	2001 年	2002 年	2003 年	2004 年	2005 年	2006 年
东南亚产量（万吨）	7.78	7.34	6.35	7.03	7.50	7.45	7.03
世界产量（万吨）	10.48	10.07	9.14	10.02	10.74	10.54	10.00
东南亚占世界比重（%）	74.21	72.92	69.50	70.20	69.88	70.71	70.34
	2007 年	2008 年	2009 年	2010 年	2011 年	2012 年	2013 年
东南亚产量（万吨）	6.70	6.89	6.63	6.70	6.91	6.90	6.54
世界产量（万吨）	10.05	10.24	10.25	9.90	10.60	10.65	10.35
东南亚占世界比重（%）	66.66	67.27	64.70	67.68	65.21	64.81	63.24

资料来源：同表 5-3。

此外，东南亚的槟榔（占世界产量的 27.06%）、香蕉（占世界产量的 17.19%）、甘蔗（占世界产量的 10.33%）、带壳腰果（占世界产量的 31.94%）以及肉桂（占世界产量的 55.90%）、丁香（占世界产量的 72.00%）、肉豆蔻（占世界产量的 32.01%）、胡椒（占世界产量的 60.58%）等常用香料的产量，在全球也占有较大份额。

2. 东南亚畜牧业发展提速，家禽养殖业发展相对较快

近年来，东南亚畜牧业呈稳定增长势头，养殖数量逐年递增，养殖类型主要包括鸡、鸭、鹅等家禽和猪、牛、羊等家畜。2013 年，东南亚的家禽数量达到 323 千万只，占世界家禽数量的 14.12%；其中鸡为 297 千万只，占世界的 14.23%，鸭 26 千万只，占世界的 21.75%。猪的数量为 7 220 万头，占世界比重为 7.39%；牛的数量为 6 286 万头，占世界比重为 3.78%；羊的数量为 4 473 万头，占世界比重为 2.09%。分国家来看，家禽的养殖高度集中在印度尼西亚，其家禽养殖数量占东南亚的 57.02%，占世界的 8.05%；猪的养殖集中在越南、菲律宾和缅甸等国家，占东南亚的 67.36%，占世界的 4.98%；牛的养殖主要集中在印度尼西亚、缅甸，占东南亚的 56.78%，占世界的 2.15%；羊的养殖主要集中在印度尼西亚，占东南亚的 74.08%，占世界的 1.55%。

表 5-12　2000～2013 年东南亚家畜和家禽数量

年份	猪（万头）	羊（万头）	牛（万头）	家禽（千万只）
2000	5 237	2 940	5 265	172
2001	5 514	2 935	5 257	190
2002	5 848	2 990	5 379	221
2003	6 192	3 053	5 416	223
2004	6 401	3 148	5 546	217

续表

年份	猪（万头）	羊（万头）	牛（万头）	家禽（千万只）
2005	6 673	3 330	5 657	217
2006	6 752	3 235	5 898	221
2007	6 935	3 456	6 084	234
2008	6 884	3 507	6 160	239
2009	7 135	3 733	6 217	259
2010	7 262	3 854	6 289	262
2011	7 233	4 036	6 253	293
2012	7 195	4 293	6 264	305
2013	7 220	4 473	6 286	323

资料来源：同表 5-3。

随着畜牧业的快速发展，东南亚的畜牧产品产量逐年增加，其中禽肉（鸡肉、鸭肉）、蛋、奶类的增长尤为显著（表 5-13）。2013 年，东南亚的禽肉产量为 778 万吨，比 2000 年的 399 万吨增加了将近一倍，其中鸡肉从 367 万吨增长至 728 万吨，约增加了一倍；鸭肉从 32 万吨增长至 50 万吨，增加了 50% 以上。在占世界比重方面，东南亚鸭肉产量占世界总产量的 11.42%，鸡肉产量则占世界总产量的 7.57%。蛋类产量从 2000 年的 264 万吨增长至 2013 年的 459 万吨，增长了 70% 以上，占世界总产量的 6.22%。奶类产量从 2000 年的 210 万吨增长至 2013 年的 482 万吨，但仅占世界产量的 0.65%。猪、牛、羊肉均有一定程度的增长，猪肉的增长尤其明显，从 2000 年的 417 万吨增长至 2013 年的 765 万吨，增长了 80% 以上，占世界产量的 6.77%。

表 5-13　2000~2013 年东南亚主要畜牧产品数量　　　　单位：万吨

年份	鸡肉	鸭肉	牛肉	羊肉	猪肉	蛋	奶
2000	367	32	125	13	417	264	210
2001	400	34	120	15	439	272	217
2002	443	32	121	18	479	294	229
2003	467	34	127	20	514	305	266
2004	444	38	137	19	539	303	287
2005	465	38	131	19	589	312	305
2006	503	39	141	22	644	336	319
2007	534	43	147	21	668	367	324

续表

年份	鸡肉	鸭肉	牛肉	羊肉	猪肉	蛋	奶
2008	573	43	157	21	677	370	352
2009	604	43	164	23	712	390	403
2010	639	43	177	22	727	416	431
2011	673	49	182	23	739	418	455
2012	701	49	185	23	753	445	456
2013	728	50	187	23	765	459	482

资料来源：同表5-3。

3. 林业发展受政府管控，工业原木产量仍占世界一定份额

由于林业资源丰富，东南亚是世界重要的木材生产地和供应地。根据联合国粮食及农业组织数据库的统计数据显示，2014年东南亚的纤维板、工业原木（非针叶）、原木、锯材、人造板等森林产品仍在世界市场占有较高份额。纤维板产量为480万立方米，占世界产量的比重为4.13%；工业原木（非针叶）产量为11 324万立方米，占世界产量的比重为14.12%；原木产量为27 273万立方米，占世界产量的比重为7.39%；锯材产量为2 003万立方米，占世界产量的比重为4.82%；人造板产量为2 180万立方米，占世界产量的比重为5.67%。分国家来看，泰国和马来西亚是东南亚纤维板的最大生产国，共占东南亚纤维板生产总量的87%；印度尼西亚是东南亚工业原木（非针叶）、原木的最大生产国，产量占东南亚的55%以上；越南、印度尼西亚、马来西亚、泰国是东南亚主要的锯材生产国，产量合计共占东南亚的66%；印度尼西亚、马来西亚、泰国是东南亚主要的人造板生产国，产量合计共占东南亚的87%。

4. 东南亚是世界重要的渔业生产区，产量仅次于东亚地区

东南亚是世界重要的渔业生产地区。除老挝外，其他国家均拥有广阔的海域，海洋渔业资源丰富，可捕捞的鱼类品种繁多。2011年，东南亚渔业捕捞总量为1 769万吨，仅少于东亚的1 802万吨。其中，内陆捕捞量为260万吨，高于其他亚太地区，沿海捕捞量为1 509万吨，仅少于东亚的1 577万吨（表5-14）。

分国家来看（表5-15），印度尼西亚的渔业最发达，是世界第三大渔业国，仅次于中国和印度。2011年捕捞量占了东南亚的32.31%，以海洋捕捞为主，海洋捕捞占东南亚的30.23%；水产养殖量占东南亚的44.88%，其中内陆养殖占东南亚的15.22%，海洋养殖占东南亚的29.66%。越南的渔业发展水平也相对较高，捕捞量占东南亚的14.15%，以海洋捕捞为主；水产养殖量占东南亚的17.20%，以内陆养殖为主。菲律宾的捕捞量占东南亚的13.38%，水产养殖量占14.75%，以沿海养殖为主。缅甸的捕捞量占东南亚的18.85%，以海洋捕捞为主；水产养殖量仅占4.62%，以内陆养殖为主。泰国的捕捞量占东南亚的

10.53%，水产养殖量仅占 5.70%。

表 5-14 2011 年东南亚与世界其他地区渔业生产情况　　　　单位：万吨

地区	捕捞			水产养殖		
	合计	内陆	沿海	合计	内陆	沿海
东南亚	1 769	260	1 509	1 611	798	—
中亚	431	30	401	14	13	—
东亚	1 802	225	1 577	5 218	2 597	—
太平洋群岛	56	2	54	1.5	1.5	—
南亚和西南亚	742	239	503	653	650	—
全球	9 450	1 105	7 903	8 371	4 400	—

注：统计年鉴上无沿海水产养殖的数据。
资料来源：FAO Statistical Yearbook 2014 – Asia and The Pacific Food and Agriculture，The Food and Agriculture Organization of the United Nations (FAO)，2014.

表 5-15 2011 年东南亚各国渔业生产情况　　　　单位：万吨

国家	捕捞			水产养殖		
	合计	内陆	沿海	合计	内陆	沿海
柬埔寨	49	41	9	7	7	0
印度尼西亚	571	37	535	794	269	525
老挝	3	3	0	9	9	0
马来西亚	138	1	138	53	19	34
缅甸	333	116	217	82	81	0
菲律宾	237	19	218	261	62	199
泰国	186	23	163	101	85	16
东帝汶	0	0	0	0	0	0
越南	250	20	230	304	266	39

资料来源：同表 5-14。

二、各国农业发展特征[①]

1. 印度尼西亚：农业多元化发展，多种农产品产量在东南亚乃至世界位居前列

印度尼西亚是农业大国，农业多元化发展并取得显著成就，众多农产品在世界和东南亚

[①] 东南亚农业生产主要集中在印度尼西亚、越南、泰国、马来西亚、柬埔寨、老挝、菲律宾、缅甸、东帝汶，新加坡与文莱几乎没有农业，故不展开分析。

占有重要地位。印度尼西亚是东南亚第一大稻谷、棕榈油和椰子生产国,是第二大木薯、橡胶生产国;是东南亚第一大棕榈油、椰子、可可豆出口国,是东南亚第二大绿咖啡、茶叶出口国。

粮食作物在种植业中占主导地位,主要包括稻谷、玉米、木薯等。爪哇岛、巴厘地区等是稻谷主产地。2012年,印度尼西亚稻谷产量为6 906万吨,居东南亚首位,主要满足本国的需求,出口量仅为0.08万吨。经济作物主要有棕榈油、橡胶、椰子、咖啡和可可豆,既是本国重要的出口经济作物,也是世界同类经济作物的重要出口国。2012年,印度尼西亚棕榈油产量达到2 850万吨,出口量为1 885万吨,约占世界棕榈油出口量的50%,成为全球最大的棕榈油生产国;天然橡胶产量为301万吨,天然橡胶干出口量为244万吨,占东南亚的38%,占世界的33%;椰子产量为1 940万吨,出口量为16万吨,约占东南亚的42%,占世界的30%;绿咖啡产量为69万吨,出口量为44万吨,占东南亚的20%左右;可可豆产量为74万吨,出口量为16万吨,占东南亚的77%,占世界的5%。

印度尼西亚是东南亚的原木生产大国,是木材制品的主要出口国。印度尼西亚盛产各种名贵的热带树种,如铁木、檀木、乌木和柚木等。2014年,印度尼西亚工业原木(非针叶)产量为6 240万立方米,占东南亚的55%,进口量(6万立方米)大于出口量(3万立方米);原木产量为11 523万立方米,占东南亚的42%,进口量(8万立方米)大于出口量(6万立方米);纤维板产量为44.7万立方米,出口量(20万立方米)大于进口量(15万立方米);锯材产量为417万立方米,出口量(96万立方米)大于进口量(13万立方米),出口量占东南亚的15%,位居第三;人造板产量为716万立方米,出口量(398万立方米)远远大于进口量(83立方米),出口量占东南亚的33%,位居第一。

印度尼西亚的养殖业在东南亚占有重要地位。2012年,羊养殖量为3 133万头,占东南亚的73%;鸡为166千万只,占东南亚的59%;牛为1 742万头,占东南亚的28%;鸭为5千万只,占东南亚的19%;猪为790万头,占东南亚的11%。

印度尼西亚是东南亚重要的水产品出口国之一。印度尼西亚海岸线长8.1万千米,水域面积为580万平方千米,包括领海渔业区270万平方千米、专属经济区310万平方千米;渔业资源丰富,海洋鱼类多达7 000种,苏门答腊岛东岸的巴干西亚比亚是世界著名的渔场。2012年,印度尼西亚水产品出口额达27亿美元,比2000年的15亿美元增加了80%。

2. 越南:热带农产品的重要输出国之一,大米、腰果、胡椒和水产品出口份额大

越南是农业国家,是世界大米、腰果、胡椒、咖啡、椰子、茶叶、木薯等热带农产品的重要输出国。大米、腰果、胡椒等热带农产品在世界市场占有较高份额。大米、腰果、胡椒、茶叶、绿咖啡、新鲜水果等农产品的出口量均占东南亚同类农产品出口总量的一半以上。

越南种植业呈现粮食作物占比减少、经济作物占比增长的特征。粮食作物包括稻谷、玉米、木薯、马铃薯和番薯等，经济作物包括腰果、咖啡、橡胶、茶叶、胡椒、花生等。越南是东南亚粮食出口最多的国家，2012年越南稻谷产量为4 366万吨，占东南亚产量的20.6%，占世界产量的5.9%，亩产水平较高，达到0.56吨/公顷，收获面积为775万公顷。大米出口量为802万吨，占东南亚出口量的52%，占世界出口量的20%以上。稻谷生产主要分布在建江、隆安、安江和同塔等省。腰果是越南具有竞争力的特色热带农产品，出口量一直位居世界首位，主要分布在越南的南部地区。2012年，越南带壳腰果产量为119万吨，去壳腰果的出口量为22万吨，占东南亚出口量的98%，占世界出口量的42%。咖啡也是越南出口的主要经济作物之一，主要分布在多乐、林同、嘉莱和昆嵩等地。2012年，绿咖啡出口量为173万吨，占东南亚出口量的77.82%，占世界出口量的24.23%。橡胶是越南重要的经济作物，主要分布在东南部和中部高原地区，以同奈、林同两省为主。胡椒是越南重要的出口农产品，2012年，胡椒产量为16.3万吨，出口量为12万吨，占东南亚出口量的57.52%，占世界出口量的33.34%。越南水果种类多，营养成分高，主要包括柑橘、香蕉、菠萝、杧果和红毛丹等特色水果。2012年，越南新鲜水果出口量为71万吨，占东南亚新鲜水果出口量的55%以上，占世界新鲜水果出口量的30%。

越南对森林实行保护政策，木材制品主要依靠进口。越南政府提出至2010年把森林覆盖度恢复至43%，这个目标已经实现。2011年，越南森林面积为936万公顷，森林覆盖率为45%。从森林构成来看，2010年原始森林比重仅为0.4%，其他自然次生林比重为74%，人工林比重为25.5%。2014年，越南的锯材产量为600万立方米，占东南亚的30%，位居东南亚首位，但锯材进口量（145万立方米）仍大于出口量（37万立方米）。

越南畜牧业发展提速，在农业中的比重不断增加。其中，猪的数量明显高于其他家畜，2012年，生猪养殖量超过2 649万头，而牛仅有782万头；家禽以鸡和鸭为主，分别为35千万只和8千万只，主要分布在九龙江平原、红河平原。

越南是东南亚水产品的出口大国，水产品出口额位居东南亚首位。越南渔业资源丰富，有6 845种海洋生物，其中鱼类2 000种、蟹300种、贝类300种、虾类75种。2012年，水产品出口额为36亿美元，比2004年的17亿美元增加了一倍多。

3. 泰国：农业外向型经济特征明显，是世界第一大橡胶、木薯、罐装菠萝输出国

农业是泰国的传统经济部门，农业生产多样化趋势明显，外向型经济特征突出，农作物是出口创汇的重要来源。泰国是世界第一大橡胶、木薯、罐装菠萝输出国，是东南亚第一大新鲜热带水果输出国和第二大大米输出国。

泰国的大米、木薯、橡胶、热带水果等农产品在世界出口市场上占有重要地位。泰国是世界上大米出口最多的国家之一，设有专门的监察委员会和出口香米监测中心，以保证出口大米的品质。"重质不重量"的出口型大米战略，使泰国大米在国际竞争中保持强有力的竞争力，大米出口量稳中有升。2012 年，泰国大米出口量为 670 万吨，占东南亚出口总量的 43.29%，占世界出口总量的 16.85%。2012 年，泰国稻谷产量为 3 747 万吨，占东南亚产量的 17.69%，占世界产量的 5.10%；稻谷亩产为 0.31 吨/公顷，收获面积为 1 227 万公顷，稻谷产量的提高主要依赖种植面积的扩大，稻谷种植主要分布在中部的湄南河三角洲地区。

泰国是世界最大的木薯出口国，木薯种植业主要分布在中部的湄南河三角洲地区。2012 年，木薯产量为 2 985 万吨，出口量为 2 305 万吨，占东南亚木薯出口总量的 78.50%，占世界出口总量的 76.56%。经济作物主要有橡胶、烟草、甘蔗、原麻和花卉等，橡胶种植主要分布在南部半岛，烟草主要分布在泰国北部和东北部，甘蔗主要分布在中部的丘陵地带。2012 年，天然橡胶产量为 363 万吨，出口量为 300 万吨，80% 以上的天然橡胶用于出口，占东南亚出口量的 40.89%，占世界出口量的 35.79%。泰国是世界三大主要兰花生产地之一，鲜花出口主要销往日本、美国、中国等国家。热带水果也是重要的出口农产品，杧果、榴梿、山竹和红毛丹等特色水果享誉全球。2012 年，泰国热带新鲜水果出口量为 35 万吨，占东南亚出口量的 88.90%，占世界出口量的 43.10%。2012 年，菠萝罐头出口量为 59 万吨，占东南亚出口量的 58.43%，占世界出口量的 52.73%。

泰国是东南亚重要的木材制品生产国和出口国，是东南亚第一大纤维板生产和出口国。从森林构成来看，2010 年，原始林占比为 35.5%，其他自然再生林占比 43.5%，人工林占比 21%。泰国曾是重要的原木出口国，但随着森林面积的下降和政府禁伐令的颁布，泰国从木材出口国转变为木材进口国。同时，为提高林木产品的附加值，泰国政府积极扶持木材加工业的发展，特别是家具制造业发展迅速，泰国从出口原木转向出口木制品，家具的出口额在林业产品出口总额中占有较大比重。2014 年，泰国纤维板产量为 249 万立方米，占东南亚的 52%，出口量为 179 万立方米，占东南亚的 59%；工业原木（非针叶）和原木的产量、出口量均占东亚的 12%、16%；锯材产量为 285 万立方米，占东南亚的 14%，出口量为 197 万立方米，占东南亚的 30%；人造板产量为 540 万立方米，占东南亚的 25%，出口量为 363 万立方米，占东南亚的 26%。

泰国畜牧业以猪、牛、羊和鸡、鸭等养殖业为主，形成机械化商品生产和一家一户的个体生产相结合的生产方式。东北部地区是猪、牛的主要养殖地，以曼谷为中心的中部地区是鸡、鸭、猪等的主要养殖地。2012 年，泰国猪的养殖数量为 782 万头，牛为 693 万头，羊为 52 万头，鸡为 25 千万只，鸭为 3 千万只。畜牧业是泰国创汇的重要来源，冻鸡、猪肉是主要的出口产品，主要销往日本、新加坡、新西兰等地。畜牧业的快速发展归因于政府的大力支持，以出口为导向，推广先进的生产技术，采用规模化、产业化的发展模式，建立各类畜牧业基地。

泰国是世界市场主要鱼类产品供应国之一，是仅次于日本和中国之后的亚洲第三大海洋渔业国。泰国拥有优越的渔业条件，泰国湾和安达曼湾是得天独厚的天然海洋渔场，淡水养殖场面积达1 100多平方千米。泰国的渔业可分为海洋渔业、淡水渔业和水产养殖业，随着天然渔业资源的退化，水产养殖业发展迅速。水产养殖业的人工繁殖技术和育苗技术在东南亚居于最先进水平，特别是斑节对虾和尖吻鲈形成了工厂化生产模式，采用的超精养方式养殖对虾，大大提高了对虾的亩均产量。曼谷、宋卡、普吉等地是重要的渔业中心和渔产品集散地。泰国的冻对虾、鲜冻鱼、鲜冻墨鱼以及鱼罐头（特别是金枪鱼罐头）等在世界市场均占有一定份额（邹春萌、罗圣荣，2014）。

4. 马来西亚：农业以经济作物为主，是世界棕榈油生产和出口的主要国家之一

农业在马来西亚国民经济中占主要地位，以经济作物为主的种植业地位备显重要，特别是棕榈油、橡胶、胡椒等产品的产量和出口均居世界前列。油棕主要分布在柔佛、雪兰莪、彭亨三州和下霹雳等地，沙巴和沙捞越的油棕种植业发展也很快。2012年，马来西亚棕榈油产量为1 879万吨，占东南亚产量的40.24%，占世界产量的35.81%，出口量达到1 561万吨，约占东南亚出口量的45%和世界出口量的40%。橡胶曾是马来西亚位居首位的农作物，但随着油棕种植业的快速发展，橡胶退居第二位，橡胶种植面积和产量均有所下降，产量从2006年的128万吨减少到2012年的92万吨。2012年，胡椒产量为2.6万吨，占东南亚产量的9.3%；胡椒的主产地是沙捞越，其胡椒产量占全国的90%以上。水稻是马来西亚主要的粮食作物，其他粮食作物如玉米、木薯、豆类等种植量很小。马来西亚的粮食自给率约为70%，稻谷主要从泰国和越南进口。

马来西亚是东南亚重要的木材产品出口国，原木出口量占东南亚出口量的一半以上。木材业在马来西亚的社会经济发展中起重要作用，并成为出口创汇的主要来源。2014年，马来西亚纤维板产量为166万立方米，占东南亚产量的35%，工业原木（非针叶）、原木出口量分别为349万立方米和350万立方米，分别占东南亚的53%和52%；锯材产量为402万立方米，占东南亚的20%，出口量为198万立方米，占东南亚出口量的30%；人造板产量638万立方米，占东南亚产量的29%，出口量为504万立方米，占东南亚出口量的35%。

马来西亚的畜牧业发展相对较慢。2009年以来，猪、牛、羊等家畜的养殖数量有所下降，鸡、鸭等家禽的养殖数量有所提高。2012年，牛的养殖数量为86万头，羊的养殖数量为59万头，猪的养殖数量为183万头，鸡的养殖数量为25千万只，鸭的养殖数量为5千万只。渔业以近海捕捞为主，主要的捕捞作业区在马来半岛海区，2011年鱼类捕捞量为52.6万吨。近年来，深海捕捞和养殖业有所发展。

5. 柬埔寨：农业发展水平不高，种植业地位突出

柬埔寨是以农业为主的国家，农业在国民经济中占主导地位，种植业的地位尤其突出。政府一直致力于发展粮食作物和经济作物，尤其是高度重视稻谷生产和大米出口。柬埔寨的粮食作物包括稻谷、木薯、玉米和豆类等，其中稻谷是主要的粮食作物。2012年，全国水稻收获面积为301万公顷，比2000年增加了111万公顷；稻谷产量为929万吨，比2000年增加了526万吨，每公顷产量为3.01吨。柬埔寨东南地区的波萝勉、茶胶、磅湛，西北地区的马德望、暹粒和班迭棉吉以及中部的磅同是最主要的水稻产地，这些地区的稻米产量占全国产量的65%。首相洪森提出2015年百万吨大米出口计划后，本地农民种植稻谷的积极性大大提高，国内外投资者的投资热情也更高，对稻种改良、稻米加工等技术的投入增加。木薯是仅次于稻谷的第二大农作物，产量从2000年的15万吨增加至2012年的761万吨，主要种植地是马德望、磅湛、班迭棉吉、拜林、腊塔纳基里、桔井、磅同等。木薯种植业已成为近年来泰国、越南、马来西亚和中国等投资者的投资热点。柬埔寨的经济作物主要有橡胶、胡椒、咖啡、豆蔻等，其中天然橡胶是出口创汇的主要农产品。全国90%的橡胶生产来自磅同、磅湛、桔井、腊塔纳基里和马德望（毕世鸿，2014）。

柬埔寨的林业资源丰富，盛产贵重的柚木、铁木、紫檀、黑檀、白卯等热带林木，并有多种竹类。2014年，原木产量为831万立方米，出口量为10万立方米；锯材产量为10万立方米，出口量为9万立方米；人造板产量为3万立方米，出口量为2万立方米；各类木制品在东南亚所占比重均较小。

柬埔寨的畜牧业发展较缓慢，未形成规模化和产业化发展，养殖数量相对较少，且自2009年以来呈逐年减少趋势。据估计，2009~2013年，牛的养殖数量从432万头减少到358万头，猪的养殖数量从222万头减少到215万头，鸡的养殖数量从2千万只减少到1.3千万只。目前，柬埔寨的畜牧业生产尚未实现自给自足，主要依赖进口。为加快畜牧业产业化进程，柬埔寨政府出台了一系列政策鼓励畜牧业的发展。随着行业协会的成立和政府政策扶持力度的加大，柬埔寨鸡、鸭、鹅等家禽养殖业得到一定程度的发展。

2012年，柬埔寨渔业产量为66.2万吨，同比增长13%。洞里萨湖是东南亚最大的天然淡水渔场，素有"鱼湖"之称。西南沿海也是重要渔场，多产鱼虾。近年来，由于生态环境失衡和过度捕捞，水产资源减少[①]。2005~2012年，柬埔寨的水产品出口额从0.1亿美元减少到0.01亿美元。

6. 老挝：农业发展较为落后，是东南亚玉米出口量最大的国家

老挝的农业经济以自给自足的经济结构为主，但生产方式较为落后。粮食作物以稻米尤

[①] "柬埔寨国家概况"，中国外交部网站，http://www.fmprc.gov.cn/mfa_chn/gjhdq_603914/gj_603916/yz_603918/1206_604282/（访问时间2015-09-25）。

其是糯米为主，玉米是第二大粮食作物。此外，薯类、豆类也是重要的粮食作物。2000～2012年，稻谷收获面积和产量分别从2000年的72万公顷、220万吨增长至2012年的93万公顷、349万吨，玉米收获面积和产量分别从2000年的5万公顷、12万吨增长至2012年的20万公顷、113万吨；2012年谷物和玉米出口量均为21万吨，玉米出口量占东南亚的43.53%，是东南亚出口玉米最多的国家。稻谷产地主要位于沙湾拿吉平原、巴色平原等地区，得益于湄公河、色敦河、色邦非河等河流流经该地区。玉米主要分布在北部地区，如沙耶武里、琅勃拉邦等。经济作物以咖啡、烟草、糖棕等为主。咖啡主要分布在南部地区，以占巴塞为主。烟草凭借紧邻云南省的区位优势，积极引进中国的优良品种和先进种植技术，烟叶品质和产量大大提升，并出口至中国云南。糖棕和罂粟是特种经济作物，老挝的孟孔地区是世界重要的糖棕生产中心，罂粟主要位于"金三角"地区。

老挝的林业资源丰富，主要有柚木、花梨木、沉香木、檀香木等名贵木材，柚木的种植最为普遍，主要分布在乌多姆赛、博胶、琅勃拉邦等省份。2014年，老挝原木产量为677万立方米，出口量为43万立方米；锯材产量为50万立方米，出口量为44万立方米；人造板产量为2万立方米。畜牧业近年有一定发展，家畜养殖发展较快。2012年，牛的养殖数量为288万头，羊为44万头，猪为279万头；据估计，鸡的养殖数量为3千万只，鸭为0.34千万只。此外，由于属于内陆国家，淡水水产业较为发达。湄公河及其支流和各大水库是主要渔区，渔获量占全国一半以上。

7. 菲律宾：椰子、香蕉和菠萝地位突出，蕉麻占有绝对主导地位

农业在菲律宾经济中占据十分重要的地位。粮食作物以水稻和玉米为主，玉米种植主要分布在吕宋岛和棉兰老岛，稻米尚未实现自给自足。2012年，稻谷收获面积为469万公顷，产量为1803万吨；玉米收获面积为259万公顷，产量为741万吨。菲律宾的香蕉和菠萝种植业发展迅速，是世界上第二大香蕉出口国和第三大菠萝出口国。2012年，香蕉产量为923万吨，出口量为265万吨，占东南亚出口量的97%和世界出口量的14%；菠萝产量为240万吨，出口量为40万吨，占东南亚出口总量的95%和世界出口总量的12%；罐装菠萝出口量为22万吨，占东南亚的22%和世界的20%。菲律宾的蕉麻在世界市场占有垄断地位。2012年，蕉麻产量为6.85万吨，出口量为1万吨，占世界和东南亚的100%。2012年，椰子产量为1586万吨，占东南亚的40%以上和世界的25%以上。

菲律宾的森林覆盖率较低，木材制品的进口量大于出口量，主要有龙脑香林、红树林、松林等，椰子人工林和橡胶林也占有相当大的比重。竹藤资源比较丰富，竹类植物共有12个属49个种，其中9种是重要的经济竹种。2014年，菲律宾纤维板产量为1.2万立方米，原木产量为1624万立方米，锯材产量为70万立方米，人造板为39万立方米。

畜牧业以鸡、鸭和猪的养殖为主。养猪业成为畜牧业的重要支柱，2012年猪的养殖数量为 1 186 万头，占东南亚的 16%；牛的养殖数量为 546 万头，羊的养殖数量为 375 万头。养鸡业也在畜牧业中占有重要地位，2012 年鸡和鸭的养殖数量分别为 16 千万只和 1 千万只。

水产资源丰富，已开发的海水、淡水渔场面积 2 080 平方千米。鱼类品种达 2 400 多种，金枪鱼资源居世界前列。2012 年，菲律宾水产品出口额为 4.2 亿美元，比 2005 年的 2.4 亿美元增加了 75%。2013 年，菲律宾的鱼类和虾类出口均取得突破性发展。

8. 缅甸：稻谷在农业发展中占重要地位，是世界重要的大米和豆类输出国

缅甸是农业国家，粮食作物特别是稻谷在农业中占据首位。稻谷和豆类是政府创取外汇、增加财政收入最重要的手段之一。缅甸一直以来是世界主要的稻谷产区之一，素有"稻米之国"的美誉，也曾被誉为"亚洲的粮仓"。"二战"前，缅甸是世界头号大米输出国，大米输出量占世界输出总量的 40% 左右。2012 年，缅甸大米出口量为 45 万吨，占世界出口总量的 1.14%，占东南亚出口总量的 2.94%，次于越南和泰国。目前，水稻种植依然在农业生产中占主导地位，2012 年，稻谷产量为 2 808 万吨，占东南亚产量的 13.25% 和世界产量的 3.82%，亩产为 0.34 吨/公顷，收获面积为 815 万公顷，主要分布在伊洛瓦底江三角洲平原及其他沿海平原地区。除水稻外，其他粮食作物主要有玉米、小麦和高粱，其中玉米主要出口到中国、马来西亚和韩国等，中国是缅甸最大的玉米进口国。经济作物主要有豆类、橡胶、棉花、烟草和咖啡等，其中，豆类是出口量最大的农产品，缅甸是世界第二大豆类出口国。2012 年，大豆出口量为 129 万吨，占世界出口量的 30.10% 和东南亚出口量的 93.05%，主要出口至印度、马来西亚、新加坡、中国等地，豆类种植主要分布在伊洛瓦底江中游谷地干燥地带。橡胶是重点扶持的经济作物，政府计划到 2030 年实现橡胶面积 150 万英亩，总产量超过 22.7 万吨，其中有 2/3 用于出口。

缅甸的森林资源丰富，是世界上柚木产量最多、出口量最大且品质最好的国家。林木产品主要有花梨、黑檀、丁纹、鸡翅木、铁木等各类硬杂木和藤条。木材出口是缅甸外汇的重要来源之一，以柚木和硬木出口为主。中国是缅甸木材的主要进口国。2013 年，中国进口了缅甸出口木材的 37%，仅次于印度的 45%；木材产品的价值比 2012 年增加了一倍，达 6.21 亿美元。2009~2013 年，缅甸出口到中国的木材总量增加了 52%（由 110 万立方米增加到 170 万立方米），出口总价值增加了 234%（由 1.86 亿美元增加到 6.21 亿美元）[1]。

畜牧业整体发展形势良好，主要品种包括鸡、鸭、牛、羊和猪。其中，猪和牛的养殖量较大，在东南亚各国中居于前列。2012 年，牛的养殖数量为 1 740 万头，占东南亚养殖量的

---

[1] "缅甸林业介绍"，中国林业网，http://myanmar.forestry.gov.cn/article/1878/1880/1894/2015-08/20150817-002431.html（访问时间 2015-09-25）。

28%；羊的养殖量为 476 万头，占东南亚的 11%；猪的养殖数量为 1 050 万头，占东南亚的 15%；鸡和鸭的养殖数量分别为 18 千万只和 2 千万只。

海洋渔场主要包括北部的孟加拉湾、伊洛瓦底江入海处的三角洲一带、南部的丹老群岛和土瓦湾近海水域，淡水渔业主要分布在各大河流和水库、湖泊等。缅甸的渔业以私人经营为主，20 世纪 90 年代开始出现一些合资的渔业生产和出口加工企业，近年来水产品产量和出口量大增，主要输往中国、印度、泰国等国家。2005~2012 年，缅甸水产品出口额从 2.4 亿美元增长至 6.9 亿美元，增加了 1.6 倍。

9. 东帝汶：农业发展水平相对较低，以小农经济为主

东帝汶的农业发展水平相对较低，以自给自足的小农经济为主。主要粮食作物包括玉米、稻谷、薯类等，粮食尚未能自给自足。局部地区干旱问题突出，玉米和木薯由于不受干旱影响，成为日常主食。2012 年，稻谷种植面积为 3.7 万公顷，产量为 14 万吨；玉米收获面积为 7.4 万公顷，产量为 9.6 万吨。经济作物主要有咖啡、橡胶、椰子等，咖啡是主要出口产品。2012 年，绿咖啡出口量为 1.88 万吨。东帝汶的畜牧业发展也较慢。2012 年，牛的养殖数量为 27 万头，羊为 19 万头，猪为 35 万头，鸡为 77 千万只。

第三节 农产品对外贸易与政策

一、对外贸易总体情况

除新加坡、文莱两国外，农业在东南亚各国的国民经济中占据主导地位，是最主要的就业部门，也是出口创汇的重要来源。

1. 东南亚是世界主要的大米净出口地区和橡胶、棕榈油等热带农产品的最大出口地

2012 年，东南亚大米出口量为 1 549 万吨，占世界出口总量的 38.93%，大米进口量为 442 万吨，是世界主要的大米净出口地区。天然橡胶出口量为 99 万吨，占世界出口总量的 90% 以上。棕榈油出口量为 3 487 万吨，占世界出口总量的 88.36%。椰子出口量为 38 万吨，占世界出口总量的 71.05%。木薯出口量为 2 936 万吨，占世界出口总量的 97.54%。此外，香蕉（占比 14.10%）、罐装菠萝（占比 90%）等水果，去壳腰果（占比 53.96%），肉桂（占比 50.53%）、丁香（占比 30.92%）、胡椒（占比 57.97%）等香料，均在世界市场占有较高份额。分国家看，越南、印度尼西亚、泰国、菲律宾等是东南亚主要的农产品出口国（表 5-16）。

表 5-16　2012 年东南亚各国主要种植业农产品出口对比

产品	国家名称（出口量占东南亚比重）	产品	国家名称（出口量占东南亚比重）
大米	越南（52%）、泰国（43%）、缅甸（3%）	棕榈油	印度尼西亚（54%）、马来西亚（45%）
干豆	缅甸（93%）	天然橡胶	泰国（96%）
木薯	泰国（78.5%）、越南（20.32%）	椰子	印度尼西亚（42%）、越南（39%）
玉米	老挝（44%）、泰国（30%）	蕉麻	菲律宾（100%）
胡椒	越南（58%）、印度尼西亚（31%）	绿咖啡	越南（78%）、印度尼西亚（20%）
去壳腰果	越南（98%）	可可豆	印度尼西亚（77%）、马来西亚（22%）
新鲜水果	越南（55%）、泰国（43%）	菠萝	菲律宾（95%）
新鲜热带水果	泰国（89%）	罐装菠萝	泰国（58%）、菲律宾（22%）、印度尼西亚（16%）

资料来源：同表 5-3。

2. 东南亚的部分畜牧产品在世界市场占有较高份额

2012 年，东南亚鸡蛋出口量为 18 万吨，占世界出口量的 10%；固态人造黄油出口量为 70 万吨，占世界出口量的 39%；牛肉及小牛香肠出口量为 1.3 万吨，占世界出口量的 48%；鸡肉及鸡肉罐头出口量为 48 万吨，占世界出口量的 23%；全浓缩牛奶出口量为 10 万吨，占世界出口量的 22%；肉类罐头出口量为 53 万吨，占世界出口量的 11%。分国家来看，马来西亚是鸡蛋和全浓缩牛奶的主要出口国，分别占东南亚的 93%、63%；印度尼西亚是固态人造黄油的主要出口国，占东南亚的 96%；泰国是牛肉及小牛香肠、鸡肉罐头、肉类罐头的主要出口国，出口量分别占东南亚的 100%、97% 和 94%。

3. 东南亚的林木产品在世界市场占有一定份额，原木质优价高、市场份额较大

2012 年，东南亚纤维板产量出口量为 316 万立方米，占世界出口量的 14%，出口额为 8.58 亿美元，占世界出口额的 8.80%；工业原木（非针叶）出口量为 663 万立方米，占世界出口量的 14.52%，出口额为 31.67 亿美元，占世界出口额的 31.96%；原木出口量为 674 万立方米，占世界出口量的 4.82%，出口额为 31.98 亿美元，占世界出口额的 16.72%；锯材出口量为 655 万立方米，占世界出口量的 5%，出口额为 30.42 亿美元，占世界出口额的 8.17%；人造板出口量为 1 421 万立方米，占世界出口量的 17.19%，出口额为 55.35 万美元，占世界出口额的 15.34%。分国家来看，马来西亚、泰国和印度尼西亚是世界木材的主要供应国（表 5-17）。

表 5-17 2012 年东南亚主要木材出口国的出口占比

产品	国家名称（产量占东南亚的比重）	国家名称（出口量占东南亚的比重）
纤维板	泰国（52%）、马来西亚（35%）	泰国（59%）、马来西亚（34%）
原木	印度尼西亚（42%）、缅甸（16%）、泰国（12%）	马来西亚（52%）、缅甸（34%）
锯材	越南（30%）、印度尼西亚（21%）、马来西亚（20%）	马来西亚（30%）、泰国（30%）、印度尼西亚（15%）
人造板	印度尼西亚（33%）、马来西亚（29%）、泰国（25%）	马来西亚（35%）、印度尼西亚（28%）、泰国（26%）

资料来源：同表 5-3。

4. 东南亚水产品出口以鱼类为主，越南、泰国、印度尼西亚是主要的水产品出口国

根据东盟秘书处的统计[①]，2012 年，东盟的水产品出口总额为 112 亿美元，其中：鱼类（包括活鱼、冻鱼、鱼片或鱼肉、鱼干等）出口总额为 55 亿美元，占水产品出口总额的 49%；甲壳类水产品出口额为 45 亿美元，占比为 40%；软体动物等出口额为 12 亿美元，占比 11%。分国家来看，越南的水产品出口额达到 36 亿美元，占东南亚水产品出口总额的 32%；泰国水产品出口额为 28 亿美元，占东南亚的 25%；印度尼西亚水产品出口额为 27 亿美元，占东南亚的 24%。此外，马来西亚水产品出口额为 7 亿美元，菲律宾为 4 亿美元，新加坡为 3 亿美元，所占比重均较小。

二、中国与东盟的农产品贸易

1. 中国对东盟的出口总额增长加快，贸易逆差逐步减小

2000 年以来，中国对东盟的农产品出口总额总体呈增长态势，由 2004 年的 21.2 亿美元增长至 2011 年的 98.6 亿美元，增长 3 倍多。随着出口额的快速增长，贸易逆差逐步减少，由 2007 年的 85.8 亿美元减少至 2011 年的 47.4 亿美元（图 5-12）。从中国对东盟各国的进出口贸易金额来看，2011 年中国对马来西亚、印度尼西亚、泰国、缅甸、老挝的农产品贸易处于逆差地位，对越南、菲律宾、新加坡、柬埔寨和文莱等国处于顺差地位（表 5-18）。2009～2011 年，越南从中国的贸易逆差国变成了贸易顺差国。另外，印度尼西亚、马来西亚、越南、泰国和菲律宾既是中国在东盟的前五位出口对象国，也是前五位进口对象国。

① *ASEAN Statistical Yearbook 2013*，by The ASEAN Secretariat，Jakarta，2014.

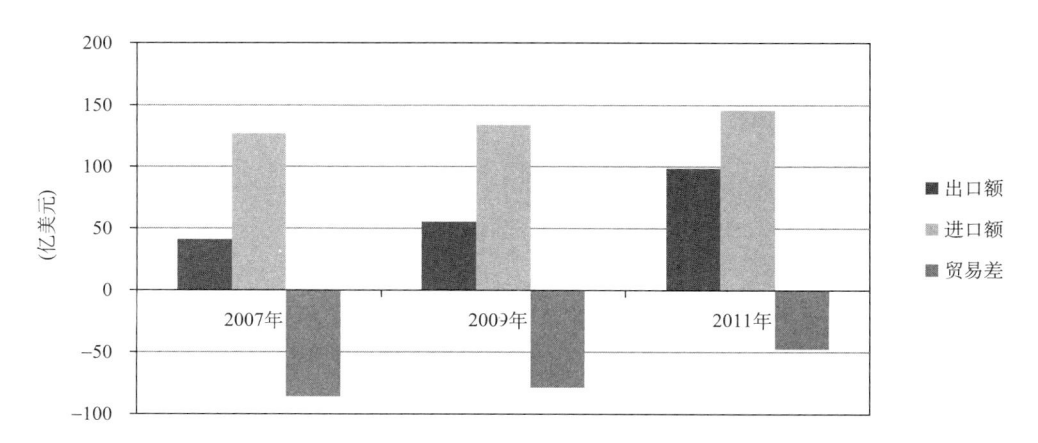

图 5-12 中国对东盟农产品进出口贸易情况

资料来源：①2009 年的资料来源于商务部：《中国农产品出口指南（东盟）》；②2011 年的资料来源于商务部对外贸易司："中国进出口月度统计报告——农产品（2011 年 12 月）"，http://wms.mofcom.gov.cn/article/Nocategory/201301/20130100012600.shtml。

表 5-18　中国与东盟各国农产品贸易额对比　　　　　单位：亿美元

国家	2009 年			2011 年		
	出口额	进口额	贸易差额（出口减进口）	出口额	进口额	贸易差额（出口减进口）
马来西亚	12.6	38.3	−25.7	21.2	50.4	−29.2
印度尼西亚	11.1	36.6	−25.6	21.4	40.7	−19.3
泰国	9.0	37.4	−28.4	17.4	29.2	−11.9
缅甸	0.8	3.8	−3.0	1.3	1.7	−0.4
老挝	0.1	0.8	−0.7	0.1	0.3	−0.1
越南	10.0	10.3	−0.4	20.8	12.9	7.9
菲律宾	7.3	2.8	4.5	9.4	5.8	3.6
新加坡	4.5	4.4	0.1	6.6	4.9	1.7
柬埔寨	0.2	0	0.1	0.3	0.1	0.2
文莱	0.1	0	0.1	0.1	0	0.1
东盟合计	55.5	134.4	−78.9	98.6	146.0	−47.4

资料来源：同图 5-12。

2. 中国与东盟形成互补型的农产品贸易体系

中国与东盟农产品贸易的互补性缘于自然资源禀赋条件的差异。中国地跨亚热带和温带等气候区，温带水果和蔬菜等农产品产量大，而部分热带农产品较为匮乏。东盟各国大部分地处热带和亚热带，热带农产品产量丰富，但温带水果和蔬菜等农产品较为匮乏。因此，双方存在很大的农产品贸易互补性。

首先，中国对东盟形成以蔬果、水果坚果、水产品及其制品等为主的农产品出口结构。2009年，这三类农产品出口额占中国对东盟农产品出口总额的比重分别为24.8%、22.7%和13.5%。在蔬果及其制品方面，2009年中国对东盟的出口额为13.3亿美元，比2007年增长约50%，其中干香菇、菜花、卷心菜增长最快，分别增长1.2倍、0.8倍和0.7倍。在水果坚果及其制品方面，2009年中国对东盟的出口额为12.1亿美元，比2007年增长1倍，主要以新鲜水果出口为主，出口额为9.9亿美元。在水产品及其制品方面，2009年中国对东盟的出口额为13.5亿美元，比2007年增长2.8倍，其中，冻鱼和冻虾仁是主要的水产品，出口额分别为1.7亿美元和1.1亿美元。

其次，中国对东盟形成以植物油（棕榈油）、天然橡胶、热带水果、粮食等资源型、战略型物资为主的农产品进口结构。从2011年中国重点大宗出口、进口商品前三大市场相关数据来看，2011年，中国从泰国、印度尼西亚、马来西亚进口的天然橡胶贸易额为84.67亿美元，从马来西亚、印度尼西亚、菲律宾三国进口的棕榈油贸易额为53.67亿美元，从泰国进口的水果及坚果贸易额为7.47亿美元，从泰国、越南进口的稻谷和大米贸易额为4亿美元。

3. 马来西亚、印度尼西亚、泰国和越南是中国重要的大宗农产品进出口贸易伙伴

从2011年中国重点大宗进出口商品的前三大市场来看，中国向东盟各国出口的大宗农产品主要包括柑橘属水果、大蒜、苹果、大米、烟草和虾、鸡肉、棉花、植物油等，以温带农产品为主；中国从东盟各国进口的大宗农产品主要包括稻谷和大米、天然橡胶（包括胶乳）、棕榈油、玉米以及鲜、干水果及坚果，以粮食和热带农产品为主。马来西亚、印度尼西亚、泰国和越南是中国在东盟各国中农产品进出口额排名位居前四的国家（表5-19）。

中国向马来西亚出口的大宗农产品主要是柑橘属水果、鸡肉和虾，从马来西亚进口的大宗农产品主要是棕榈油和天然橡胶。2011年，中国向马来西亚出口的柑橘属水果为13万吨，占中国柑橘属水果出口总量的14%；鸡肉出口量为3万吨，占中国鸡肉出口量的17%；虾的出口量为2万吨，占中国出口量的10%；中国从马来西亚进口的棕榈油达306万吨，占中国棕榈油进口总量的65%；天然橡胶进口量为37万吨，占中国进口总量的17%。

中国向印度尼西亚出口的大宗农产品主要包括大蒜、柑橘属水果、棉花、苹果、烟草，从印度尼西亚进口的大宗农产品主要是棕榈油和天然橡胶。2011年，大蒜、柑橘属水果、棉花、苹果、烟草的出口量分别为 41 万吨、18 万吨、0.5 万吨、16 万吨、5 万吨；中国从印度尼西亚进口的天然橡胶、棕榈油分别为 44 万吨、164 万吨，分别占中国进口总量的 21%、45%。

中国向泰国出口的大宗农产品主要是苹果，从泰国进口的大宗农产品主要是稻谷和大米、糖类、天然橡胶以及鲜、干水果及坚果。泰国是中国最大的大米和天然橡胶供应国，2011 年，中国从泰国进口的稻谷和大米为 34 万吨，占中国大米进口量的 58%，贸易金额为 2.8 亿美元，占中国大米进口贸易额的 68%；天然橡胶进口量为 109 万吨，贸易金额为 46.8 亿美元，分别占比为 52%、50%。

表 5-19　2011 年东盟各国在中国重点大宗进出口商品前三大市场

国家	中国出口 （占中国同类商品出口额的比重）	中国进口 （占中国同类商品进口额的比重）
马来西亚	第二大柑橘属水果出口国（20%） 第二大鸡肉出口国（18%） 第二大虾出口国（15%）	第一大棕榈油进口来源国（65%） 第三大天然橡胶进口来源国（18%）
印度尼西亚	第一大大蒜出口国（20%） 第一大柑橘属水果出口国（23%） 第一大棉花出口国（24%） 第一大苹果出口国（16%） 第一大烟草出口国（34%）	第二大天然橡胶进口来源国（22%） 第二大棕榈油进口来源国（34%）
越南	第三大大米出口国（44%） 第三大大蒜出口国（8%） 第二大棉花出口国（23%） 第三大药材出口国（12%） 第三大柑橘属水果出口国（12%）	第二大稻谷和大米进口来源国（30%）
泰国	第三大苹果出口国（10%）	第一大稻谷和大米进口来源国（68%） 第三大糖类进口来源国（9%） 第一大天然橡胶进口来源国（50%） 第一大鲜、干水果及坚果进口来源国（26%）
菲律宾	—	第三大棕榈油进口来源国（0.05%）
新加坡	第三大植物油出口国（7%）	—
缅甸	—	第三大玉米进口来源国（1%）
柬埔寨	—	—
老挝	第三大玉米出口国（0.5%）	第二大玉米进口来源国（1.4%）
文莱	—	—

资料来源：商务部对外贸易司："中国进出口月度统计报告——农产品（2011 年 12 月）"，http://wms.mofcom.gov.cn/article/Nocategory/201301/20130100012600.shtml。

中国向越南出口的大宗农产品主要包括大米、大蒜、棉花、药材、柑橘属水果等，从越南进口的大宗农产品主要是稻谷和大米。2011年，中国向越南出口的大米为15万吨，占中国大米出口总量的30%，出口额为1.9亿美元，占中国大米出口额的44%；中国从越南进口的稻谷和大米为23万吨，出口额为1.2亿美元，占比分别为39%、30%。从稻谷和大米的进出口贸易来看，中国处于贸易逆差地位，但由于中国向越南出口的其他大宗农产品的贸易额较大，从农产品进出口总额来看，中国已经处于贸易顺差地位。

三、主要国家的农产品进口管理政策

根据中国商务部发布的《中国农产品出口指南（东盟）》资料，对菲律宾、泰国、马来西亚、印度尼西亚、越南、新加坡的农产品进口管理政策进行分析和总结。

1. 菲律宾农产品进口管理政策

菲律宾对与健康和公共安全有关的产品、新鲜水果和蔬菜、活牲畜、肉及肉类制品实施进口许可，对玉米粒实行控制标准，被视为技术性贸易壁垒（表5-20）。

表5-20 菲律宾农产品进口管理政策的相关要求

事项	要求
大米进口	实行配额限制，国家粮食署是大米进口的唯一指定机构，并参与玉米的进口管理，多以国际招标方式进口大米
新鲜水果和蔬菜进口	从菲律宾农业部植物工业局获得进口许可
活牲畜、肉及肉制品进口	菲律宾农业部动物工业局申请进口许可，通过动物检疫证书和进口检验来限制禽肉进口，且动物检疫证书只发放给最低量进口配额证书的持有者
玉米粒进口	实施关于玉米粒的标准，对整粒白齿形（顶陷）玉米粒、硬质玉米粒、黏性/蜡质玉米及其杂交品种做出了规定
食品进口	菲律宾食品药品管理局（BFAD）要求进口商提前交一份计划进口产品的标签复印件，需要登记的进口食品和饮料都要提交这些资料，以便审核标签内容是否符合《国际食品法典》（CODEX）和BFAD的要求
食品添加剂	必须符合由BFAD制定的食品法案和条例中的有关要求

资料来源：根据商务部《中国农产品出口指南（东盟）》资料整理。

2. 泰国农产品进口管理政策

泰国对23种农产品实行关税配额管理，但东盟成员国不受此限制；对要求提供食品工艺和成分的详细信息、三年更换许可证等规定均被视为进口限制措施（表5-21）。

表 5-21 泰国农产品进口管理政策的相关要求

事项	要求
关税配额	对 23 种农产品实行关税配额管理,包括桂圆、椰肉、牛奶、奶油、土豆、洋葱、大蒜、椰子、咖啡、茶、干辣椒、玉米、大米、大豆、洋葱籽、豆油、豆饼、甘蔗、椰子油、棕榈油、速溶咖啡、土烟叶、原丝
食品进口	要求在食品进口登记中提供关于食品生产工艺及组成成分的详细信息,被视为进口限制
食品和药品进口	泰国卫生部食品和药品管理局规定所有食品、药品及部分医疗设备的进口均需进口许可证,食品进口许可证每三年更换一次,药品进口许可证每年更换一次
食品添加剂	泰国食品和药品管理局还提出了新的检测规定,从 2005 年 4 月 1 日开始执行,要求许多进口食品接受化学添加剂的检测

资料来源:同表 5-20。

3. 马来西亚农产品进口管理政策

马来西亚的《食品法令》和《食品法规》均对进口食品有详细的要求,其在中医药产品进口方面较为严格,禁止进口含有冰片、附子成分的中成药,限制在药品的包装和广告中提及如抗癌、避孕、壮阳补肾、治疗糖尿病、风湿等功效。

表 5-22 马来西亚农产品进口管理政策的相关要求

事项	要求
进口禽畜产品	需向马来西亚农业部下属的兽医局或马来西亚国家检疫局提出书面申请,获得进口准证后才能办理其他进口手续
进口肉类、家禽、蛋品等	必须通过 Halal 认证,该认证由马来西亚兽医局和伊斯兰发展局在现场检查后联合做出
进口中医药产品	需委托当地注册公司向马来西亚卫生部药监局提出申请,并向其公开配方,得到"MAL"许可证后方可进口及销售
进口食品	要符合马来西亚《食品法令》和《食品法规》

注:有关马来西亚《食品法令》(1983)和《食品法规》(1985)的具体内容,可查询马来西亚健康部食品安全和质量局的网站(http://www.fsis.moh.gov.my/fqc)。

资料来源:同表 5-20。

4. 印度尼西亚农产品进口管理政策

印度尼西亚对价值在 5 000 美元以上的进口商品,绝大多数都要进行质量和数量检验。卖方必须提供价格表、产品性能说明书、正式发票副本以及检验代理人所必需的其他文件。卖方还应提供装货清单和提单等相关单据的副本(表 5-23)。

表 5-23　印度尼西亚农产品进口管理政策的相关要求

事项	要求
进口食品	须在印度尼西亚食品药品监督局注册，要求提供产品成分和生产工艺的详细信息，注册程序烦琐，费用昂贵
进口农产品	2004年12月起开始实施有关植物检疫有害生物的法令，涉及产品包括苹果、草莓、茶叶、玉米、棉花等植物及其植物部分（茎、种子、根、土壤、叶、块茎）
食品添加剂	食品添加剂的生产、进口和销售必须要符合印度尼西亚的食品法，或参照联合国粮食及农业组织或世界卫生组织食品委员会的规定

资料来源：同表 5-20。

5. 越南农产品进口管理政策

越南对进口产品要求使用越南语标签，产品的相关信息也应该以越南语为主（表 5-24）。

表 5-24　越南农产品进口管理政策的相关要求

事项	要求
进口食品	符合食品安全法规，所有转基因食物必须在标签上明确标明
标签要求	商品在销售前明确纳税后，所有越南进口商或经销商都要使用越南语标签
食品添加剂	食品添加剂和食品添加剂类别的名称可用英文标明，所有其他信息（次级类别名称和技术功能）都要用越南语标明；对于 JECFA（粮农组织/世界卫生组织食品添加剂专家委员会）已列出而越南卫生部没有列出的食品添加剂，厂商必须办理登记手续

资料来源：同表 5-20。

6. 新加坡农产品进口管理政策

新加坡对食品销售和进口有明确的法令法规（表 5-25）。

表 5-25　新加坡农产品进口管理政策的相关要求

事项	要求
进口食用和非食用动物油	必须有出口国的原始检疫证书和原产地政府有关当局出具的动物生产、肉类储存程序等方面的证明；新加坡海关有权对此类进口产品进行检验，并对不合格产品进行处理，而不对产品进口商或所有人予以补偿
进口单证	进口单证、商业发票必须签有进口商主管人的名字，并且把货物品名、数量、单价、产地国、发票号码、运输货物的船名等项目填写清楚。进口申报时，除应提交填写完整的进口申报表外，还须缴纳 2 新加坡元的印花税。新产品要有样品。进口许可证的有效期为 2 个月

续表

事项	要求
食品法规	食品销售由食品销售法令来管理，所有食品、饮料及食用农产品，包括食品配料，无论当地制造还是进口到新加坡，必须符合现行《食品条例》的要求
食品添加剂	在新加坡禁止销售含有《食品条例》中未准许使用添加剂的食品，只允许进口、销售和生产符合《食品条例》规定的食品添加剂

资料来源：同表 5-20。

第四节 政策启示

中国人多地少，土地资源相对紧缺，人均耕地仅为 1.52 亩，不足世界平均水平的一半，加之水土资源分布不平衡，严重制约土地资源生产潜力的充分发挥。改革开放以来，快速的工业化与城镇化进程不断地蚕食有限的耕地资源，耕地数量持续减少，而城镇周边和交通沿线优质耕地的大量流失更是导致了耕地质量整体水平的下降。今后，加强生态文明建设，维护国土生态安全，客观上要求给自然留下更多修复和调节空间，而城镇化和工业化进程的进一步推进也将占用一定的农业生产空间。因此，在农业空间扩展受限甚至不断减少的局面下，未来除了要着力改善现有国内农地资源质量、提升农地综合生产能力以及增加农产品进口外，还应加快海外农业拓展，实施"走出去"战略，积极利用国外土地资源进行农业合作开发，建立全球粮食供应网络，保障粮食供给安全。

东南亚地区的热带雨林和热带季风气候高温多雨，水热充足，尤其是中南半岛平原面积较大，土壤肥沃，农地资源和劳动力资源丰富，农业发展的自然条件优越，农业气候和农产品与中国具有较强的互补性，且在空间上与中国毗邻，海陆运输便捷，而中国也在资金、技术、市场等要素占据优势，因此是中国参与国际土地资源开发的优先地区。

一、农业合作的重点领域

中国与东南亚国家在农业资源禀赋、技术水平、生产组织方式等方面既有相似性又有差异性。因此，拓展中国与东南亚的农业合作领域，不仅是加快落实《中国—东盟自由贸易区框架协议》的需要，也是加快建设"21 世纪海上丝绸之路"的需要。凭借地缘优势，中国与东南亚国家充分利用自然资源、生产技术等方面的互补性，重点在粮食、经济作物、养殖业等领域率先加强区域合作，优先发展双方共同鼓励投资的行业和双方资源互补性强的产品。

首先，推进粮食领域的合作是共同应对世界粮食危机的现实需要。

粮食安全问题已跨越地区和国家而上升为全球问题。粮食安全对中国和东南亚国家都显得至关重要。中国城镇化、工业化进程的加快，耕地面积呈现逐年减少的趋势，而人口不断增长导致对粮食的需求逐步增加。据估计，到2020年，中国将成为世界最大的粮食进口国，粮食进口量为5 000万~2亿吨（彭茵，2006）。东南亚国家粮食供求呈现不平衡的特征，印度尼西亚、菲律宾、马来西亚和新加坡的大米主要依靠进口，粮食对外依赖度很高，粮食的安全度很低；泰国、越南、柬埔寨等国家是世界大米的主要出口国。加强中国和东南亚国家的粮食合作，提高粮食产量，有利于强化中国和东南亚国家应对世界粮食危机的能力。

中国和东南亚国家在粮食生产方面各具优势，优势互补合作潜力大。中国的农业生产水平整体高于东南亚国家，特别是农业技术、人才和资本方面具有明显优势，但城镇化进程下人多地少矛盾日益突出。中国具有较高的种质繁育与作物栽培技术，杂交水稻技术位居世界领先水平，农业机械化水平相对较高；但中国是一个人口大国，随着人口的增加，人均农用地面积逐步减少，农业用地不足矛盾将更加突出。东南亚国家拥有较为丰富的土地资源和适宜的气候条件，有利于农业的发展；但受自然条件、分散种植、基础设施不完善等因素影响，东盟国家农业机械化水平普遍不高，农业还停留在粗放的传统水平。因此，采用"中国技术和人才＋东盟资源"的合作发展模式，有利于提高粮食生产水平。以中菲合作为例，中国政府在菲律宾建设了中国菲律宾农业技术中心，通过帮助菲律宾改良水稻栽培技术、输出良种杂交水稻，大大提高了菲律宾的水稻产量和品质。

其次，自然资源禀赋的差异有利于促进中国和东南亚在经济作物领域形成互补性合作。

自然禀赋差异是中国和东南亚在经济作物领域的合作基础。中国地跨亚热带和温带，热带水果如龙眼、荔枝等与东盟国家存在竞争，但温带农产品如苹果、棉花等是东南亚国家所缺少的，而东南亚国家的橡胶、棕榈油、腰果等热带特色农产品是中国所缺少的。双方基于自然条件差异的优势农产品不同，有利于双方在经济作物领域开展合作。

东南亚的橡胶、棕榈油等热带农产品在世界具有较强竞争力，合作投资潜力大。东南亚是世界橡胶、棕榈油、蕉麻等特色热带经济作物的最大产地和最大出口地。为进一步强化特色农产品的竞争优势，菲律宾、马来西亚、泰国等国家均鼓励外商直接投资橡胶、棕榈油、椰子等热带农作物种植业，橡胶的生产可享受BOT的投资优惠政策。

加强橡胶等经济作物的投资合作是保证中国国家经济安全的战略需要。天然橡胶是具有战略意义的经济资源，对于国家经济安全起着十分重要的作用。随着社会经济的快速发展，中国对橡胶的需求量日益增大，中国进口的橡胶有90%以上来自于东南亚国家。因此，加强中国与东南亚国家在经济作物领域的合作，在一定程度上可以保证中国橡胶的稳定供给，有利于满足国民经济发展需求。

最后，中国和东南亚国家在养殖业领域具有很大的合作空间。

自然资源开发利用程度不同是中国和东南亚国家在养殖业领域开展合作的基础。从资源开发角度来看，中国是人口大国，虽然自然资源丰富，但人均资源拥有量相对稀缺。近年来，土地沙漠化现象严重、水资源局部短缺严重，对畜牧业和渔业的发展造成了较为严重的影响，难以满足人们日益增长的消费水平对高质量畜牧、水产品的需求（廖东声，2011）。而东南亚国家，尤其是大湄公河次区域国家有许多宜农的荒山荒地，有利于发展优质畜牧业、水产业。

技术互补性使中国和东南亚国家在养殖业领域具有合作可能性，居民消费水平提高将加快推进养殖业的合作发展。中国大力进行农业结构调整以来，畜牧业和水产业的生产组织方式、生产技术水平均有了较大提高，而东南亚各国的畜牧业发展水平、农业技术水平仍然较低，中国和东南亚国家在技术水平上存在较大差异，可以在养殖技术、捕捞技术和加工技术等方面开展广泛合作。随着人们生活水平的提高，消费结构和消费能力出现转变，对优质肉、蛋、奶产品的需求必然提高，因此，优质畜牧产品、水产品存在广阔的消费市场。这将推动中国和东南亚国家在畜牧业、水产业方面的合作。

二、农业深化合作的建议

针对目前中国与东南亚国家农业合作中存在的投资环境和信息不明朗、金融体系尚未完善、基础设施支撑能力有限等问题，基于相关研究成果探讨"21世纪海上丝绸之路"背景下中国与东南亚农业深化合作的若干建议。

首先，进一步完善政策和制度，构建中国—东盟农业投资和交易信息平台。

制定农业专项合作框架协议。在《中国—东盟全面经济合作框架协议》《中国—东盟农业合作谅解备忘录》基础上，探索制定"中国—东盟粮食合作框架协议""中国—东盟经济作物合作框架协议""中国—东盟畜牧业合作框架协议""中国—东盟渔业合作框架协议"等，作为农业重点领域合作的指引和解决农业重点领域合作争端的依据。构建中国—东盟投资和交易信息平台。针对目前中国企业对东盟国家的农业发展战略、发展政策以及中国与东盟国家的合作情况不了解的现状，政府应致力于构建信息平台，介绍中国和东盟国家的农业投资政策、环境和合作项目等，适时发布最新的农业发展需求和农业合作动向；动态开展投资目标国经济、社会、政策及国际市场价格、贸易等信息的采集、分析和分布，为企业提供业务咨询和投资贸易预警等服务，跟踪了解东盟各国农产品质量法规、技术标准等信息，协调东盟各国在农产品质量安全方面建立统一标准（唐冲等，2015）。

其次，完善财政金融支持体系，加大资金支持力度。

进一步完善财政金融管理政策和制度。加快制定优惠的财税政策，在符合国际惯例和中国有关规定的前提下，对关税、所得税和增值税等税制进行适度倾斜。推进完善外汇管理体制，逐步适度放宽对东南亚地区投资用汇的限制。尽快建立信贷担保体系，加快引导商业银行进入境外投资领域和建立境外投资保险制度，探索建立高效、快捷的地区银行结算体系（廖东声，2011）。加大资金支持力度。借鉴国际经验，设立中国—东盟农业投资专项资金，专门用于支持国内企业在东盟地区的农业发展。加快出台对投资东盟农业的跨国企业实行优惠贷款政策，鼓励更多企业投资东盟农业，简化境外直接投资资金的审批程序（廖东声，2009）。

最后，搭建人才和技术交流合作平台，加强科技支撑。

推进中国与东盟国家农业合作的纵深发展，推广"双政府＋双企业＋双学研"多方联动的合作模式，充分发挥政府搭台、企业和科研机构联合主导的作用，整合双方在技术、人才、资金和市场等方面的优势联动，通过签订合作协议或者框架，搭建人才和技术交流合作的平台。同时，多渠道加强农业的科技支撑力度。立足双方的客观条件，以项目合作为基础，找准合作的切入点，科学确定双方合作的项目和地点，通过双方共建现代农业示范区、特色农业示范园，推广现代生产技术和生产组织方式。联合构建复合型人才队伍，加强农业专业科技人才、农业管理人才的培养和引进，进一步提高农民素质。

参 考 文 献

[1] Aratrakorn, S. et al. 2006. Changes in Bird Communities Following Conversion of Lowland Forest to Oil Palm and Rubber Plantations in Southern Thailand. *Bird Conservation International*, Vol. 16, No. 1.

[2] Castella, J. C. and Dang, D. Q. (Eds.) 2002. *Doi Moi in the Mountains. Land Use Changes and Farmers' Livelihood Strategies in Bac Kan Province, Vietnam*. The Agricultural Publishing House, Hanoi, Vietnam.

[3] De Jong, W. et al. 2006. Forest Rehabilitation in Vietnam: Histories, Realities and Future. Center for International Forestry Research, Bogor, Indonesia.

[4] De Koninck, R. 1999. Deforestation in Vietnam. International Development Research Center (IDRC), Ottawa.

[5] Forest Trends 2015. Conversion Timber, Forest Monitoring, and Land-Use Governance in Cambodia. Forest Trends Report Series, Forest Trade and Finance, July.

[6] Kerkvliet, B. J. and Porter, D. J. 1995. *Vietnam's Rural Transformation*. Westview Press, Boulder, Co.

[7] Koh, L. P. and Wilcove, D. S. 2007. Cashing in Palm Oil for Conservation. *Nature*, Vol. 448.

[8] Koh, L. P. and Wilcove, D. S. 2008. Is Oil Palm Agriculture Really Destroying Tropical Biodiversity? *Conservation Letters*, Vol. 1.

[9] Lundberg, M. 2004. Kinh Settlers in Vietnam's Northern Highlands: Natural Resources Management in a Cultural Context (Ph. D. Thesis), Linkoping University, Linkoping, Sweden.

[10] Manivong, V. and Cramb, R. A. 2007. Economics of Smallholder Rubber Expansion in Northern Laos. *Agroforestry Systems*, Vol. 74, No. 2.

[11] Martius, C. et al. 2004. Microclimate in Agroforestry Systems in Central Amazonia: Does Canopy Closure Matter to Soil Organisms. *Agroforestry Systems*, Vol. 60, No. 3.

[12] McElwee, P. 2004. You Say Illegal, I Say Legal: The Relationship between "Illegal" Logging and Land Tenure, Poverty, and Forest Use Rights in Vietnam. *Journal of Sustainable Forestry*, Vol. 19, No. 1-3.

[13] Meyfroidt, P. and Lambin, E. F. 2008a. Forest Transition in Vietnam and Its Environmental Impacts. *Globe Change Biology*, Vol. 14, No. 6.

[14] Meyfroidt, P. and Lambin, E. F. 2008b. The Causes of the Reforestation in Vietnam. *Land use Policy*, Vol. 25, No. 2.

[15] Meyfroidt, P. and Lambin, E. F. 2009. Forest Transition in Vietnam and Displacement of Deforestation Abroad. *Proceedings of the National Academy of Sciences*, Vol. 106, No. 38.

[16] Nagendra, H. et al. 2003. Accessibility as a Determinant of Landscape Transformation in Western Honduras: Linking Pattern and Process. *Landscape Ecology*, Vol. 18, No. 2.

[17] Patarasuk, R. and Binford, M. W. 2012. Longitudinal Analysis of the Road Network Development and Land-Cover Change in Lop Buri Province, Thailand, 1989-2006. *Applied Geography*, Vol. 32, No. 2.

[18] Paul, T. C. 2009. The Post-Opium Scenario and Rubber in Northern Laos: Alternative Western and Chinese Models of Development. *International Journal of Drug Policy*, Vol. 20, No. 5.

[19] Sadoulet, D. et al. 2002. A Short History of Land Use Changes and Farming System Differentiation in Xuat Hoa Commune, Bac Kan Province, Vietnam. In: Castella, J. C. and Dang, D. Q. (Eds.), *Doi Moi in the Mountains. Land Use Changes and Farmers' Livelihood Strategies in Bac Kan Province, Vietnam*. The Agricultural Publishing House, Hanoi, Vietnam.

[20] UNCCD 2008. Timor-Leste National Action Programmeto Combat Land Degradation. Revised Draft, Dili, Timor-Leste, November.

[21] United Nation Office of Drug and Crime 2007. Opium Poppy in the Golden Triangle Lao PDR, Myanmar, Thailand.

[22] Wang, Y. F. et al. 2007. Monoterpene Emissions from Rubber Trees (Heveabrasiliensis) in a Changing Landscape and Climate: Chemical Speciation and Environmental Control. *Global Change Biology*, Vol. 13, No. 11.

[23] Yoshida, A. et al. 2010. Ecosystem Service Values and Land Use Change in the Opium Poppy Cultivation Region in Northern Part of Lao PDR. *Acta Ecologica Sinica*, Vol. 30, No. 2.

[24] Ziegler, A. D. et al. 2009. The Ubber Juggernaut. *Science*, Vol. 324, No. 5930.

[25] 毕世鸿：《柬埔寨经济社会地理》，中国出版集团、世界图书出版公司，2014年。

[26] 粮农组织亚太地区林业委员会：《亚太地区林业展望研究：东南亚地区子报告》，2011年。

[27] 廖东声：《中国—东盟农业领域相互投资问题研究》，经济管理出版社，2011年。

[28] 廖东声："CAFTA背景下中国企业投资东盟农业的SWOT分析"，《东南亚纵横》，2009年第12期。

[29] 彭茵："中国东盟农产品贸易问题研究"（硕士论文），华东师范大学，2006年。

[30] 唐冲、陈伟忠、申玉铭："加强东南亚农业合作开发的战略重点与布局研究"，《中国农业资源与区划》，2015年第2期。

[31] 邹春萌、罗圣荣：《泰国经济社会地理》，中国出版集团、世界图书出版公司，2014年。

第六章 资源开发与合作潜力

第一节 矿产资源

一、矿产资源储藏概况

欧亚板块、太平洋板块与印度洋—澳大利亚板块三大岩石圈板块以及若干小板块交汇作用,在东南亚形成了多样、复杂、多期的各种类型构造岩浆带。经过漫长的地质历史时期,东南亚已经成为全球瞩目的矿产资源富集地带,是世界级锡、镍、红蓝宝石、翡翠、钾盐、石油、天然气等矿产的集中分布带,铬、钛、铁、铜、钴、钨、金、稀土、磷、煤及其他非金属矿产在亚洲占有重要地位,拥有全世界最长、最重要的含锡花岗岩带,亚洲地区仅次于波斯湾的第二油气区带以及全世界最大、最重要的宝玉石产区(图 6-1、表 6-1)。

1. 金属矿产

(1) 锡矿

在东南亚缅甸中部的掸邦高原—马来半岛—印度尼西亚的邦加岛和勿里洞岛形成了一个南北向的世界上最大的锡矿带,储量占世界总储量的 60%,同时伴生有钨,因此具有"锡钨地带"的美誉。与世界其他地方的锡矿相比,东南亚的锡矿主要由花岗岩侵入体风化而成,品位不高,但由于其具有规模大、矿层厚、易开采、分布相对集中的特点,因此比世界其他产锡地区有明显优势。

东南亚锡矿主要分布在印度尼西亚、马来西亚、泰国等国。根据美国地质调查局 (United States Geological Survey,USGS) 数据,2013 年,印度尼西亚锡储量约 80 万吨,占世界总量的 17.02%,仅次于中国,居世界第二位;马来西亚锡储量 25 万吨,占世界总量的 5.32%,居世界第六位;泰国锡储量 17 万吨,占世界总储量的 3.62%,列世界第九位(表 6-2)。印度尼西亚境内锡矿带长约 750 千米,锡矿品种主要以砂锡矿(河流冲积砂锡矿、滨海砂锡矿)和原生锡矿(锡石—石英脉型、锡石—硫化物型)为主;马来半岛锡矿全国广

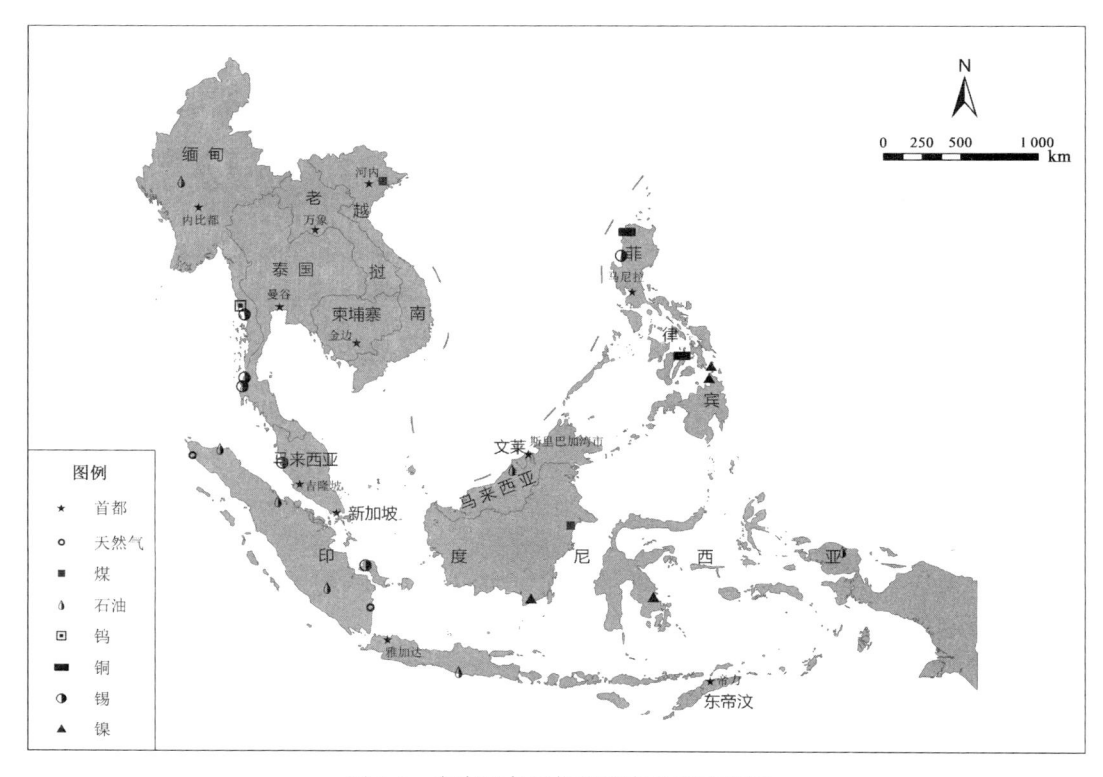

图 6-1 东南亚各国优势矿产分布示意图

注：底图根据中国地图出版社出版的东南亚地图［审图号 GS（2013）790 号］绘制。

资料来源：根据美国地质调查局"Mineral Commodity Summaries 2014"（http://minerals.usgs.gov/minerals/pubs/mcs/）整理。如无特殊说明，本节数据均来源于美国地质调查局。

表 6-1 东南亚各国非能源优势矿产

国家	优势矿产
马来西亚	铁、锡、金、煤、钨、铝土、锰
泰国	宝石、锡、钾盐、重金属
越南	锡、铁、铝
老挝	锡、铅、铜、钾、金、铁、石膏、盐
缅甸	锡、钨、玉石、宝石
印度尼西亚	锡、金
菲律宾	铁、铜、金、银、铬、镍
柬埔寨	金、宝石、磷酸盐
东帝汶	金、锰、铬、锡、铜

资料来源：同图 6-1。

泛分布，但以霹雳州和雪兰莪州最多，拥有著名的坚打谷锡矿区和吉隆坡锡矿区，矿石类型以砂矿为主；泰国锡矿床主要分布在南部的春蓬、攀牙、普吉、素叻他尼、那空是贪玛叻、董里、宋卡、也拉、拉廊和北大年等[①]。在北部和中部地区也有少量分布，锡矿为二氧化锡矿，多数是黑色和棕色矿，其余为红色、黄色矿。老挝锡矿主要分布在南巴森河谷，面积约220平方千米，锡矿的主要成分为含锡石红土。

表 6-2 2013 年东南亚主要锡矿储量国锡矿储量及其全球占比

国家	锡矿储量（吨）	世界排名	占全球比重（%）
印度尼西亚	800 000	第二位	17.02
马来西亚	250 000	第六位	5.32
泰国	170 000	第九位	3.62
世界总量	4 700 000	—	100.00

资料来源：同图 6-1。

（2）镍矿

东南亚的镍矿主要集中在印度尼西亚、菲律宾和缅甸三个国家。印度尼西亚是世界镍矿资源大国，2013 年已探明镍储量 390 万吨，约占世界总量的 5.27%，居世界第七位；菲律宾 2013 年镍储量为 110 万吨，占世界储量的 1.49%，居世界第十位（表 6-3）。印度尼西亚矿种以红土镍矿为主，平均矿石品位 1.5%～2.5%，矿带主要分布在群岛的东部，主要矿区有波马拉镍矿（储量 126 万吨，镍 2.3%～3.3%）、索罗科镍矿（储量 224 万吨，镍 1.4%～1.9%，钴 0.12%）、哈马黑拉岛红土镍矿（推测资源量 2.038 亿吨，镍 1.37%，钴 0.11%，镍金属量 279 万吨）[②]；菲律宾矿种也是以红土镍矿为主，矿带主要分布在东达沃和巴拉望，北苏里高和三描礼士也有较大的分布，与世界其他区域相比，菲律宾的镍矿成矿

表 6-3 2013 年东南亚主要镍矿储量国镍矿储量及其全球占比

国家	镍矿储量（吨）	世界排名	占全球比重（%）
印度尼西亚	3 900 000	第七位	5.27
菲律宾	1 100 000	第十位	1.49
世界总量	74 000 000	—	100.00

资料来源：同图 6-1。

---

① "东南亚矿产资源开发与矿业经济"，东南亚南亚信息港网，http://www.ectpa.org/article/hyfw/gjzx/201007/20100700000405.shtml（访问日期：2015-07-12）。

② "全球矿产资源分析之东南亚地区"，http://www.askci.com/news/201402/10/101740635980.shtml（访问日期：2015-07-12）。

环境处在浅土层,因此具有易于开采的优势;缅甸矿带主要分布在曼德勒以北,矿床主要有达贡山镍矿和梅当镍矿[①]。

(3) 金矿和银矿

东南亚地区金矿资源分布广泛,大多数国家都有金矿分布,而银矿大多与金矿伴生,其中印度尼西亚金矿最为集中,其次是菲律宾(王方国,1993)。截至2013年,据美国地质调查局的资料,印度尼西亚金储量为3 000吨(印度尼西亚官方报道的金的资源量为5 297吨,金储量为3 156吨),占世界储量的5.56%,居亚洲地区首位,世界第六位,主要分布在巴布亚省的格拉斯贝格铜—金矿,矿种以浅成热液型金矿和矽卡岩—斑岩型铜金矿为主;菲律宾金矿矿区主要集中分布在碧瑶、帕拉卡莱、马斯巴特、苏里高和玛莎拉,矿产类型以复合矿和冲击矿形式存在。地质专家研究认为,根据菲律宾的地质特点,最大和最富有的金矿床很可能蕴藏于菲律宾接近自然力的错位地区,近期的金矿勘探作业已向浅层储藏区发展[②]。

(4) 铜矿

东南亚地区的铜资源前景很好,主要分布在印度尼西亚、菲律宾、老挝、缅甸等国。印度尼西亚是世界铜矿资源大国,据美国地质调查局的资料,截至2013年,其铜储量为2 800万吨(官方报告的铜资源量为6 620.6万吨),占世界总量的4.1%,列世界第七位;菲律宾的铜矿资源也非常丰富,铜矿储量48亿吨,占其金属矿总储量的67.5%,平均每平方千米含铜134吨[③]。印度尼西亚铜矿集中分布于西努沙登加拉省的松巴哇岛以及巴布亚省的格拉斯贝格和艾斯伯格,矿种以斑岩型为主。菲律宾的铜矿主要分布在新比斯开、北苏里高、北三宝颜、东达沃、三描礼士、本格特、南哥打巴托以及宿务等地,矿种以斑岩铜矿为主,另有少量的热液型铜矿床。

(5) 铁矿

东南亚铁矿主要分布在越南,老挝、缅甸、印度尼西亚、菲律宾和马来西亚有少量分布。根据越南政府报告,全国铁矿石总储量超过12亿吨,主要分布在越北及越中地区,平均品位50%,其中河静省的石溪铁矿和黄连山省的贵乡矿床是两个最大的矿床,主要类型有含铁石英岩型、矽卡岩型和滨海砂矿(王方国,1993)。印度尼西亚的铁矿类型则以红土型铁矿、夕卡岩型铁矿和滨海砂矿为主。据不完全统计,仅易采、易选的滨海砂矿就有5 700万吨。此外,缅甸的克耶邦、老挝的沙耶武里省、泰国的黎府和乌泰他尼府等地,均具有铁矿产出的较大潜力(王方国,1993)。

[①] "缅甸主要资源",南博网,http://www.caexpo.com/news/asean/miandian/scfx_md/tzhj_md/2011/01/19/3520732.html(访问日期:2015-07-12)。

[②] "菲律宾矿产资源及其开发与利用",中国商品网,http://ccn.mofcom.gov.cn/spbg/show.php?id=2589(访问日期:2015-07-12)。

[③] 同上。

(6) 锰矿

东南亚锰矿主要分布在缅甸、马来西亚，越南、印度尼西亚、泰国、菲律宾有少量分布。除菲律宾做过一些系统的勘探外，其他国家均未经过系统勘查。

缅甸的锰矿集中在克伦邦以及与中国云南接壤的掸邦地区，沉积变质成因，多为低磷的优质富锰矿，估计规模相当大。有人曾估算，缅甸的掸邦地区可能有上亿吨的锰矿。泰国已发现的锰矿有50余处，大多位于其北部地区。锰矿的形成与古生代和中生代的拗拉谷沉积盆地有关，矿石较富，已探明储量70万吨。越南高平与中国广西大新接壤处亦有较大规模的富锰矿产出。印度尼西亚的锰矿主要集中在爪哇岛、加里曼丹、苏门答腊等地，与上古界的沉积岩和新生界火山沉积岩有关，矿石较富，仅亚瓦地区就有100万吨左右的矿石。菲律宾吕宋岛的杜帕克斯地区，也有锰矿产出的报道（王方国，1993）。

(7) 锑矿

东南亚锑矿主要集中在泰国和缅甸。泰国是世界上锑矿资源最丰富的国家之一，截至2008年，储量、基础储量分别为35万吨和37万吨，分别占世界储量、基础储量的14.76%和8.6%[①]。锑矿资源主要分布于泰国北部地区，矿种主要有原生矿和次生残积矿。缅甸锑矿主要分布在北部的掸邦成矿区和南部的毛淡棉成矿区，矿种以辉锑矿为主。

(8) 铝土矿

东南亚铝土矿主要分布在印度尼西亚、越南、老挝、马来西亚和菲律宾等国。印度尼西亚铝土矿主要是含铝的硅酸盐类岩石在潮湿炎热气候条件下风化形成的红土型铝土矿，资源量2亿多吨，储量2 400万吨[②]。其中85%分布在西加里曼丹，其余15%分布在廖内群岛中的宾坦岛及其周围小岛上。越南铝土矿以胡志明市北200千米的达农地区矿床最为集中，资源量达26.7亿吨（董宝林，2003），矿石类型以三水铝矿为主，质量上佳。

2. 非金属矿产

(1) 钾盐

东南亚钾盐资源主要分布在泰国和老挝（李文光，1999）。泰国几大盆地均有钾盐分布，其中南部呵叻盆地钾盐远景储量87亿吨，主要钾盐矿床分布于邦内那隆、昆敬、加拉信、暖颂、南丘克和亚索顿等地。钾盐层分布较大的地区有昆敬和邦内那隆，光卤石层最大厚度达72米（平均23.29米），KCl平均品位13.6%。其中，邦内那隆矿床工作程度高，探明储量5.7亿吨。沙空那空盆地跨泰、老两国，在泰国境内储量占泰国总量的76%，即33.5

[①] "泰国矿业概况"，中国—东盟矿业合作论坛暨推介展会网，http://www.camcf.org/detail.aspx?id=62（访问日期：2015-07-15）。

[②] "东南亚矿产资源开发与矿业经济"，东南亚南亚信息港网，http://www.ectpa.org/article/hyfw/gjzx/201007/20100700000405.shtml（访问日期：2015-07-12）。

亿吨。

老挝万象平原的钾盐矿床主要位于沙空那空成盐盆地的西北边缘，钾盐远景储量约 167 亿吨。已探明的 C＋D 级储量 13 亿吨。矿层埋深一般 150 米左右，最大埋深 331.65 米，厚 16～100 米（平均 35 米），KCl 平均品位 15.2％。

（2）磷矿

磷矿资源主要分布在越南。越南磷矿资源丰富，总储量 14 亿吨，其中质量好的一类矿约 3 000 万吨，主要分布在老街省到安沛省红河流域南部长 100 千米地带内，宽约 3 千米，谅山、青冒、如春、水静等地区也有磷矿床分布（董宝林，2003）。

越南磷矿石的来源主要有三种：①寒武系变质沉积岩中的磷灰石；②古生代—新生代的碳酸岩台地边缘凹陷及坡脚部位产出的磷酸盐；③海鸟粪。最著名的磷灰石矿是老街磷矿，老街柑塘矿露天开采部分储量达 2 亿吨。矿体产于寒武系变质沉积岩中，形态是简单的层状，虽有少量花岗岩脉沿裂隙贯入，但对矿体没有多少破坏。矿体标高 0～250 米，开采容易。根据 P_2O_5 含量不同，矿层分四类。一类矿 P_2O_5 含量 28％～41％，二类矿 P_2O_5 含量 20％～26％，三类矿 P_2O_5 含量 10％～39％，四类矿 P_2O_5 含量 8％～17％。老街磷矿的一类矿埋深最浅，一般不超过 30 米。

（3）重晶石

重晶石主要分布在泰国、越南和缅甸。泰国重晶石资源丰富，2013 年储量和储量基础分别为 900 万吨和 1 800 万吨，分别占世界总量的 1％和 2％，均列世界第五位。主要分布在北部的清迈府、达府、帕府，东北部的黎府和乌隆府，西部的碧武里府和北碧府，南部的那空是贪玛叻府和宋卡府（中国地质调查局发展研究中心，2010a）。矿床常为脉状和交代矿床，重晶石含量很高，$BaSO_4$ 含量高达 80％～90％，而西北部和中西部的矿床与石灰岩中的铅锌矿化作用有关，有的可能是火山作用的产物。

越南已探明重晶石储量 2.8 万吨，估计重晶石储量为 610 万吨，目前在河北、三岛、宣光等地已初步勘探确定有重晶石矿床，$BaSO_4$ 的平均含量是 80％～85％，储藏量估计超过 60 万吨。

（4）宝石

中南半岛的泰国、柬埔寨、越南、缅甸四国是世界最大的宝玉石产区（程耀信，1995）。这个区域的矿床主要集中在：黑水河裂谷成矿带，马江—桑怒岛弧成矿带的桑怒铅锌铁宝石成矿带，长山断褶成矿带的长山黑色、有色宝石成矿带，东印支断块成矿区的昆嵩隆起铝金铜铁钛宝石成矿区，豆莞山—大叻断褶成矿带的拜林宝石非金属成矿带，景洪—南邦岛弧成矿带的南邦锑锡、玉石、非金属成矿带，清迈锡锑宝玉石成矿带，庄他武里岛弧成矿带的庄他武里锡锑金铜宝石成矿带，掸泰断块成矿区的抹谷宝玉石成矿区九大宝石成矿带。

越南已发现的宝玉石种类有 20 多种，主要有红宝石、蓝宝石、贵橄榄石、锆石、尖晶石、石榴石、绿柱石、电气石（碧玺）、天河石、蛋白石、玉髓黄晶、紫晶、烟晶、玛瑙、碧玉、玻陨石、寿山石、赤血石、煤玉、软玉、石墨晶、萤石和大理石。缅甸宝石品种主要有红宝石、蓝宝石、水晶石、金刚石、黄玉、琥珀等。最著名的产地是曼德勒省东北的抹谷宝石区。泰国宝石以红宝石和蓝宝石为主，其中刚玉矿床主要分布于庄他武里—大叻、帕府—素可泰、乌汶—四色菊以及北碧、碧差汶、清莱等地区。柬埔寨宝石种类以蓝宝石、红宝石、锆石为主，其次为宝石级水晶、铬尖晶石、寿山石、蛋白石，在西部、北部及东北部分别有一个矿带。老挝已知的宝玉石组合有上新世—更新世玄武岩及冲积层中的蓝宝石、红宝石、锆石、尖晶石和流纹岩中的石英—紫晶。具有工业价值的矿床多产在碱性玄武岩石附近坡麓和沟谷内的残积、冲积物中。规模较大的是会晒蓝宝石矿床，位于会晒东北，邻近景洪—会晒华力西—印支岛弧带。老挝南部的波罗芬高原为同期玄武岩分布最广的地区，具有蓝宝石开发的较大潜在价值（程耀信，1995）。

（5）翡翠

东南亚翡翠主要分布在缅甸。缅甸被誉为"翡翠王国"，世界大部分翡翠资源产于此地。矿床主要分布在克钦邦的隆肯、加迈、密支那以及八莫地区。这些地区有大量的超基性岩、基性岩、花岗岩出露。原生的翡翠矿床主要分布在隆肯以西的蛇纹石化橄榄岩体的翡翠矿脉中。矿床位于印长板块和欧亚板块接合部的外岛弧带，是印—缅外岛弧高压带的产物，生成时代以中新代为主。矿脉呈北北东向展布，长约 34 千米，最宽处约 12 千米。矿体产出的有利部位是混杂岩体中的超基性岩与蓝闪石片岩邻近地带。砂矿主要分布在乌尤河（钦敦江支流）的冲击层，其中含翡翠的沉积层属第三纪至近代冲积而成的沙砾层，均充填在蛇纹岩山丘排水系统的宽河道内，由砂、片岩和砾岩组成。此外，在直接覆盖于基岩之上的砂质层内也发现有优质翡翠碎屑，其中还含有金。

（6）石膏

东南亚石膏主要分布在泰国，缅甸也有少量分布。泰国石膏（90% 为 $CaSO_4 \cdot 2H_2O$）总储量估计有 4 000 万吨（赵桂莲，1986），矿层不深，产地集中在北部和南部地区，主要分布在披集、那空沙旺、南邦、呵叻、程逸、素叻他尼等府。

缅甸石膏有两个矿化带。一个分布在东部盆地中南部，该地的膏矿体呈薄层状产出，当地采用作水泥配料，矿点主要分布在木各具、敏巫、敏建、马圭、德耶谬等；另一个分布在北掸邦腊戍西南的昔卜，有小型石膏矿床分布，矿体赋存在南尧群（T3-J）蒸发岩层中，层状产出，经钻孔证实矿厚达 50 米，矿石由石膏及硬石膏（下部）组成。矿床于 1974 年进行露采，年产量 3.5~4.0 万吨，主要用作水泥配料。

（7）高岭土

东南亚高岭土主要分布在越南、泰国、马来西亚，缅甸也有少量分布。越南属于温热带雨林气候，加之高铝存在，越南的高岭土资源质量往往比较好。高岭土资源在越南全国均有分布，其中较为集中分布于红河、富安、平治天沿海地区、义平北部、大叻和同奈—小河地区六大地域。目前，已发现的65座矿山资源储量合计为2.85亿吨，可供给国内陶瓷工业和耐火材料工业用原料100年。

（8）膨润土

东南亚膨润土主要分布在缅甸、印度尼西亚和菲律宾。缅甸膨润土主要分布在内火山弧的北段和中段火山岩大量出露的地区，通常与分解的火山凝灰岩共生，由铝硅酸盐组成，成分主要为蒙脱石。

（9）萤石

东南亚萤石主要分布在泰国、缅甸。泰国是世界萤石的重要产地，萤石储量约1 150万吨[①]，主要分布在南奔、清迈、夜丰颂、北碧、碧武里、叻武里、素叻他尼和甘烹碧府。缅甸萤石主要分布于掸邦南部及德林达依地区，其中南邦格劳镇包尼贡（Bawningon）萤石矿具小型矿床规模，矿床产在石英岩中，矿体呈脉状、透镜状产出。手选合格矿石含CaF_2约40%~50%，经洗选可获CaF_2达90%的精矿。

二、矿产资源开发现状

东南亚是世界上少有的矿产资源丰富的地区，但由于地形复杂、地域辽阔、资金缺乏、勘探技术水平低、多年战乱、开放时间晚等原因，东南亚矿产资源开发程度普遍较低。

1. 金属矿产

（1）锡矿

东南亚的锡矿生产国主要有印度尼西亚、马来西亚、越南、泰国、缅甸、老挝等（表6-4）。从近几年的生产情况看，总体上各国的锡矿和精炼锡产量较为稳定，但部分国家存在一定的下降或增长（图6-2、图6-3）。

印度尼西亚是世界第二大锡矿生产国和精炼锡生产国，2012年锡的矿山产量4.1万吨，精炼锡产量4.2万吨，分别占世界锡矿和精炼锡总产量的16.87%和13.08%。印度尼西亚是目前市场经济国家中锡产量最多、生产成本较低的国家。但自2005年起，印度尼西亚的

---

① "泰国矿产资源"，中国经济网，http://www.ce.cn/ztpd/tszt/hgjj/2005/dmgh/js/zrst/kczy/200507/05/t20050705_4122339.shtml（访问日期：2015-07-25）。

表 6-4　2012 年东南亚锡矿主要生产国产量及其全球占比

国家	锡矿			精炼锡		
	产量（吨）	占全球比重（%）	世界排名	产量（吨）	占全球比重（%）	世界排名
缅甸	10 600	4.36	6	30	0.01	17
印度尼西亚	41 000	16.87	2	42 000	13.08	2
老挝	762	0.31	12	—	—	—
马来西亚	3 726	1.53	9	37 792	11.77	3
泰国	124	0.05	14	20 000	6.23	5
越南	5 400	2.22	8	3 000	0.93	10
世界总量	243 000	100.00	—	321 000	100.00	—

资料来源：根据美国地质调查局：*Minerals Yearbook _ tin*，2012（http://minerals.usgs.gov/minerals/pubs/commodity/tin/myb1-2012-tin.pdf）整理。

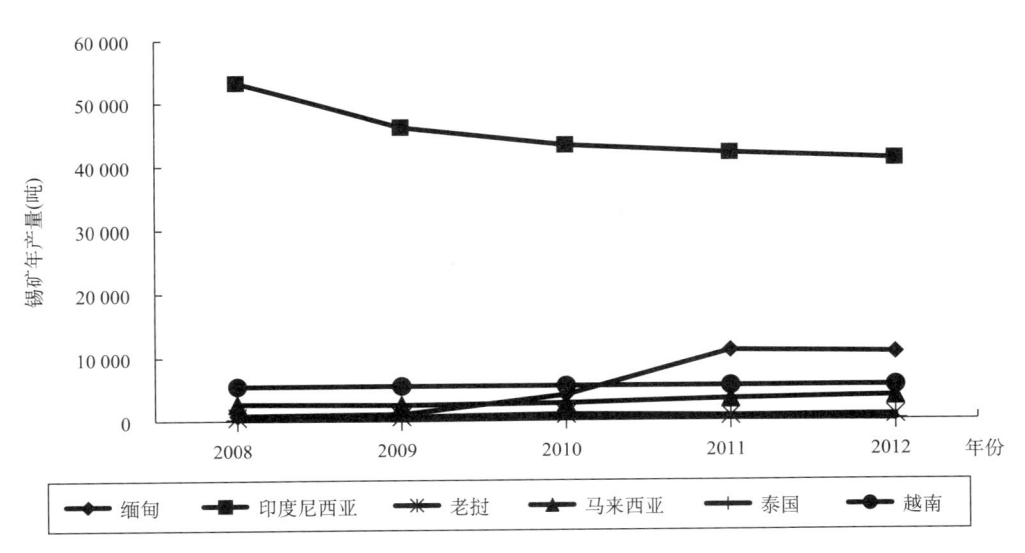

图 6-2　2008~2012 年东南亚锡矿主要生产国锡矿产量变化

资料来源：同表 6-4。

锡矿产量就不断下降。2012 年锡矿和精炼锡矿年产量分别较 2008 年下降 22.98% 和 21.37%。目前锡矿主要产自邦加岛，前两大生产企业为天马有限公司（PT Timah）和库巴有限公司（PT Koba）。近年来印度尼西亚锡产量下降的原因主要有资源品位下降，储采比不大，已无扩产的能力。从最近几年新闻看，印度尼西亚并没有新发现较大锡矿的报道，相反，很多陆上锡矿资源被报品位下降、开采枯竭，很多锡企被迫进入水下开采。印度尼西亚统计的储采比仅有

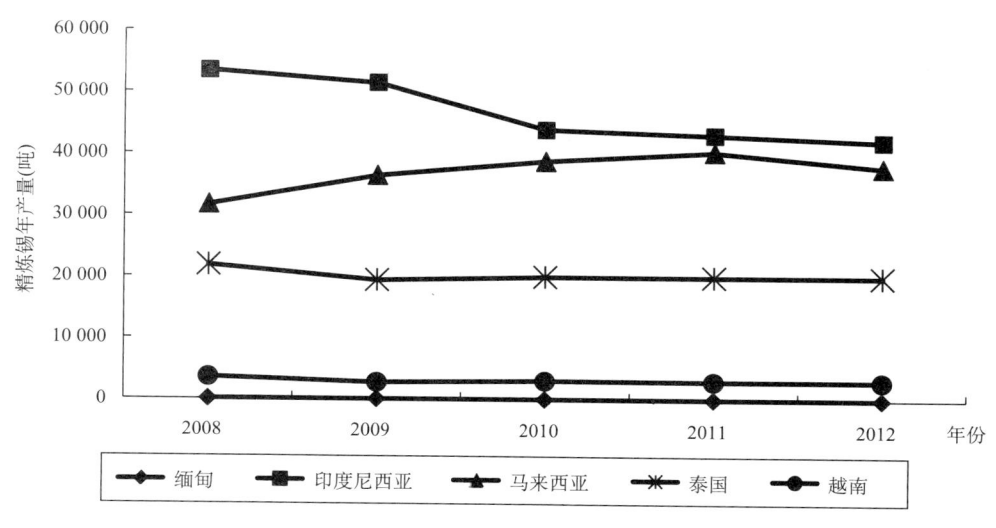

图 6-3　2008～2012 年东南亚锡矿主要生产国精炼锡产量变化

资料来源：同表 6-4。

8～10 年，不具备扩产的能力。

马来西亚是世界第三大精炼锡生产国，2012 年精炼锡产量 37 792 万吨，居世界第 3 位，占世界产量的 11.77%，产量较 2011 年略有下降。马来西亚冶炼公司（MSC）是马来西亚唯一的精炼锡生产商。近年，马来西亚冶炼公司已将其主要生产工作转移到澳大利亚、中国、印度尼西亚和菲律宾。锡矿是马来西亚的重要矿产，马来西亚曾为世界第三大矿山锡生产国，但经过 100 多年的开采活动，马来西亚的优质锡矿资源大幅减少，品位降低，使其锡矿产量连年下降，2012 年矿山产量为 3 726 吨，仅为 22 年前的 1/10，仅居世界第 9 位。目前正运营的锡矿山 30 多个，主要集中在马来西亚半岛。

越南 2012 年锡矿和精炼锡产量分别为 5 400 吨和 3 000 吨，分别居世界第 8 位和第 10 位。越南的锡矿和精炼锡矿产量一直处于稳定状态，表明该地区锡矿产业以及相关政策比较稳定。

泰国以精炼锡为主，2012 年锡矿和精炼锡产量分别为 124 吨和 2 万吨，分别居世界第 14 位和第 5 位。近年来，锡矿产量波动比较大，而且以下降趋势为主，2012 年较 2011 年产量下降了 56.03%。而精炼锡产量较为稳定，自 2010 年产量稳定在 2 万吨。

缅甸以锡矿为主，2012 年锡矿和精炼锡产量分别为 10 600 吨和 30 吨，分别居世界第 6 位和第 17 位。近年来，缅甸的锡矿产量增加迅速，这主要是受到周边国家从缅甸进口锡矿需求量增加的影响，2012 年锡矿产量较 2008 年上升了 9 800 吨，而精炼锡产量一直稳定在 30 吨。

老挝仅生产锡矿，2012 年锡矿 762 吨，居世界第 12 位。近年来，老挝锡矿产量基本呈现上升趋势，由 2008 年 551 吨增长到 2012 年 762 吨，增长率达 38.29%。

（2）镍矿

东南亚的镍矿生产国有菲律宾、印度尼西亚和缅甸（表 6-5），其中，菲律宾的镍矿产量呈增长态势，印度尼西亚的产量经过几年的增长后，2012 年出现明显的下降，缅甸的产量较小但一直较稳定（图 6-4）。

表 6-5 2012 年东南亚镍矿主要生产国产量及其全球占比

国家	产量（吨）	占全球比重（%）	世界排名
缅甸	5 000	0.25	22
印度尼西亚	228 000	11.40	3
菲律宾	317 621	15.88	1
世界总量	2 000 000	100.00	—

资料来源：根据美国地质调查局：*Minerals Yearbook _ Nickel*（2012）整理，下载地址：http://minerals.usgs.gov/minerals/pubs/commodity/nickel/myb1-2012-nicke.pdf。

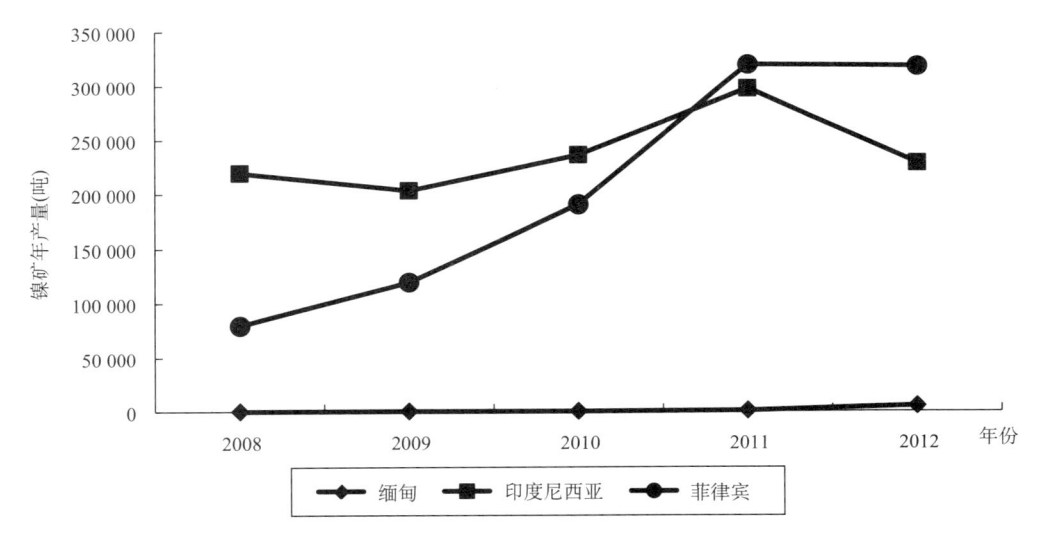

图 6-4 2008~2012 年东南亚镍矿主要生产国镍矿产量变化

资料来源：同表 6-5。

菲律宾是镍矿的生产大国。镍矿属于露天开采，受气候条件影响较大。近年来，厄尔尼诺现象使菲律宾旱季延长，为镍矿开采者提供了较长的作业时间，使镍产量出现了空前的增长[①]。菲律宾的镍矿产量自 2006 年起快速增长，至 2012 年矿山产量已达 31.76 万吨，较

---

① 中国驻菲律宾共和国大使馆经济商务参赞处："菲律宾矿产资源及其开发与利用"，http://ph.mofcom.gov.cn/aarticle/law/200311/20031100152601.html（访问日期：2015-07-12）。

2005年翻了10倍,超过印度尼西亚成为世界第一大镍矿生产国,其中矿石产量29.37万吨、精炼镍产量2.4万吨。菲律宾镍主要产自四个中型镍矿,包括塔加尼托、里奥图巴、卡迪那奥和南迪纳加特,其中最大的是塔加尼托矿业公司经营的塔加尼托镍矿项目,其产量约占全国总产量的45%。目前,菲律宾还有几个较大的镍矿在建项目,预计几年后产量将达到18.15万吨。

印度尼西亚一直是镍矿的生产大国,镍矿以红土镍矿为主,成品以镍铁为主。自2007年起,其镍矿产量就基本稳定在20万吨左右,2012年镍矿产量约22.8万吨,居世界第三位,其中镍铁产量1.83万吨。

缅甸镍矿产量相对较低,2012年镍矿产量5 000吨,仅占全球产量的0.25%,世界排名第22位。从发展趋势来看,缅甸的镍矿快速发展是在2011年,2011年产量较2008年的10吨翻了80倍,2012年产量又较2011年翻了6倍。

(3) 金矿

东南亚地区除了柬埔寨、新加坡、文莱以及东帝汶外,其他大多数国家都有金矿生产,但主要集中在印度尼西亚和菲律宾(表6-6、图6-5)。

表6-6 2012年东南亚金矿主要生产国产量及其全球占比

国家	产量(千克)	占全球比重(%)	世界排名
印度尼西亚	58 800	2.19	13
老挝	4 000	1.49	—
马来西亚	4 624	0.17	—
缅甸	100	0	—
菲律宾	15 762	0.59	—
泰国	3 000	0.11	—
越南	3 500	0.13	—
世界总量	2 690 000	100.00	—

资料来源:根据美国地质调查局:*Minerals Yearbook _ Gold*(2012)整理,下载地址:http://minerals.usgs.gov/minerals/pubs/commodity/gold/myb1-2012-gold.pdf。

印度尼西亚曾经是世界第七大金矿生产国,但自2009年金矿产量不断下降,已由2009年的140.5吨下降到2012年58.8吨,仅占世界第13位。目前主要经营公司有印度尼西亚国营矿业、纽蒙特矿业公司、努沙登加拉群岛矿业公司、印度尼西亚自由港公司、唐邦矿业

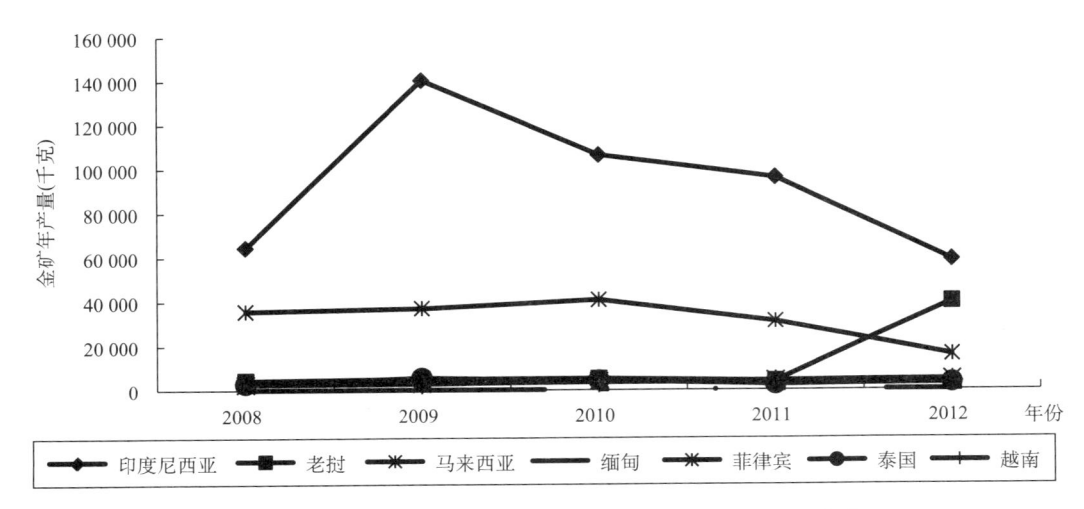

图 6-5　2008～2012 年东南亚金矿主要生产国金矿产量变化

资料来源：同表 6-6。

公司、纽蒙米纳哈沙矿业公司等①。

菲律宾是东南亚第二大金矿生产国，但近年来金矿的产量也不断下降，尤其是 2012 年降幅最大，2012 年金矿产量 15.762 吨，较 2011 年下降了 49.35%。菲律宾的金矿开采主要集中于菲律宾北吕宋岛碧瑶、马斯巴特金矿等。

（4）银矿

由于东南亚的银矿一般随金矿伴生，因此与金矿的空间分布相似。东南亚地区除了柬埔寨、新加坡、文莱以及东帝汶外，其他大多数国家都有银矿生产，但普遍产量都比较低。

印度尼西亚是该地区银矿产量最高的国家，2012 年其银矿产量 250 吨，较前几年产量出现了明显的下降。目前主要经营的有印度尼西亚国营矿业公司、纽蒙特矿业公司、印度尼西亚自由港公司、唐邦矿业公司、科联赤道矿业公司五家公司（中国驻印度尼西亚共和国大使馆经济商务参赞处，2007）。

其他各国 2012 年产量均低于 100 吨，其中老挝 19 吨，马来西亚 2 吨，菲律宾 67 吨，泰国 30 吨（表 6-7）。从产量变化趋势来看，虽然这几个国家的产量都较低，但是近几年产量都有很大提升，2012 年产量都较 2011 年增加了 50% 以上（图 6-6）。

---

① 中国驻印度尼西亚共和国大使馆经济商务参赞处："印度尼西亚矿产资源储量和分布情况"，http://id.mofcom.gov.cn/article/ddgk/zwrenkou/ 200801/20080105336627.shtml（访问日期：2015-07-12）。

表 6-7　2012 年东南亚银矿主要生产国产量及其全球占比

国家	产量（吨）	占全球比重（%）
印度尼西亚	250	0.98
老挝	19	0.07
马来西亚	2	0.01
菲律宾	67	0.26
泰国	30	0.12
世界总量	25 500	100.00

资料来源：根据美国地质调查局：*Minerals Yearbook _ silver*（2012）整理，下载地址：http://minerals.usgs.gov/minerals/pubs/commodity/silver/myb1-2012-silver.pdf。

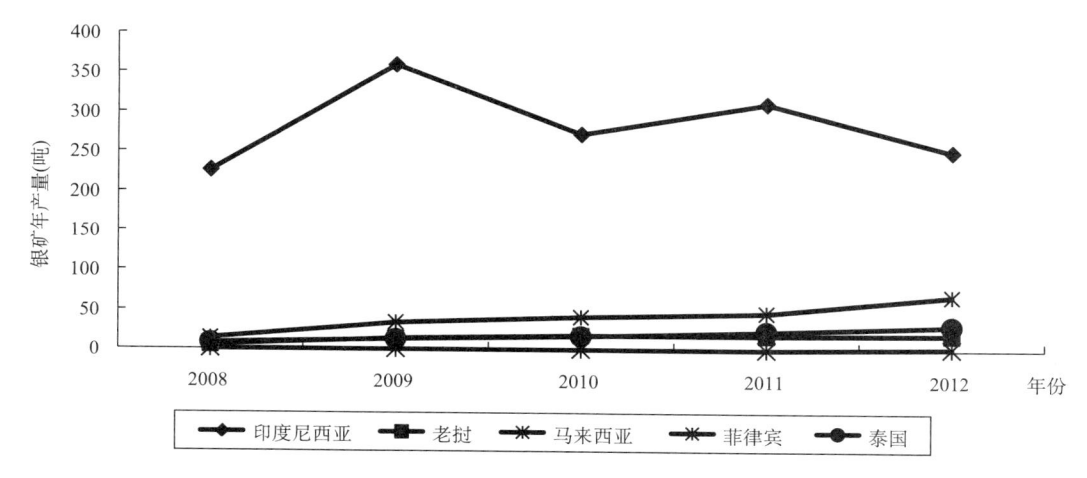

图 6-6　2008~2012 年东南亚银矿主要生产国银矿产量变化

资料来源：同表 6-7。

（5）铜矿

东南亚铜矿生产国包括印度尼西亚、菲律宾、老挝、缅甸、越南等（表 6-8）。其中，印度尼西亚的铜产量最大，但包括铜矿、冶炼铜、精炼铜在内的产品产量均有所下降，而越南、老挝、缅甸的产量小，但产量较为稳定（图 6-7~9）。

印度尼西亚是东南亚最大的铜矿生产国，曾是世界第四大铜矿生产国。自 2009 年铜矿及相关产品的产量一直下跌，截至 2012 年，铜矿产量仅为 39.85 万吨，冶炼铜产量 20 万吨、精炼铜产量 19.72 万吨，铜矿位居世界第 13 位，占世界铜矿总产量的 2.34%，较 2009 年减少了 60 万吨。印度尼西亚铜矿开采基本上被外国公司或合资企业所控制。美资占 80% 的印度尼西亚自由港公司是印度尼西亚最大的铜业公司，其矿区在巴布亚岛。其次是美、日

表 6-8 2012 年东南亚铜矿主要生产国产量及其全球占比

国家	铜矿		冶炼铜		精炼铜	
	产量（吨）	占全球比重（%）	产量（吨）	占全球比重（%）	产量（吨）	占全球比重（%）
缅甸	10 000	0.06	—	—	10 000	0.05
印度尼西亚	398 500	2.34	200 000	1.24	197 200	0.98
老挝	139 000	0.82	78 900	0.49	78 900	0.39
菲律宾	65 444	0.38	97 000	0.60	90 400	0.45
越南	11 000	0.06	8 000	0.05	8 000	0.04
世界总量	17 000 000	100.00	16 100 000	100.00	20 100 000	100.00

资料来源：根据美国地质调查局：*Minerals Yearbook _ Copper*（2012）整理，下载地址：http://minerals.usgs.gov/minerals/pubs/commodity/copper/myb1-2012-copper.pdf。

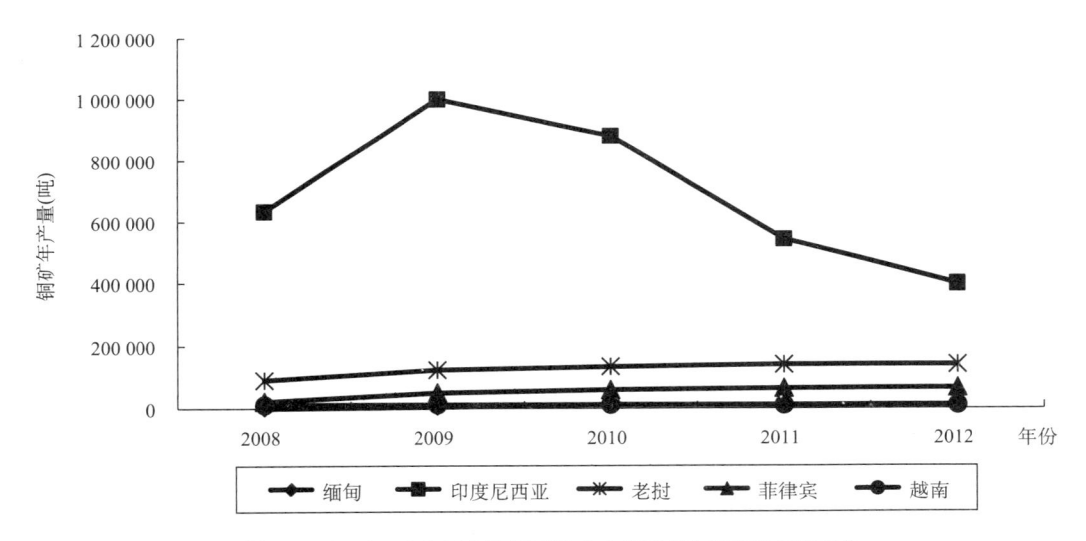

图 6-7 2008~2012 年东南亚铜矿主要生产国铜矿产量变化

资料来源：同表 6-8。

和印度尼西亚各占 45%、35% 和 20% 股份的印度尼西亚纽蒙特努沙登加拉公司，矿区在西努沙登加拉岛①。

近年来，老挝铜产量增长较快，截至 2012 年铜矿产量达 13.9 万吨，较 2005 年的 3.048 万吨，年产量增长了 10 万吨以上；精炼铜产量 7.89 万吨，较 2005 年的 3.05 万吨，

---

① 中国驻印度尼西亚共和国大使馆经济商务参赞处："印度尼西亚矿产资源储量和分布情况"，http://id.mofcom.gov.cn/article/ddgk/zwrenkou/200801/20080105336627.shtml（访问日期：2015-07-12）。

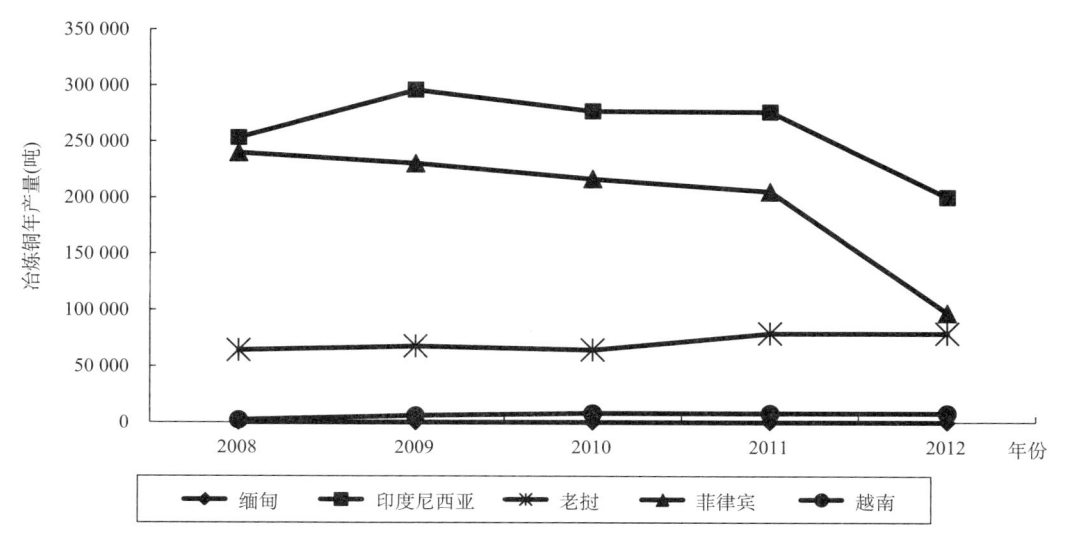

图 6-8　2008～2012 年东南亚铜矿主要生产国冶炼铜产量变化

资料来源：同表 6-8。

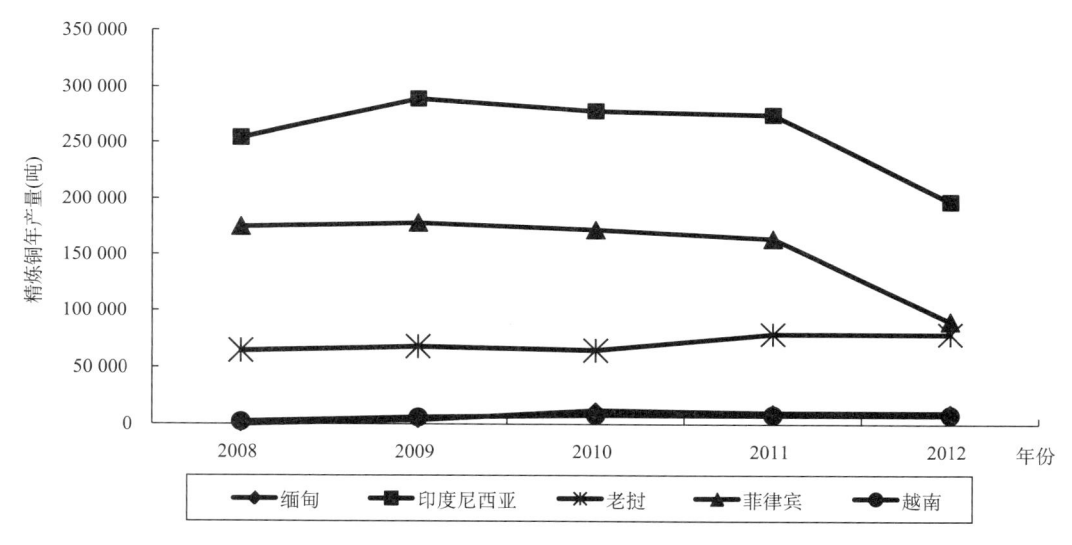

图 6-9　2008～2012 年东南亚铜矿主要生产国精炼铜产量变化

资料来源：同表 6-8。

年产量翻了一番。该地区的铜矿主要产自沙湾拿吉省微博（Vilabouly）地区的赛奔矿山，其经营商是澳大利亚欧希娜（Oxiana）公司全资拥有的拉桑（Lane Xang）矿产有限公司，该公司还在本地区经营着一个炼厂[①]。

---

① "东南亚矿产资源开发与矿业经济"，东南亚南亚信息港网，http://www.ectpa.org/article/hyfw/gjzx/201007/20100700000405.shtml（访问日期：2015-07-12）。

菲律宾 2012 年铜矿产量 6.54 万吨，较 2004 年增长了 309%；但精炼铜产量依然维持下降趋势，2012 年精炼铜产量仅为 9.04 万吨，较 2011 年减少了 10.8 万吨。菲律宾目前的铜矿生产水平较低[①]，但从长远看具有较大的发展潜力。除帕德卡尔（Padcal）铜矿山外，现在还有几个较大的铜矿项目正在执行或计划之中，如位于菲中部宿务省的托莱多（Toledo）铜矿，在关闭十多年后将恢复开采。另外，菲律宾射手（Sagittarius）矿业公司 2005 年宣布，将在未来五年内投资大约 5 亿美元，开发位于菲律宾南哥打巴托省的坦帕坎（Tampakan）铜金矿。根据该公司最新发布的报告，目前该公司已经完成了至少 28 眼探井，钻探深度一共达到了 11 338 米。钻探结果令人振奋，该公司已经确认了高品位矿石的存在。据预测，该铜金矿将会成为世界级的铜金矿。

其他几个生产国 2012 年的产量分别为：缅甸铜矿 1 万吨，精炼铜 1 万吨；越南铜矿 1.1 万吨，冶炼铜 8 000 吨，精炼铜 8 000 吨。这两个国家近三年的产量基本稳定。

（6）铁矿

东南亚铁矿生产国包括印度尼西亚、马来西亚、泰国、越南等，但铁矿产量基本不高。2012 年，印度尼西亚的铁矿产量为 29 千吨，马来西亚的铁矿产量为 4 500 千吨，且产量在逐年上升，泰国的铁矿产量为 485 千吨，越南的铁矿产量为 2 210 千吨（表 6-9、图 6-10）。

表 6-9 2012 年东南亚铁矿主要生产国产量及其全球占比

国家	产量（千吨）	占全球比重（%）
印度尼西亚	29	0.002
马来西亚	4 500	0.324
泰国	485	0.035
越南	2 210	0.159
世界总量	1 390 000	100.000

资料来源：根据美国地质调查局：*Minerals Yearbook _ iron ore*（2012）整理，下载地址：http://minerals.usgs.gov/minerals/pubs/commodity/ iron ore /myb1-2012- iron ore. pdf。

（7）铬铁矿

东南亚铬铁矿生产国包括菲律宾和越南等。菲律宾 2012 年生产铬铁矿矿石和精矿达到 23 890 吨，占世界产量的 0.09%。历史上，菲律宾铬铁矿生产因国际市场需求变化而十分不稳定。1979 年菲律宾年产铬矿石 43.9 万吨，到 1988 年下降到 17.1 万吨，经过 1989～1991 年的短暂反弹后，1993 年再次跌入低谷，当年产量仅 6.5 万吨。1993～1996 年，因日

---

① "菲律宾矿业发展概况"，南博网，http://philippines.caexpo.com/scfx_flb/zdhyfx_flb/2011/01/20/3521135.html（访问日期：2015-07-15）。

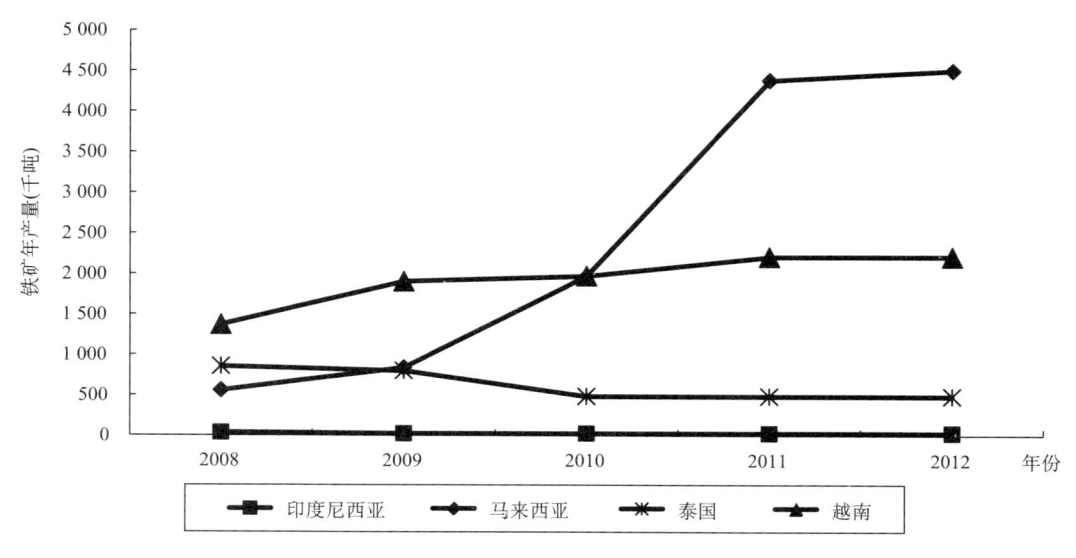

图 6-10 2008～2012年东南亚铁矿主要生产国铁矿产量变化

资料来源：同表6-9。

本钢铁业的需求增加，铬矿产量又以平均每年22%的速度增长。然而，1997年由于维萨亚和棉兰老地区部分小型铬铁矿的规模缩减，使产量下降16.7%，1998年产量进一步下降了58%。2000年4月，菲律宾唯一有能力生产耐火级铬的本格特公司恢复马辛洛克（Masinloc）铬铁矿的生产，才使菲律宾铬铁矿业的发展有了喘息机会，2001年产量达到2.8万吨。菲律宾目前主要有2家铬矿生产商：克劳（CRAU）矿产资源公司和克罗米扣（Krominco）公司，分别经营戴拿寇（Dinagal）铬项目和戴拿寇铬铁矿项目[①]。

越南铬铁矿矿业的发展比较稳定，平均年产4万吨，占全球比重的0.16%。但由于越南属于海滨砂类型的铬铁矿，含泥量较大，需要筛分、洗矿、跳汰等流程进行选矿提纯，因此开发程度仍然较低。矿山规模总体较小，大多是1 000吨左右的小矿山，但开采潜力较大。目前有一些中国民营资本在此开矿。

（8）钛铁矿

东南亚钛铁矿主要产自越南、印度尼西亚和马来西亚（表6-10）。越南生产钛铁矿和白钛矿为主，近五年越南的钛铁矿年产量不断上升（图6-11），2012年钛铁矿和白钛矿产量达114.38万吨，成为世界第三大钛铁矿和白钛矿生产国，且生产的钛铁矿主要供出口。印度尼西亚也以生产钛铁矿和白钛矿为主，但近五年的产量波动比较大，2010年产量最大，达

---

① "菲律宾矿产资源及其开发与利用"，中国商品网，http://ccn.mofcom.gov.cn/spbg/show.php?id=2589（访问日期：2015-07-12）。

到 6 万吨，到 2011 年产量又急剧下降，到 2012 年产量仅为 2 万吨，居世界第 13 位。马来西亚不仅生产钛铁矿和白钛矿，还生产钛含量更高的红钛铁。近几年钛铁矿和白钛矿的产量比较稳定，而红钛铁的产量则在不断地上升，2012 年钛铁矿和白钛矿的产量 22 275 吨，居世界钛铁矿和白钛矿产量第 12 位，红钛铁 20 008 吨，居世界红钛铁产量第 6 位。

表 6-10　2012 年东南亚钛铁矿主要生产国产量及其全球占比

钛铁矿类型	国家	产量（吨）	占全球比重（%）	世界排名
钛铁矿和白钛矿	印度尼西亚	20 000	0.26	13
	马来西亚	22 275	0.29	12
	越南	1 143 800	14.66	3
	世界总量	7 800 000	100.00	—
红钛矿	马来西亚	20 008	2.47	6
	世界总量	809 000	100.00	—

资料来源：根据美国地质调查局：*Minerals Yearbook _ Titanium*（2012）整理，下载地址：http://minerals.usgs.gov/minerals/pubs/commodity/ titanium /myb1-2012- titanium. pdf。

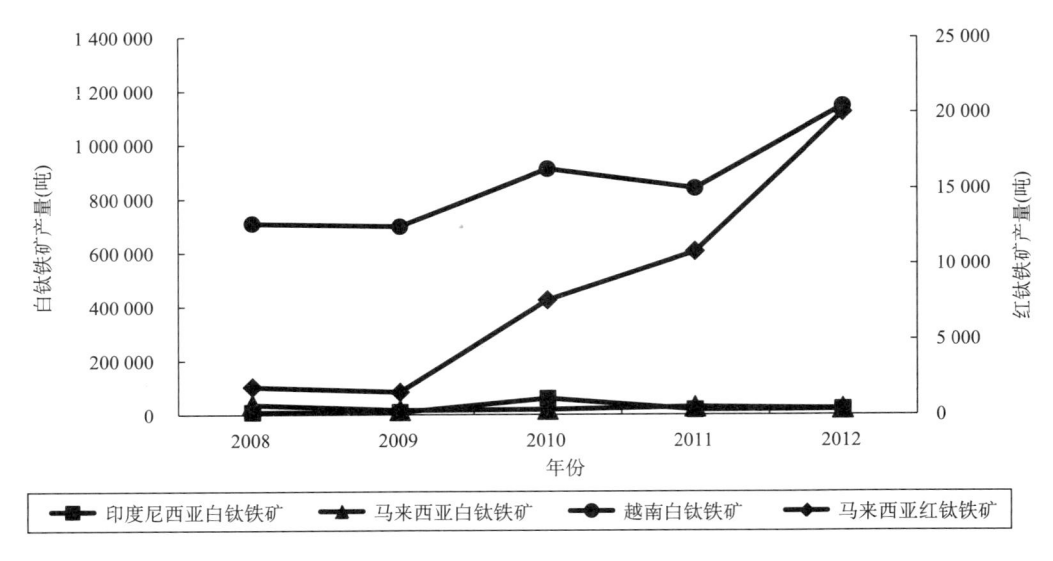

图 6-11　2008～2012 年东南亚钛铁矿主要生产国钛铁矿产量变化

资料来源：同表 6-10。

(9) 锰矿

东南亚锰矿主要产自缅甸和马来西亚（表 6-11）。缅甸和马来西亚的锰矿含锰量都比较高，且近几年产量都波动较大（图 6-12）。缅甸的锰矿纯度为 40%，马来西亚的锰矿纯度为

32%～45%，2012年缅甸锰矿（含锰）产量115千吨，居世界产量第11位，马来西亚产量429千吨，居世界产量第9位。两国的锰矿产量都呈现波动的特征。

表6-11 2012年东南亚锰矿主要生产国产量及其全球占比

国家	分类	锰含量（%）	产量（千吨）	占全球比重（%）	世界排名
缅甸	总量		286	0.61	
	含锰重量	40	115	0.73	11
马来西亚	总量		1 100	2.34	
	含锰重量	32～45	429	2.72	9
世界	总量		47 100	100.00	
	含锰重量	—	15 800	100.00	—

资料来源：根据美国地质调查局：*Minerals Yearbook _ Manganese*（2012）整理，下载地址：http://minerals.usgs.gov/minerals/pubs/commodity/manganese/myb1-2012-manganese.pdf。

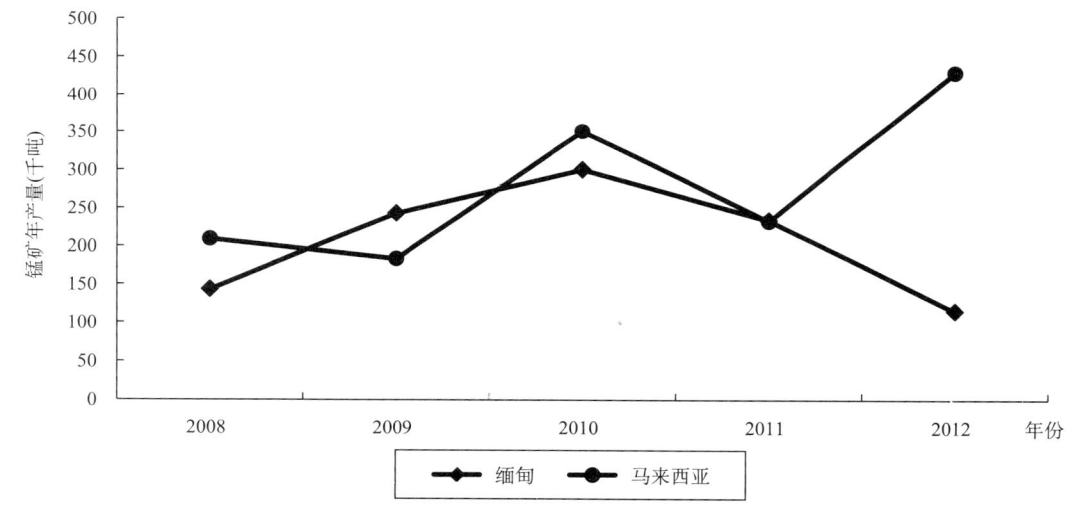

图6-12 2008～2012年东南亚锰矿主要生产国锰矿产量变化

资料来源：同表6-11。

（10）铝土矿

东南亚的铝土矿主要产自印度尼西亚，越南和马来西亚有少量生产（表6-12）。印度尼西亚是世界第二大铝土矿生产国，2013年铝土矿产量为5 570万吨，比上一年上升16.7%。主要矿山位于廖内省的宾坦岛及周围岛屿。主要的经营商是安踏矿业公司，政府拥有其65%的股权[①]。马来西亚的铝土矿生产集中在柔佛州，有两个正生产的铝土矿山位于柔佛州

---

① "东南亚主要矿产资源开发现状"，南博网，http://www.caexpo.com/news/special/expo/2012kylt/2012/05/16/3563062_4.html（访问日期：2015-12-20）。

的双溪冷吉镇地区,近几年产量大幅度增长,从 2004 年的 2 000 多吨增长至 2013 年的 25.7 万吨。2015 年 2 月 3 日,印度尼西亚能源和矿产资源部下属的矿山企业发展部主管普拉索多(Edi Prasodjo)在雅加达参加会议时表示,印度尼西亚计划到 2017 年建成 63 座冶炼厂,其中包括 31 座镍冶炼厂和 5 座铝土矿冶炼厂[①]。

马来西亚和越南的铝土矿产量较少,2013 年铝土矿产量分别为 15 万吨和 25 万吨。值得注意的是,越南铝土矿产量近年来不断增加(图 6-13),年增长率达 50% 以上。

表 6-12 2013 年东南亚铝土矿主要生产国产量及其全球占比

国家	产量(万吨)	占全球比重(%)	世界排名
印度尼西亚	5 570	19.68	2
马来西亚	15	0.05	—
越南	25	0.09	—
世界总量	28 300	100.00	

资料来源:根据美国地质调查局:*Minerals Yearbook _ Bauxite*(2013)整理,下载地址:http://minerals.usgs.gov/minerals/pubs/commodity/bauxite/myb1-2013-bauxite.pdf。

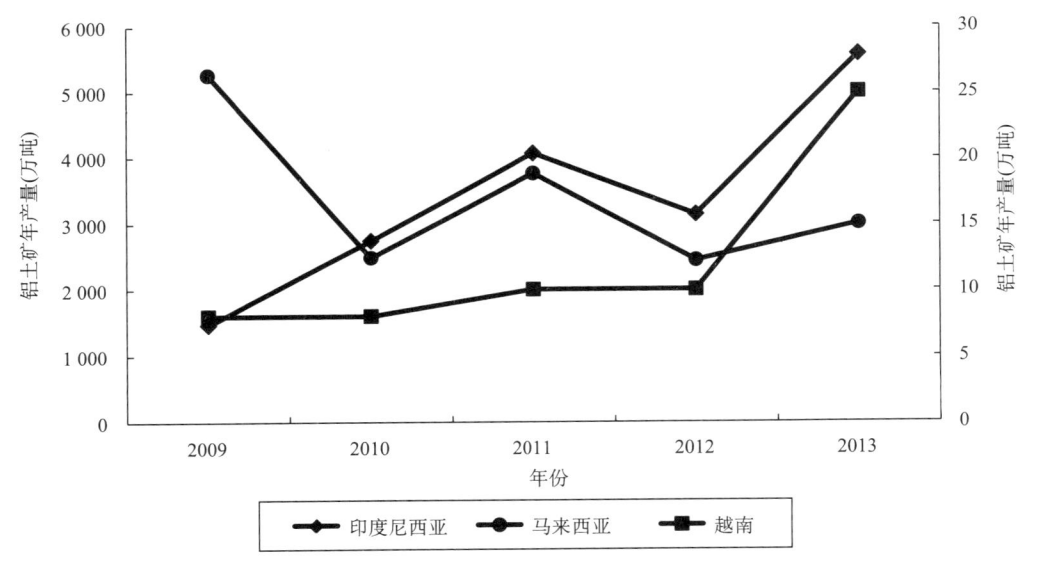

图 6-13 2009~2013 年东南亚铝土矿主要生产国铝土矿产量变化

注:图中左侧坐标轴表示印度尼西亚产量,右侧坐标轴表示马来西亚和越南的产量。

资料来源:同表 6-12。

---

① "印度尼西亚到 2017 计划建成 31 座镍冶炼厂,5 座铝土矿冶炼厂",中国选矿技术网,http://www.mining120.com/show/1502/20150204_184662.html(访问日期:2015-07-15)。

2. 非金属矿产

（1）钾盐

钾盐生产国有泰国和老挝。泰国钾盐储量约10亿吨，仍有大量资源未开发。目前仅开发了两个矿区（李文光，1999）：一是邦内那隆矿区；二是乌隆矿区。老挝钾盐资源尚未开发。目前泰、老两国均不准备再作进一步地勘工作，而以现有的地质资料在国际上招标。目前，东盟六国、加拿大已在开发泰国钾盐，印度、韩国、加拿大也计划进入老挝开发钾盐。

（2）磷矿

磷矿生产国有越南、菲律宾和印度尼西亚（表6-13）。越南是东南亚最大的磷矿生产国，过去曾经是世界前10位的磷矿生产国，但由于近年来越南政府大幅上调磷矿石出口关税，产量不断下降，2012年磷矿产量（含P_2O_5量）仅为710千吨。磷矿主要用于生产化肥，目前越南正在加紧建设处理三类矿和四类矿的选矿厂（董宝林，2003），以满足国内外的需求。

菲律宾和印度尼西亚的磷矿产量很低，含P_2O_5量仅有1千吨。2008～2012年，菲律宾的磷矿产量有所上升，而印度尼西亚的磷矿产量基本没变（图6-14）。菲律宾磷矿资源主要为鸟粪和磷块岩。前者类型稀特；后者含磷酸盐较高。鸟粪类磷矿资源早在20世纪初就已利用，直至20世纪60年代才开始规模开发，向外出口。目前已开发了20多万吨，主要出口日本。菲律宾鸟粪产于石炭纪至更新世不同时期的洞穴中，目前在全国35个省已发现了2 466个含鸟粪的洞穴，现有十多家企业在中东部地区（吴良士，2013），如宿务、保和、达沃、莱特、卡皮斯、八打雁、甘马粦等省开发。

表6-13 2012年东南亚磷矿主要生产国产量及其全球占比

国家	总量（千吨）	占全球比重（%）	P_2O_5含量（千吨）	占全球比重（%）
印度尼西亚	1	0.000 5	—	—
菲律宾	3	0.001 4	1	0.001 5
越南	2 365	1.100 0	710	1.077 4
世界总量	215 000	100.000 0	65 900	100.000 0

资料来源：根据美国地质调查局：*Minerals Yearbook _ Phosphate rock*（2012）整理，下载地址：http://minerals.usgs.gov/minerals/pubs/commodity/ phosphate rock /myb1-2012-phosphate rock.pdf。

（3）重晶石

东南亚的重晶石生产在世界占据重要地位，主要的重晶石生产国有缅甸、老挝、泰国、越南、马来西亚（表6-14）。越南的重晶石产量一直比较稳定，2012年年产量为8.5万吨，居世界第9位，占世界总产量的1%左右；泰国的重晶石产量不断增加，仅五年时间已经由

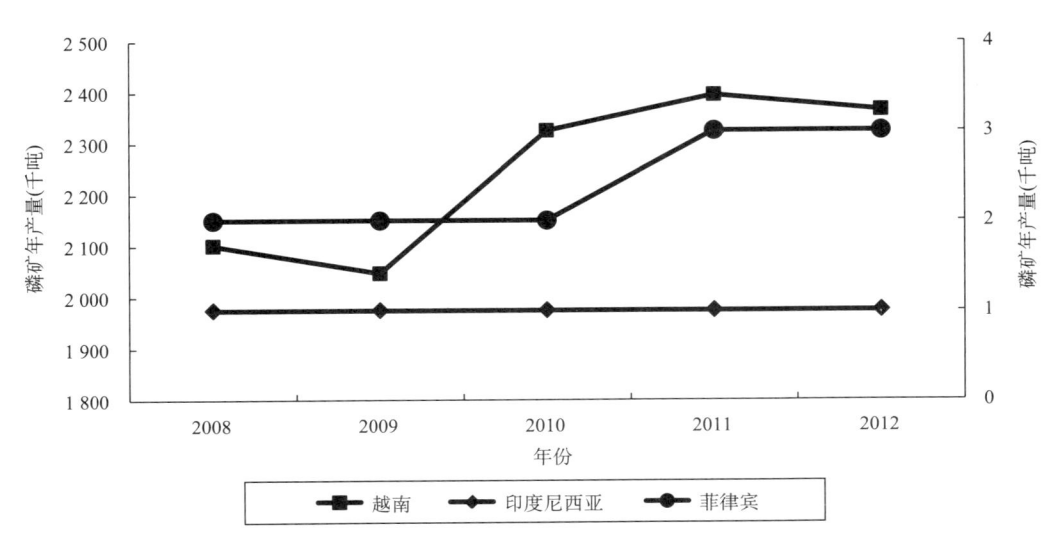

图 6-14　2008~2012 年东南亚磷矿主要生产国磷矿产量变化

注：图中左侧纵坐标轴表示越南产量，右侧纵坐标轴表示印度尼西亚和菲律宾产量。

资料来源：同表 6-13。

2008 年的 0.92 万吨增长到 2012 年 7.2 万吨，位居世界第 11 位；缅甸的重晶石产量也在不断增加，自 2011 年由 8 975 吨猛增到 2012 年的 3 万吨后，产量一直稳定在 3 万吨。相反，老挝和马来西亚的重晶石产量则不断下降（图 6-15）。

表 6-14　2012 年东南亚重晶石主要生产国产量及其全球占比

国家	产量（吨）	占全球比重（%）	世界排名
缅甸	30 000	0.33	—
老挝	12 000	0.13	—
马来西亚	1 000	0.01	—
泰国	70 000	0.76	11
越南	85 000	0.92	9
世界总量	9 200 000	100.00	—

资料来源：根据美国地质调查局：*Minerals Yearbook _ Barite*（2012）整理，下载地址：http://minerals.usgs.gov/minerals/pubs/commodity/ barite /myb1-2012-barite.pdf。

（4）宝石（包括翡翠）

东南亚的宝石生产在世界占据重要地位，其中翡翠产量占世界总产量的 95% 以上，特别是高档翡翠几乎百分之百来源于缅甸。2005 年东南亚产玉 1.94 万吨，包括红宝石在内的其他宝石 522 万克拉。宝石主要产于曼德勒省东北的抹谷宝石区。其经营者是缅甸宝石公司

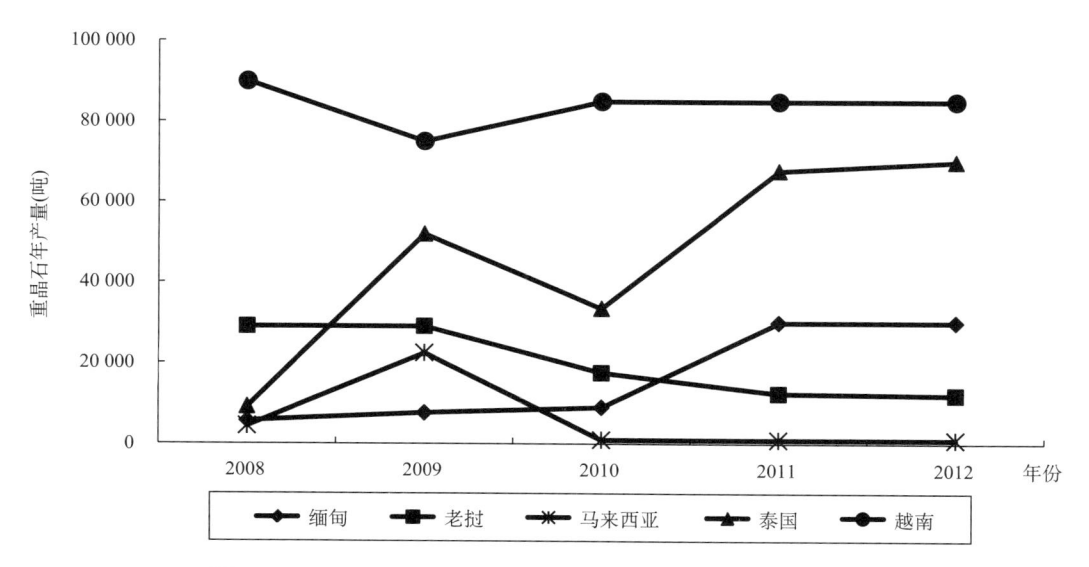

图 6-15 2008~2012 年东南亚重晶石主要生产国重晶石产量变化

资料来源：同表 6-14。

(MGE)[①]。泰国也盛产宝石，是一个重要的宝石出口国，产区主要有暹罗湾附近的庄他武里府和泰老边境的清莱府等，其中，庄他武里府的产量最大，占泰国宝石产量的 70% 以上（程耀信，1995）。

三、矿业发展与贸易

东南亚许多国家的矿业在国民经济发展中占有重要地位，包括印度尼西亚、马来西亚、菲律宾、越南等。以下对主要矿业国家的矿业发展及其对各自国家国民经济的作用展开分析。

1. 菲律宾

菲律宾采矿业的收益自 2009 年以来实现了增长。2009 年，采矿业上缴的税费达 126.96 亿比索。2011 年，上升到 222.37 亿比索，较 2009 年提高了 75%。收益的增长源于价格提升驱动下的产出增加。2012 年，当世界金属价格出现下滑时，税收下降了 16%，仅达到 186.29 亿比索。除价格下降以外，2012 年颁布的行政命令 79 号也使采矿业的未来变得不明朗。此外，政府还通过税收改革，提高政府在采矿活动中的收益，中央政府收取了大部分采矿业税收，如 2009~2012 年，中央政府收取的税收占比为 93%，地方政府仅为 7%。

---

① "缅甸的矿业开发现状简介"，中国百科网，http://www.chinabaike.com/z/keji/ck/630809.html（访问日期：2015-08-21）。

菲律宾矿业对国民经济的贡献包括三点。第一，矿业总增加值（GVA）对国内生产总值（GDP）的贡献。按照现有价格计算，2010~2013年平均总增加值为580.52亿比索，仅占GDP的0.58%，贡献率较低。其中金矿开采贡献最多，同期占GDP的0.33%；镍矿第二，贡献率为0.14%；铜矿第三，贡献率为0.09%。第二，矿业对出口的贡献大于对GDP的贡献。2009~2012年，金属矿产占出口总额的平均比重为4.48%，平均出口额为21.44亿美元。三年间，金属矿产出口额增长了46%。其中，铜矿贡献最大，其次是铜精矿、金矿、聚集铁矿砂和铬矿砂。第三，矿业对就业的贡献相对较小。2009年吸纳就业人数为16.9万人，仅占全部3 300万劳动力资源的0.5%。2012年吸纳就业25.2万人，较2009年提高了49%[①]。

2. 印度尼西亚

近十几年，无论是印度尼西亚本国还是其他国家都在不断加大对印度尼西亚矿业的投资（图6-16）。其中，印度尼西亚本国直接投资的采矿及相关企业由2000年的2家增加到2013年的88家，投资额度从2000年的364亿卢比增加到2013年的187 622亿卢比，从2010年开始增长明显。国际上投资印度尼西亚的采矿及相关企业由2000年的3家增加到2013年的820家，投资额度从2000年的240万美元增加到2013年的481 640万美元，也是从2010年开始增长明显。

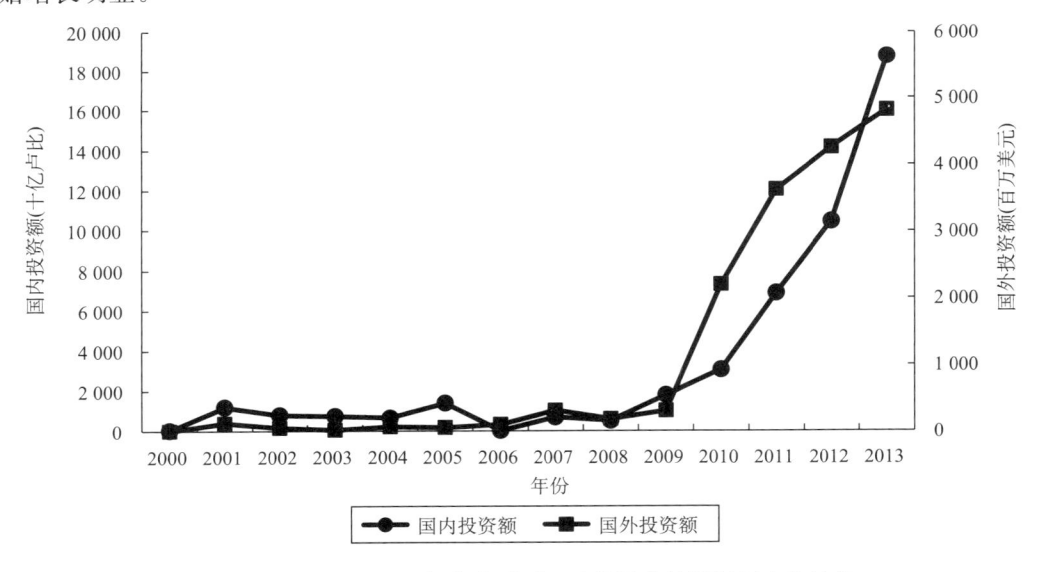

图6-16 2000~2013年印度尼西亚矿业国内外投资额变化趋势

资料来源：根据 *Statistical Yearbook of Indonesia 2015* 整理，下载地址：http://www.bps.go.id/website/pdf_publikasi/Statistik-Indonesia-2015.pdf。

---

① 中国驻宿务总领事馆经济商务室："菲律宾矿产资源及采矿业政策环境分析"，http://cebu.mofcom.gov.cn/article/ztdy/201504/20150400936718.shtml（访问日期：2015-07-15）。

印度尼西亚是一个矿业大国，矿业对国民经济的贡献显著。第一，矿业对印度尼西亚GDP的贡献率较高。按照现有价格计算，2014年采矿业产值为1 058.8万亿卢比，占GDP的10.45%。自2004年，采矿业的产值陡然上升，年均增长率达46.23%，与国内GDP的增长趋势一致，可见采矿业对印度尼西亚国民经济的贡献率较稳定（图6-17）。

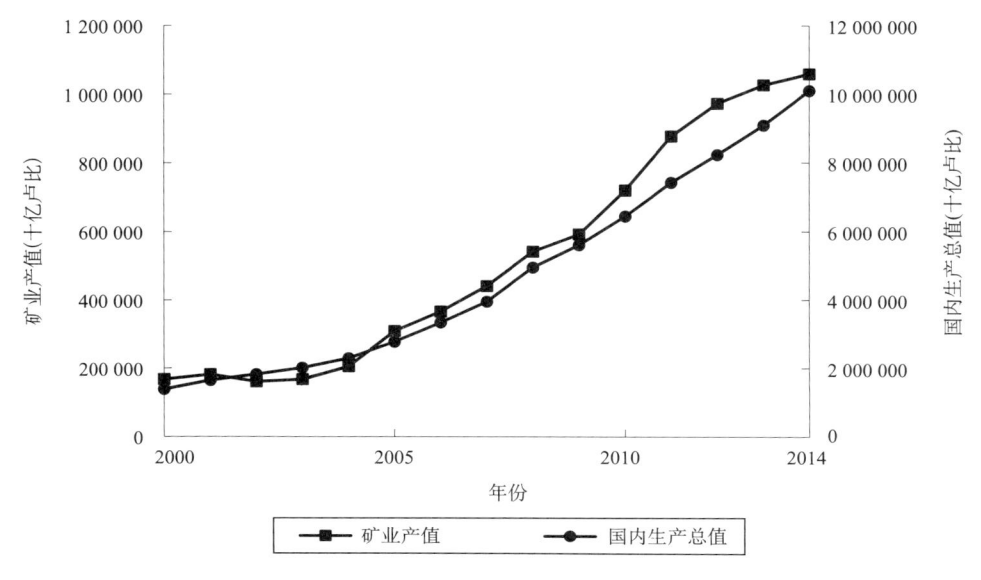

图6-17　2000～2014年印度尼西亚矿业产值变化趋势

资料来源：同图6-16。

第二，矿业对出口的贡献率不太高。印度尼西亚主要出口铜矿和镍矿，其中，铜矿的贡献最大，2014年出口铜矿1 454千吨，出口额30.071亿美元，占总出口额的1.65%。自从印度尼西亚政府出台限制铜矿出口政策后，铜矿的出口量不断下降，10年间出口量下降50%。铜矿主要销往日本、韩国、中国、菲律宾、印度、德国、西班牙等国家，其中日本、印度和韩国是印度尼西亚铜矿的主要消费国，消费量达70%以上（表6-15）。2014年，出口镍矿6 480.29万吨，出口额16.85亿美元，占总出口额的0.92%。由于近年来大量周边国家投资印度尼西亚的镍矿生产，印度尼西亚的镍矿出口量不断增加，尤其从2011年开始，镍矿出口量年均增速达65.47%。虽然出口量在不断增加，但由于估计镍价不断下降，出口额的增长速度较低。镍矿主要销往日本、中国、澳大利亚、瑞士、希腊、乌克兰等国家，其中中国近年来从印度尼西亚大量进口红镍矿，一跃成为印度尼西亚镍矿的最大消费国，消费量达85.88%。

表 6-15　2014 年印度尼西亚矿产出口及其占 GDP 的比重

矿产类型	出口国家	出口量（千吨）	出口额（百万美元）	占总出口额的比重（%）
铜矿	日本	447.90	902.20	
	韩国	1 948.00	358.60	
	中国	185.90	391.80	
	菲律宾	100.00	223.10	
	印度	326.50	754.40	
	德国	54.90	81.60	
	西班牙	143.90	295.20	
	其他	0.10	0.20	
	合计	1 454.00	3 007.10	1.65
镍矿	日本	1 979.41	108.26	
	中国	58 604.65	1 447.42	
	澳大利亚	1 568.86	21.27	
	瑞士	—	—	
	希腊	459.37	26.58	
	乌克兰	1 481.77	64.35	
	其他	708.81	17.37	
	合计	64 802.86	1 685.25	0.92

资料来源：同图 6-16。

第三，矿业对就业的贡献相对较小。2004 年吸纳就业人数 107.81 万人，2014 年 15 岁以上的采矿就业人员 162.31 万人，10 年间增长了 50% 以上（图 6-18），这与近年来几个大镍矿企业的开业有着密切的关系。

3. 越南

越南矿业起步较晚，近些年来随着经济的增长，矿业有了较大的发展。越南的矿业投资主要来自外资。2006～2011 年，外资采矿企业不断增加，由 21 家增长到 54 家（表 6-16），吸纳就业人口从 8 694 人猛增到 11 441 人。2011 年，外商直接投资矿产企业对国家预算的税收贡献 585.093 亿越南盾，占所有外资税收的 39.6%。2006～2011 年，外商直接投资矿产企业税收贡献波动较大，可见目前越南的矿产外资不太稳定，这与近年来越南的矿业政策变动较大有密切关系。

图 6-18　2004～2014 年印度尼西亚矿业就业人数变化趋势

资料来源：同图 6-16。

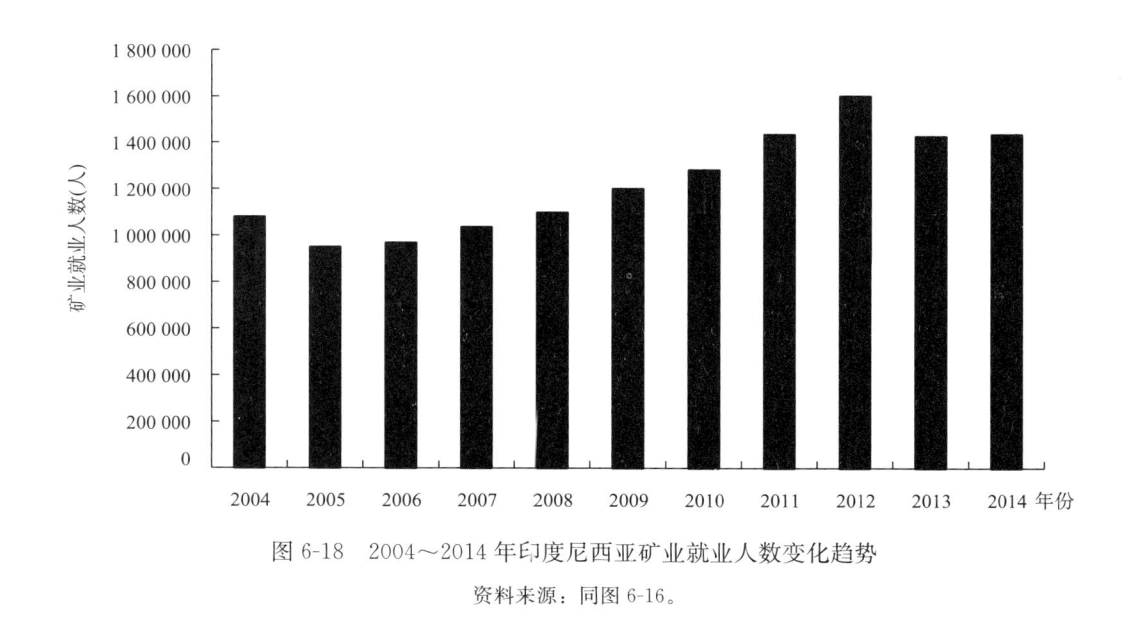

表 6-16　2006～2011 年越南矿业外资企业数量及税收

	2006 年	2007 年	2008 年	2009 年	2010 年	2011 年
外企数量（个）	21	26	32	31	37	54
外企税收（百万越南盾）	58 026.1	40 172.4	70 354.6	61 767.9	13 946.4	58 509.3

资料来源：根据 *Foreign Direct Investment Enterprises in the Period of 2006-2011* 整理，下载地址：http://www.gso.gov.vn/default _ en.aspx? tabid=776。

采矿业对越南社会经济发展具有重要意义。首先，对 GDP 的贡献率较高。按照现有价格计算，2013 年，采矿业产值为 4 116 730 亿越南盾，较 2005 年的 888 970 亿越南盾增长了 4 倍，对 GDP 的贡献率由 2005 年的 9.73% 增长到 11.94%（表 6-17）。其次，矿产品贸易在全国贸易中占有重要地位。据越南海关总局数据，越南 2013 年前 5 个月的矿产出口量达

表 6-17　2005～2013 年越南矿业产值及其对 GDP 的贡献率

	2005 年	2010 年	2011 年	2012 年	2013 年
采矿业产值（亿越南盾）	888 970	215 090	287 402	386 669	4 116 730
占 GDP 比重	9.73	9.97	10.34	11.91	11.94

资料来源：根据 *Statistical Yearbook of Vietnam 2014* 整理，下载地址：http://www.gso.gov.vn/default _ en.aspx? tabid=515&idmid=5&ItemID=15197。

37.76万吨,金额约为8 390万美元,与2012年同比数量增163.47%、金额增22.36%。越南出口到各个市场的矿产数量及金额都下降,只有中国及马来西亚是增长的。2013年前五个月,中国仍持续成为越南最大矿产进口市场,占越南矿产出口总量的89.9%,金额为7 470万美元,比去年同比增长60.28%。再次,越南矿业部门就业总人数为24.9万人,约占全国就业人数的5%,对就业增长具有一定意义。

4. 柬埔寨

柬埔寨矿业在国民经济中只占很小比重,2006年虽然增长了16%,但仅占GDP的0.41%,矿业就业人数约2万人,也仅占全国总就业人数的0.3%。近几年,柬埔寨矿业有了一些发展。坐落在贡布省的柬埔寨最大的水泥厂于2008年开始生产。2008年,中国温州民营企业瑞昌投资有限公司投资300万美元,在柬埔寨进行金矿开采、开发、加工和销售工作。此外,柬埔寨国内矿业产量不能满足国内需求,每年都要进口石油产品、水泥和钢材等矿产品。石油产品主要来自泰国、马来西亚等东盟国家。

5. 马来西亚

马来西亚矿业在其国民经济中占有重要地位。首先,2013年,矿业为马来西亚GDP的直接贡献为262.84亿马来西亚林吉特,约占国内生产总值的5.3%,其中92.6%来自天然气和石油。生产的其他主要矿产还有煤、锡、金、铝土矿、稀土矿物、铁矿石、钛铁矿、硅砂和高岭土等。从变化趋势来看,自2005年来,马来西亚矿业产值基本保持稳定上升的趋势,只在2011年和2012年出现了轻微的下降趋势(图6-19)。在马来西亚矿山生产企业中,只有石油、天然气和工业矿物生产具有较大的规模,煤炭、黑色和有色金属开采均为小规模矿山。除石油和天然气的开采及加工企业外,其他矿业企业均为私人公司所有和经营。其次,在出口方面,2014年马来西亚矿物燃料出口额为52 842百万美元,占据了出口总量的22.6%,仅次于机械和交通设施的出口,成为马来西亚第二大出口类型。新加坡、中国和日本是马来西亚矿产品的最大消费国家。1967~2008年,矿物的出口额不断增加,但在2009年受金融危机影响,出口额大幅下跌,随后又迅猛增长,到2011年出口额已恢复到2008年的水平(图6-20)。再次,矿业对拉动就业有一定意义。2013年矿业部门的雇用人员约为84 700人,占全国总劳动力人数的1.5%。

6. 老挝

老挝的矿业发展具有"起步较晚,但发展快"的特点。2000年以前由于经济和技术等方面的原因,许多矿产资源没有得到有效的勘探和开发,2002年矿业产值仅为45 098百万老挝基普,对国内生产总值的贡献率仅为0.3%。近几年来,由于政府支持和外资大量引入,矿业得到较快的发展,特别是铜、锌、金和银等矿产的开发,使矿业部门对国内生产总值的贡献率在2006年上升到12.6%,随后矿业部门对国内生产总

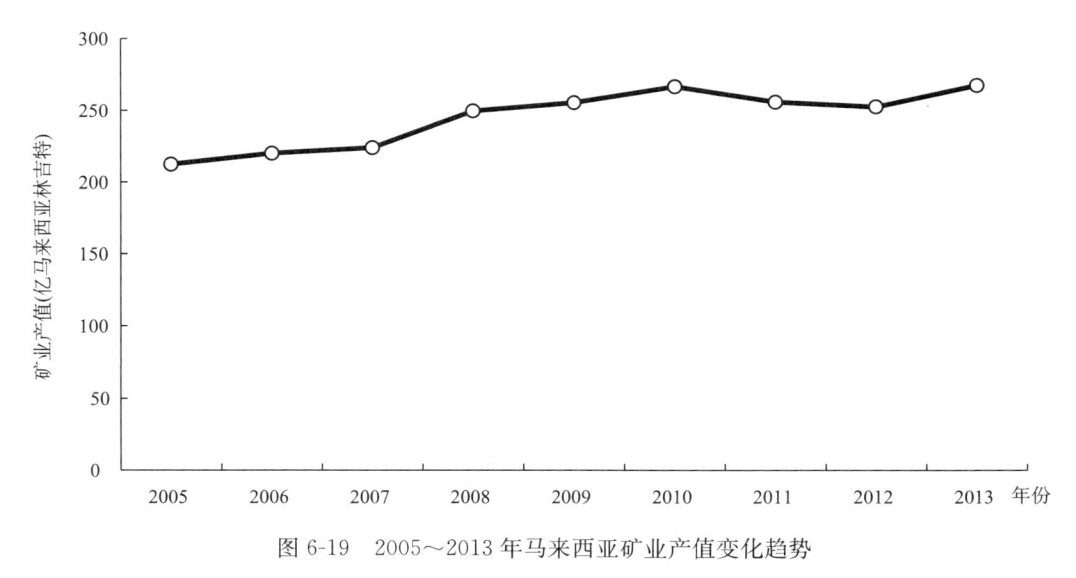

图 6-19　2005～2013 年马来西亚矿业产值变化趋势

资料来源：根据 "GDP by State, 2005-2013 at Constant 2005 Prices-RM Million" 整理，下载地址：https://www.statistics.gov.my/index.php?r=column/cdatavisualization&menu_id=WjJMQ1F0N3RXclNGNWpIODBDRmh2UT09&bul_id=eHV2QXd0RC9rdi9uenJhL2hoaytNQT09。

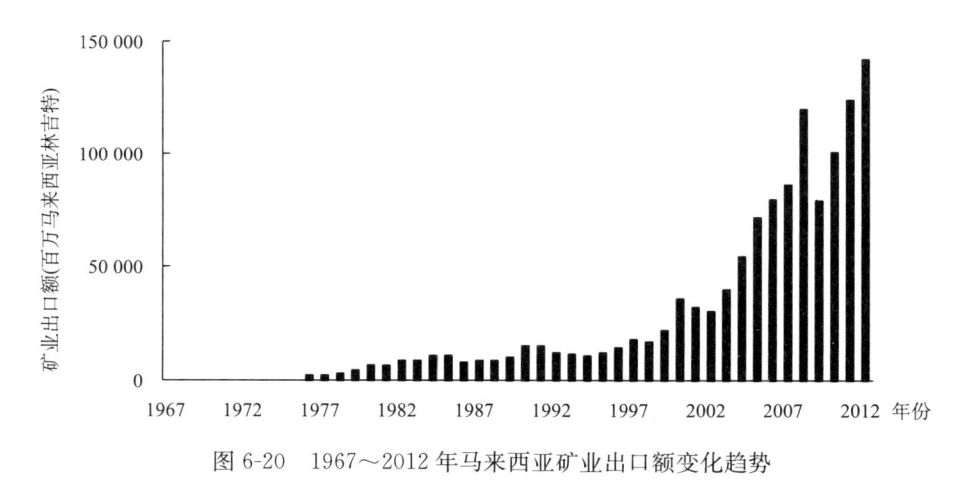

图 6-20　1967～2012 年马来西亚矿业出口额变化趋势

资料来源：根据 "Exports & Imports by Commodity Section, 1967-2012" 整理，下载地址：https://www.statistics.gov.my/index.php?r=column/cdatavisualization&menu_id=WjJMQ1F0N3RXclNGNWpIODBDRmh2UT09&bul_id=RWU0dFNNc2dacTdHZGQreVhBbzI2QT09。

值的贡献率一直稳定在 9%～11% 之间（图 6-21）。2011～2015 年，能源矿产业生产总值达 943 423 900 百万老挝基普（约合 117.9 亿美元），与 2006～2010 年相比增长

9.22%，占国内生产总值的 12%①。

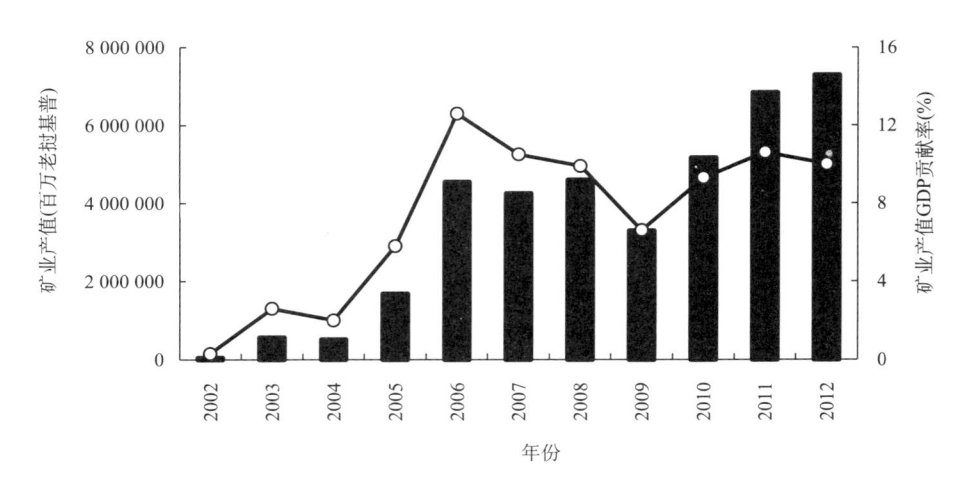

图 6-21 2002～2012 年老挝矿业产值及其对 GDP 贡献率变化趋势

资料来源：根据 *Lao PDR Final Statistical Year book 2012* 整理，下载地址：http://www.nsc.gov.la/en/PDF/Final%20Statistical%20Year%20book%202012.pdf。

2011 年，老挝年矿产品出口 4.15 亿美元，同比增长 58%，占全部出口份额的 23.92%。矿产出口的增长主要得益于国际市场铜、金等有色金属价格的上涨。但 2012 年矿产品出口额猛然下跌至 6.11 千万美元，仅占出口额的 6.43%。这与 2012 年矿物价格下跌有密切关系。2011～2015 年，老挝矿产品出口额 80 多亿美元，比 2006～2010 年增长约 3.3 倍②。随着矿业的投资发展，矿业推动了老挝经济社会的发展，为老挝创造了 1.5 万个就业岗位，为维护当地社会稳定，提高人们生活水平起到重要作用。近年来，外国在老挝的矿业投资力度不断加大，据《新万象报》报道，老挝能矿部发布消息称，2010 年老挝投资矿产领域进入开采阶段的有 41 个公司，共 65 个项目，2015 年达到 72 个公司，共 115 个项目，共增加了 31 个公司和 50 个项目。其中，外资项目由 2010 年的 22 个增加到 2012 年的 59 个，2010 年外资投资额 2.69 亿美元，2011 年外资投资额 17.57 亿美元，2012 年外资投资额 4.18 亿美元，累计外资投资额 24.44 亿美元。

7. 缅甸

缅甸矿业发展缓慢。20 世纪 90 年代以后，政府实施了一系列改革措施，矿业出现转机，2012～2013 年矿业占比国内生产总值（GDP）的比重达到 6.1%。根据缅甸矿产部公布

---

① 中国驻老挝参赞处："老挝七五规划五年矿产出口额同比增长 3.3 倍"，http://la.mofcom.gov.cn/article/zwjingji/201505/20150500973528.shtml（访问日期：2015-07-15）。

② 同上。

的消息①，截至 2015 年 4 月，与缅甸第一矿业司正式签署勘探开采协议的有 117 家企业，其中小型采矿企业居多，主要涉及铅、锌、锑、铜、铁、铬矿等。截至 2014 年 7 月，缅甸国内企业在矿产领域投入资金 130 多亿缅元；而截至 2015 年 3 月，外国企业在缅甸矿产领域投入的资金达到 28.68 亿美元。在对外贸易方面②，2012~2013 财年缅甸矿产品出口额约 4.49 亿美元，比上一财年下跌了 4 亿多美元。缅甸矿产品出口在 2010~2011 财年达到顶峰，为 22.74 亿美元，此后逐年下降（表 6-18）。据分析，近年来由于缅甸玉石主产地克钦邦战事频发，玉石产量大幅下降，从而导致矿产品出口的下滑。

表 6-18　2007~2013 年缅甸矿产品和玉石出口额　　　　单位：亿美元

年度	矿产品出口额	玉石出口额
2007~2008	7.42	6.21
2008~2009	7.08	6.58
2009~2010	10.18	9.65
2010~2011	22.74	22.05
2011~2012	8.97	7.47
2012~2013	4.49	3.00

资料来源：中国驻缅甸联邦共和国大使馆经济商务参赞处："缅甸 2012~2013 财年矿产品出口额大幅下降"，http://mm.mofcom.gov.cn/article/jmxw/201304/20130400082362.shtml（访问日期：2015-07-15）。

四、矿业投资环境与形势

1. 矿业管理制度

东南亚国家矿业权管理的主体主要分为三类：①中央政府部门负责，如菲律宾的环境与自然资源部、缅甸的矿山部、老挝的工业和手工业部；②由地方政府（邦政府或省政府）负责，如马来西亚；③由中央政府为主向由地方政府为主转移，如印度尼西亚。以下对东南亚主要矿业国家的矿业管理环境进行阐述。

（1）马来西亚

马来西亚《矿产资源开发法》（1994）规定矿产资源归各州所有，各州拥有本地开采矿产的批准和发证权，但批准前须与国家矿产资源部、环境保护部及其他相关部门协商一致。

---

① "缅甸矿产资源开采领域相对活跃"，中国选矿技术网，http://www.mining120.com/show/1507/201507_14_206139.html（访问日期：2015-07-20）。

② 中国驻缅甸联邦共和国大使馆经济商务参赞处："缅甸 2012~2013 财年矿产品出口额大幅下降"，http://mm.mofcom.gov.cn/article/jmxw/201304/20130400082362.shtml（访问日期：2015-07-15）。

依据1994年的《矿产资源开发法》（MDA）和《州矿产法令》（SME），州政府负责本州矿权的管理。州政府下设矿产资源委员会（SMRC），具体负责矿权的审批。各州政府都设有一站式管理中心，中心设在土地和矿山领导办公室（SDLM），负责矿产勘查许可证、勘探许可证和采矿租约及延期申请办理工作。中心拥有关于矿地产的全部信息，包括是否已经审批和目前的执行情况。全部矿权的申请需要得到州矿产资源委员会（SMRC）的审批。

（2）印度尼西亚

根据新的《煤炭和矿业法》（2008），矿业管理实行级别管理制度。第一级主管主体是中央政府，负责制定国家矿业法律条例、矿业政策、国家标准及指南和矿产开发许可证颁发的相关规则，颁发普通矿业许可证（IUP）和特别矿业许可证（IUPK）以及划定矿产潜力区；第二级主管主体是省政府，其具有制定地方法规以及颁发普通矿业许可证（IUP）和民间矿业许可证（IPR）等矿产煤炭开采管理权限；第三级主管主体是县/市政府，负责其所辖地区内的矿业活动管理与监督工作，包括相关条例的制定、民间矿业许可证的发放。

（3）菲律宾

菲律宾《矿业法》规定，菲律宾国家环境和自然资源部作为主管部门，负责管理、开发和合理利用矿产资源以及发布相应的法规。环境和自然资源部部长可以代表政府签署矿山开采合同。国家环境和自然资源部下属的地质矿业局，直接负责矿区和矿产资源的管理、配置，进行地质、采矿的研究以及矿山的地质勘探等工作。此外，还负责推荐矿山合同及承包商，以供部长批准，并监督承包商合同执行情况。地质矿业局设有地区办公室，负责授权事项的处理。

（4）越南

越南自然资源与环境部是管理土地、水、矿产资源、环境、水文气象、地形地貌和国家测绘的政府机关，并为公众提供服务。越南的矿业管理机构主要是该部管辖下的越南地质矿产局。

（5）泰国

在矿业管理体制上，泰国是矿权和土地权分离制，一切矿产为政府所有。泰国的矿业管理机构主要是自然资源与环境部下面的矿产资源厅，它是全国地矿工作的主管部门，主要分为三个部分：矿产资源厅本部、3个区域矿业资源中心和24个各府办事处。厅本部设在首都曼谷，在宋卡、普吉、清迈设有区域矿产中心，在24个府设有办事处，代表矿产资源厅进行矿业法制管理，并为私营矿山企业提供技术服务（姜雅等，2010）。

（6）缅甸

缅甸矿业开发事项由矿业部负责，矿业部下设2个司、6个公司。其中，矿业司的主要职能是制定矿业发展的法律、法规、计划等以及监督各矿业公司执行政策情况；地质调查与矿产勘探司的主要职能是负责地质调查、矿产勘探及执行地质科学事务；第一矿业公司主要负责银、铅、锌、铜矿的采选冶及销售；第二矿业公司主要负责金、锡、钨矿的采选冶及销售；第三矿业公司主要负责钢、铁、镍、锑、铬、锰及工业原料矿物（碳石、石灰石、石膏、煤等）的采选冶及销售；珠宝公司主要负责珠宝的开采、加工及贸易；珍珠公司主要负责珍珠的养殖、加工及贸易；盐业公司主要负责盐的生产及销售。

（7）老挝

老挝的矿业管理主管部门是工业手工业部，其下属的地质矿山局承担国家地质调查方面的多项职能，包括地质与矿业数据采集、就矿业政策和法规向政府提供咨询，也是全国矿业的管理实体和促进国内外矿业投资的机构。

（8）柬埔寨

柬埔寨矿产资源的主管部门是工业、矿山和能源部（MIME）（孟瑞、冯希，2011），其在矿业管理方面的主要职能有：管理和促进有关矿业的技术和标准；制定和执行关于矿产资源开采、矿产开发、加工、提纯和利用的国家政策；管理、开展调研和发布地质数据。其下属的矿山地质局负责非油气矿产的开发管理，主要职能是帮助企业解决与矿业有关的问题并行使监督职能。在油气方面，工业、矿山和能源部负责划定供竞争性招标的区块，将评估报告及建议交给国家石油委员会（咨询机构），然后该部汇总委员会的各项建议转交政府批准。石油合同由工业、矿山和能源部代表政府签署。国家发展委员会则结合矿业投资项目的评估报告，综合考虑其他法律和其他部门的意见，决定是否向矿业企业发放勘探许可证或开采许可证。

东南亚各国根据自身的情况设置了各类矿产许可证。就非能源矿产而言，普遍存在两到三种许可证，如普查许可证、勘探许可证、采矿许可证。还有一些针对民间的或是特定矿种的矿权，如印度尼西亚的民间矿产许可证、特别矿产许可证等。东南亚主要矿业国家的矿业权种类与相关规定可参见表6-19。

表6-19 东南亚各国矿业权种类与相关规定

国家	矿产许可证	对象	面积（hm²）	期限（年）	其他要求
马来西亚	勘查许可证	冲积型矿床	25~400	2	
	勘探许可证	原生矿床	400~20 000	10	相邻面积不能超过800hm²；叠加面积不能超过4万hm²
	采矿租约	—	—	21	必须进行矿山的可行性研究、环境影响评估

续表

国家	矿产许可证		对象	面积（hm²）	期限（年）	其他要求
印度尼西亚	普通矿业许可证	勘探许可证	金属矿	5 000~100 000	8	—
			非金属矿	500~25 000	3	
			特种非金属矿	5 000~50 000	7	
		采矿许可证	金属矿	<25 000	20	放射性矿开采区的面积由中央政府划定
			非金属矿	<5 000	10	
			特种非金属矿	1 000~15 000	20	
	民间矿业许可证		小规模矿产	个人<1 社团<5 合作社<10	5	由当地县/市长负责发证，优先颁发给当地的个人、社会团体、合作社
	特别矿业许可证		金属矿	勘探<100 000 运营<300 000	勘探：8 运营：20	由部长负责颁发，主要是针对特别可开采区而颁发的
			煤炭	勘探<50 000 运营<150 000	勘探：7 运营：20	
菲律宾	勘查许可证		所有矿产	陆上面积<16 200 海上面积<81 000	2	由矿山和地学局局长或地区办公室主任签发
	矿业协定		产量分成协定	公司提供所必需的财务筹资、技术人员和管理，政府取得总产值的一定份额		环境和自然资源部部长负责协定的签发
			合作生产协定	除矿产资源外，政府还对经营提供投入。政府的份额将由谈判确定，并且还将征收相应税费，包括所得税、预扣税和法律要求的所有其他税费		
			合资企业协定	政府和承包商在合资企业中均有股本参与，政府有权取得总产值的一定份额，加上与矿产生产有关的所有税费		
	财政或技术援助协定			承包商在25年的合同期内，对项目必须投入不少于5 000万美元的资金（用于基础设施和矿产开采）；允许外国公司持有100%的可转让股份，但该协定要求外国公司在收回经营前的支出后规定期限内，将60%的股份卖给菲律宾人。协定要求尽量利用当地商品和服务；恢复和保护环境；向政府和当地转让技术；承担社会发展义务等。具体合同的条款可以协商		专为大规模勘查和开发项目设计的，而且主要是针对外国资本的，该类协定由总统亲自签发

续表

国家	矿产许可证	对象	面积（hm²）	期限（年）	其他要求
越南	矿产调查许可证	—	—	12	—
	矿产勘探许可证	许可勘探的区域面积由中央政府规定		24	
泰国	独占勘查许可证	指定矿产	<202	1	在勘查工作进行之前须得到地表权所有者的许可
	特殊勘查许可证	需要大量的资金和专门技术时申请	<1 619	5	
	采矿许可证	指定矿产	<48.56	25	必须得到有关环境部门的许可
缅甸	矿产普查许可证	指定矿产	<420 000	1	若外商投资矿产普查，政府可准许对所有矿种的普查
	矿产勘查许可证	指定矿产	<315 000	3	除非得到矿业部的允许，1个勘探年后必须从勘探区内撤出
	采矿许可证的发放	指定矿产		1	许可证规定期限满，应停止该区域内的相关活动
老挝	普查许可证	—	200 000	2	从事勘查和采矿工作需要缴纳矿地租金，其中勘查阶段每公顷0.5～1美元，采矿阶段3～12美元。从事矿业开采除缴纳20%的利润所得税外，还需缴纳矿产权利金，金额一般是矿产品销售额的2%～5%
	勘探许可证	—	10 000	3	
	采矿许可证	—	1 000	30	
柬埔寨	勘探许可证	—	—	6	—
	采矿许可证	—	—	30	

资料来源：马来西亚：1994年《矿产资源开发法》；印度尼西亚：新的《煤炭和矿业法》（2008年）；菲律宾：1995年的《矿业法》以及2004年环境和自然资源部制订的"矿产行动计划"；越南：越南《矿业法》（2005年修改补充版）；泰国：1967年的《矿业法》以及1973年、1979年、1991年和2002年修改的《矿业法》；缅甸：1994颁布的《缅甸矿业法》和1996年的《矿山条例》；老挝：1997年《矿业法》以及2005年《矿产投资标准条例》；柬埔寨：2001年《矿业法》。

2. 矿业投资政策

东南亚地区多为处于工业化初期的发展中国家，地质研究和矿产勘查程度都较低，迫切需要开发矿业来提高基本国力。近年来，这些国家正大幅度地调整对外政策，实行开放。但由于政治局面不太稳定以及开放程度依然不足,根据加拿大 Fraser 研究所发布的 2013/2014 年度矿业公司的调查结果①(以下简称"Fraser 调查"),大部分国家的矿业投资政策潜力排名均处于落后等级。但由于矿产资源丰富而开发程度不高,开发潜力依然较大,其中菲律宾、印度尼西亚和缅甸矿产开采潜力的排名靠前(表 6-20)。

表 6-20 2013 年东南亚主要国家矿业投资政策感知指数评分排序

国家	矿业投资政策潜力		矿产开采潜力排名
	评分	排名	
菲律宾	9.5	110	6
印度尼西亚	15.3	104	20
缅甸	37.9	67	44
马来西亚	37.3	69	72
越南	44.3	60	91
老挝	17.5	95	96
泰国	53.2	50	98

注:本年度评估对象选择 112 个国家或地区。

资料来源:Fraser Institute Annual Survey of Mining Companies 2013,下载地址:https://www.fraserinstitute.org/studies/annual-survey-mining-companies-2013。

(1)马来西亚

投资前景:该国的矿产资源条件一般,除油气和锡矿资源外,其他矿产,特别是金属矿产资源较少,可合作的项目有限。根据 Fraser 调查,单纯矿产潜力评级比较靠后,在 112 家调查企业中排在第 72 位。

资格限制:马来西亚在矿业投资政策方面对外资没有什么限制,矿产开发项目外资可持有 100% 的股权。

税收:在税收方面,马来西亚对内资和外资企业基本上同等对待。固体矿产开发公司征收的税务主要有以下几项:①所得税,由联邦政府统一征收,目前税率为 28%,对于矿山企业,不允许加速折旧,但勘探开支可在当年扣减;②进口税,为联邦税种,适用于任何与采矿工业有关的进口项目;③出口税,一些资源性商品出口要征收出口税,如原油出口;④权利金,由州政府征收,几乎各州都有自己的征收方案,根据自己的实际情况来制定;⑤土地租金,由州政府征收,各州之间有所不同。

投资环境:马来西亚与澳大利亚、中国、美国、加拿大、日本及东盟五国等 28 个国家

---

① Fraser Institute Annual Survey of Mining Companies 2013,下载地址:https://www.fraserinstitute.org/studies/annual-survey-mining-companies-2013。

签署了双边税收协议,与澳大利亚、德国、美国、中国等51个国家或国际组织签订了双边投资保障协议。马来西亚是联合国解决投资争端公约的签字国之一,其国内的法律体系也比较公开。过去一些为数很少的外国投资纠纷案,都通过现行的争端解决机制,得到了令人满意的处理[①]。

(2) 印度尼西亚

投资前景:印度尼西亚是澳大利亚最大的矿业设备和技术服务出口国,有41家澳大利亚上市公司在印度尼西亚的128个矿业项目进行勘探开发。根据Fraser调查,不考虑土地使用限制和政策影响,其矿产潜力指标较好,在112家调查企业中排名20,在亚洲仅次于菲律宾。

资格限制:印度尼西亚政府对外商最低投资限额没有规定,投资额由投资各方根据经济和商业因素自行决定(汪绪涛,2014)。外商投资企业自合法设立起,准予30年的经营期限。若在此期间增加了投资,将给予所扩大项目再30年的经营期。印度尼西亚政府2010年2月公布的第23号政府令规定,外资控股的矿权公司本地主体在投产后5年内持有的股份不少于20%。2012年2月,印度尼西亚中央政府又公布了第24号政府令,取代了之前于2010年公布的第23号政府令,进一步细化与强化了本土化的指标。按照新的政府令,本地资源与产业2014年主体持有外资矿业公司的股份比例在项目投产后第6年不少于20%,第7年不少于30%,第8年不少于37%,第9年不少于44%,第10年不少于51%。2013年9月13日,能源与矿产资源部长签发第27号政府令《金属矿和煤矿投资业务股份转让及股权定价程序》,又规定外国投资者并购外资持有的勘探权公司的股权比例不得超过75%,持有开采权公司的股权比例不超过49%。

税收:税收优惠是印度尼西亚吸引外资的重要措施[②]。1999年1月,印度尼西亚政府第七号总统令恢复鼓励投资的"免税期"政策。对矿产在内等22个行业的新设企业给予3年(爪哇、巴厘)到5年(其他地区)的所得税免征。如投资项目雇佣工人超过2 000人,或有合作社20%以上的股份,或投资额不少于2亿美元,则增加1年优惠。对于以超过30%的规模进行扩大再生产的项目,减免其资本货物以及两年生产所需原材料的进口关税。企业所得税税率为30%,可以在6年之内付清;加速偿还和折旧;在分红时,外资企业所缴的所得税税率是10%,或根据现行的有关避免双重征税协议,采用较低的税率缴纳;给予5年以上的亏损补偿期,但最多不超过10年。

投资环境:印度尼西亚是一个属地化特别严重的国家,政府对矿业投资活动干预较多,

---

① "马来西亚矿业开发与投资环境",《现代矿业》,2009年第5期。
② "东盟部分国家外资优惠政策",广西商务之窗,http://guangxi.mofcom.gov.cn/aarticle/sjdixiansw/200608/20060802826216.html(访问日期 2015-07-15)。

希望更多的本土化因素参与到矿产资源的开采之中,以带动本国经济发展①。但是本国的经济发展水平、科技水平和工作效率又不能完全满足与支撑矿业投资的需要,政府官员受贿索贿现象较为严重,正常合法的商业投资活动也可能会遇见各种阻碍。印度尼西亚87%的人信仰伊斯兰教,很多矿区所在地的开放程度非常有限,所有这些都给外国投资者在印度尼西亚进行矿业投资带来很大的挑战,很多投资项目不能如期按照计划实施。在印度尼西亚进行矿业投资需要足够的细致和耐心,要对印度尼西亚当地的法律制度和投资环境有清楚的了解,对矿区周围的环境和风土人情也要进行深度调研。在Fraser调查结果中,印度尼西亚矿业投资环境很差,政策潜力指数排名第104位,进入112家调查企业中的倒数行列。

(3) 菲律宾

投资前景:菲律宾是东南亚最大的黄铜生产国和世界前10名的黄金生产国,拥有丰富的矿产资源,铜、镍、金、银、铁铝矿产都具有很好的开发前景。多种矿产资源仍处于未开发状态,具有较高的发展潜力。在Fraser调查结果中,菲律宾单纯矿产潜力排名第6位,是亚洲最具有矿产投资潜力的国家。

资格限制:根据菲律宾综合投资法,对于天然资源的勘探、开发和利用,外资所占比例不能超过40%。部分投资案也可申请独资,投资额最低15万美元,外商持股可保留30年②。

税收:①在更新已过时的采矿行业法律框架的同时,菲律宾总统阿基诺于2012年7月签署了一项停止发放采矿许可证的法令。根据该法令,菲律宾成立了矿业协调委员会对采矿业进行监督,禁止了78个生态系统敏感地区的矿业开采并提高了矿业税收。新的税收系统下,政府在矿采方面的税收从59%增加到64%,有的甚至高达72%。②第79号总统令,要求对矿业销售总额统一征收税率为10%的特种消费税,取代当前的两项小税收③。③其他的税费包括土地占用费:承包商占用土地,如果是在矿储藏区内,按每年每公顷100比索征收,如果是在矿储藏区以外,勘探按每年每公顷10比索征收,采矿按每年每公顷50比索征收,环境和自然资源部可以根据情况提高该项费用;矿业残渣和废弃物费,由环境和自然资源部确定,并可以根据情况提高该项费用;地方税,包括公共税、不动产税和当地营业税等;关税,在进口机器和资本物资时需要支付3%税率;增值税,进口除交纳关税外,还得交纳10%的增值税,出口产品可免收增值税等。此外,正在研究的一套矿业财政框架可能

---

① 中华人民共和国国土资源部:"印度尼西亚亟待改善矿业投资环境",http://www.geoglobal.mlr.gov.cn/zx/kczygl/flfg/201411/t20141103_4513496.htm(访问日期2015-07-15)。

② 中华人民共和国商务部:"菲律宾矿业法规与政策概况",http://www.mofcom.gov.cn/article/i/jyjl/j/200311/20031100149930.shtml(访问日期:2015-07-15)。

③ 中华人民共和国商务部:"菲律宾将把矿产升级为国家支柱产业",http://www.mofcom.gov.cn/article/i/jyjl/j/201504/20150400936418.shtml(访问日期:2015-07-15)。

也会让政府得到更多的矿产税。

鼓励政策与措施：①为配合矿业发展战略，菲律宾环境和自然资源部拟订了包括政策改革在内的、旨在鼓励矿业投资和增加就业机会的矿业复兴计划，将复兴矿业作为环境和自然资源部的优先工作；②菲律宾 2004～2015 年中期发展计划中确定矿业为优先发展领域，享受政策和税收优惠；③简化矿业权审批程序，第 79 号总统令为矿业公司提供一站式审批流程，并强迫拥有高度自治权的地方政府对采矿合同更加透明；④成立了矿业投资援助中心（MIAC），为投资者提供矿业信息服务和相关政策、法律指导；⑤向市场开放更多的矿地，"矿产行动计划"提出了减轻大规模矿山开采负面影响的战略等（宋国明，2010）。

投资环境：虽然出台了一系列的鼓励措施，但地方政府部门根深蒂固的反采矿情绪阻碍了矿业发展。政治和安全问题也是阻碍矿业资本进入菲律宾矿业的重要因素之一。根据 Fraser 调查结果，菲律宾矿业投资环境非常差，政策潜力指数排名倒数第三，得分仅为 9.5。

（4）越南

投资潜力：越南矿业起步较晚，开发程度较低，除了部分铜矿、锡矿、磷矿、煤矿开发较早外，部分大中型铝土矿、金矿、钨矿、铁矿、镍矿近年来才开始开采，多数是与外国公司合作进行开发。另有大批矿产有待进一步勘查和开发。Fraser 调查显示，越南单纯矿产潜力排名第 91 位，是东南亚除泰国外矿产投资潜力倒数第二的国家。

资格限制：越南政府在矿产资源对外开放政策方面持非常审慎的态度，对官方正式投资人尤其如此。越南《外资法实施细则》规定，矿产勘探、开发和深加工属鼓励投资领域，石油和稀有矿产开采、加工属有条件限制投资领域。在实际操作中，重要矿产开发对外资都有明显的限制，石油项目很难进入，煤炭、铝土矿也有较多限制。对煤炭开发，越方规定外资只能采用联营方式；联营的股份比例，外方最高为 50%。越南政府规定对于年产 100 万吨氧化铝以上规模的项目及 2010 年后设立的铝冶炼项目，外商只能采用合资合作的方式参与投资，而且必须由越方控股。这些项目，将由越南企业牵头，与外方合作伙伴合作对矿区的储量进行勘探和评估（宋国明，2007）。

税收：对矿产资源开采征收资源税，税率规定如下：金属矿产（黄金、稀土除外）为 1%～5%（黄金为 2%～6%，稀土为 3%～8%），非金属矿产（宝石、煤炭和石油天然气除外）为 1%～5%（宝石为 3%～8%，煤炭为 1%～3%，石油为 6%～25%）。对《鼓励国内投资法》规定的优惠政策对象的投资项目，从事资源（石油除外）开发的，在开发日起 3 年内减征资源税的 50%；若遇到自然灾害、战争或意外事故等情况，对已报税的开发资源部分受到损失的，该损失部分可免征资源税（中国地质调查局发展研究中心，2010b）。

投资环境：政府对矿业外资的态度矛盾。近年来，政府出台了一系列措施，投资环境得到一定改善，如政治局势稳定，经济发展迅速，私营经济投资和国内消费需求进一步扩大；坚持革新开放，积极加入 WTO，对外形象逐步得以改善；颁布新矿法，进一步完善法律体系等。但仍然存在中央和地方矿业管理混乱、政府对外资政策仍有较多限制、矿产资源各有其主、谈判合作难度大、现行法律和政策存在不确定性、勘探许可证不具备采矿许可证的专有权等一系列问题，整体投资环境欠佳（宋国明，2007）。根据 Fraser 调查，越南政策潜力指数中等偏后，得分 44.3，排名第 60 位。

（5）泰国

投资潜力：泰国的矿产投资潜力较低，根据 Fraser 调查，其单纯矿产潜力排名第 98 位，是东南亚矿产投资最低的一个国家。

资格限制：泰国被称作"微笑的国度"，自 20 世纪 80 年代以来便是投资的热土（赵茗铭，2007）。优越的地理位置、稳定的社会环境及政府对商业发展的重视，使泰国在亚洲诸多的引资国家中占据独特位置。因此，泰国对矿业投资几乎没有太多限制。

税收：与矿业开发有关的税费主要包括：公司所得税、权利金和矿地租金等。通常情况下，公司所得税率为 30%。石油生产的公司所得税率为 50%。大多数矿产的权利金费率为 5%。金矿为 2.5%，石油生产的权利金采用累进税率。勘查阶段的矿地租金为 6 泰铢/泰亩，采矿阶段的矿地租金为 20 泰铢/泰亩。

投资环境：泰国为外国投资者提供了完善的基础设施和优质的服务。日益现代化的运输设备及不断更新的交通和 IT 网络为外商的工作与生活提供了保障。泰国政府通过各种渠道鼓励和帮助投资者。政府出台了一系列有效措施，如无国产化率的要求、无汇款限制、无出口要求、制造业无外资比例限制等。泰国政治和社会长期以来保持和谐稳定。多元的文化和对异族的包容使泰国更容易吸引外国投资者。根据 Fraser 调查，泰国矿业政策潜力指数中等偏前，得分 53.2，排名第 50 位，是东南亚诸国中潜力最大的国家。

（6）缅甸

投资潜力：由于经济发展落后、政治等其他方面的原因，缅甸的矿产资源还没有得到有效开发，但该国的矿产资源潜力较大。近些年，由于国际矿业形势的转暖和缅甸政府的优惠政策，矿业投资开始升温，特别是油气资源的勘查和开发受到国际矿业投资商的关注。Fraser 调查显示，缅甸纯矿产投资潜力排名第 44 位，是东南亚投资潜力的第三大国家。

资格限制：过去外资参与矿业仅限于提供缅甸力所不及的技术和设备，不允许外资参与其他矿业方面的投资[①]。1988 年，缅政府提出对外开放政策，首先宣布对中国、印度、泰国

---

① "缅甸矿业投资环境"，中国选矿技术网，http://www.mining120.com/html/0905/20090511_14900.asp（访问日期：2015-07-20）。

三个周边国家实行开放。同年11月30日颁布了《缅甸联邦外国投资法》，旨在鼓励外资参与包括矿产勘查和开发在内的缅甸经济活动。同时成立了外国投资委员会，负责有关投资项目的审批工作。此外还规定，有外资参与的矿业活动，必须与政府或政府指定企业签订合同；从勘查到可行性研究直至开发可一次签约，同时按国家外资委员会制定的办法实行产量分享。具体办法是：向政府缴纳10%的矿业税，税后部分由外国投资者与缅方的合作企业分享。不同矿种有不同的分成比例，由谈判商定。通常20%～30%归缅方的参资企业，70%～80%归国外投资者。投资及生产费用由合资公司承担。合同期限依不同矿种谈判而定，铅、锌、煤一般不超过3年；金矿从找矿开始到开发结束不超过10年。较大的项目具体商定。合同期满后可进一步谈判续签合同。项目的确定，一般由外国投资者经2～3次考察后，以书面形式向缅方提出，缅方同意后加以确定。一个项目，一般只能围绕某一具体地区开展。其具体工作范围由外国投资者提出，经缅方上级主管部门同意后确定。

税收：对矿业经营活动征收的主要税费包括所得税、权利金、许可费、固定租金等。许可费为初始投资的5%（一次性）；固定租金每年按20美元/平方千米征收；权利金是按不同矿种以不同税率征收的。1991年制定的《缅甸矿业法》规定，在缅甸取得开矿许可证者视开采后出售的金属价值，按以下税率向矿业部缴纳税款：宝石税率为5%～7.5%；金、银、铂、铱、锇、钯、钌、铑、铌、铀、钍以及矿业部经政府同意并适时颁布的通令中规定的价值高的矿产税率为4%～5%；铁、锌、铜、铅、锡、镍、锑、铝、砷、铋、镉、铬、钴、锰以及经政府同意后规定的金属税率为3%～4%；工业原料矿物或石料税率为1%～3%；石油和天然气生产的公司所得税率为30%，权利金费率为10%。外资企业在税收有一定优惠。外国投资法规定，新建外资企业，头3年可免缴公司所得税[①]。

鼓励政策与措施：缅甸于2012年11月颁布了新《外国投资法》，迈出了改善投资环境的第一步，该法案加大了对外国投资者利益的保护力度，对外国投资的政策优惠有所加强。随着民主改革进程的推进，缅甸开始逐步进入改革发展的轨道，振兴国家经济的愿望更加强烈，需要引进大量外国的资金和技术，投资的机会增多（韩光等，2013）。

投资环境：缅甸的矿业投资环境在国际矿业界的评价并不很好，但近些年来通过制定和修改矿法，颁布税收优惠政策，使矿业投资环境有了较大改善。根据Fraser调查，缅甸政策潜力指数中等，得分37.9，排名第67名。

（7）老挝

投资潜力：老挝的矿业起步较晚，近年来，在政策的大力支持和外国矿业资本推动下，

---

① "缅甸矿业投资环境"，中国选矿技术网，http://www.mining120.com/html/0905/20090511_14900.asp（访问日期：2015-07-20）。

矿业得到了较大发展，矿业活动趋热，矿业投资迅速增加。老挝矿产丰富，开发前景广阔，已成为各国矿业投资商的重要投资地之一。根据 Fraser 调查，老挝纯矿产投资潜力排名第 96 位。

资格限制：目前对外资没有任何资格限制。

税收：《外国投资项目在老挝审批程序规定》和有关设立经济特区的总理令规定：①在老挝投资的外国投资者，应根据老挝人民民主共和国有关强制性法规规定，每年向老挝政府缴纳 20% 的利润所得税，其他税收和手续费依照老挝人民民主共和国已颁行的税法缴纳；②外国投资者进口的用于项目和生产经营上的设备、生产工具、零配件及其他物资，应向老挝政府缴纳占进口物资总额 1% 的进口关税；③用于出口加工所需的原材料和半成品免征进口关税，出口产品免征出口关税；④进口用于生产进口替代品的原材料和半成品享受老挝政府规定的关税减让政策。特获老挝政府批准，有助于老挝社会经济发展或对老挝社会经济发展起重大作用的大规模投资，老挝政府将给予外国投资者各种优惠条件，免征各种进口设备、生产工具和零配件及其他物资的进口关税，减免利润所得税等。在老挝人民民主共和国投资工作的外国人必须向老挝政府缴纳本人总收入 10% 的个人所得税（王志刚、李建利，2006）。

鼓励政策与措施：老挝为了吸引投资，加大了吸引外资的力度，2009 年继续促进外国在开发规模大、技术含量高和资金需求多的矿业方面投资，如金矿、银矿、铜矿、钾碱、煤矿和铝土矿等。由于缺乏足够的资金支撑，缺乏开采、加工和销售等方面的经验和人才，因此，鼓励外国机构和国际组织投资这些矿产的开发。《外国投资项目在老挝审批程序规定》和有关设立经济特区的总理令强调了原则上不限制外资投资的领域并简化了外资投资的申请手续[①]。

投资环境：随着老挝市场经济体制改革的不断推进，技术进步和相关基础设施将得到改善；新矿业法颁布实施以后，鼓励矿业投资的环境已得到较大的改善。根据 Fraser 调查，老挝政策潜力指数较低，得分 17.5，排名第 95 位。

3. 矿产品出口政策

近年来虽然部分国家鼓励矿产品出口，但部分国家出于对国内环境保护、国内经济发展的需要，出台了限制矿产品出口的政策，突出的代表有印度尼西亚、越南和菲律宾。

印度尼西亚的新矿业法规定原矿禁止出口（刘慧，2014），只有在印度尼西亚本地冶炼加工后才可以出口，以更多地将矿产行业的工业附加值留在本地，发展本地的下游产业。而

---

① "老挝投资环境"，中国—东盟矿业合作论坛暨推介展会网，http://www.camcf.org/detail.aspx?id=62（访问日期：2015-07-15）。

且印度尼西亚本地矿产品冶炼产能非常有限,政府通过法令规定主要的矿产品加工环节应该由矿权公司操作,给有意向去印度尼西亚进行矿产投资的企业带来了很大的附加成本。为了缓解该指令的实施给当地矿业乃至印度尼西亚经济造成的影响,培育当地矿业冶炼企业,政府给了5年的过渡期。2011年6月起,国内加工的黄金纯度应在99%以上方可出口。印度尼西亚能源与矿产资源部于2012年2月发布第7号政府令,重申禁止出口未经加工的原材料或矿石。目前,印度尼西亚政府关于原矿禁止出口的法令已在2014年1月12日开始全面实行。对于煤矿而言,能源与矿产资源部已经草拟了法案,计划从2014年禁止低热量原煤出口,具体数额及法案出台时间仍未确定。为了防止矿业公司在出口中转移利润,印度尼西亚政府会根据国际市场价格和市场行情对矿业公司的矿产品出口设定基准价格,矿业公司的实际出口价格应该及时向政府报告。

越南严禁开采并出口铝土原矿。2005年10月11日,越政府颁布了2010~2020年越政府总理关于分地区勘探、开采、加工和使用铝土矿规划的通告[①]。通告称,铝土矿属国家资源,是工业发展的重要基础,其开采、加工和冶炼将促进越国家工业化—现代化和社会经济事业发展,未经批准,严禁开采并出口铝土原矿。同时,2012年越南财政部就"部分商品出口税调整、补充规定通知草案"征求相关部门意见。如果该"草案"得到通过,多种矿产品出口税将大幅增加。越南当地媒体报道称,锰矿石、钛矿石、滑石出口税将从现行15%增至30%;镍矿石、钴矿石、铝矿石、铅矿石、锌矿石等从现行的20%增至30%;沙土从现行17%增至30%;磷灰石从现行10%~15%增至15%~25%;白石灰、花岗岩从17%增至25%;矾土从0增至5%;镍锍从0增至10%。

菲律宾也批准了一项禁止未经加工矿石出口的议案,这是两个旨在提升该国矿石资源价值的议案之一。该议案的获批令市场担忧菲律宾可能禁止出口镍矿石,伦敦金属交易所三个月期镍涨幅已超7%,令市场担忧镍价将继续大涨。

第二节　能　源　资　源

一、能源储藏概况

1. 石油

根据2015年《BP世界能源统计年鉴》,2013年亚太地区石油探明储量占全球总探明储

[①] 中国驻胡志明市总领事馆经济商务室:"越南严禁开采并出口铝土原矿",http://hochiminh.mofcom.gov.cn/aarticle/jmxw/200510/20051000583228.html(访问日期:2015-10-17)。

量的 2.5%。东南亚的石油资源主要集中在印度尼西亚、马来西亚、越南、文莱和泰国，这五个国家 2013 年的石油探明储量为 135 亿桶，占亚太地区石油总探明储量的 31.62%。其中，越南石油探明储量迅速增长，超越印度尼西亚和马来西亚，成为东南亚最重要的石油资源国（图 6-22）。

越南近年来石油储量快速增长，2013 年的石油探明储量为 44 亿桶。越南的石油资源主要分布在南部海区的头顿—昆岛海域，北部红河盆地也有少量分布，白虎油田是越南最重要的油田。印度尼西亚是东南亚重要的油气资源国，2013 年印度尼西亚石油探明储量为 37 亿桶，主要分布在苏门答腊、爪哇、加里曼丹、塞兰等岛和巴布亚。马来西亚 2013 年石油探明储量 38 亿桶，主要分布在近海的三个储油盆地：马来盆地（面积约 22.4 万平方千米）、沙捞越盆地（面积 22 万平方千米）、沙巴盆地（面积约 3.4 万平方千米）[①]。

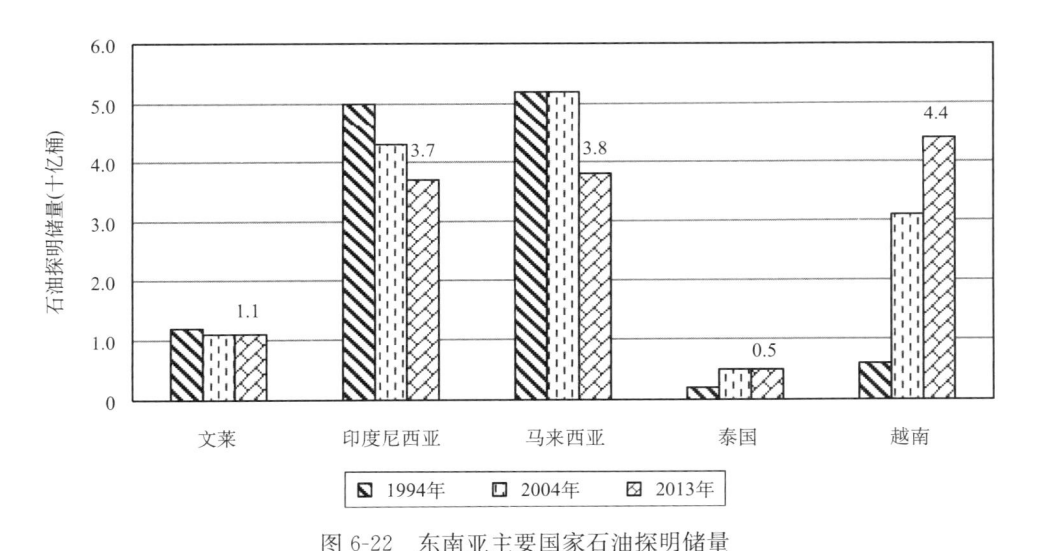

图 6-22　东南亚主要国家石油探明储量
资料来源：《BP 世界能源统计年鉴》（2015）。

2. 天然气

2015 年《BP 世界能源统计年鉴》数据显示，2013 年亚太地区天然气探明储量占全球总探明储量的 8.2%。东南亚的天然气资源主要集中在印度尼西亚、马来西亚、越南、文莱、缅甸和泰国，这六个国家 2013 年的天然气探明储量为 5.4 万亿立方米，占亚太地区石油总探明储量的 35.53%，其中印度尼西亚的天然气探明储量不断增长，是东南亚最重要的天然气资源国（图 6-23）。

---

① "东南亚主要矿产资源开发现状"，南博网，http://caexpo.com/news/special/expo/2012/05/16/3563062.html（访问日期：2015-07-12）。

印度尼西亚具有油气远景的陆上盆地面积为 80 万平方千米，海上盆地面积 150 万平方千米。2013 年印度尼西亚天然气探明储量 2.9 万亿立方米，大部分天然气资源位于北苏门答腊省、东加里曼丹、东爪哇、巴布亚。马来西亚 2013 年天然气探明储量 1.1 万亿立方米，主要分布在近海的三个储油盆地：马来盆地（马来半岛丁加奴州的居茶，面积约 22.4 万平方千米）；沙捞越盆地（东马沙捞越州的明都鲁和美里，面积 22 万平方千米）；沙巴盆地（沙巴州的纳闽岛等地区，面积约 3.4 万平方千米）。越南 2013 年天然气探明储量为 0.6 万亿立方米，主要分布在南部海区的头顿—昆仑岛海域，北部红河盆地也有少量分布。泰国 2013 年天然气探明储量为 0.2 万亿立方米，主要分布在泰国湾、安达曼海、南部平原、中部平原、呵叻高原和北部山间盆地。缅甸 2013 年天然气探明储量为 0.3 万亿立方米，主要分布在若开山脉与掸邦高原之间缅甸中部沉积盆地区和沿海大陆架①。

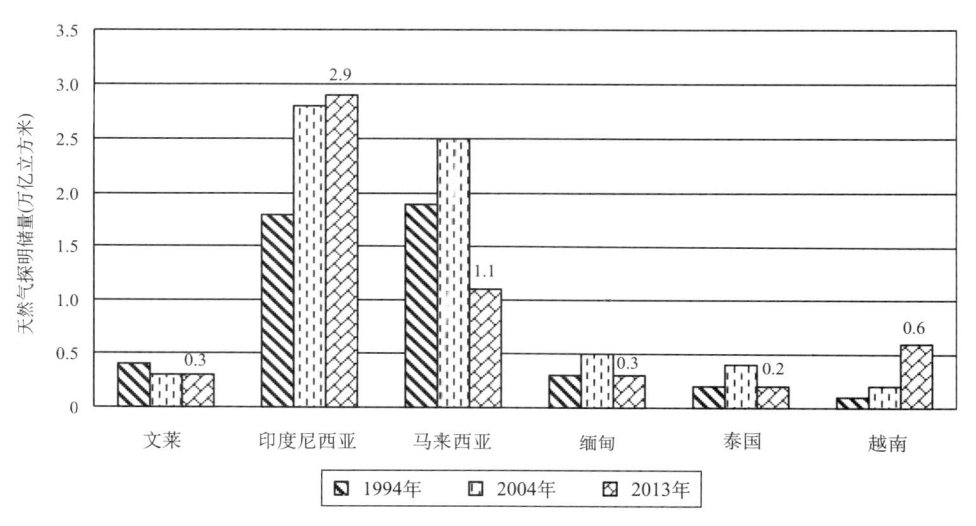

图 6-23　东南亚主要国家天然气探明储量

资料来源：同图 6-22。

3. 煤炭

根据《BP 世界能源统计年鉴》（2015）公布的数据，2014 年亚太地区煤炭探明储量占全球总探明储量的 32.3%。东南亚的煤炭资源主要集中在印度尼西亚、越南和泰国，这三个国家 2014 年的煤炭探明储量为 294.06 亿吨，占亚太地区煤炭总探明储量的 10.19%。其中，印度尼西亚是东南亚最重要的煤炭资源国，煤炭探明储量为 280.17 亿吨（次烟煤和褐煤）；其次是泰国，煤炭探明储量为 12.39 亿吨（次烟煤和褐煤）；越南煤炭探明储量为 1.5 亿吨（无烟煤和烟煤）。

---

① "东南亚主要矿产资源开发现状"，南博网，http://caexpo.com/news/special/expo/2012/05/16/3563062.html（访问日期：2015-07-12）。

二、能源生产与消费

1. 石油生产与消费

近 10 年来，东南亚石油生产量总体呈下降趋势（图 6-24）。印度尼西亚、马来西亚、越南、泰国和文莱为东南亚的主要石油生产国。五个国家石油生产量由 2004 年的 13 220 万吨下降到 2014 年的 11 180 万吨，年均下降速度为 0.17%，但同期亚太地区石油生产年均增长速度为 0.46%，世界石油生产年均增长速度为 0.78%。东南亚地区石油生产总量占亚太地区石油生产总量的比重由 2004 年的 34.89% 下降到 2014 年的 28.18%，占世界石油生产总量的比重由 2004 年的 3.39% 下降到 2014 年的 2.65%，其中印度尼西亚近年来石油生产量下降显著，由 2004 年的 5 560 万吨下降到 2014 年的 4 120 万吨。印度尼西亚石油产量下降的主要原因是一些老油田的自然减产和油气领域勘探及开采新增投资缺乏。马来西亚石油产量也呈下降趋势，2010 年之前石油日均产量在 70 万桶以上，近两年产量有所下降，2014 年日产量为 66.6 万桶，其主要原因是一些老的油田停产。相反，泰国是近年来东南亚石油生产增长较快的国家，日生产量由 2004 年的 24.1 万桶迅速增长到 2014 年的 45.3 万桶。

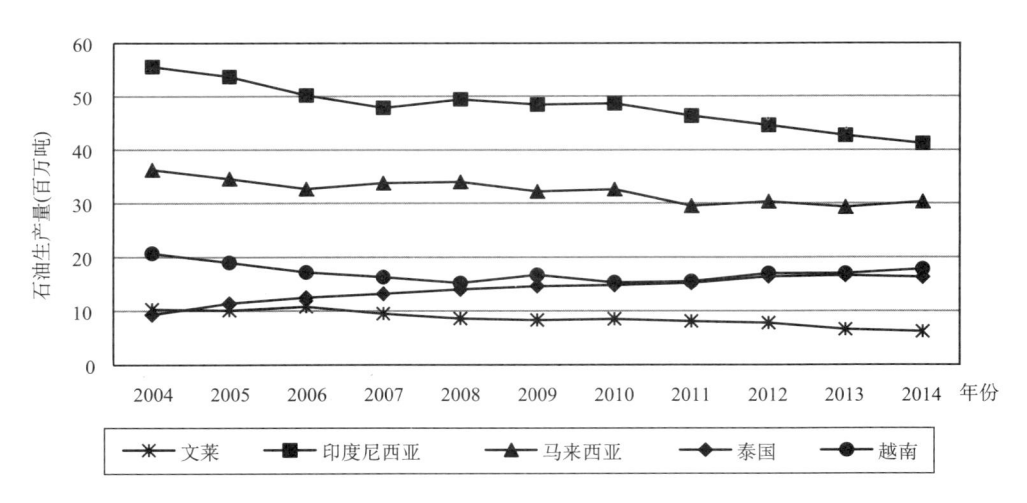

图 6-24 2004~2014 年东南亚主要国家石油生产量

资料来源：同图 6-22。

随着经济的不断增长，东南亚地区的能源消费量呈不断增长趋势（图 6-25）。印度尼西亚、马来西亚、泰国、新加坡、越南和菲律宾为东南亚地区的主要石油消费国，六个国家石油消费量由 2004 年的 20 220 万吨增长到 2014 年的 26 130 万吨，年均增长速度为 2.60%，略高于亚太地区增长速度（2.33%），明显高于世界石油消费增长速度（0.85%）。东南亚地区石油消费总量占亚太地区石油消费总量的比重由 2004 年的 17.82% 增长到 2014 年的 18.29%，占世界石油消费总量的比重由 2004 年的 5.22% 增长到 2014 年的 6.21%。其中，新加坡近年来石油消费量增长显著，由 2004 年的 3 770 万吨增长到 2014 年的 6 620 万吨，年均增长速度达到 5.79%。

虽然能源消费量不断增长，但目前东南亚地区的石油生产总量尚大于消费总量，总体上有盈余。不过，生产与消费之间的盈余不断缩小，由 2004 年的 7 110 万吨下降到 2014 年的 6 410 万吨（图 6-26）。

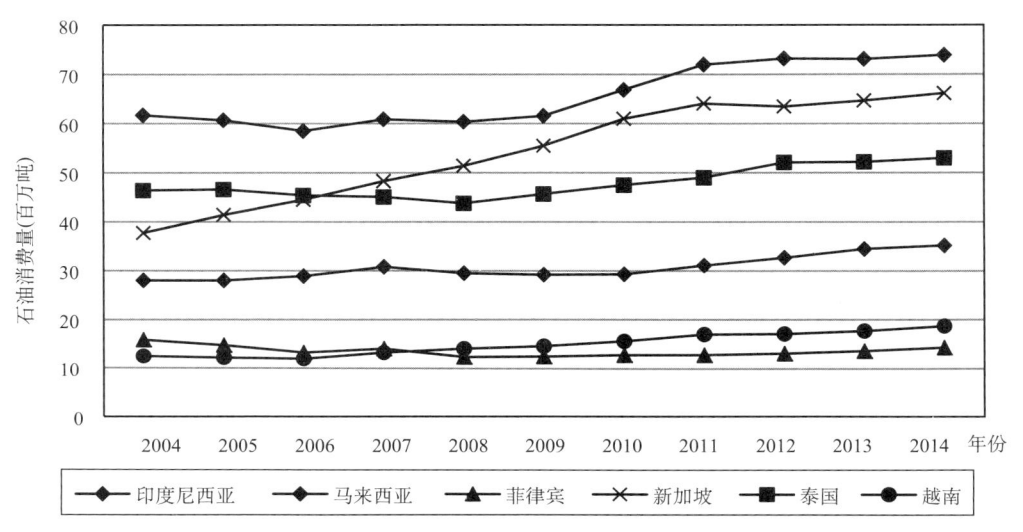

图 6-25　2004～2014 年东南亚主要国家石油消费量

资料来源：同图 6-22。

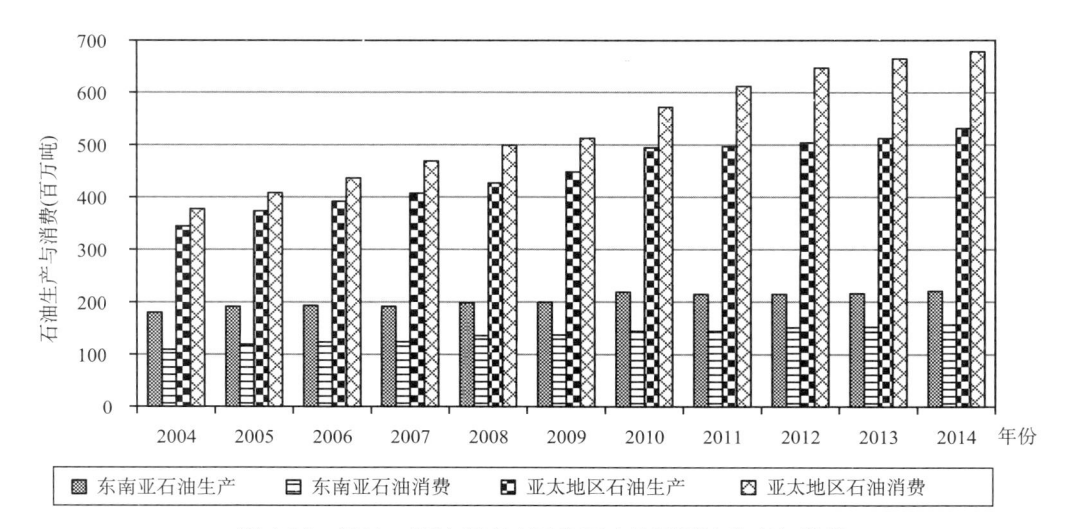

图 6-26　2004～2014 年东南亚和亚太地区石油生产与消费

资料来源：同图 6-22。

2. 天然气生产与消费

2004~2014年，东南亚天然气生产量总体呈增长趋势（图6-27）。印度尼西亚、马来西亚、泰国、文莱、缅甸和越南为东南亚地区的主要天然气生产国，六个国家天然气生产量由2004年的1 803亿立方米增长到2014年的2 208亿立方米，年均增长速度为2.05%，低于亚太地区增长速度（4.42%），略低于世界天然气生产增长速度（2.47%）。东南亚地区天然气生产总量占亚太地区天然气生产总量的比重由2004年的52.29%下降到2014年的41.57%，占世界天然气生产总量的比重由2004年的6.64%下降到2014年的6.38%。其中，印度尼西亚近年来天然气生产量下降显著；马来西亚天然气产量总体呈波动上升趋势，天然气在马来西亚比石油更加重要，当原油产量下降时，天然气产量稳步上升，2014年产量为664亿立方米；泰国是近年来东南亚石油和天然气生产增长较快的国家，2004年天然气产量为224亿立方米，2014年已经达到421亿立方米，年均增长速度为6.51%。

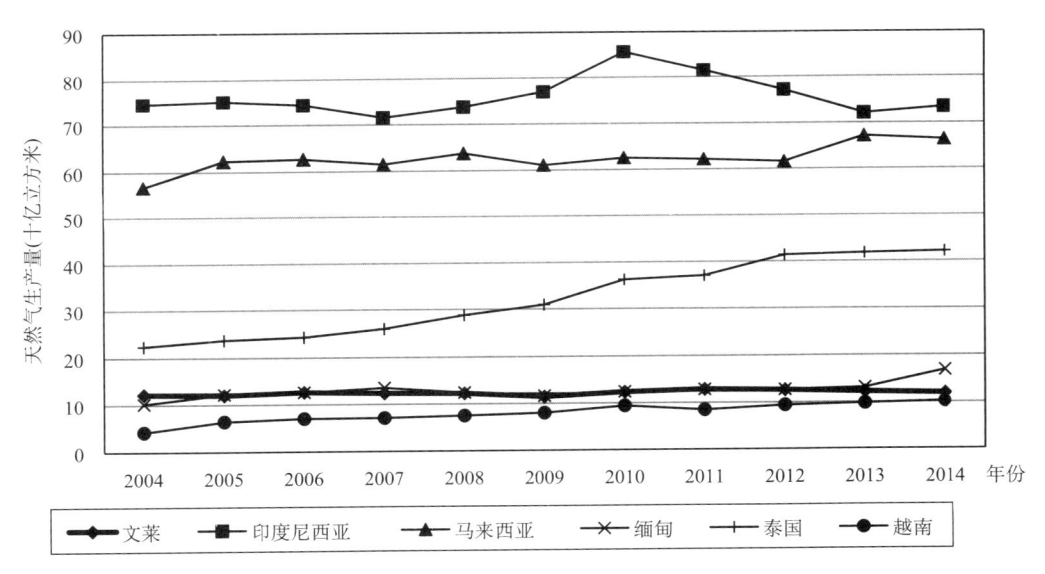

图6-27　2004~2014年东南亚主要国家天然气生产量

资料来源：同图6-22。

随着经济的不断增长，东南亚地区的天然气消费量呈不断增长趋势（图6-28）。印度尼西亚、马来西亚、泰国、新加坡、越南和菲律宾为东南亚地区的主要天然气消费国，六个国家天然气消费量由2004年的1 092亿立方米增长到2014年的1 567亿立方米，年均增长速度为3.68%，高于世界天然气消费量增长速度（2.32%），但明显低于亚太地区天然气消费量增长速度（6.03%）。东南亚地区天然气消费总量占亚太地区石油消费总量的比重由2004年的28.91%下降到2014年的23.09%，占世界天然气消费总量的比重由2004年的4.05%

增长到 2014 年的 4.62%。其中，泰国近年来天然气消费量增长显著，由 2004 年的 299 亿立方米增长到 2014 年的 527 亿立方米，年均增长速度达到 5.83%。

随着天然气消费的迅速增加，东南亚地区的天然气生产已不能满足本地区的消费需求，生产与消费的缺口越来越大，由 2004 年的 700 亿立方米增长到 2014 年的 1 495 亿立方米（图 6-29）。未来东南亚需要越来越多的天然气进口，以满足不断增长的消费需求。

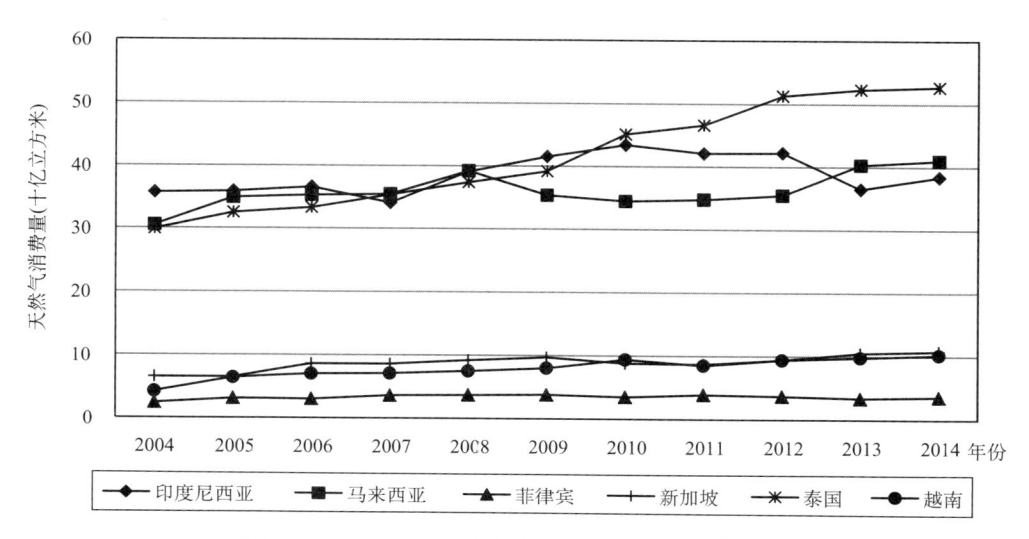

图 6-28　2004~2014 年东南亚主要国家天然气消费量

资料来源：同图 6-22。

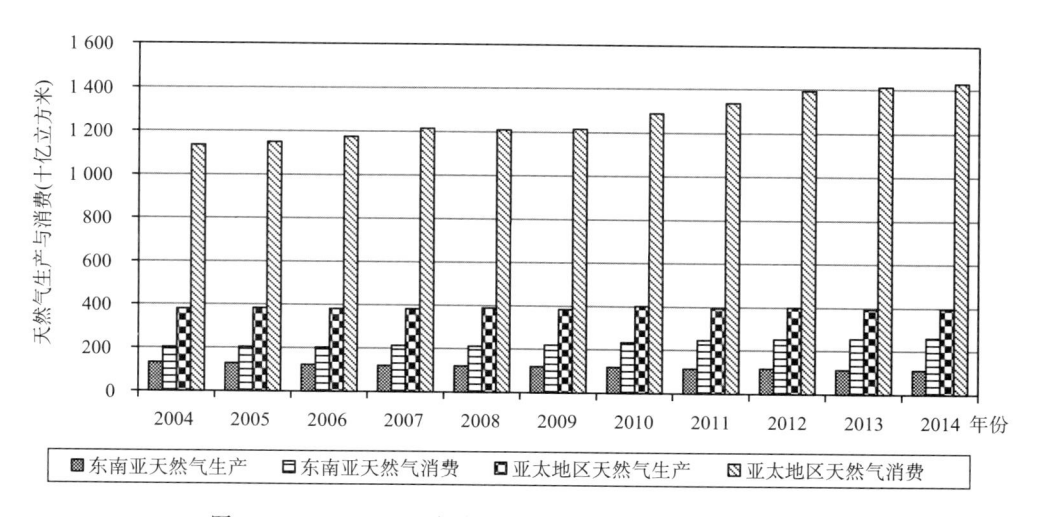

图 6-29　2004~2014 年东南亚和亚太地区天然气生产与消费

资料来源：同图 6-22。

3. 煤炭生产与消费

近 10 年来，东南亚地区的煤炭生产量总体呈快速增长趋势（图 6-30）。印度尼西亚、泰国和越南是东南亚地区的主要煤炭生产国，三个国家煤炭生产量由 2004 年的 1.023 亿吨油当量增长到 2014 年的 3.098 亿吨油当量，年均增长速度达到 11.72%，远高于亚太地区增长速度（5.52%）和世界煤炭生产增长速度（3.32%），其中主要由于印度尼西亚煤炭生产量的快速增长。

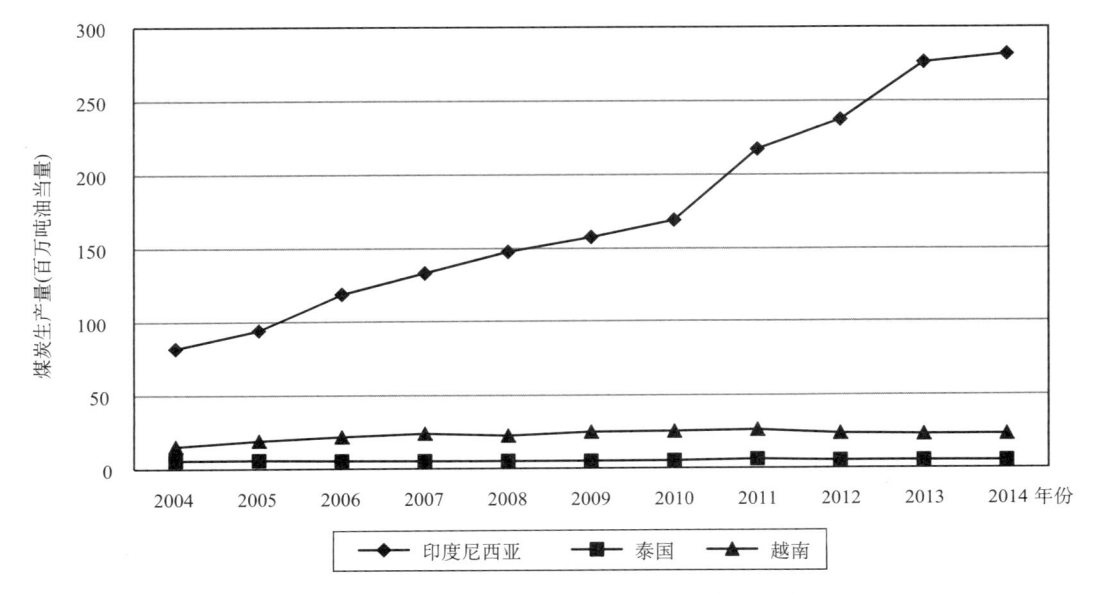

图 6-30　2004～2014 年东南亚主要国家煤炭生产量

资料来源：同图 6-22。

与石油、天然气消费类似，东南亚各国煤炭消费量也呈不断增长趋势。印度尼西亚、泰国、越南、马来西亚和菲律宾为东南亚地区的主要煤炭消费国，五个国家煤炭消费量由 2004 年的 5 210 万吨油当量增长到 2014 年的 12 590 万吨油当量，年均增长速度为 9.22%，远高于亚太地区增长速度（5.39%）和世界煤炭生产增长速度（2.91%），其中主要由于印度尼西亚煤炭消费量的快速增长（图 6-31）。

综合以上，在东南亚，印度尼西亚是地区性的能源生产大国，其石油、天然气和煤炭的生产量均高于本地区其他国家。与此同时，印度尼西亚也是地区性的能源消费大国。如图 6-32 所示，2014 年印度尼西亚能源消费总量为 17 480 万吨油当量，占东南亚地区能源消费总量的 31.42%；其次是泰国，能源消费总量为 12 150 万吨油当量；再次是马来西亚（9 100 万吨油当量）、新加坡（7 610 万吨油当量）、越南（5 930 万吨油当量）和菲律宾（3 360 万吨油当量）。

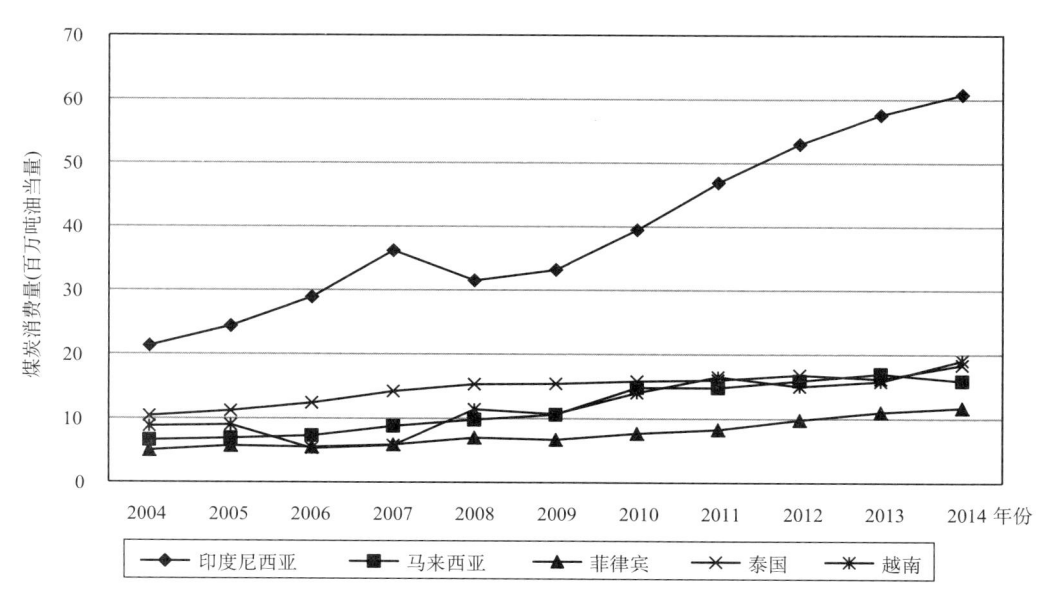

图 6-31　2004~2014 年东南亚主要国家煤炭消费量

资料来源：同图 6-22。

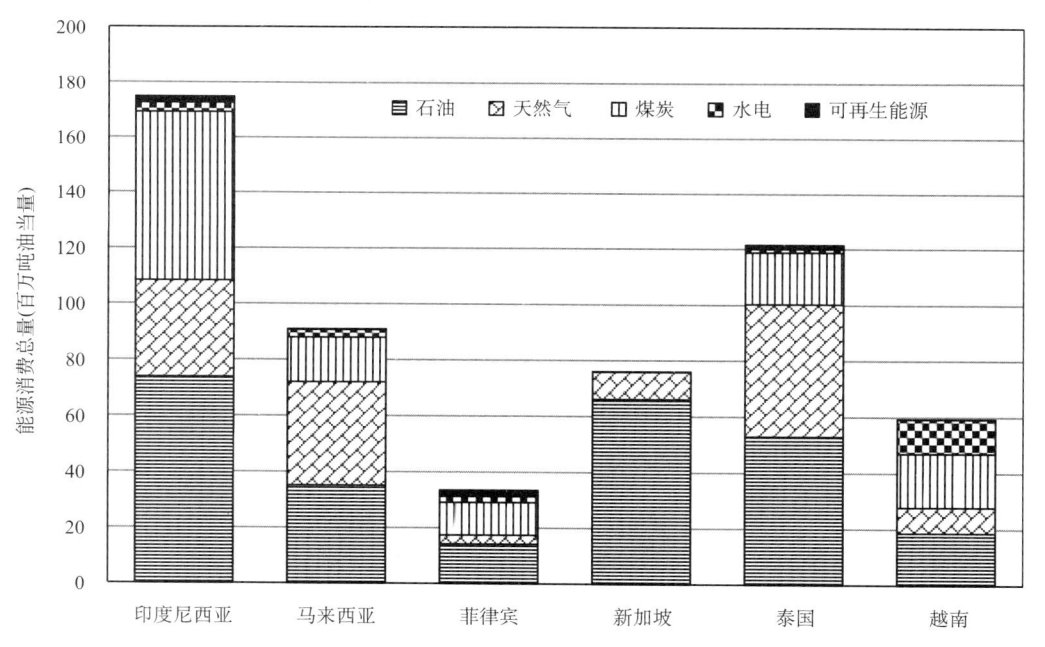

图 6-32　2014 年东南亚主要国家能源消费总量

资料来源：同图 6-22。

三、能源利用结构

东南亚地区能源消费结构低碳化程度优于世界平均水平，远高于亚太地区平均水平。如图6-33显示，东南亚地区石油消费比重为49.96%，高于世界平均水平（32.57%）17.39个百分点，高于亚太地区平均水平（26.79%）23.17个百分点；天然气消费比重为25.32%，略高于世界平均水平（23.71%）1.61个百分点，远高于亚太地区平均水平（11.45%）13.87个百分点；煤炭消费比重为22.63%，略低于世界平均水平（30.03%）7.40个百分点，远低于亚太地区平均水平（52.05%）29.42个百分点；水电消费比重为3.90%，远低于世界平均水平（6.80%）和亚太地区平均水平（6.40%）；可再生能源消费比重为1.19%，低于世界平均水平（2.45%）1.26个百分点，略低于亚太地区平均水平（1.77%）0.58个百分点。

从国别角度来看，不同国家的能源消费结构存在一定差异（图6-32、表6-21）。印度尼西亚、越南和菲律宾的能源消费结构以石油和煤炭为主，新加坡、泰国和马来西亚的能源消费结构以石油和天然气为主。其中，新加坡能源消费低碳化程度最高，能源消费由石油（86.99%）、天然气（12.75%）和可再生能源（0.26%）构成，而越南的水电消费比重最高（20.71%），菲律宾的可再生能源消费比重最高（6.85%）。

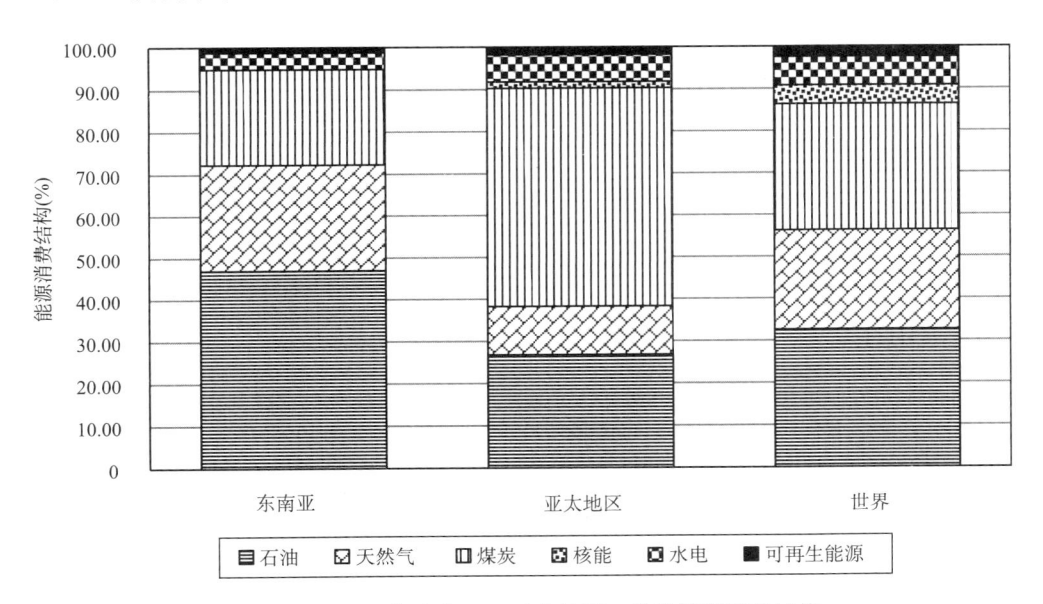

图6-33 2014年东南亚、亚太地区、世界能源消费结构

资料来源：同图6-22。

表 6-21　2014 年东南亚主要国家能源消费总量　　　单位：百万吨油当量

国家	石油	天然气	煤炭	水电	可再生能源
印度尼西亚	73.9	34.5	60.8	3.4	2.2
马来西亚	35.2	36.9	15.9	2.7	0.3
菲律宾	14.3	3.2	11.7	2.1	2.3
新加坡	66.2	9.7	—	—	0.2
泰国	53.0	47.4	18.4	1.2	1.5
越南	18.7	9.2	19.1	12.3	0.1

资料来源：同图 6-22。

四、能源贸易与战略

2014 年，全球主要石油贸易流量分析显示（图 6-34），东南亚地区进口石油 52 700 万吨，其中 29 030 万吨来自中东地区，占东南亚石油进口总量的 55.06%。新加坡是东南亚地区的石油进口大国，2014 年石油进口量为 14 800 万吨，其中 36.01% 来自中东地区，25.34% 来自东南亚其他国家，8.04% 来自俄罗斯，7.43% 来自中南美洲。

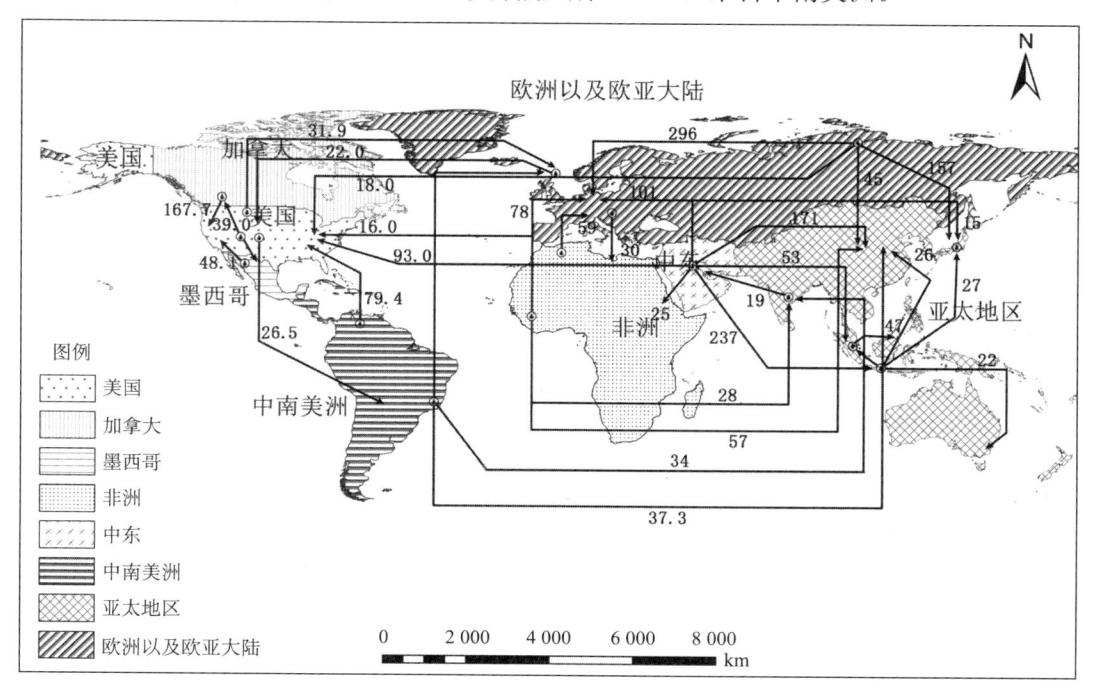

图 6-34　2014 年全球主要石油贸易流示意图（百万吨）

资料来源：《BP 世界能源统计年鉴》（2015）。

2014年，东南亚地区出口石油19 670万吨（包含区域内出口贸易），出口对象主要是中国、澳大利亚和日本，3 350万吨出口到中国，3 270万吨出口到澳大利亚，2 010万吨出口到日本。

2014年，全球主要天然气（包括管道天然气和液化天然气）贸易流量分析（图6-35），印度尼西亚、马来西亚、缅甸和文莱是东南亚地区主要的天然气出口国。马来西亚液化天然气出口量为339亿立方米，其中203亿立方米出口到日本。印度尼西亚液化天然气出口量为217亿立方米，其中78亿立方米出口到日本。文莱液化天然气出口量为83亿立方米，其中59亿立方米出口到日本。缅甸管道天然气出口量为127亿立方米，其中97亿立方米出口到泰国，30亿立方米出口到中国。印度尼西亚管道天然气出口量为95亿立方米，其中66亿立方米出口到新加坡，29亿立方米出口到马来西亚。

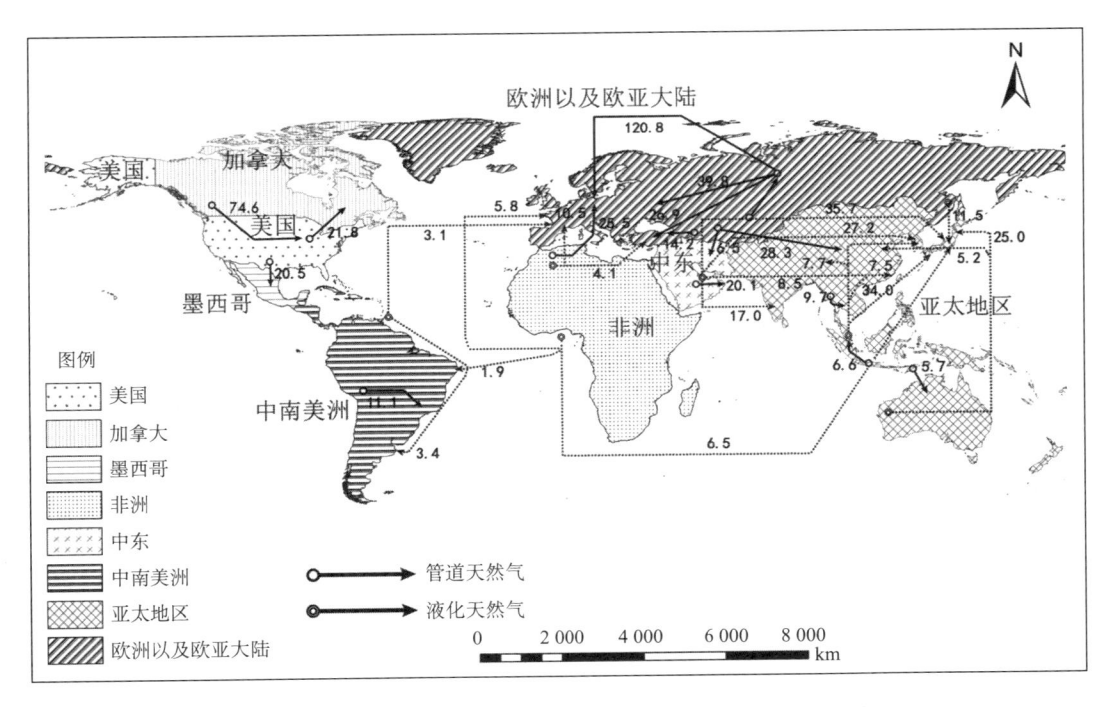

图6-35　2014年全球主要天然气贸易流示意图（十亿立方米）
资料来源：同图6-34。

1. 世界级能源加工中心：新加坡

新加坡扼守太平洋与印度洋的航运咽喉要道——马六甲海峡的出入口，北临柔佛海峡与马来西亚为邻，南与新加坡海峡和印度尼西亚相望，享有"东方十字路口"的美誉。新加坡国土面积十分狭小，油气资源相当匮乏，但却是世界三大炼油中心之一、世界三大石油贸易枢纽之一和亚洲石油产品定价中心，在东南亚能源体系乃至世界能源版图中占有重要的战略地位（张学刚，2004）。新加坡的石油产业发展得益于其扼守能源通道的特殊地理位置及其明确定位本国在世界能源格局中的分工，积极发展炼油工业和石化行业。

自20世纪60年代起，在东南亚各国普遍实行国家保护主义政策的环境下，新加坡实行自由经济政策，牢牢吸引大量的海外投资，并逐渐上升为世界级石油加工提炼中心（张学刚，2004）。20世纪90年代，新加坡审时度势重点发展小型石化工业，使其进一步上升为东南亚重要的石油成品交易中心。进入21世纪，新加坡又利用其先进的石油加工提炼技术，进一步拓展石化产业，通过推出"裕廊岛填海计划"进一步吸引大量海外投资，强化其地区性石化中心的地位（张学刚，2004）。目前裕廊岛已经形成完整的石油和化工体系，炼油工业占新加坡工业总产值的40%以上。2014年，新加坡原油进口4560万吨、油品进口10 240万吨，原油出口30万吨、油品出口7130万吨。新加坡原油炼制能力已经超过130万桶/天，原油日加工总量相当于东南亚炼油总量的40%。新加坡作为亚洲最为重要的石油集散地和炼油基地，其石化行业主要有壳牌、埃克森美孚和新加坡石油公司控股[①]。新加坡石油公司的业务主要包括原油炼制、原油及石油产品的加工、市场营销与分销、储存及油轮运输等，拥有世界级的石油炼厂和东南亚地区最大、码头设施最好、最繁忙的成品油仓库中转库——环宇油库[②]。

新加坡本国油气资源匮乏，完全依靠全球石油贸易维系，在能源安全问题上有脆弱的一面。基于这种状况，新加坡能源战略的重点是：①关注战略能源储备，防止全球能源市场波动对本国经济造成冲击；②建立竞争性的市场，加强国际合作；③加大能源研发投资，改善能源效率，大力发展能源和原材料加工业的同时，积极开发新能源；④扼守马六甲海峡航道，注重发挥在能源运输领域占有的区位优势，持续鼓励能源贸易和航运业（张学刚，2004）。

2. 地区性能源出口大国：印度尼西亚、马来西亚

印度尼西亚是东南亚最大的能源出口国，其油气资源总产量位居东南亚地区之首。印度尼西亚是日本、韩国、中国台湾等国家和地区液化天然气的主要供应国（张学刚，2004）。2014年印度尼西亚管道天然气出口95亿立方米，液化天然气出口217亿立方米。印度尼西亚于1962年加入石油输出国组织（OPEC），2009年退出OPEC。2009年之前作为OPEC的一员，印度尼西亚是石油净出口国；2009年之后源于国内日益增长的能源需求、不断下降的石油产量以及没有足够扩大的投资产能而退出OPEC[③]。印度尼西亚的能源生产正在从

---

① "走进环宇油库和新加坡炼油公司"，中国石油新闻中心，http://news.cnpc.com.cn/system/2015/04/27/001539057.shtml（访问日期：2015-07-12）。
② 同上。
③ "印度尼西亚能源数据和分析报告"，中国经济网，http://intl.ce.cn/specials/zxgjzh/201508/06/t20150806_6152564.shtml（访问日期：2015-09-15）。

基本服务出口市场向服务日益增长的国内消费需要转变①。目前，印度尼西亚依靠进口原油和精炼石油产品以满足其不断增长的能源需求。尽管能源基础设施不足及其复杂的监管环境，印度尼西亚仍是2012年全球最大煤炭出口国（以重量计算）和2013年液化天然气第四大出口国②。印度尼西亚能源需求总量增长与本国经济增长密切相关，并且能源部门对本国经济产生着重要影响。据《印度尼西亚能源数据和分析报告》，2012年仅石油和天然气就占印度尼西亚货物出口的1/5，石油和天然气部门的收入占2012年总收入的24%。

印度尼西亚石油市场中的上游石油产业主要包括雪佛龙、托塔尔、康菲、埃克森和英国石油控制等国际石油公司，其中雪佛龙是印度尼西亚最大的石油生产商。国有能源公司塔米纳除了石油产业上游业务外，还经营着本国几乎所有的石油精炼厂，同时进口原油及其他石油产品，供应国内市场。塔米纳必须平衡其双重角色，一方面作为一家公司需实现自我需求以提高出口收益，另一方面作为国有石油公司还需满足国内消费需求③。塔米纳目前面临石油产量下降和国内需求增加双重压力。基础设施老化和油田减产预示着印度尼西亚只能努力在短期达到产量目标，未来石油开采将依靠本国吸引开采和生产投资的能力，尤其是深水近海和前沿地区以及技术难度挑战较大的地区④。印度尼西亚的精炼产出基本供应日益增长的国内市场需求，但是目前的精炼能力不足以满足需求增长，因为缺乏政府金融鼓励政策以刺激外国投资进驻石化行业。印度尼西亚没有国际原油管道，国内管道也很少，所以海上石油贸易尤为重要。虽然印度尼西亚已成为石油净进口国，但依然继续出口原油，很大程度上是因为希望继续保持市场准入和石油收入，尤其是国际油价较高的时候。

马来西亚是东南亚地区仅次于印度尼西亚的能源生产国和出口国。马来西亚与印度尼西亚在能源方面有相同之处，石油资源的可开采期不长，但其天然气资源相对丰富。马来西亚与印度尼西亚的最大差异是，石油产量呈稳步增长态势，而非跳跃性激增（张学刚，2004）。马来西亚能源的勘探和开采，很长一段时期是由外资公司独资或与当地政府合资进行。马来西亚生产的石油和天然气，除了满足本国消费外，不少用于出口，且随着能源储量、国际市场需求增加而逐渐增加。马来西亚的石油和天然气生产随着能源储量、社会需求增加而逐渐增加，目前马来西亚原油主要出口澳大利亚、印度和泰国。

马来西亚的能源政策，总的来讲是致力于维持和增加马来西亚的石油与天然气储量，促进石油和天然气的开采活动以及在海外寻找新的油气资源。以能源工业为依托，积极扶植民

---

① "印度尼西亚能源数据和分析报告"，中国经济网，http://intl.ce.cn/specials/zxgjzh/201508/06/t20150806_6152564.shtml（访问日期：2015-09-15）。
② 同上。
③ "印度尼西亚能源数据和分析报告"，中国经济网，http://intl.ce.cn/specials/zxgjzh/201508/06/t20150806_6152564.shtml（访问日期：2015-09-15）。
④ 同上。

族工业。按照马来西亚"2020宏愿"发展规划,马来西亚将在未来几年内逐步减少油气资源产量、增加消费量,由能源生产国和输出国变为能源进口国和消费国。马来西亚积极着手制定2015~2025年能源安全战略,应对能源角色转换提出的挑战(张学刚,2004)。

3. 中等能源出口国:越南、缅甸、文莱

越南能源资源丰富,在东盟各国位居前列。越南天然气资源蕴藏量较小,主要以石油出口为主,但预计随着新的油气资源的探明,其潜在的储量仍可能上升(张学刚,2004)。由于国家工业基础薄弱、投资资金缺乏和开发技术滞后,越南在能源自主开发利用方面远远落后于很多发达和发展中国家。近年来,越南经济持续快速发展,能源需求增长强劲。越南正在通过积极扩大国际交流,促进能源国际合作等方式寻求缓解能源供需与经济发展之间的矛盾。根据越南能源部门制订的未来发展计划,2020年、2025年和2050年越南初级能源供应量预计将分别达到47.5~49.5万吨、100~110万吨和310~320万吨[①]。越南将继续加强与其他国家合作来补充国内能源短缺,到2015年建立煤炭、石油和天然气商业市场,2020年后建立电力零售市场,到2020年完成第一座核电站的建设[②](Wang et al.,2012)。

越南未来的能源发展方向主要体现在电力领域,要首先确保国家发展的电力供应,优先考虑适当发展水电、煤炭和天然气的热电站,并鼓励发电厂使用可再生能源,加快核电站的研究和发展。在煤炭领域,越南将计划加强对广宁煤矿的勘探和储量评估,并增加投入对其他地区的煤炭储量进行勘探、评价和可行性研究,发展全国性、稳健的煤炭市场。在石油和天然气领域,越南计划制定与完善石油和天然气工业的法律体制,主要是天然气运输和销售的执照颁布、天然气的定价、天然气的输配费用及技术标准等,监督石油和天然气合同执行情况,鼓励投资者勘探和开发天然气。投资方式多样化,并鼓励建立合资企业发展天然气发电厂,发展炼油工厂。政府鼓励和保护越南企业在国外的石油勘探和开采行为。在发展可再生新能源领域,越南将积极研发制订新能源方案,以增加可再生新能源的使用,将使用新能源和可再生能源引入节能计划及其他如农村电气化计划、植树造林、清洁用水计划等国家计划中[③]。鼓励新能源如太阳能、风能的高科技技术转让等,通过进口设备、高科技技术、生产和销售的税收优惠以及发明的专利权和技术模式保护等,支持投资新能源和可再生能源机构的研究、制造和试运行。

依据缅甸商务部公布的数据,缅甸天然气储量位居世界前列(Wang et al.,2013)。缅

[①] "越南提出未来40年能源发展计划",中华人民共和国国土资源部网,http://www.mlr.gov.cn/tdzt/zdxc/dqr/41earthday/zxzy/201003/t20100330_713327.htm(访问日期:2015-07-12)。

[②] 同上。

[③] 同上。

甸每年生产原油 4 000 多万桶和天然气 80 多亿立方米，出口天然气 50 多亿立方米①。过去，缅甸天然气供应市场主要面向泰国和印度。2004 年，中缅油气管道建设计划提出，中缅油气管道在缅甸境内全长 771 千米，原油管道设计年输原油 2 200 万吨，天然气管道年输天然气 120 亿立方米，管线运输作为目前天然气最有效的运输方式，具有一次性投入使用寿命长、运输成本低、安全系数高等优势。中缅油气管道的建成，将对缅甸的能源战略产生深远的影响，进一步扩展缅甸天然气出口渠道，保障缅甸的国家战略安全。

文莱是东南亚人口规模较小的伊斯兰国家，油气资源出口是本国主要经济收入来源，占其财政收入的 80% 以上。虽然文莱国土面积狭小，但是拥有可观的天然气探明储量。文莱天然气出口主要面向东北亚地区，作为高度依赖能源出口的国家，文莱能源战略的重点将是继续把能源出口视为国家战略安全的基础，不断提升天然气的探明储量，提升天然气的开采水平，扩展天然气出口渠道，强调以能源为先、以能源为重（张学刚，2004）。

4. 中等能源进口国：泰国、菲律宾

泰国、菲律宾两国油气资源储量与产量不大，但消费量不断增长，因此需要依靠进口来弥补能源缺口。2014 年，泰国日均石油产量仅 45.3 万桶，但其国内日均石油需求却达 127.4 万桶。菲律宾 98% 的石油靠进口，虽然本国已陆续发现新油田，但其产量根本无法满足国内 31.2 万桶的日均需求量（张学刚，2004）。在天然气方面，泰国和菲律宾两国的储量分别为 12.5 万亿立方英尺和 2.9 万亿立方英尺，天然气质量较差，难以直接出口，但可在一定程度上填补国内需求（张学刚，2004）。天然气对于泰国的重要性，就相当于煤炭在中国能源结构中的地位。泰国的电力供应中，天然气发电所占比例高达约 70%，煤炭发电占 20%，仅 8% 的电力供应来自风力、水力、太阳能等可再生能源②。此前，泰国的天然气产量和消费量基本能够持平，从 2000 年开始进口天然气，每年需要从国外进口天然气 0.34 万亿立方英尺。泰国的最大天然气进口国为缅甸。单一的进口来源，是泰国能源安全的一大危险因素。泰国能源部门的目标也已经变得十分明确——降低天然气在能源结构，尤其是电力结构中的比例。泰国能源发展的目标是，到 2020 年，将天然气发电比例从目前的约 70% 降低至 50%，其中一项最重要的措施是大力发展生物质能③。在未来，光伏、风电等可再生能源也将成为泰国的重要选择。基于泰国本国能源现状，泰国能源安全的重点是：①将天然气开发摆在优先地位，重视地区合作；②注意完善能源基础设施；③提高能源利用率，改善能

---

① "中缅油气管道正式开建"，凤凰网，http://finance.ifeng.com/news/20100605/2280378.shtml（访问日期：2015-07-12）。

② "泰国：追气之痛"，新浪网，http://finance.sina.com.cn/roll/20140108/132517883662.shtml（访问日期：2015-07-12）。

③ 同上。

源利用结构，尤其是能源发电结构（张学刚，2004）。

作为东南亚地区中等能源进口国，菲律宾能源战略的重点将是持续保障能源进口，能源战略的重点是：①扩大能源进口，满足日益增长的消费需求，保障现有天然气资源满足发电的需要，进一步增加石油进口保障国家能源安全；②积极引进外资，开展国际技术合作，提升国内天然气管道的普及水平；③继续优先发展可再生能源利用，提升可再生能源消费水平，尤其是地热能的开发利用，优化能源消费结构（张学刚，2004）。

第三节 政策启示

东南亚大多数国家是新兴市场国家和欠发达国家，能源资源丰富但开发程度普遍较低。能源资源领域将是"一带一路"背景下中国与东南亚各国合作的重要组成部分，是将地理毗邻、资源优势转化为经济增长优势的关键领域。

一、矿产资源合作

第一，需要发挥中国与东南亚国家的资源优势互补性。东南亚国家矿产资源丰富，在矿产领域具有比中国更为强大的比较优势，印度尼西亚、菲律宾的镍、铁，马来西亚、文莱的石油，越南的铝土、铁，泰国、老挝的钾盐等，都是中国急需进口的大宗矿产品。同时，中国近30年的快速发展，与东南亚国家（新加坡除外）相比，具有显著的资金、技术、人才以及管理优势。东南亚的资源优势和中国的经济技术优势，为两者开展密切的矿产资源开发合作奠定了重要基础。

第二，东南亚国家与中国地理相邻、山水相依，形成历史上千丝万缕、现实中唇齿相依的独特关系。东南亚地区在对中国进行资源供给上拥有地理优势。如果双方以矿产资源合作为起点，可以构建利益共同体，将极大地促进区域和平稳定发展，实现多方共赢，同时也能保障中国重要贸易、资源供给通道安全，确保资源稳定供应。

第三，抓住政策机遇。为了促进"一带一路"建设，2014年，中国在APEC北京峰会上推出了三大创举，即成立亚洲基础设施投资银行（AIIB）、丝绸之路基金以及推进亚太自由贸易区（FTAAP），共同加强基础设施和互联互通建设，促进贸易投资便利化。这些举措将为矿产资源合作提供必要的基础设施建设、金融资金支持和贸易便利化服务等。中国企业跨国矿业投资虽然起步比较晚，全球优质矿产资源大多已经被世界矿业巨头所掌控，但东南亚的矿产资源开发尚有大量空白，为中国矿产国外开采提供了机会。

虽然中国与东南亚矿产合作具有良好的前景，但也需要认识到东南亚国家存在"排外思想逐步强化，矿业政策投资环境恶劣，矿业投资风险较高"的特点。加之近年来随着矿业生态环境问题的凸显和绿色矿业发展理念的出现，基于矿业和环境的可持续发展，东南亚部分国家开始出台各种政策限制矿业的开发和出口，给矿产资源合作带来不利影响。为推进"海上丝绸之路"建设，中国可从政府引导、投资政策、平台建设、信息服务等方面制定新形势下的矿产合作路径。

第一，加强政府引导，搭建矿业合作的稳定平台。按照政府推动、企业主导的原则，有效发挥政府在宏观谋划、平台建设等方面的指导服务作用。加强政府间的协调，充分利用中国国际矿业大会、中国—东盟矿业合作论坛等重要矿业项目交流平台，加快国内外企业矿业投资与经贸合作的推介和对接，促进实质性项目的交易合作。

第二，探索产业资本通过金融资本"借船出海"新模式。借助中国银行等中资银行海外分支机构的信息渠道和合作基础，了解掌握合作目标国家的投资环境和企业的基本情况，积极推动产业资本与金融资本偕同出海、协作发展，努力构建产融结合、银企合作新模式，助推国内企业"走出去"。

第三，建立基础评价和信息共享服务。充分利用中国地质调查技术方法领域的优势，推进"一带一路"基础地质调查与信息服务工作。在做好"一带一路"区域地质构造工作的基础上，加快研究该区域的矿产资源赋存特征和分布规律，有效发挥地质工作对"走出去"的先行和推动作用，引导和支持矿业企业勘查开发境外矿产资源，推动建立境外资源基地。另外，集成整合各类地质信息资源，统筹建立面向"一带一路"的地质基础数据库，加强信息资源积累与更新。建设和运行服务于"一带一路"的地质信息服务平台，组成地质调查数据服务网、全国地质资料信息网等网站群，实现互联互通、全球共享。

二、能源合作

能源国际合作既是"一带一路"建设的重要内容，也将是重要支撑。从共同发展、互惠互利的角度出发，建设"海上丝绸之路"对沿线各国具有重要的现实意义与战略利益。中国的能源安全当前存在三大隐患：能源（石油）对外依存度高；能源（石油和天然气）进口来源过于集中在中东和西非地区；能源（石油）进口通道依赖海洋运输。中国此前的油气能源国际合作主要面向中东、中亚、非洲以及俄罗斯，未足够重视东南亚国家的油气资源合作以及南海资源的勘探开发。在"海上丝绸之路"的开发建设中，能源国际合作必将成为重大引擎和重要抓手。"海上丝绸之路"沿线国家资源禀赋各异、发展水平参差不齐，能源异质性和经济互补性，使得沿线能源生产国、能源消费国和能源过境国具有充分发挥能源、经济比较优势的可能，使得彼此开展能源合作具有较大的潜力和空间。以与中国地理邻近的东南亚为战略视角，借机"海上丝绸之路"建设，升级打造中国—东盟自由贸易区，进而实施以能源投资项目为重点，以能源通道建设为纽带的能源发展战略，打通南下东南亚的陆路运输通道、中缅油气管道（包含原油管道和天然气管道），推动实施企业"走出去"的能源多元化战略，对于推进中国与沿线国家的能源国际合作、保障中国能源安全具有重大意义。

首先，化石能源竞争性合作将日趋激烈。在传统的化石能源进出口合作中，中国与东南亚的石油合作存在同质性竞争，石油进口均依赖中东。中国的天然气进口主要来源于中亚（土库曼斯坦），东南亚的天然气出口主要面向日本。2004~2014年，东南亚石油生产量总体呈下降趋势，其中印度尼西亚近年来石油生产量下降显著；天然气生产量总体保持增长趋势，但是天然气主要生产国印度尼西亚近年来天然气生产量明显降低。同期，东南亚石油和天然气消费量呈不断增长趋势，其石油消费年均增长速度（2.60%）略高于亚太地区平均增速（2.33%），天然气消费年均增速（3.68%）低于亚太地区平均增速（6.03%）。随着各国经济社会发展水平的不断提升，其能源需求也将不断增长，在建设"海上丝绸之路"的过程中，中国与沿线东南亚国家的传统化石能源进出口合作将日趋激烈。

其次，可再生能源市场潜力巨大。东南亚国家在水电和可再生能源利用方面潜力巨大且市场广阔。近年来，中国在水电和可再生能源利用方面已经取得较大进展，水电总装机容量约占全球水电装机总量的1/4，可再生能源发电总装机容量突破4亿千瓦（水电29 000万千瓦，风电8 497万千瓦，光伏发电2 000万千瓦，生物质发电90万千瓦）。在减少对中东石油依赖和能源结构多元化战略利益共同驱动下，中国和东南亚国家在"发展非化石能源、提高可再生能源利用"方面存在共同的利益诉求与广阔的发展空间。印度尼西亚、泰国、马来西亚、菲律宾、越南等国家拥有丰富的待开发水电资源和可再生能源资源，在水电和可再生能源方面具有巨大的开发空间与市场需求，保守估计未来新增装机总容量将达到千万千瓦，对可再生能源技术和新能源技术有较强需求（朱羽羽，2014）。中国在水电、可再生能源发电、新能源发电等方面积累了丰富的设计、建设、运营、管理、监管经验以及提升了技术水平与设备制造能力。中国可以通过"海上丝绸之路"以能源国际合作为主线，向沿线国家输出新能源（技术、资本和装备），输出能源可持续利用的"生态文明"发展理念，带动能源资源上下游产业链、项目工程建设、能源生产与利用技术装备以及相关服务行业的发展，为中国能源、电力企业"走出去"提供良好的发展机遇。

最后，能源基础设施建设亟须完善。"一带一路"路线图强调，在能源基础设施国际合作方面，"加强能源基础设施互联互通合作，共同维护输油、输气管道等运输通道安全，推进跨境电力与输电通道建设，积极开展区域电网升级改造合作"。"海上丝绸之路"建设过程中，应重点关注海上运输和海洋资源开发以及陆上电力设备和电网技术输出，使得能源基础设施国际合作率先在跨国油气管网和跨境电网之间实现互联互通。

随着"海上丝绸之路"沿线国家的经济快速发展，电力需求将不断增长，但是其电力基础设施建设存在一定的滞后性，部分国家电源和电网建设仍发展滞后。国际能源署（IEA）的相关研究表明，东南亚当前仍有超过20％的人口缺乏电力供应。目前，东南亚区域内部已经实现局部小范围的电力互联互通，中国与大湄公河次区域邻近国家（越南、缅甸、老挝等）在跨国电力贸易方面开展了有益尝试，同时也在积极筹备实现非邻国的跨国电力贸易。中国与"海上丝绸之路"沿线国家开展电力合作，中国在技术、资本和装备以及人员方面具有相对优势，应首先在金融风险、投资风险和生态风险相对较小或者相对可控区域内开展电源建设和电网升级合作，在不断积累经验的过程中逐步扩展，实现基于电网互联互通的跨区域电力贸易合作。

"海上丝绸之路"能源国际合作将是"跨区位、跨领域、全方位、多环节"的"多利益共同体"之间的合作，涉及日趋激烈的石油、天然气等传统化石能源合作，也涉及水电、风电、光伏电、核电等可再生能源和新能源，同时包含能源的勘探、开采、加工、运输、消费等多个环节。以"海上丝绸之路"建设为契机，推进中国与东南亚的能源国际合作，加强中国对于南海的资源勘探开发，以及增强中国对东南亚国家资源禀赋和能源利用的了解，对于升级打造中国—东盟自由贸易区，全面开展中国与"海上丝绸之路"沿线各国能源国际合作具有重要的示范作用与启示意义。

"海上丝绸之路"能源国际合作能否顺利推进，能源异质性和经济互补性是开展合作的前提。应重点解决技术、资金和装备等迫切需求；应着重解决能源贫困以及多元化能源利用"瓶颈"；完善能源基础设施建设，实现基于电网互联互通的跨区域电力贸易合作；同时加强合作项目生态风险的评价与防控，走能源可持续发展之路；并且从以往的海外投资失败案例中汲取经验教训，实现合作共赢、利益共享。

"海上丝绸之路"能源国际合作的顺利推进，还应关注另外一个重要的地缘政治影响因素。南海油气资源丰富，巨大的潜在利益使得南海争议愈演愈烈，南海岛屿主权争端问题势必对"海上丝绸之路"能源国际合作带来影响。坚持互利共赢的基本原则，以"海上丝绸之路"能源国际合作为契机和平解决南海争端，争取信任、相互包容，开启能源国际合作互利共赢的新航程。

参 考 文 献

[1] Wang Changjian et al. 2012. Is Vietnam Ready for Nuclear Power? *Environment Science & Technology*, Vol. 46, No. 10.
[2] Wang Changjian et al. 2013. Preparing for Myanmar's Environment-Friendly Reform. *Environment Science & Policy*, Vol. 25.

[3] 程耀信:"东南亚宝玉石资源概况",《江西地质科技》,1995年第4期。
[4] 董宝林:"越南的矿产资源及矿业投资环境",《南方国土资源》,2003年第7期。
[5] 韩光、张克利、胡乃联:"新形势下缅甸有色矿业投资环境分析",《中国矿业》,2013年第10期。
[6] 姜雅、袁志浩、曹瑞欣:"泰国国土资源管理及矿业政策概况",《中国金属通报》,2010年第3期。
[7] 李文光:"泰国老挝钾盐资源简介",《综合信息》,1999年第10期。
[8] 刘慧:"印度尼西亚开始禁止原矿出口",《人民日报》,2014年1月13日。
[9] 孟瑞、冯希:"柬埔寨地质矿产资源概况及矿业政策",《国土资源情报》,2011年第7期。
[10] 宋国明:"中国企业赴越投资矿业的前景分析",《国土资源情报》,2007年第4期。
[11] 宋国明:"菲律宾的矿业投资环境",《世界有色金属》,2010年第4期。
[12] 王方国:"东南亚矿产资源及其勘查开发环境",《地质与勘探》,1993年第11期。
[13] 王志刚、李建利:"老挝矿产资源及其相关投资政策",《西部资源》,2006年第2期。
[14] 吴良士:"菲律宾铜、铝、磷矿产资源概况",《矿床地质》,2013年第3期。
[15] 汪绪涛:"印度尼西亚矿业投资制度研究",《资源与产业》,2014年第4期。
[16] 张学刚:"东南亚各国能源安全战略",《国际资料信息》,2004年第2期。
[17] 赵桂莲:"泰国石膏和石灰石的开采与需求",译自苏联快报《装配式混凝土和墙体材料工业》,1986年。
[18] 赵茗铭:"投资泰国的产业选择和对策分析",《经理日报》,2007年11月26日。
[19] 中国地质调查局发展研究中心:《应对全球化:全球矿产资源信息系统数据库建设(之二十)亚洲卷:泰国》,中国地质调查局,2010a年。
[20] 中国地质调查局发展研究中心:《应对全球化:全球矿产资源信息系统数据库建设(之二十一)亚洲卷:越南》,中国地质调查局,2010b年。
[21] 朱羽羽:"东南亚可再生能源市场,取或舍?"《国家电网》,2014年第133期。

第七章　交通基础设施互联互通

基础设施是国家经济发展的重要支撑，也是中国与东南亚各国开展经贸往来的重要依托。中国"一带一路"建设中强调要加强基础设施的互联互通，以基础设施带动中国与东南亚各国的经贸合作。根据世界经济论坛发布的《国际竞争力报告2016～2017》，东南亚各国基础设施发展水平不一（表7-1）。基础设施发展水平最高的为新加坡，其次为马来西亚、文莱、泰国、印度尼西亚和老挝，越南、柬埔寨、菲律宾、东帝汶和缅甸等各国排名较靠后。以下将从航空、水路、铁路、公路四个方面对东南亚各个国家基础设施的发展情况进行分析和评价。

表 7-1　东南亚各国交通基础设施发展水平评价

国家	公路发展水平	铁路发展水平	港口发展水平	航空发展水平	基础设施发展水平	排名
新加坡	6.28	5.74	6.66	6.85	6.39	1
马来西亚	5.46	5.06	5.44	5.70	5.48	2
文莱	4.70	—	3.67	4.08	4.14	3
泰国	4.21	2.52	4.18	4.95	4.03	4
印度尼西亚	3.86	3.82	3.91	4.52	3.79	5
老挝	3.42	—	2.01	3.77	3.74	6
越南	3.47	3.15	3.84	4.06	3.63	7
柬埔寨	3.38	1.62	3.85	3.85	3.43	8
菲律宾	3.07	1.97	2.92	3.25	3.04	9
东帝汶	2.00	—	2.40	2.50	2.90	10
缅甸	2.40	1.80	2.60	2.20	2.10	11

资料来源：World Economic Forum：*The Global Competitiveness Report 2016-2017*. 下载地址：https://www.weforum.org/reports/the-global-competitiveness-report-2016-2017-1。

第一节 航空运输

一、总体发展概况

航空运输网络是东南亚重要的交通运输方式，各国近年来都在不断发展航空交通基础设施。目前各国航空运输发展水平相差较大，新加坡已经成为国际航空网络的重要枢纽，而老挝等国家的航空运输才刚刚起步，发展程度依然较低。根据世界经济论坛的研究（图7-1），新加坡的航空网络发展水平最高，2016年其综合发展水平达到6.85（满分为7分），在全球138个国家中排名第1位；其次为马来西亚，航空网络发展水平为5.70，世界排名第20位；泰国和印度尼西亚航空网络发展水平分别为4.95和4.52，世界排名分别为第42位和第62位；文莱、越南得分分别为4.08、4.06，分别排在第84、86位；柬埔寨、老挝、菲律宾、文莱和缅甸等国家的航空网络发展水平低下，排在100名以后。

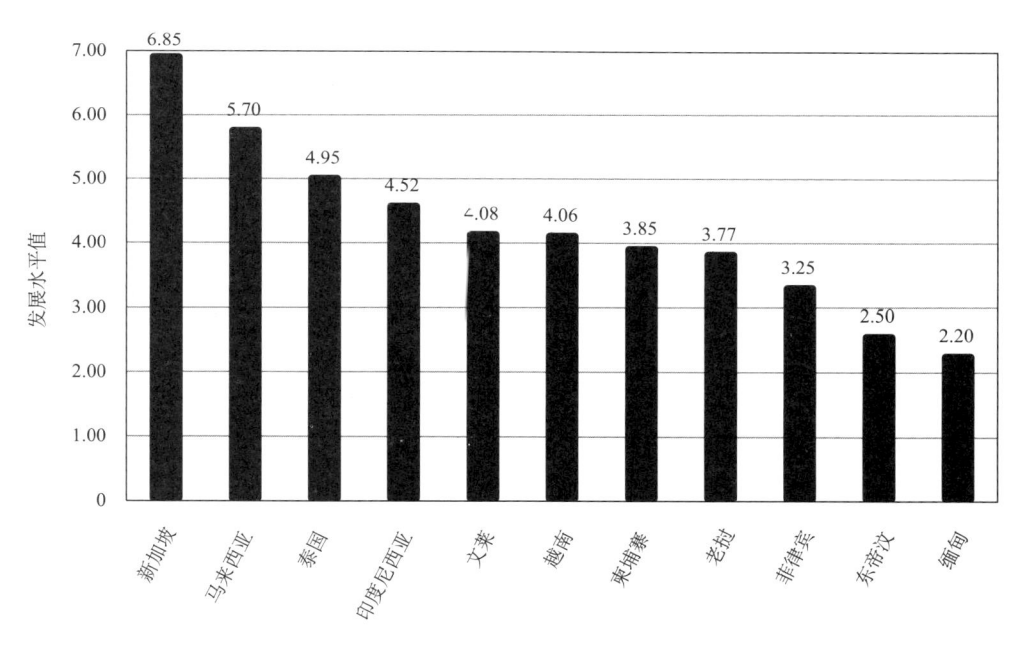

图7-1 东南亚各国航空网络发展水平

资料来源：同表7-1。

1. 机场数量和类型

东南亚地区共有机场920个，其中：大型机场25个，占总机场数的2.72%；中型机场

217个，占23.59%；小型机场642个，占69.78%；直升机场18个，占总数的1.96%；还包括18个已关闭的机场，占总数的1.96%（表7-2）。

印度尼西亚是东南亚地区机场数量最多的国家，拥有461个机场，形成了覆盖全国的航空网络体系。菲律宾有115个机场，机场数量在东南亚地区中排名第2位，其中包括5个大型机场和49个中型机场。数量排名第3位的马来西亚拥有105个机场，但仅有1个大型机场以及27个中型机场。缅甸建设有75个机场，包括2个大型机场、19个中型机场，相对于该国的面积，缅甸的机场密度也较高。泰国建设有69个机场，包括3个大型机场、39个中型机场以及27个小型机场。越南拥有40个各类机场，包括3个大型机场、18个中型机场以及15个小型机场。老挝建设有19个机场，但无大型机场，仅有5个中型机场和10个小型机场。柬埔寨拥有14个机场，其中2个大型机场、4个中型机场、7个小型机场。东帝汶国土面积较小，但也建设有11个机场，其中包括3个中型机场。新加坡拥有9个机场，包括1个大型机场、5个中型机场以及2个小型机场。文莱有2个机场，包括1个大型机场和1个小型机场。图7-2显示了按类型划分的各国机场的空间分布。

表7-2 东南亚各国机场类型和数量　　　　　　　　　　　　　单位：个

国家	大型机场	中型机场	小型机场	直升机场	已关闭机场	总计
印度尼西亚	7	48	390	9	7	461
菲律宾	5	49	59	—	2	115
马来西亚	1	27	72	3	2	105
缅甸	2	19	54	—	—	75
泰国	3	39	27	—	—	69
越南	3	18	15	2	2	40
老挝	—	5	10	—	4	19
柬埔寨	2	4	7	—	1	14
东帝汶	—	3	5	3	—	11
新加坡	1	5	2	1	—	9
文莱	1	—	1	—	—	2
总计	25	217	642	18	18	920

注：机场数包括民用机场、军用机场、军民两用机场及私人机场等。
资料来源：根据Ourairports网站（http://ourairports.com）有关东南亚的机场数据整理。

2. 航班起降次数

东南亚各国的机场均承担了国内外航空运输的重要职能，但各国机场的实际运行具有显著差异性。从起降总量看，2014年东南亚各国机场中，马来西亚的航班架次最高，达到

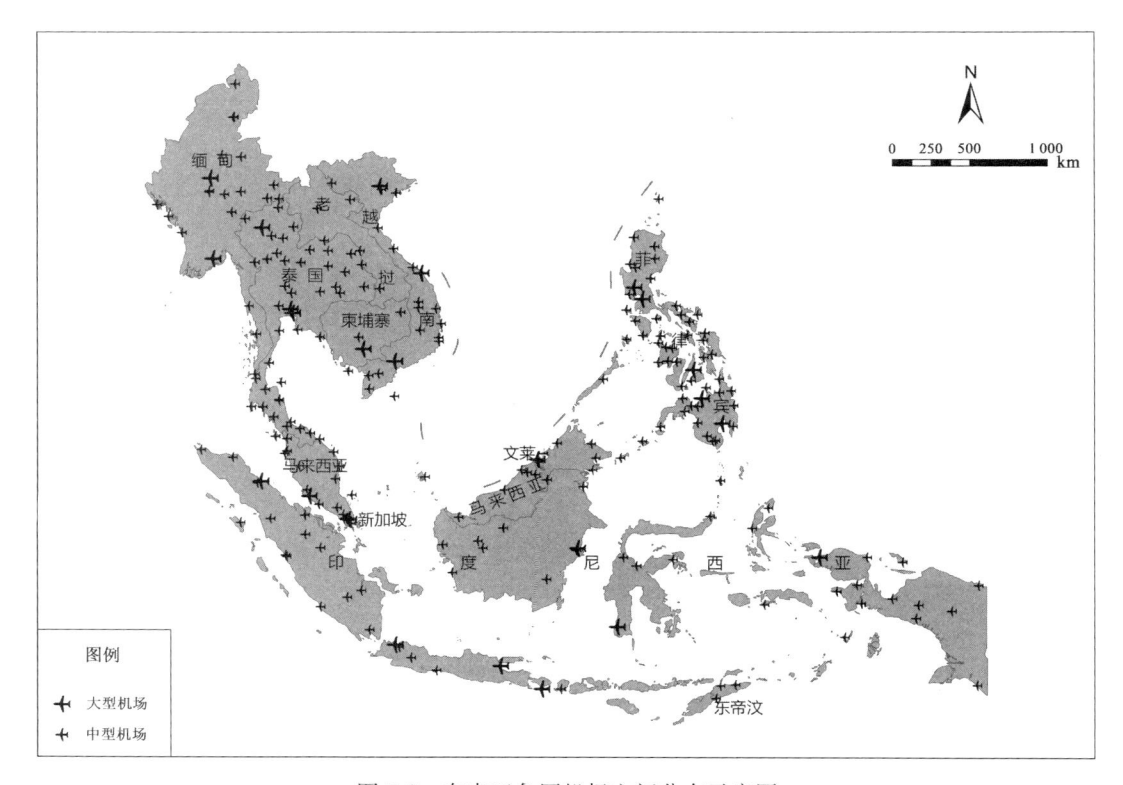

图 7-2　东南亚各国机场空间分布示意图

注：①底图根据中国地图出版社出版的东南亚地图［审图号GS（2013）790号］绘制；②机场数包括民用机场、军用机场、军民两用机场及私人机场等。

资料来源：同表7-2。

83.45万架次，高于其他国家（表7-3）。其次为菲律宾，其起降次达到76.95万架次。泰国在2014年航班起降架次位列第三，超过74万架次。印度尼西亚的航班起落架次约为71万架次，排名第四。新加坡的起落架次为34.1万架次，排名第五，但新加坡的国际航班起降架次在东盟各国中排名第一，体现了新加坡作为国际城市的功能。老挝、越南的航班起降架次分别为24.04万架次和19.86万架次。相对而言，缅甸、柬埔寨、文莱的飞机起落架次非常少，少于10万架次。

表 7-3　2014年东盟各国航班起降次数　　　　单位：万架次

国家	国内航班起降	国际航班起降	总计
马来西亚	54.37	29.08	83.45
菲律宾	59.7	17.25	76.95
泰国	41.7	32.5	74.2

续表

国家	国内航班起降	国际航班起降	总计
印度尼西亚	63.42	7.58	71
新加坡	0	34.1	34.1
老挝	24.04	0	24.04
越南	10.53	9.33	19.86
缅甸	5.63	3	8.63
柬埔寨	0.99	5.1	6.09
文莱	0	2.47	2.47

资料来源：ASEAN Statistical Yearbook 2015，The ASEAN Secretariat，Jakarta，2016.

从单个机场的起降规模看，在起降架次最大的前十位机场中，印度尼西亚有3个机场，马来西亚、菲律宾、泰国分别有2个，新加坡有1个（表7-4）。其中，印度尼西亚的苏加诺—哈达国际机场航班次数位居首位，航班起降次数达27.3万架次。苏加诺—哈达国际机场位于印度尼西亚首都雅加达，是本国重要的国际空港。其次为泰国的素万那普机场，航班起降次数为25.78万架次。第三名为新加坡的樟宜国际机场，起降次数为24.5万架次。位于马来西亚首都吉隆坡的吉隆坡国际机场排第四位，航班起降22.7万架次。服务菲律宾首都马尼拉的尼诺伊·阿基诺国际机场排名第五，航班起落架次为22.6万架次。马来西亚的伊斯梅尔—佩特拉苏丹机场、印度尼西亚的朱安达国际机场、泰国的廊曼国际机场、印度尼西亚的巴厘岛国际机场和菲律宾苏比克湾国际机场分列第五至第十位。

表7-4　东南亚航班起降数量排在前十名的机场　　　　　　　　单位：架次

排序	机场名称	国家	航班起降次数
1	苏加诺—哈达国际机场	印度尼西亚	272 877
2	素万那普机场	泰国	257 860
3	新加坡樟宜国际机场	新加坡	244 974
4	吉隆坡国际机场	马来西亚	226 751
5	尼诺伊·阿基诺国际机场	菲律宾	225 863
6	伊斯梅尔—佩特拉苏丹机场	马来西亚	68 863
7	朱安达国际机场	印度尼西亚	63 120
8	廊曼国际机场	泰国	62 705
9	巴厘岛国际机场	印度尼西亚	60 168
10	苏比克湾国际机场	菲律宾	57 246

资料来源：Airports Council International：World Airport Traffic Report 2009（下载地址：http://www.aci.aero/Data-Centre/Annual-Traffic-Data/Passengers/2009-final）。

3. 机场旅客吞吐量

东南亚各国机场的旅客吞吐量相差较大。如表 7-5 所示，旅客吞吐量最高的国家为泰国，2014 年其机场旅客吞吐量达到 10 177 万人次，其中国际乘客占据半壁江山。印度尼西亚国家狭长且分散，航空成为不同地区间最便捷的交通方式。印度尼西亚在国内建设了完善的航空运输网络，提升了国内旅客乘坐航班的便利性，印度尼西亚国内机场每年运输大量国内旅客，也提升了印度尼西亚机场的旅客吞吐量，2014 年旅客吞吐量达到 8 673 万人次。马来西亚 2014 年旅客吞吐量为 8 509 万人次，排名第三位，国内和国际乘客相对均衡。新加坡旅客吞吐量在东南亚各国中排名第四，达到 5 329 万人次，新加坡是重要的航空枢纽，其服务范围涵盖本地区及周边国家，每年还有大量旅客在新加坡机场中转。菲律宾 2014 年航空客运量为 5 138 万人次，国内乘客比重较大。越南 2014 年全国机场旅客吞吐量为 2 536 万人次，排名第六位。柬埔寨、缅甸、文莱和老挝机场的旅客吞吐量规模较小，2014 年旅客吞吐量小于 1 000 万人次。

表 7-5 2014 年东南亚各国航空客运量

国家	航空客运量总计（万人次）	国际航空客运量（万人次）	国内航空客运量（万人次）	2004～2014 年总量增长率（%）
泰国	10 177	5 115	5 062	104.1
印度尼西亚	8 673	1 025	7 647	227.0
马来西亚	8 509	3 998	4 510	122.0
新加坡	5 329	5 329	0	86.3
菲律宾	5 138	1 991	3 146	121.2
越南	2 536	1 320	1 216	190.9
柬埔寨	547	517	30	234.6
缅甸	515	319	197	162.5
文莱	165	165	0	22.6
老挝	143	92	51	242.0

资料来源：同表 7-3。

图 7-3 显示了东南亚各国主要机场的客运量情况。航班旅客吞吐量排在前十位的机场，印度尼西亚有 3 个，马来西亚和泰国分别有 2 个，菲律宾、新加坡、越南分别有 1 个。泰国首都曼谷附近的素万那普机场 2009 年旅客吞吐量位居东南亚首位，旅客达到 4 050 万人次，其次为新加坡的樟宜机场，旅客吞吐量为 3 720 万人次。位于印度尼西亚首都雅加达的苏加诺—哈达国际机场吞吐量略少于新加坡樟宜机场，旅客吞吐量为 3 714 万人次，位列第三。

第四位为马来西亚的吉隆坡国际机场，旅客吞吐量为 2 968 万人次。菲律宾的尼诺伊·阿基诺国际机场排名第五，旅客吞吐量为 2 394 万人次。越南首都的河内机场排名第六，旅客吞吐量为 783 万人次。印度尼西亚的巴厘岛国际机场、泰国的普吉国际机场、马来西亚的亚庇国际机场是各国重要的旅游目的地，运输了大量的国内外游客，旅客吞吐量分别达到 669 万人次、577 万人次和 486 万人次，分别列第七、第八和第十位。印度尼西亚的棉兰国际机场旅客吞吐量为 495 万人次，排名第九。

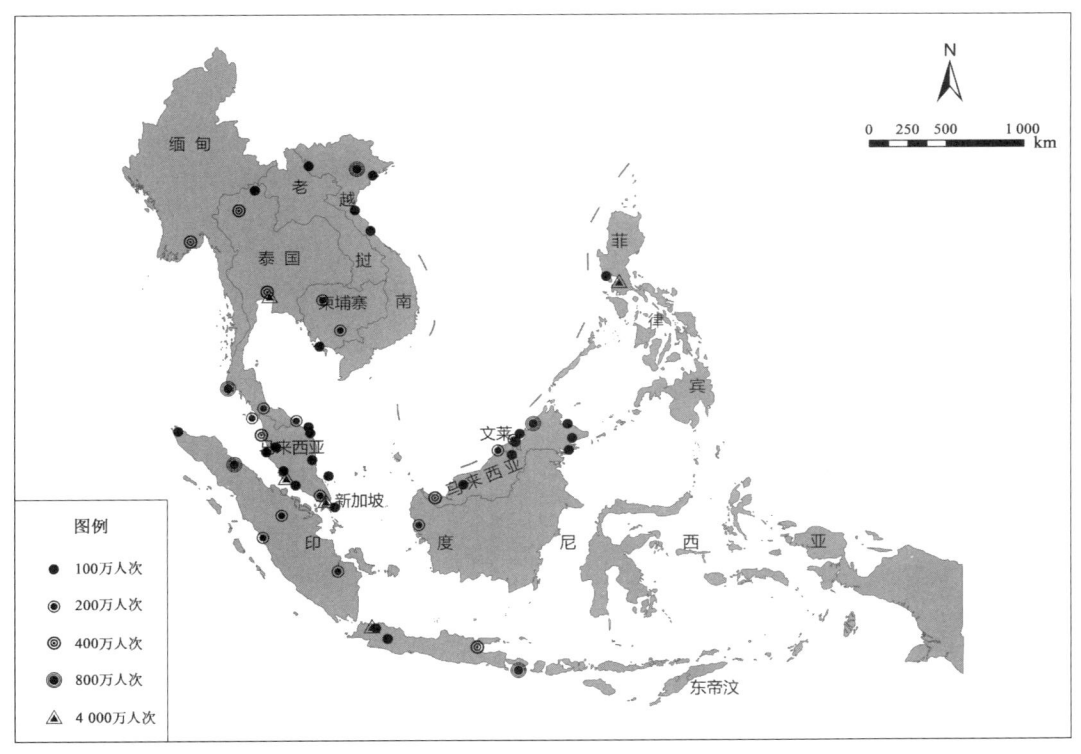

图 7-3　2009 年东南亚各国机场旅客吞吐量示意图

注：底图根据中国地图出版社出版的东南亚地图［审图号 GS（2013）790 号］绘制。

资料来源：同表 7-4。

4. 机场货物吞吐量

从总量看，2014 年，东南亚各国机场货物吞吐量最高的国家为新加坡，货物吞吐量达 184.40 万吨，其中国际航空货运量占较大份额（表 7-6）；其次为泰国，其机场共处理 134.30 万吨货物；马来西亚位列第三，共处理 98.79 万吨货物；菲律宾的机场共处理 95.00 万吨货物，在东南亚各国中位居第四；印度尼西亚的机场处理货物 86.60 万吨，排名第五；越南的机场处理 53.00 万吨货物，位居第六；其他国家，包括柬埔寨、缅甸、文莱和老挝的机场处理货物量较小。

表 7-6 2014 年东盟各国航空货物吞吐量

国家	航空货运量总计（万吨）	国际航空货运量（万吨）	国内航空货运量（万吨）	2004～2014 年总量增长率（％）
新加坡	184.40	184.40	0.00	3.8
泰国	134.30	122.90	11.40	19.5
马来西亚	98.79	80.59	18.20	3.99
菲律宾	95.00	26.70	68.30	62.2
印度尼西亚	86.60	28.20	58.40	140.8
越南	53.00	40.84	12.16	145.6
柬埔寨	3.26	3.26	0.00	83.1
缅甸	2.85	2.45	0.40	133.6
文莱	2.00	2.00	0.00	−20.0
老挝	0.28	0.13	0.15	175.0

资料来源：同表 7-3。

从货物吞吐量排在前十位的机场数量分布看，印度尼西亚最多，有 4 个，马来西亚有 2 个，新加坡、菲律宾、泰国、越南各有 1 个。如图 7-4 所示，2009 年，新加坡樟宜机场的货物吞吐量位居第一，达到 166 万吨；其次为泰国曼谷的素万那普机场，货物吞吐量为 104 万吨；马来西亚吉隆坡国际机场货物吞吐量 60 万吨，排名第三；印度尼西亚的苏加诺—哈达国际机场货物吞吐量为 44 万吨，排名第四；排名第五的是菲律宾尼诺伊·阿基诺国际机场，其货物吞吐量为 34 万吨；越南首都河内的国际机场处理货物 16 万吨，排名第六；马来西亚的槟城国际机场以处理 13 万吨货物而排名第七；印度尼西亚的巴厘岛国际机场、棉兰国际机场、朱安达国际机场分列第八、第九和第十位。

二、各国航空发展特征

1. 新加坡

新加坡是东南亚乃至亚洲地区重要的航空运输枢纽。新加坡樟宜机场位于新加坡东部，距离市区 17.2 千米，占地 13 平方千米，是新加坡主要的民用机场。机场拥有三条跑道，最长为 4 000 米，并建有 3 个航站楼。机场建在海边，并围填海 8.7 平方千米。自 1981 年启用以来，樟宜机场以其优质服务享誉航空界，1987～2011 年共赢取超过 360 个奖项，连续

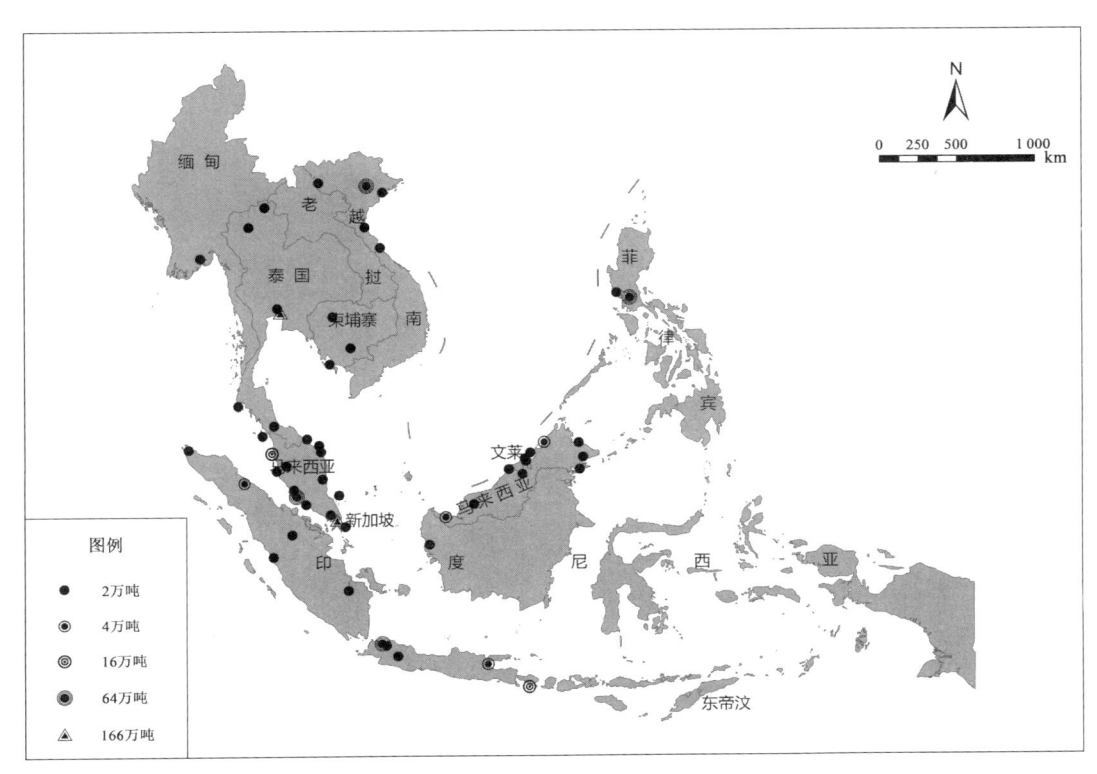

图 7-4 2009 年东南亚各国机场货物吞吐量示意图

注：底图根据中国地图出版社出版的东南亚地图［审图号 GS（2013）790 号］绘制。

资料来源：同表 7-4。

多年被评为世界最佳机场。樟宜机场每周共有 80 多家航空公司来往，提供超过 6 496 个航班，连接超过 72 个国家的 294 个城市。中国的国航、南航、东航、海航、厦航和新加坡航空公司、胜安航空、虎航、捷星 9 家航空公司，已开通新加坡往返中国北京、上海、天津、重庆、长沙、成都、大连、福州、广州、桂林、海口、杭州、哈尔滨、昆明、南京、南宁、宁波、青岛、汕头、沈阳、深圳、太原、武汉、西安、厦门和郑州 26 个城市的航线。2016 年，樟宜机场客运量达到 5 869 万人次，货运量达到 197 万吨，起降架次 360 490 架次。

2012 年 9 月，新加坡樟宜机场关闭廉航候机楼，就地新建年载客能力 1 600 万人次的第四航站楼，2017 年年底将投入使用，届时樟宜机场年载客能力将增加到 8 500 万人次。2012 年，新加坡公布了樟宜机场初步扩建计划，拟将其周边 1 000 公顷土地纳入机场范围，使机场面积增加 77%，达到 2 300 公顷，将根据机场客流量增长情况考虑在扩建区域新建 1～2 个航站楼，并建设飞机保养、维修和翻新服务以及航空物流等设施。2016 年机场开始将一条现有的军用跑道改为军民共用的机场第三跑道，以缓解樟宜机场容量不足的问题。

2. 马来西亚

马来西亚是东南亚重要的空中枢纽之一，共有8个国际机场，即吉隆坡国际机场、槟城国际机场、兰卡威国际机场、亚庇国际机场、古晋国际机场、马六甲国际机场、柔佛士乃国际机场以及瓜拉丁加奴苏丹马穆德机场，这些机场与其他国内航线机场构成了马来西亚空运的主干网络。2013年，空运旅客8 100万人次，货物89.5万吨。中国前往马来西亚有多条航线可供选择，航空公司包括马来西亚航空公司和中国南方航空、东方航空、厦门航空、深圳航空及香港国泰航空，每周定期往返于中国北京、上海、广州、厦门、昆明、香港、澳门与马来西亚吉隆坡、槟城、兰卡威及亚庇之间。作为亚洲地区最大的廉价航空公司之一，亚航近年来陆续开通了多条前往中国主要旅游城市的航线，包括广州、桂林、海口、杭州、深圳、香港和澳门等，往返吉隆坡和北京的直航也于2012年正式开通。

吉隆坡国际机场是马来西亚最主要的国际机场之一和马来西亚规模最大的机场，也是全球最繁忙机场之一。机场离吉隆坡约50千米，于1998年6月正式启用。目前机场拥有三条平行的跑道，每条跑道长4 000米，未来还将增建2~3条新跑道。枢纽航空公司包括马来西亚航空、亚洲航空、全亚洲航空、马印航空和马来西亚航空货运。中国的国航、东航、南航、厦航、国泰航空等经营有直达该机场的航线，联通国内的北京、上海、武汉、广州、香港、大连、福州、天津、厦门等城市。2016年，该机场客运量达到5 264万人次，比2015年增长7.6%，航班起降架次356 614架次，增长0.6%。

亚庇国际机场距离亚庇市区10千米，是东马来西亚最繁忙的民用机场，拥有一条3 780米的跑道。中国的南航、东航、上航、港龙航空均有航班服务该机场与包括广州、深圳、香港等国内主要城市。2016年，该机场客运量为726万人，起降架次70 138架次。

3. 泰国

泰国曼谷是东南亚地区重要的航空枢纽。泰国全国共有69个大小机场，其中国际机场有7个。泰国是东南亚重要的旅游目的地，航空客运已成为外国游客入境泰国的主要运输方式，乘飞机入境泰国的外国游客人数占入境泰国的外国游客总人数的约80%。在货物运输方面，由于航空货运的费用较高，航空货运总额仅分别占国内货运比重和国际货运比重的0.02%和0.3%，采取航运的产品主要是单位价格高的产品，包括电子配件以及花束等。从泰国任何一个省份或地区到曼谷的飞行时间仅1小时左右。国际航线可直飞亚、欧、美及大洋洲的30多个城市。香港、北京、上海、广州、昆明、成都、汕头等都有固定航班往返曼谷。

素万那普机场，又称为新曼谷国际机场，位于泰国曼谷以东25千米，占地面积32平方千米，拥有两条跑道，2006年启用。素万那普国际机场是曼谷主要的民用机场，也是东南亚乃至亚洲重要的航空枢纽，除了为泰国国际航空的枢纽机场外，国泰航空、中华航空及长荣航空等外籍航空公司也将之当作重点机场，中国的国航、东航、南航、厦航、海航、深航等均有航线到达该机场，北京、上海、广州、成都、昆明、长沙等主要城市均有直达航班。2016 年，机场客运量达到 5 589 万人次，机场货运量 135 万吨，起降架次 336 345 架次。

清迈国际机场是位于泰国清迈市区西南方约 4 千米处的民用机场，是旅客前往泰国北部的重要机场。机场虽小，但功能完善，服务较好，曾被评为世界最佳机场之一。机场只有一个大厅，标识明显，出入方便。一楼有国际、国内乘客到达大厅，二楼为国际乘客离境大厅。航班很多，中国直飞有昆明（东航）、澳门（亚航）、香港（港运）等多地。

普吉国际机场位于泰国普吉岛北部，是泰国国际航空的主机场之一，距离市区 8 千米，1945 年启用，该机场拥有一条 3 000 米的跑道。由于使用该机场至普吉岛度假旅游的人数众多，使得普吉国际机场的旅客吞吐量仅次于首都曼谷的新曼谷国际机场，居全泰国第二，每年有大约 290 万人次的旅客在此进出。2016 年，机场客运量达到 1 511 万人次，机场货运量 4.3 万吨，起降架次 97 813 架次。

4. 越南

越南共有 17 个规模较大的机场，包括河内国际机场、胡志明市新山一机场、岘港机场、芹苴机场 4 个国际机场。已有 45 家国际航空公司开通连接越南的 55 条航线。北京、广州、上海、重庆等地均有飞往越南河内、胡志明市的航线。

新山一国际机场位于越南胡志明市，是越南最大的机场。拥有两条跑道，分别长 3 800 米和 3 050 米。世界各国航空公司在该机场均有航线，中国的国航、南航、东航、国泰等航空公司有从北京、上海、广州、香港直达的航班。2025 年后，距胡志明市东北 40 千米的隆城国际机场将落成，届时新山一国际机场将成为国内机场。2016 年，机场客运量达到 3 248 万人次，机场货运量 93 万吨，起降架次 181 201 架次。

河内国际机场，也称内排国际机场，位于越南首都河内，为越南北部最大机场，距河内市中心约 45 千米。该机场属于军民合用机场。枢纽航空公司包括湄公航空、越捷航空和越南国家航空。中国的南航、东航和港龙航空均有直达该机场的航线。2016 年，机场客运量达到 2 059 万人次，机场货运量 35 万吨，起降架次 100 846 架次。

5. 柬埔寨

柬埔寨空运主要为客运，货运不发达，目前有 11 个机场，包括金边和暹粒两个国际机场。近年来，开通柬埔寨航线的航空公司数量稳步增长。金边机场现运营至马来西亚、新加坡、泰国、越南、中国大陆、中国香港、中国台湾、韩国八个国家/地区的航线。中国至柬埔寨的主要航线包括：北京—广州—金边、昆明—南宁—金边、香港—金边、上海—金边、台北—金边、重庆—暹粒、上海—昆明—暹粒。

金边国际机场位于柬埔寨首都金边以西 7 千米，是军民共用机场，也是柬埔寨最大的机场。该机场拥有一条 3 000 米的跑道。该机场是 PMT 航空、暹粒航空公司的枢纽港。2013年，万名旅客票选亚洲机场排名第十，被旅客誉为亚洲最精致又小而美的机场之一。该机场拥有与东南亚其他国家首都连接的航线，中国的南航、东航、港龙、香港航空等有与该机场的直达航线。2016 年，机场旅客吞吐量 338 万人次，货物吞吐量 4.5 万吨，起降架次 33 435 架次。

暹粒—吴哥国际机场位于柬埔寨暹粒市西北，距离市中心 7 千米，离著名的吴哥窟 5 千米。暹粒—吴哥国际机场为柬埔寨的第二大机场，拥有一条 2 550 米的跑道。中国的南航、东航、山航、厦航、港龙航空等有与该机场的定期直达航线。2016 年，机场旅客吞吐量达到 348 万人次。

6. 菲律宾

菲律宾共有 115 个机场，其中 8 个为国际机场，其他机场设施落后，许多省会机场是土石跑道的简易机场。大多数主要航线每天或每周都有多个航班从马尼拉飞往亚洲国家和地区以及美国、欧洲与中东的主要城市。

尼诺伊·阿基诺国际机场是菲律宾最主要的国际机场，服务于马尼拉及其周边地区。该机场拥有两条跑道，分别长 3 733 米和 2 258 米。该机场是菲律宾连接国际的重要交通门户，也是国内航空的枢纽。中国的国航、东航、南航、厦航、港龙航空等经营有国内直达航班。2016 年，机场旅客吞吐量达到 3 951 万人次。

宿务国际机场，位于菲律宾宿务都会区麦克坦岛上的拉普拉普市，是米沙鄢地区主要的国际机场，也是菲律宾的第二大门户。机场由麦克坦—宿务国际机场管理局负责管理。机场占地面积为 797 公顷，有一条 3 300 米的跑道和一条滑行道，航站楼可容纳 450 万名乘客。中国的国泰航空等经营有从香港直达该机场的航线。2016 年，机场旅客吞吐量 883 万人次，货物吞吐量 6.7 万吨，起降架次 71 543 架次。

苏比克湾国际机场位于菲律宾吕宋岛上苏比克湾，主要服务于菲律宾国内线以及东南亚地区的区域性国际航班。该机场拥有一条 2 744 米长的跑道。国际航线中仅有首尔、仁川和中国的澳门有直达航线。

7. 印度尼西亚

印度尼西亚由众多岛屿组成，使得航空运输重要性突出。各省、市及偏远的地区均通航，全国有 461 个机场，其中达到国际标准的有 23 个。开有国际航班、国内航班、朝勤航班、先锋航班等。航空公司主要有 Garuda 航空公司、Merpati 航空公司、Lion 航空公司、Sriwijaya 航空公司。政府的空运业发展方案包括当前主要机场的维护、改进和扩建，以及新机场的建设和旧机场的替代，具体项目包括棉兰、龙目机场建设项目。为满足日益增长的航空运输需求，印度尼西亚交通运输部计划在 2030 年之前新建 14 个机场。

苏加诺—哈达国际机场是印度尼西亚第一大机场，位于印度尼西亚首都雅加达以西 20 千米，占地面积 18 平方千米，有两条独立的平行跑道，1985 年 4 月开始营运。该机场名字来源于印度尼西亚开国总统苏加诺和副总统穆罕默德·哈达。机场建筑以印度尼西亚王宫为范本。印度尼西亚航空公司以该机场作为营运枢纽，该机场有许多国际航空在此设站，也成为亚洲转运中心之一。中国的国航、南航、厦航、国泰航空等经营有国内主要城市包括北京、广州、福州、厦门、郑州、香港的直达航线。2008 年该机场被列为全世界第八个最有特色的机场，2013 年被列为全世界第十个繁忙机场。2016 年，机场接待旅客 5 870 万人次。

朱安达国际机场位于印度尼西亚泗水附近的诗都阿佐，是该国第二大机场，以该国最后一任总理朱安达的名字命名。该机场主要服务泗水市。截至 2016 年，仅与中国香港和台北有直达航班。2016 年机场旅客吞吐量 1 948 万人次。

巴厘岛国际机场也称伍拉·赖国际机场，是印度尼西亚巴厘省的一座国际机场，为巴厘岛唯一的国际机场，位于旅游发展蓬勃的巴厘岛南部，休闲胜地库塔就位于其北方 2.5 千米处，距离巴厘岛首府登巴萨则约 13 千米。机场名称来自印度尼西亚国家英雄伍拉·赖。该机场是印度尼西亚第三繁忙的国际机场，占地 296 公顷，拥有一条 3 000 米长的跑道。2016 年，该机场旅客吞吐量 1 999 万人次。

8. 缅甸

缅甸全国有大小机场 75 个，主要机场有仰光机场、曼德勒机场、内比都机场、黑河机场、蒲甘机场、丹兑机场等。其中，仰光、内比都和曼德勒机场为国际机场。缅甸主要航空公司有缅甸航空公司、缅甸国际航空公司、曼德勒航空公司、仰光航空公司、甘波扎航空公司、蒲甘航空公司、亚洲之翼航空公司、金色缅甸航空公司等。截至 2013 年年底，缅甸已与 20 多个国家和地区建立了直达航线，主要国际航线可达曼谷、清迈、北京、昆明、广州、南宁、香港、台北、新加坡、吉隆坡、达卡、暹粒、金边、河内、胡志明、柏斯、伽雅、加尔各答、达卡、首尔、多哈、法兰克福等城市。国内航线共 17 条，大城市和主要旅游景点均已通航。截至 2016 年，中国前往缅甸的主要航线有国航、东航、南航等经营的北京、广州、昆明、南宁往返仰光航线，以及昆明—曼德勒、昆明—内比都往返航线。

仰光国际机场是缅甸主要的国际机场，也是国内第二大机场。机场由仰光机场管理局于 1947 年兴建。2005 年，缅甸政府开始翻新工程并修建了新的候机楼，以服务国际航线。2016 年，仰光国际机场服务本国 7 家航空公司，以及包括卡塔尔航空、马来西亚航空、印度航空、中国国航等 22 家国际航空公司。2016 年，仰光国际机场旅客吞吐量约为 600 万人次。

曼德勒国际机场是目前缅甸最大、最现代化的机场，也是缅甸第二个国际机场，位于曼德勒城市以南35千米处。机场始建于20世纪90年代，主要为了吸引外资和发展旅游。该机场拥有一条4 267米的跑道，机场设计年接待能力300万人次，截至2016年机场接待旅游量较小，大部分航班为国内航班，仅与广州、昆明、香港有定期国际航班。

内比都国际机场位于缅甸首都内比都以南16千米处，机场目前为军民共用机场，拥有一条3 658米长的跑道。机场主要为国内航线，连接仰光和曼德勒国际机场，国际航线有中国的香港航空至香港航班、南方航空至汕头航班、东方航空至昆明航班。

9. 东帝汶

帝力机场是东帝汶唯一的国际机场，位于市区东北部，距市中心约15分钟车程。东帝汶尚未成立国有航空公司。目前有三家航空公司运营帝力的国际航线。其中，印度尼西亚SriwUaya航空公司，每天有一个航班往返帝力与巴厘岛之间；东帝汶的帝汉航空是由原新加坡胜安航空（SILKAIR）改名而来，每周二、四、六有航班往返于帝力和新加坡；澳大利亚北方航空公司执行帝力到澳大利亚达尔文之间的航班。2013年，抵达帝力国际机场的外国旅客共77 868人次。按旅客国籍划分，超过1 000人次的最大旅客来源地依次为印度尼西亚（17 520人次）、澳大利亚（12 817人次）、葡萄牙（5 894人次）、中国（4 346人次）、菲律宾（3 936人次）、美国（2 130人次）、马来西亚（1 455人次）、新加坡（1 453人次）、日本（1 438人次）。2013年，帝力国际机场到港航班2 604架次，到港货物209.12吨，离港货物30.5吨。

10. 老挝

老挝航空发展较为滞后，全国有19个机场，其中商业机场8个，包括首都万象瓦岱机场、琅勃拉邦机场和巴色机场等。万象瓦岱机场位于万象市中心以西约3千米，是万象市唯一的国际机场，机场有定期航班到金边、曼谷、清迈、河内、吉隆坡、首尔、胡志明市等城市，此外还有一些不定期的包机服务，目的地包括中国香港、新加坡或世界其他地区。中国东航有昆明、南宁，南航广州，海航海口，川航昆明往返万象机场的航班。

11. 文莱

文莱国土面积较小，首都国际机场于1974年建成，每周有多个航班直达东盟、澳大利亚、中东、欧洲、日本、中国（香港和上海）等国家和地区的21个城市。此外，还与其他国家的航空公司开通了代码共享的航线。2012年，文莱国际机场民航航班起降13 810架次，接待乘客168万人次，年货运吞吐量为2.39万吨。2012年，首都国际机场改扩建项目正式启动，到2020年机场乘客承载能力将提高到每年800万人次。中国上海浦东机场与文莱国际机场之间每周一、三、五有直航航班往返。

第二节 水路运输

一、总体发展概况

1. 海运运输

东南亚各国除老挝外，其他都为沿海国家，海上交通运输具有悠久的历史，依托便捷的海上交通网络，建立了与周边国家的海上贸易网络。如表7-7所示，东南亚各国拥有284个各类商业港口，其中大型港口11个，占港口总量的3.87%；中型港口19个，占总量的6.69%；小型港口54个，占总量的19.01%；一般港口数量最多，共有200个，占总量的70.42%。

表7-7 2015年东南亚各国港口统计

国家	大型港口	中型港口	小型港口	一般港口	总计
印度尼西亚	3	6	18	96	123
菲律宾	2	4	8	56	70
马来西亚	3	4	10	18	35
泰国	1	2	3	15	21
越南	—	1	6	9	16
缅甸	—	—	5	1	6
文莱	—	—	2	3	5
新加坡	2	1	1	1	5
柬埔寨	—	1	—	1	2
东帝汶	—	—	1	—	1
总计	11	19	54	200	284

资料来源：National Geospatial Intelligence Agency：World Port Index 2015（下载地址：http://msi.nga.mil/NGA-Portal/MSI.portal?_nfpb=true&_pageLabel=msi_portal_page_62&pubCode=0015）。

从各国港口的数量来看，印度尼西亚港口最多，这是因为印度尼西亚岛屿数量众多，全国除航空交通外，港口是联系国家不同地区最重要的交通网络。2015年，印度尼西亚港口数量123个，占东南亚港口总量的43.31%。该国拥有3个大型港口、6个中型港口和18个小型港口。其次为菲律宾，港口数量为70个，占东南亚港口总量的24.65%，其中包括2个大型港口、4个中型港口和8个小型港口。马来西亚拥有35个各类港口，在东南亚各国中居第三位，其中包括 3 个大型港口、4 个中型港口和 10 个小型港口。泰国在沿海地区也建设了 21 个港口，其中大型港口仅 1 个，其他有 2 个中型港口和 3 个小型港口。越南建设有 16 个港口，但都是中型和小型港口。缅甸和文莱分别有 6 个和 5 个港口，规模都较小。新加坡建设有 5 个港口，其中大型港口（港区）有 2 个。柬埔寨和东帝汶港口数量较少。图 7-5 显示了按规模划分的东南亚各国港口的分布。

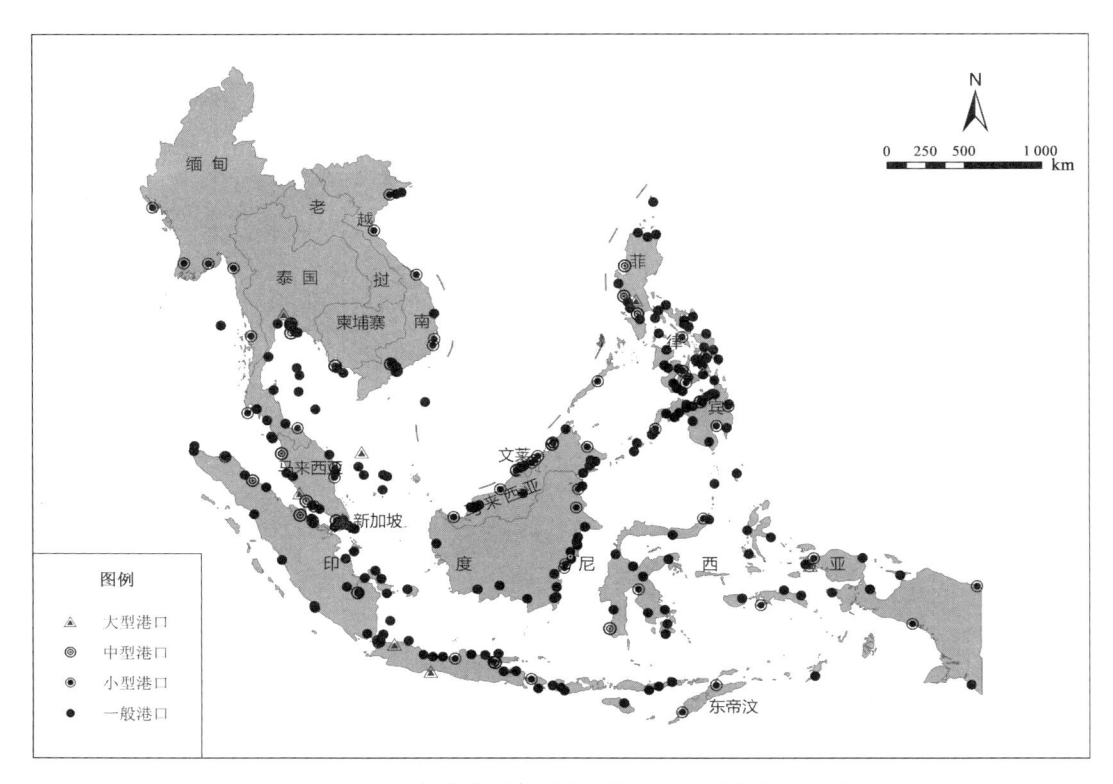

图 7-5 2015 年东南亚各国港口类型与空间分布示意图

注：底图根据中国地图出版社出版的东南亚地图［审图号 GS（2013）790 号］绘制。

资料来源：同表 7-7。

东南亚各国港口发展水平不一，各港口在国家航运网络中的角色也有明显差异。以集装箱运输为例，新加坡地处马六甲海峡，是国家航运网络中的重要枢纽，其服务范围覆盖东南亚以及东亚部分地区。2013 年，新加坡集装箱运输量达到 3 224 万 TEU[①]，在东南亚各国中位居首位（图 7-6）；马来西亚的港口完成集装箱吞吐 2 143 万 TEU，位居第二；印度尼

---

① TEU 是英文 Twenty-feet Equivalent Unit 的缩写，是以长度为 20 英尺的集装箱为国际计量单位，也称国际标准箱单位。通常用来表示船舶装载集装箱的能力，也是集装箱和港口吞吐量的重要统计、换算单位，一个 TEU 一般配货毛重为 17.5 吨。

西亚年处理集装箱 1 079 万 TEU；越南的港口处理集装箱 812 万 TEU，但自 2008 年以来其年均增长速度达 13.07%，位居东南亚各国首位；泰国年集装箱处理 770 万 TEU，排名第五；菲律宾年处理 586 万 TEU，排名第六；柬埔寨和缅甸各港口集装箱吞吐量较小，分别为 27 万 TEU 和 23 万 TEU。

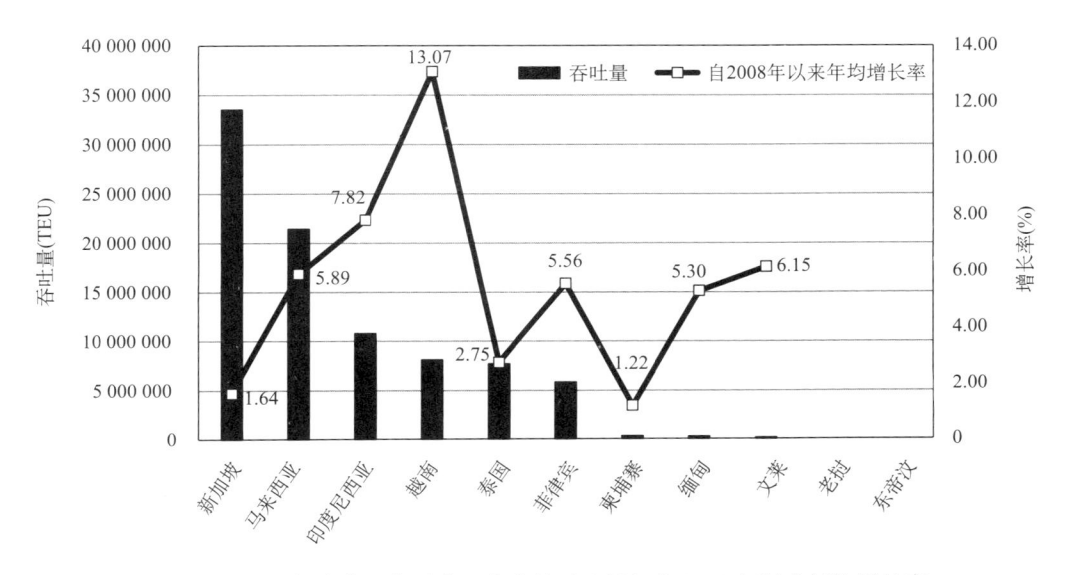

图 7-6　2013 年东南亚各国港口集装箱吞吐量与自 2008 年以来年均增长率

注：老挝和东帝汶缺少数据。

资料来源：根据世界银行国家数据库（http://data.worldbank.org/）关于东南亚的港口数据整理。

东南亚集装箱吞吐量排名前十位的港口，马来西亚有 3 个，印度尼西亚有 2 个，泰国有 2 个，越南、菲律宾和新加坡各 1 个（表 7-8）。首先，马六甲海峡周边的港口借助得天独厚的区位条件，在国际航运网络中具有重要的地位，比如新加坡港、巴生港和丹戎帕拉帕斯港，集装箱吞吐量都非常高，在东南亚各港口中排名前三位。其次，服务各国首都的港口集装箱吞吐量一般也较高，如印度尼西亚的丹戎不碌港，位于首都雅加达附近，是印度尼西亚最大的港口，在东南亚各港口中排名第四。泰国的林查班港位于首都曼谷南部，2013 年集装箱吞吐量达到 603 万 TEU，在东南亚各港口中排名第五。胡志明港位于越南南部胡志明市附近，2013 年集装箱吞吐量达到 554 万 TEU，成为东南亚第六大集装箱港口。菲律宾首都马尼拉的马尼拉港，是全国最大的港口，2013 年集装箱吞吐量 377 万 TEU，排名第七。印度尼西亚的丹戎佩拉港也是该国重要的港口之一，2013 年集装箱吞吐量 300 万 TEU，排名第八。排名第九的港口为泰国的曼谷港，2013 年集装箱吞吐量 151 万 TEU。排名第十的港口为马来西亚的槟城港，2010 年集装箱吞吐量达到 111 万 TEU。

表 7-8 2013 年东南亚十大港口集装箱吞吐量

港口名称	所属国家	集装箱吞吐量（1 000TEU）		2013 年排名
		2009 年	2013 年	
新加坡港	新加坡	25 866	32 240	1
巴生港	马来西亚	7 310	10 350	2
丹戎帕拉帕斯港	马来西亚	6 000	7 628	3
丹戎不碌港	印度尼西亚	3 805	6 590	4
林查班港	泰国	4 538	6 032	5
胡志明港	越南	3 710	5 542	6
马尼拉港	菲律宾	2 878	3 770	7
丹戎佩拉港	印度尼西亚	2 270	3 001	8
曼谷港	泰国	1 222	1 509	9
槟城港	马来西亚	958	1 106	10

注：槟城港 2009 年是 2010 年的数据。
资料来源：Jane, R. 2015. *Containerisation International Yearbook 2013*. London：Informa Group.

2. 河运运输

除了海运网络，东南亚部分国家还建立了内河运输网络。但相对于海运网络，内河网络依然处于初步阶段。目前该地区最重要的内河运输网络为澜沧江—湄公河运输网络。澜沧江—湄公河是亚洲最重要的跨国水系，其上游是中国境内的澜沧江，下游三角洲在越南境内。湄公河总长约 4 908 千米，流域总面积 81.1 万平方千米，是世界第九长河、亚洲第七长河、东南亚第一大河。发源于中国青海省，流经西藏自治区与云南省，此后成为缅甸与老挝之间以及老挝与泰国之间的部分国际边界，还流经老挝、柬埔寨与越南，最后在胡志明市南部注入南海。

澜沧江—湄公河国际航运开创于 20 世纪 90 年代初，经过中、老、缅、泰四国洪、枯水期联合考察，于 2000 年 4 月签订了《中老缅泰澜沧江—湄公河商船通航协定》，2001 年 6 月实现澜沧江—湄公河国际航运正式通航。自正式通航以来，中国先后建设了思茅、景洪、关累、勐罕等一批港口码头设施，对境内外航道进行了整治，通航能力大大提高。由过去的原始航道、半年通航提升为全年通航，最大船舶为 420 吨，货运量从最初的几万吨发展到现在的几十万吨，客运量从最初的几万人次发展到现在的几十万人次，货种从单一化向多元化逐步发展。但由于老挝会晒至琅勃拉邦 300 千米河道未实施整治工程，枯期宽浅河段仅能通航 60 吨级船舶，上下游航道开发不一致，限制了国际航运整体运力的提升和综合效益的发挥。相比之下，湄公河下游的柬埔寨桔井以下可全年通航，桔井以上大水时可通小汽船，

3 000~4 000 吨级船可上溯至金边。

湄公河在越南注入南海，形成越南湄公河三角洲，因有 9 个出海口，故越南称之为"九龙江三角洲"。该地区是世界上河网最密集的地区之一，但未进行恰当的投资与开发，运输的巨大潜力被浪费。湄公河（九龙江）三角洲的河流和运河总长度超过 2.65 万千米，其中 1.3 万千米用于水路运输。但目前该地区 80% 的出口集装箱必须通过陆路运到胡志明市或巴地—头顿省。该地区规划中，很早之前就确定了优先发展的水路运输项目，但由于资金问题，实际投入较少。同时该地区有很多老旧的桥梁，只能让较窄小的船只通过，限制了运力。本地区还有 2 500 个港口和船站，每个港口或船站每年能处理 5~200 万吨货物，但是大部分没有现代化的装卸设施，与其连接的道路状况也不佳。越南交通运输部将开辟胡志明市至隆安、前江、同塔和建江等省的水路航线，此后 500~1 000 吨的船舶将定期往返于胡志明市和上述地区。该地区部分河道已经疏浚，2016 年年初大型船舶可以从海上进入后江河道。

2014 年，中国与泰国、老挝、缅甸已经就《澜沧江—湄公河国际航运发展规划》达成了共识，预计到 2025 年将建成从思茅港南得坝至老挝琅勃拉邦 890 千米、通航 500 吨级船舶的国际航道，并在沿岸布设一批客运港口和货运港口。

二、各国水运发展特征

1. 新加坡

新加坡港位于新加坡南部沿海，西临马六甲海峡的东南侧，南临新加坡海峡的北侧，是亚太地区最大的转口港，也是世界最大的集装箱港口之一。该港扼太平洋及印度洋之间的航运要道，战略地位十分重要。它自 13 世纪开始便是国际贸易港口，目前已发展成为国际著名的转口港，还是世界最大燃油供应港口。以新加坡为中心的海运网络由 200 多条航线组成，连接 123 个国家和地区的 600 个港口。新加坡港有 4 个集装箱处理码头，集装箱船泊位 54 个，年集装箱处理能力 3 500 万 TEU，为全球仅次于中国上海的集装箱港口。2013 年，新加坡港货运量 5.6 亿吨，集装箱吞吐量 3 258 万 TEU，海运客运量 658 万人次，2014 年注册船舶 4 430 艘，总吨位 7 750 万吨。

2. 印度尼西亚

印度尼西亚四面环海，海运网络发达，水运系统包括岛际运输、传统运输、远洋运输、特别船运。印度尼西亚全国有水运航道 21 579 千米，其中苏门答腊 5 471 千米、爪哇/马都拉 820 千米、加里曼丹 10 460 千米。印度尼西亚有各类港口约 670 个，其中商业港口 123 个。雅加达丹戎不碌港是全国最大的国际港，年吞吐量约 250 万 TEU，泗水的丹戎佩拉港为第二大港，年吞吐量为 204 万 TEU。

政府发展规划主要集中在境内水运航线和港口的建设方面，包括加里曼丹地区的河运交通建设项目、建设一系列渡口码头和湖泊码头。在海运方面，印度尼西亚政府希望尽快扩大包括丹戎不碌港等港口的货物处理能力，使其与国家的整体经济相匹配，解决由于装卸能力不足导致的货物滞留问题。2015 年，印度尼西亚总统表示将开发 24 个国际码头项目，为解决资金问题，印度尼西亚政府正在逐步放宽对港口的控制，并计划允许私人机构通过 BOT 方式建设和管理港口。

3. 马来西亚

马来西亚 95% 的贸易通过海运完成，主要国际港口包括巴生港、槟城港、柔佛港、丹绒帕拉帕斯港、关丹港、甘马挽港以及民都鲁港等。2011 年，马来西亚水运 4.46 亿吨，2013 年为 5.06 亿吨。巴生港为马来西亚最大的港口，是马来西亚的海上门户。该港位于马来半岛西海岸，在巴生市西南约 6 千米，即首都吉隆坡西南约 38 千米处。巴生港港区建于巴生河口，与首都吉隆坡有公路和铁路连接。其西港有良好的深水码头，可以停靠世界最大吨位的货船。集装箱年处理能力约 500 万 TEU，是东南亚集装箱的重要转运中心，是世界第十三大繁忙转运港（2004 年）、第十二大繁忙货柜港（2012 年），也是货物吞吐量第十六大港口（2011 年）。

4. 菲律宾

菲律宾共有 414 个主要港口。大多数港口需要扩建和升级，以容纳大吨位轮船和货物。菲律宾的集装箱码头设施完善，能高速有效地处理货运。

马尼拉港是菲律宾最大的海港，位于菲律宾吕宋岛西南沿海帕西格河口两岸，濒临马尼拉湾的东侧。港区沿海岸南北伸展，分南港、北港及国际集装箱三个港区，主要码头泊位有 26 个，岸线长达 2 931 米，最大水深 11.6 米。北港自帕西格河口北岸开始，由陆岸向西伸展八座突堤，但水深较浅，仅供沿海船只停靠。南港在帕西格河口以南，陆岸略转东南，五座突堤伸向西南，外有防波堤保护。国际集装箱码头为外贸专用码头，港口设施现代化，集装箱吞吐量增长迅速。主要出口货物为大麻、食糖、椰油、烟叶、酒精、椰干、皮张、菜油、木材及三合板等，进口货物主要有机械、纺织品、食品、药品、石油、水泥、大米及杂货等。马尼拉的进口货物约占全国进口货物的 4/5。除以上公共港区外，在港口西南，马尼拉湾入口东南还有罗萨里奥石油、危险品港区。

5. 柬埔寨

柬埔寨水运分为海运与河运。2013 年，港口总吞吐量 645.5 万吨，同比增长 21%，其中，西哈努克港 307.8 万吨、金边港 143.5 万吨、戈公港 107.2 万吨。西哈努克港是柬埔寨唯一的深水海港，有 2 个泊位，码头长度分别为 240 米和 160 米，前沿水深 9 米，主要进口商品有原料、车辆、药品和日用品，主要出口商品有服装、农产品，特别是大米。该港海运线路可抵达美国、欧盟、中国内地和香港、印度尼西亚、日本、马来西亚、菲律宾、新加坡、韩国、泰国、越南等国家和地区（多通过新加坡中转）。

柬埔寨内陆水系主要包括湄公河、洞里萨河和巴萨河，雨季总长度约为 1 750 千米，旱季缩减为 580 千米。全国有七个主要河运港口，包括金边港、磅湛码头、桔井码头、上丁码头、乃良码头、磅清扬码头等。2013 年 1 月 22 日，由中国提供优惠出口买方信贷支持的金边港新建集装箱码头项目竣工。金边港新建集装箱码头位于金边以南湄公河畔，距金边市约 21 千米，码头长 300 米，宽 22 米，有 2 个 500 吨级货轮泊位，设计年集装箱吞吐量 12 万 TEU。

6. 老挝

老挝是内陆国家，没有海运港口，但有部分内河航运网络。湄公河在老挝境内全长 1 800 多千米，流经 13 个省，沿湄公河有 20 多个小型码头，运输总量占 18%。上湄公河部分航道整治后，旱季能通行 150 吨级船只，雨季能通行 300 吨级船只，下湄公河航段从会晒以下仍未畅通。

7. 缅甸

缅甸的主要港口有仰光港、勃生港和毛淡棉港，其中仰光港是最大的海港。缅甸交通部数据显示，截至 2013 年 11 月，内河航道约 9 219 英里，各种船只 537 艘，目前仅有缅甸五星轮船公司经营远洋运输。仰光港位于缅甸南部沿海仰光河口，濒临莫塔马湾的西北侧。在仰光港从事集装箱运输的主要有五家公司，分别是 Myanma Port Authority（MPA）、Myanmar International Terminal Thilawa（MITT）、Asia World Port Terminal（AWPT）、Myanmar Industrial Port（MIP）和 Bo Aung Kyaw（BAK），共有各种等级泊位 30 个，其中最大靠泊等级为 3 万吨级。仰光港集装箱码头的装卸设备总体比较落后，且码头装卸设备配备不齐全。除 MITT 码头配备 2 台岸边集装箱装卸桥外，其余码头设备基本以固定吊为主，个别码头配有多用途门机，一些码头甚至需要依靠船吊进行装卸作业。目前仰光港集装箱吞吐量总量不大，但增速较快，2005 年以来年均增速为 15.1%，一直保持较快的增长速度，2010 年港口集装箱吞吐量 34.7 万 TEU。港口主要出口货物为大米、豆饼、皮张、矿石、宝石、翡翠、柚木、硬木等，进口货物主要有钢铁、石油制品、煤、纺织品、水泥、机器、车辆、电气设备及化工产品等。

8. 泰国

泰国的水运包括海运和河运。泰国拥有超过 100 个大小港口码头，包括八个国际深水港，分别位于曼谷、东海岸的林查班和马达朴以及南海岸的宋卡、沙敦、陶公、普吉和拉廊等府，年吞吐量超过 450 万 TEU。曼谷是最重要的港口，承担全国 95% 的出口和几乎全部进口商品。湄公河和湄南河为泰国两大水路运输干线，内陆水道约 4 000 千米。内河重要港口包括清盛港、清孔港等。

林查班港是泰国最大的深水港，位于泰国湾北部沿海，在首都曼谷往南 110 千米，占地 1 040 公顷，包括 12 个码头，其中 7 个集装箱码头。该港原为曼谷港的集装箱中转港区，目前是泰国最重要的国际集装箱枢纽港，也是现代化、自动化、一体化操作管理水平与港口基础设施标准规格均极高的东南亚地区商业新港。港口水深条件较好，超级巴拿马型船均可停靠。该港是泰国港务管理局直属的深水国际贸易商港。与和记黄埔港口集团（HPH）和泰国当地的 Lexton 组建的合资企业——和记林查班码头公司，已签订了 30 年的合同，以经营中转货物为主。

9. 越南

内河运输是越南普遍使用的运输方式，货物主要包括粮食、煤炭、水泥、石头、沙子等，内河运输的货运量与客运量仅次于公路，在全国运输业居第二位。现有 23 个主要的内河装卸码头和若干小码头，年吞吐量约 700 万吨。主要港口位于胡志明市、河内、河北、越池、宁平、和平等省市。船队以 5~20 吨级到 1 000~2 000 吨级的船只为主，速度慢，每小时 5~8 千米。

近年来，越南的海洋运输发展较快，现有海港 49 个，其中一类港口 17 个，二类港口 23 个，三类港口 9 个。具有四大港口群，自北向南依次为：广宁省至宁平省的北部港口群、清化省至河静省的南中部港口群、南部港口群和九龙江平原港口群，吞吐量主要集中在北部港口群和南部港口群，约占总吞吐量的 80%。全国海港设计吞吐能力约 4 亿吨，全国尚无国际中转港，进出口货物均需经新加坡、中国香港特区等地中转。越南海运船队主要由国内自产新船和国外进口二手船组成，共有海运船只 1 600 艘，总载重量 620 万吨，世界排名第 31 位。越南最大的海运企业为越南航海总公司。

10. 文莱

水运是文莱重要的交通渠道。2012 年共有各类注册船只 1 569 艘，主要为小型客运船只和游艇。文莱海运主要目的地有新加坡、中国香港、吉隆坡和马尼拉等周边码头。由于面积较小，海港数量不多。摩拉深水海港，占地 24 公顷，码头长 861 米，泊位 8 个，水深 12.5 米，另有一个 87 米长的集料码头。港区有装卸设备、集装箱场地、冷冻设备和水泥密封库。2014 年 3 月，文莱正式启动摩拉港集装箱码头扩建计划。2013 年，摩拉港集装箱码头吞吐量为 11.2 万 TEU，扩建工程竣工后将拥有最先进的设施，为国际集装箱大型运输船提供货物转载、集装箱卸运、物流及船运衔接等服务。此外，斯里巴加湾市有 93 米长的商业码头、141 米长的海军和政府船舶使用的泊位以及 40 米长的旅客码头。马莱奕港可停靠 2 条船，有 744 平方米的货仓以及 1 837 平方米的露天存货场。诗里亚和卢穆特两港口主要供石油与天然气出口使用。

11. 东帝汶

东帝汶国内水运最长的渡轮航线是从帝力到欧库西（位于印度尼西亚西帝汶的飞地）的航线，每周两班，这一航线在政府补贴下得以正常运转，渡轮是由德国捐赠。每周六有从帝力开往阿陶罗岛的轮船。以往从中国到帝力的海运需借道印度尼西亚的泗水转运，耗时30～45天，近年来新开辟了从中国到帝力的直航，海运时长缩短至15天左右。帝力港为深水港，每年吞吐量约2.4万TEU，多为进口，出口很少，另有COM海港、HERA渔港等。

第三节 铁路运输

一、总体发展概况

铁路网络在东南亚各国发展较慢，除印度尼西亚、柬埔寨、泰国、菲律宾、越南等初步建立了铁路网络外，文莱、东帝汶、老挝等国基本上没有建立起有效的铁路网络系统。

比较各国的铁路发展情况（表7-9），截至2014年，缅甸铁路网络最长，达到6 110千米，长度列东南亚各国首位，2014年铁路货运周转量为8.12亿吨千米，铁路客运周转量

表7-9 东南亚主要国家铁路发展情况

国家	路网长度（千米）		乘客量（万人）		客运周转量（百万人千米）		货运周转量（百万吨千米）	
	2004年	2014年	2004年	2014年	2004年	2014年	2004年	2014年
缅甸	4 868	6 110	5 770	4 954	4 140	3 466	867	812
印度尼西亚	4 517	5 196	15 000	27 768	14 159	15 231	4	10
泰国	4 043	4 034	5 023	3 642	9 190	6 473	3 414	2 231
越南	—	2 554	1 290	1 182	4 376	4 512	2 745	3 949
马来西亚	1 665	1 641	363	222	1 139	618	1 017	1 741
柬埔寨	652	652	8	0	5	0	78	0
菲律宾	523	528	24 010	43 609	2 267	8 631	—	—
新加坡	128	183	48 678	113 150	5 425	9 391	—	—
老挝	0	4	0	39	—	—	—	0

注："—"表示缺乏数据。

资料来源：同表7-3。

34.66亿人千米；其次为印度尼西亚，铁路网络长度5 196千米，2014年铁路客运周转量152.31亿人千米；泰国的铁路网络长度达到4 034千米，排名第三；越南建设了2 554千米的铁路网络，排名第四；马来西亚的铁路网络长1 641千米，排名第五；柬埔寨的铁路网络652千米，排名第六；菲律宾和新加坡分别排名第七和第八，铁路网络长度分别为528千米和183千米；东帝汶和文莱暂无铁路网络建设。

二、主要国家铁路发展特征

1. 印度尼西亚

印度尼西亚的铁路所有权主要归国家所有，并主要由印度尼西亚国有资产管理公司经营，包括印度尼西亚国家铁道公司（PT Kereta Api Indonesia，PT KAI）、印度尼西亚火车公司城际路线通勤列车（PT KAI Commuter Jabodetabek，PT KCJ）、雅加达城市高速铁路公司（PT Mass Rapid Transit Jakarta，PT MRT Jakarta）和雅加达单轨列车公司（PT Jakarta Monorail，PT JM），其中PT JM为私人公司。印度尼西亚国家铁道公司拥有410个列车头、1 622个旅客车厢和4 097个火车车厢，但大部分年代较久，设备老化。

2014年，印度尼西亚全国铁路总长5 196千米，超过一半的铁路为轻型铁路，不能承担重型货物运输。爪哇岛和苏门答腊岛铁路运输比较发达，其中爪哇岛铁路长4 684千米，占全国铁路总长的90.1%。苏门答腊岛的铁路主要分布在北部、南部和西部，但并未联网。全国98%的旅客运输主要在爪哇岛上，而货物运输主要在苏门答腊岛，占全国的70%，货物类型主要是煤炭。

根据全国铁路发展规划，印度尼西亚将在爪哇地区发展南部铁路以及贯通南北的铁路线，并逐渐建设双向铁轨，在加里曼丹和苏拉威西地区将进行铁路运输的调研及准备工作，在雅加达、泗水、锡江和万鸦老地区考虑建设城市轨道交通。2030年，全国铁路网络将达到12 100千米，包括3 800千米的城市铁路网络。2015年，中国和印度尼西亚签署协议建设雅万高铁，该高铁将爪哇岛西北部的雅加达与其东南方向的万隆相连，总长度约145千米。雅加达与万隆直线距离约120千米，高铁建成后，列车最高时速可达250千米，建成后两市通行时间将从原来的3个小时缩短至37分钟。

2. 马来西亚

马来西亚铁路运输系统分布于马来西亚半岛和东马沙巴州两个地区。马来西亚半岛的铁路主要属马来亚铁路（KTMB）所有，主要包括东海岸线路和西海岸线路以及部分支线，基本覆盖本地区的11个州，并在巴丹勿刹和兰道班让与泰国铁路相连。沙巴地区铁路则属于由沙巴州政府营运的沙巴州铁路（SRR）所有。截至2014年，马来西亚的铁路营业里程超过 1 600 千米，主要使用 1 000 毫米米轨轨距。

3. 新加坡

2014 年，新加坡轨道交通线路总长 183 千米，其中地铁线路 148.9 千米，设 99 个站点；轻轨线路 28.8 千米，共设 34 个站点。2013 年 2 月，新加坡与马来西亚达成协议，将修建吉隆坡至新加坡的高速铁路，作为计划中"泛亚铁路"的最南段。新马高铁全长 330 千米，设计时速在 350 千米以上，预计建设耗资 120 亿美元，2020 年建成后两地陆路交通时间将缩短至 90 分钟，实现新加坡和吉隆坡"一日生活圈"的双城概念。

4. 菲律宾

菲律宾铁路最早源于西班牙殖民时期 1892 年的建成马尼拉至达古潘铁路，美国殖民时期成立的马尼拉铁路公司正式运营马达两地的客运业务。菲律宾铁路总长 528 千米，其中可运营的铁路 400 多千米，主要包括通勤铁路及城市内部的轻轨等，主要集中于吕宋岛、班乃岛、宿务岛，但大多数铁路年久失修，需改造升级。2006 年，中国承建菲律宾从马尼拉北区的卡洛奥坎到北部城市克拉克的 32 千米的铁路，但后期被迫中止，2015 年日本计划向菲律宾铁路提供约 120 亿贷款，推进该项目建设。

5. 泰国

泰国铁路系统相对落后。2014 年，铁路网里程约 4 034 千米，均为窄轨，覆盖全国 47 府。四条主要铁路干线以曼谷为中心向北部、东部、南部及东北部延伸。北部到清迈，东部到老挝边境，南到马来西亚国境，并与马来西亚铁路联通。根据泰国铁路发展规划，泰国国家铁路公司已完成对 1 539 千米轨道的升级。目前，从中国云南昆明连接越南、柬埔寨、泰国、马来西亚和新加坡的铁路大部分路段由现有的铁路连接而成。

6. 缅甸

2014 年，缅甸铁路全长 6 000 多千米，有 926 个站点和 436 列火车，拥有蒸汽机车 43 台、柴油机车 270 台、客车厢 831 节、货车厢 3 906 节。缅甸拟利用日本低息贷款改造仰光环城铁路。改造方案及项目实施与日本公司进行合作，将对轨道和线路进行重新改造，初步测量及改造工程于 2013 年 1 月开始，改建后的环城铁路将与迪罗瓦经济特区连在一起。此外，缅甸政府拟对全长 640 千米的仰光—曼德勒铁路进行改造。

7. 越南

2014 年，越南铁路总里程约 2 554 千米，以米轨为主。全国铁路共有七条干线，其中河内—胡志明市统一线最长，全长 1 726 千米，经三次提速后全线行程约 29 小时。2013 年，越南铁路共运送旅客约 1 300 万人次，同比增长 6%，运输货物约 700 万吨，同比下降 1%。根据《至 2020 年铁路发展规划》，今后越南将重点发展城市铁路交通及连接城内与郊区的铁路运输，首先在河内和胡志明市进行建设。

8. 柬埔寨

2014年，柬埔寨仅有南、北两条铁路线，总长652千米，均为单线米轨。北线从金边至西北部城市诗梳风，全长385千米，建于1931年；南线从金边至西哈努克港，全长270千米，建于1960年。由于多年战乱及年久失修，上述两条铁路基本处于瘫痪状态。无客运列车，仅有的一点货运平均时速仅20千米，主要是向金边运输发电机用重油以及水泥和大米，向西哈努克市运输出口用木材和石料。

为改善柬埔寨铁路现状，2010年起，柬埔寨政府利用亚洲发展银行的低息贷款和澳大利亚政府提供的无偿援助，开始修复现有两条铁路并新建一条48千米的铁路，总耗资1.4亿美元。2012年12月28日，南线铁路——金边西港256千米铁路运输线正式启用，时速30千米，北部337千米连接金边和班迭棉吉省波贝市及泰国的铁路线正在积极筹措资金推进修复工程。

9. 老挝

老挝目前无成网络的铁路，现有铁路仅4千米，从首都万象的塔那凉车站通往老泰边境的友谊大桥，由政府投资1.97亿泰铢修建，于2008年5月完工，2009年3月正式通车。

第四节 公 路 运 输

一、总体发展概况

公路交通是东南亚国家最重要的交通方式，承担了各国大部分客货运输。除部分偏远的海岛外，各国均建立了较为完善的公路网络，联通主要的城市和地区。

从公路长度来看，2014年，印度尼西亚公路里程50.8万千米，位居东南亚各国首位，其中爪哇岛的公路网络最完善，有路面公路比重为56.68%（表7-10）；越南道路长度32.6万千米，排名第二，其中有路面公路比重为66.26%；排名第三的泰国道路长度23.3万千米，其中有路面的路网长度18.9万千米，占81.13%，大部分公路状况较好；马来西亚的公路网长度为20.6万千米，排名第四，其中有路面公路比重为76.14%，马来西亚自2004年以来公路增长164.87%，增长幅度较高；缅甸公路长度达到10.4万千米，其中有路面长度比例为35.90%，道路状况较差；老挝的道路长度为5.16万千米，其中有路面公路长度为9 397千米，排名第六；柬埔寨公路网络长度为5.14万千米，排名第七，有路面公路比重仅为11.59%，大部分公路状况较差；菲律宾公路长度3.25万千米，但有路面公路比重较高，为85.52%；新加坡道路长度3 496千米，但全国道路状况较好；文莱公路里程3 191千米，有路面比例89.91%，道路状况较好。

表7-10 2014年东南亚各国公路发展情况

国家	道路长度（千米）	增长速度（%）	有路面道路长度（千米）	有路面长度比例（%）
印度尼西亚	508 000	36.33	287 926	56.68
越南	326 000	137.33	216 000	66.26
泰国	233 175	8.01	189 166	81.13
马来西亚	205 787	164.87	156 692	76.14
缅甸	103 953	14.61	37 324	35.90
老挝	51 597	64.85	9 397	18.21
柬埔寨	51 404	1 134.19	5 959	11.59
菲律宾	32 526	16.78	27 816	85.52
新加坡	3 496	9.59	3 496	100.00
文莱	3 191	−5.28	2 869	89.91

资料来源：同表7-3。

图7-7显示了东南亚地区公路密度分布的总体情况，可见东南亚地区形成了几个公路网发达的高地，主要分布在各国首都，包括新加坡、清迈、万象、曼谷、金边、雅加达、马尼拉等。具体而言，2014年，新加坡的公路密度为479.1千米/百平方千米，远高于其他国家（图7-8）。越南的公路密度为98.5千米/百平方千米，排名第二，其中位于南北部的胡志明市、河内为全国公路网络密度较高的地区，中部地区公路密度则相对较低。马来西亚位列第三位，公路密度为55.2千米/百平方千米，首都吉隆坡周边为密度最高的地区，全国其他地区，如加里曼丹岛相对较低。泰国公路密度为45.1千米/百平方千米，位列第四，其中曼谷、清迈和东部地区公路网络密度相对较高。柬埔寨公路密度28.4千米/百平方千米，首都金边地区是公路网络发展较为完善地区。印度尼西亚公路密度为26.4千米/百平方千米，排名第六，但除了爪哇岛公路密度较高外，其他海岛，包括加里曼丹岛、新几内亚岛、苏门答腊岛公路密度普遍较低。缅甸公路密度为22.4千米/百平方千米，排名第七，公路密度较高地区主要在首都及南部的仰光市附近。老挝的公路密度18.4千米/百平方千米，主要集中在首都万象周边。菲律宾公路密度10.5千米/百平方千米，排名第十位，首都马尼拉周边是公路密度较高地区，全国其他地区和海岛公路网络密度普遍较低。文莱公路密度较低，仅为2.0千米/百平方千米。

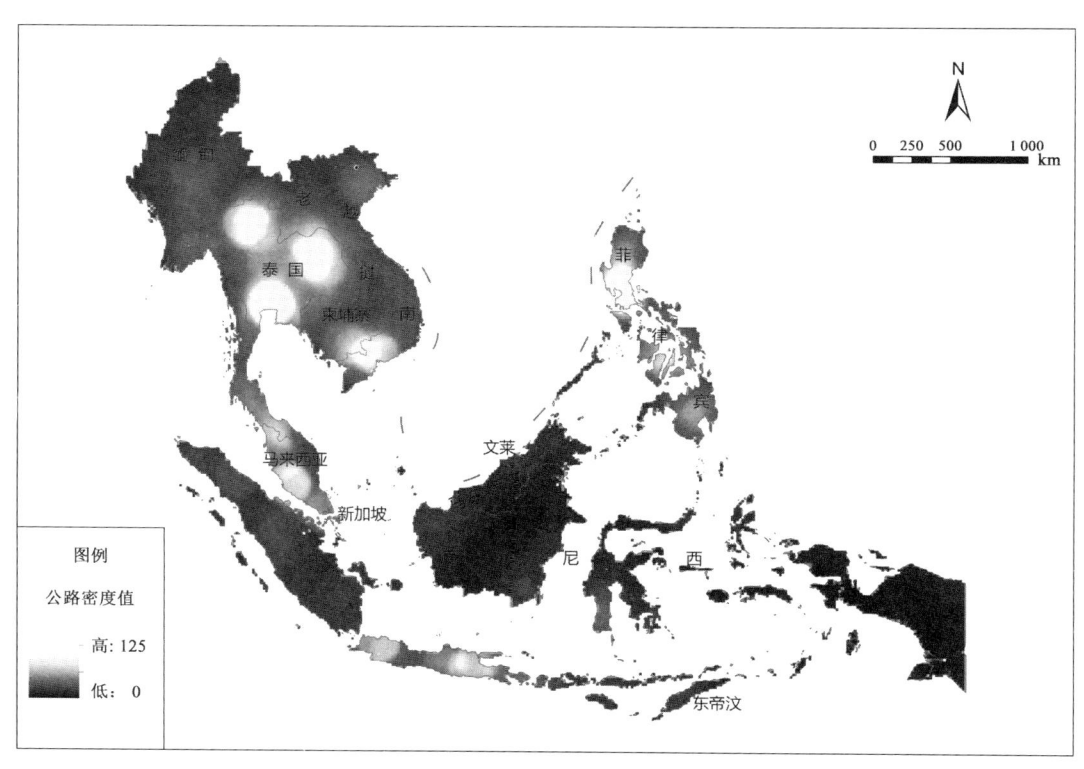

图 7-7 2014 年东南亚区域公路网络密度示意图

注：底图根据中国地图出版社出版的东南亚地图［审图号 GS（2013）790 号］绘制。

资料来源：同表 7-4。

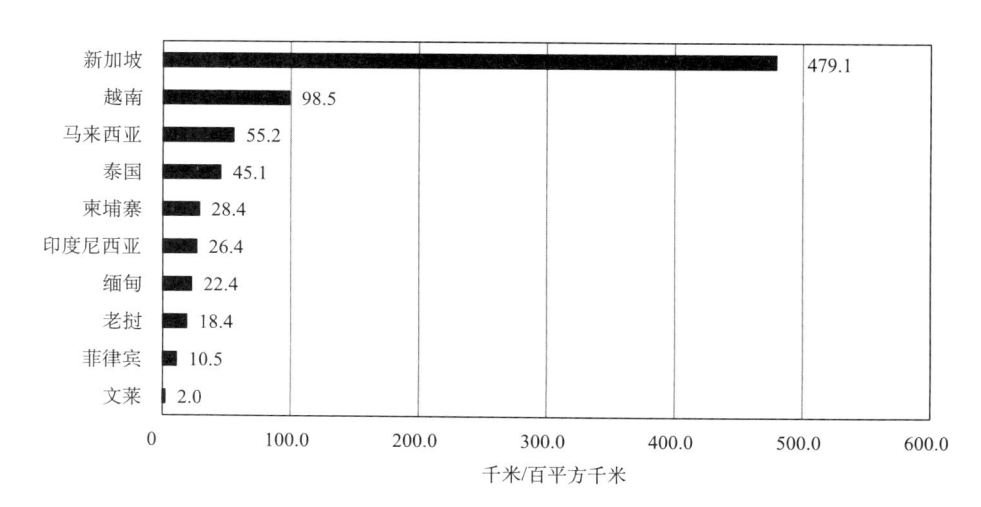

国家	公路网络密度（千米/百平方千米）
新加坡	479.1
越南	98.5
马来西亚	55.2
泰国	45.1
柬埔寨	28.4
印度尼西亚	26.4
缅甸	22.4
老挝	18.4
菲律宾	10.5
文莱	2.0

图 7-8 2014 年东南亚各国公路网络密度

资料来源：同表 7-3。

联合国亚洲及太平洋经济社会委员会 1992 年提出了泛亚公路网络计划（Great Asian Highway），联合亚洲多个国家，计划修建跨国的公路网络，联通亚洲各国，并远达欧洲。计划的公路网络将连接首都、重要的经济和农业中心、主要的空港和海港、主要的旅游地区。公路被分为五个主要等级，包括高速公路、一级公路、二级公路、三级公路、三级以下公路和其他公路。该计划提出后，各国先后投入资金修建了部分的公路，但部分国家由于资金问题，计划推进较为缓慢。截至 2012 年，东南亚各国共建设泛亚公路网络 26 015 千米，包括高速公路网络 1 397 千米，占总网络长度的 5.37%，其中马来西亚和印度尼西亚的高速公路网络长度较大；一级公路 4 352 千米，占总长度的 16.73%；二级公路 8 800 千米，占 33.83%；三级公路 8 727 千米，占 33.55%；三级以下公路 2 705 千米，占 10.40%（表 7-11）。

表 7-11　2012 年东南亚各国泛亚公路网络建设　　　　　　　　　单位：千米

国家	总长度	高速公路	一级公路	二级公路	三级公路	三级以下公路	其他公路
柬埔寨	1 958	0	0	610	1 348	0	0
印度尼西亚	4 091	409	604	3 044	0	0	34
老挝	2 857	0	0	357	2 307	193	0
马来西亚	1 673	795	61	817	0	0	0
缅甸	4 354	0	270	393	1 708	1 983	0
菲律宾	3 367	0	17	27	2 872	451	0
新加坡	19	11	8	0	0	0	0
泰国	5 111	182	3 049	1 723	155	2	0
越南	2 585	0	343	1 829	337	76	0
总计	26 015	1 397	4 352	8 800	8 727	2 705	34

资料来源：联合国亚洲及太平洋经济社会委员会（http://www.unescap.org/）。

二、各国公路发展特征

1. 新加坡

新加坡虽然土地稀缺，但 15% 的土地面积用于道路建设，全国形成了以 8 条快速公路为主线，众多普通道路为支线的公路网络，覆盖全岛每个角落，并且通过 BKE 和 AYE 两条公路与马来西亚相连。截至 2014 年年底，新加坡公路总里程 3 496 千米，公路密度为每平方千米 4.79 千米，其中高速路 161 千米，干线公路 652 千米，次干线公路 561 千米，普通道路 2 051 千米。同时，为分流高峰时段主要道路的通行量，新加坡政府实施了电子道路收费制度，在主要道路入口和进入中央商务区道路上设电子收费闸门（Electronic Road Pricing），对通过车辆自动从车载现金卡读卡器中收取一定金额的通过费。2012年全国共设72个电子收费闸门。

2. 印度尼西亚

在印度尼西亚，陆路运输比较发达的地区有爪哇、苏门答腊、苏拉威西、巴厘岛等。全国公路网在1989～1993年已经形成。印度尼西亚公路全长50.8万千米，但公路质量不高，高速公路建设停滞不前。截至2013年年底，高速公路总里程不到1 000千米。印度尼西亚将把高速公路建设列为重点工程之一，计划以爪哇岛和苏门答腊岛为主，在全国建成总里程5 405千米的高速公路网。其中，投资总额约360亿美元、全长2 969千米的印度尼西亚历史上最宏大的道路基建工程——苏门答腊岛高速公路2015年已进入施工阶段。

3. 马来西亚

马来西亚高速公路网络比较发达，主要城市中心、港口和重要工业区都有高速公路连接沟通。高速公路分政府建设和民营开发两部分，但设计、建造、管理统一由国家大道局负责。截至2014年，马来西亚公路总长约20.6万千米。

4. 文莱

截至2014年，文莱公路总长3 191千米，其中沥青路面2 575.1千米，贯穿文莱2/3的陆地。长度135千米的摩拉—都东—马莱奕高速公路连接首都斯里巴加湾市、石油城诗里亚和马莱奕区。主要居民点之间都有现代化道路网沟通。2012年，文莱登记车辆共有145 901辆，其中私人小汽车129 583辆，平均每千人拥有367辆车，是东南亚地区拥有私车比例最高的国家之一。除首都与其他城镇有不定期公共汽车外，全国几乎没有公共交通服务系统。文莱和马来西亚沙巴、沙捞越均有公路连接，但尚无跨国高速公路建成。

5. 缅甸

缅甸政府大力修筑公路和铁路，陆路运输有了较大发展。缅甸交通和铁道部门数据显示，截至2014年，缅甸全国公路里程10.3万千米。缅甸与中国、老挝、泰国、印度、孟加拉国接壤。连接中国与缅甸的公路主要有腾密公路。腾密公路缅甸段起点为云南腾冲与缅甸接壤的中缅南四号界桩，终点是缅甸北部重镇密支那，公路全部由中国援建。印度政府也将提供5亿美元经济援助，部分援款将用于修建连接印度、缅甸和泰国的三边公路，公路全长3 200千米。

6. 老挝

老挝全国公路里程5.15万千米，其中混凝土路866千米，柏油路6 496千米，碎石路15 324千米，土路20 919千米。老挝全国没有高速公路，公路运输占全国运输总量的79%。已修建了四座连接泰国的跨湄公河大桥（万象—廊开、沙湾拿吉—穆达汉、甘蒙他曲—那空拍依府、博胶会晒—泰国清孔）。

7. 柬埔寨

公路运输是柬埔寨最主要的运输方式，占客运运输总量的65%，占货运运输总量的69%。截至2014年，柬埔寨路网总长度约为5.14万千米，包括国道5 622千米，省级公路6 617千米，农村公路约4万千米，无高速公路。公路密度为0.25千米/百平方千米，其中沥青路面公路密度极低，仅为0.011千米/百平方千米。国道主要是以首都金边为中心的8条公路，基本达到中国三级公路标准，沥青路面铺设。

8. 泰国

泰国的公路交通运输业较发达，公路网覆盖全国城乡各地。泰国全国公路总里程约23.3万千米。其中，一级公路7 100千米，二级公路10 780千米，府级公路33 200千米。与中国及周边国家互联互通情况如下：

R3A线路：泰国—老挝—中国云南省，全长达1 200千米；

R3B线路：泰国—缅甸—中国云南省；

R3E线路或"昆曼公路"：泰国—老挝—中国云南省，全长约1 863千米，其中中国境内段全长690千米，老挝境内段全长228千米，泰国境内段全长945千米；

R3W线路：泰国—缅甸—中国云南昆明，全长约1 850千米；

R8线路：老挝—越南—中国广西壮族自治区；

R9线路：泰国—老挝—越南—中国广西壮族自治区；

R12线路：泰国曼谷—老挝—越南—中国广西壮族自治区，全长约1 769千米。

9. 越南

公路运输为越南的主要运输方式，总里程约32.6万千米。2014年，在建和拟建的高速公路40多条，全长6 313千米，分为五个网格：一是南北高速路网，含2条线路，全长3 621千米，其中东线长1 753千米，西线长1 868千米；二是北部高速路网，含6条线路，与首都河内相连，全长1 074千米；三是中部和西原地区高速路网，含4条线路，全长524千米；四是南部高速路网，含8条线路，全长1 094千米；五是河内和胡志明市环城高速路网，含3条线路，其中河内三环线长56千米，四环线长136千米，胡志明市三环线长83千米。此外，河内五环线和胡志明市四环线建设在拟议中。根据规划，越南高速公路共需资金497亿美元，将主要依靠国家财政投资、民间集资和国际组织及外国政府贷款。

10. 菲律宾

菲律宾公路通行里程32.5万千米，国道占15%，省道占13%，市镇路占12%，其余60%为乡村土路。高速公路总长200多千米。全国共有7 440座桥梁。

11. 东帝汶

东帝汶基础设施不发达。现有道路共 3 800 千米，其中 428 千米是铺筑公路。全国无高速公路，道路质量较差，部分路段只能在旱季通车。陆路向西可抵位于印度尼西亚西帝汶北岸的东帝汶飞地欧库西和印度尼西亚西帝汶的首府古邦，但道路状况不佳。主要公路网在雨季经常发生路毁桥塌的现象，而路桥的维护是政府预算的沉重负担，在雨季很多乡村都无法到达。2012 年，东帝汶在庆祝恢复独立 10 周年之际，对首都帝力市区道路进行修整。2013 年，东帝汶利用世界银行、亚洲开发银行和日本政府贷款，对国内部分干线公路进行整修。

第五节　政策启示

第一，推进合作机制建设，优先编制区域交通互联互通规划。中国与东南亚交通基础设施互联互通建设，涉及众多的国家和地区，需要充分考虑和协调各方利益，推进并建立符合各方利益需求的合作机制和机构，这既是增强战略互信、维护各方利益的实际需要，也是保障各项交通基础设施和项目安全稳定运行的关键。以欧洲高铁网络运营为例，其运营是以欧洲铁路公司为主，但各国均参与，并充分协调各方利益，为欧洲高铁网络的安全稳定运行奠定坚实的基础。中国与东南亚的交通基础设施建设，要在现有高层次互动磋商机制基础上，完善合作机制，建立协调机构，注重利益分配，从而推进项目和建设的实际开展。推进中国与东南亚交通基础设施互联互通建设，要规划先行。优先编制区域交通互联互通规划，充分结合各国交通发展战略，寻找共同需求和方向，明确交通基础设施建设的战略方向、空间格局，分析交通基础设施互联互通建设的重点区域、重点项目，明确互联互通建设协调机制等。要通过政府间文件的形式强化规划内容对东南亚各国的指导作用，加强规划的落实。还需要不断推进各国交通运输组织的协调，提升通关便利性，促进交通互联互通不断深入。

第二，明确不同区域交通互联互通建设重点，建设双月形交通运输走廊。东南亚各国自然条件和区位差异性明显，在推动与中国交通基础设施互联互通中，应实行差异化的发展策略和发展重点。具体而言，应建设双月形的交通运输走廊，即中南半岛以公路和铁路为主要方式的陆上半月形交通走廊，东南亚沿海国家则建设以海上航运为主要方式的海上半月形交通走廊。中南半岛与中国云南、广西接壤，具备建设陆上交通运输廊道的优越条件，自古就建设有"南方丝绸之路"交通廊道。中南半岛应以公路网络和铁路网络为优先建设领域，与泰国、老挝、缅甸、柬埔寨、马来西亚、新加坡和越南等国加强亚洲高速公路网络建设，提升道路网络覆盖度和建设水平，推进泛亚高铁网络建设，推进高铁建设并形成网络，联合推进澜沧江—湄公河航道建设，促进内河航运发展，从而打造陆上南北半月形交通走廊。海上依托便捷的航运网络和航空网络，重点推进东南亚沿海国家，包括新加坡、泰国、越南、马来西亚、印度尼西亚、菲律宾、文莱、东帝汶的港口和空港建设与合作，加强中国珠三角港口群、长三角港口群、北部湾港口群与东南亚沿海港口的合作和联系，增加航线联系，打造海上蓝色半月形交通走廊。

第三，把握不同交通运输网络优势，促进差异化建设方案。中国与东南亚建设复合型交通互联互通网络，要加强公路、铁路、港口、机场等全方面交通网络，要根据不同交通运输方式，进行差异化的合作路径。公路网络建设中，要重点加强与云南和广西直接联系的东南亚高速公路网络，特别是联通昆明、南宁与东南亚各国首都和重要城市的道路交通网络建设，包括曼谷、新加坡、吉隆坡、金边、万象、内比都、仰光、胡志明等。不断推进泛亚高铁网络建设，近期重点推进从昆明经老挝、泰国、马来西亚到新加坡的中线高速铁路建设，科学把握建设时序，提升线路兼容性，优先推动条件成熟地区铁路线路建设。推动东线和西线高铁网络建设，形成高速铁路网络化。港口建设中，重点加强新加坡港与中国枢纽港的国际航运走廊建设，加强东南亚重要港口，如林查班港、巴生港、丹戎帕拉帕斯港、雅加达港、泗水港、马尼拉港等，与中国沿海港口的航运网络建设。加强与东南亚邮轮停靠港口网络体系建设，推进中国与东南亚邮轮旅游发展。航空网络中，重点强化东南亚各国重要空港与中国航空枢纽港定期航班建设，不断增加东南亚重要旅游城市空港与中国昆明、成都等重要城市的航线建设。

第四，加强重点区域和次区域的交通合作，培育区域重要交通节点。在东南亚内交通合作基础较好、前景广泛、影响较大的区域要加强交通领域的合作和建设，包括澜沧江—湄公河次区域、泛北部湾地区、南新经济走廊等重点地区，通过推进内河航运、港口合作和公路网络建设，促进重点地区经济发展，形成以点带面的积极效果。中国—东南亚交通网络建设前期要加强重要交通节点建设，在东南亚内部，建议以曼谷和新加坡为两个交通枢纽重点推进交通网络联通，国内则以昆明和南宁作为面向东南亚的交通枢纽，昆明将作为中国长江经济带、西部地区与东南亚地区交通联系的桥头堡，南宁作为西江经济带乃至中国东部沿海地区与东南亚陆上联通的重要枢纽。

第五，积极推进企业参与东南亚重点项目合作与建设，带动区域基础设施互联互通建设。随着"一带一路"国际合作构想的推进，东南亚各国也积极参与以推进国内交通基础设施的建设，应鼓励和支持中国企业参与重大交通基础设施项目与工程的建设以及后续管理及运营，包括目前正在推进的泰国高铁项目、印度尼西亚雅加达—万隆高铁项目、新马铁路，东南亚沿海港口、重要空港的建设，以及克拉地峡运河项目和澜沧江—湄公河内河航运网络建设等。支持企业参与重点项目建设将推动中国产品和资本走出去，也将持续提升中国在东南亚的影响力，推动东南亚基础设施互联互通建设。

第八章 旅游业发展与合作

第一节 旅游业发展概况

一、旅游业经济概况

东南亚地区的旅游业发展普遍起步于"二战"后20世纪六七十年代,主要原因有三个。首先,国内政治、经济格局稳定造就东南亚经济飞速发展,奠定了旅游业发展的基础;其次,受全球交通和通信设施发展的推动,旅游成本降低;最后,"二战"期间美军基地对区域城市化有推动作用,同时带动基地周边休闲娱乐业发展。21世纪后,尽管因某些突发事件(如疾病、暴动、金融危机、海啸、空难等)而受到影响,各国旅游业随着交通设施与签证政策的完善进入了稳定发展阶段。但由于经济水平、国内政治格局、产业结构、资源禀赋等差异,东南亚各国旅游业发展水平不一,旅游业发展过程也存在差异。

从目前的旅游经济发展情况看,2013年,东南亚十国吸引国际游客数量约7 031万人次,国际旅游收入约1 143亿美元(表8-1)。其中,泰国是东南亚地区旅游业收入最高的国家,2013年达到460亿美元,比上一年增长22.0%。马来西亚、新加坡、印度尼西亚处于旅游业收入的第二梯度,其他国家的旅游业收入则都在100亿美元以下,其中缅甸、文莱、老挝等国的国际旅游业收入都非常少,不超过10亿美元。虽然发展各异,但旅游业不同程度地成为东南亚国家获取外汇的重要来源,对国民经济发展具有重要意义。

表8-1 2013年东南亚十国旅游收入情况

国家	国际旅游者数量(万人次)	国际旅游者数量增长率(%)	国际旅游收入(亿美元)	国际旅游收入增长率(%)
新加坡	1 189.9	7.2	190.57	0.6
马来西亚	2 571.5	2.7	210.30	3.8

续表

国家	国际旅游者数量（万人次）	国际旅游者数量增长率（%）	国际旅游收入（亿美元）	国际旅游收入增长率（%）
泰国	265.5	18.8	460.40	22.0
印度尼西亚	880.2	9.4	103.02	8.9
菲律宾	468.1	9.5	56.00	12.8
柬埔寨	421.0	17.5	28.95	8.7
越南	757.2	10.6	75.3	9.9
缅甸	204.4	93.0	9.34	69.8
老挝	251.0	17.3	6.13	33.0
文莱	22.5	7.7	2.54	5.0
合计	7 031.3	—	1 142.55	—

注：①文莱的国际旅游收入及其增长率是2012年的数据；②"—"表示缺乏数据。
资料来源：①*ASEAN Statistical Yearbook*（2013），The ASEAN Secretariat，Jakarta，2014；②世界银行数据库"世界发展指标"数据（http://databank.worldbank.org/data/reports.aspx? source=world-development-indicators）。

二、旅游资源与产品

东南亚旅游业的发展依赖于丰富的旅游资源禀赋。在自然旅游资源方面，东南亚国家（除了老挝是内陆国家外）都有漫长的海岸线，因此形成了很多海滩旅游地，如泰国的帕塔亚海滩、马来西亚的波德申海滩、菲律宾的马尼拉海滩，都是著名的海滨旅游胜地。东南亚岛屿众多，自然风光和民族风情交融，如巴厘岛已成为印度尼西亚最负盛名的游览胜地，马来群岛火山景观壮丽，吸引大量科学工作者前来科考以及大量游客前来观光和探奇寻异。动植物资源十分丰富，泰国、马来西亚、印度尼西亚、菲律宾的森林覆盖率都在70%以上。植物种类达数万种，拥有大量奇花异草，香蕉、菠萝、木瓜、山竹、榴梿等热带水果长年不断；约有4万种动物，包括大象、老虎、犀牛、巨蟒、鳄鱼等珍稀动物。各国利用这些动植物资源建立了许多自然保护区、动物园、植物园、水族馆等。此外，东南亚地处低纬地带，除缅甸北部地区外，基本都属热带气候，全年无寒暑交替，长年都可开展旅游活动。

在人文旅游资源方面，东南亚拥有被称为古代东方四大奇迹的印度尼西亚的婆罗浮屠和柬埔寨的吴哥窟，以及具有2 500年历史的缅甸仰光大金塔。东南亚拥有众多古迹，如印度尼西亚的"爪哇猿人"遗址，越南的"和平文化""东山文化"遗址。由于东南亚国家都属多民族国家，各民族世代相传的习俗和民族特色进一步增强了旅游吸引力，如泰国各民族有宋干节、水灯节、大象节等多姿多彩的节日，有闻名于世的古典舞和民族舞，别具一格的泰拳，以及赛象、斗鸡、观鱼等民俗活动。

基于旅游资源的相似性和差异性，东南亚各国旅游产品可以归纳为四类：文化与遗产旅游、自然资源为基础的旅游、社区为基础的旅游和邮轮、游船旅游。

三、旅游业发展特点

按照旅游业发展的程度可将东南亚国家大致分为三类：一是旅游业发展处于稳定期的国家，入境旅游业较易受到危机事件影响，如新加坡、马来西亚、泰国、印度尼西亚；二是旅游业处于发展期的国家，入境旅游业多受金融危机等事件影响，如菲律宾处于跌宕发展期，柬埔寨、越南、缅甸处于稳定发展期，老挝、文莱处于发展初期；三是旅游业处于起步期的国家，即东帝汶。东南亚旅游发展也存在一些共同特点，包括以下四点。

1. 政府主导，旅游业占重要地位

旅游业在东南亚各国中普遍占有重要地位，在国民经济中都是重点发展产业，甚至是支柱产业，仅文莱的旅游业地位较低。2012年，各国国际旅游收入占国内生产总值（GDP）的比重为1.0%～18.9%，其中，柬埔寨的旅游业收入占GDP的比重最高，达到18.9%；其次是泰国、马来西亚、新加坡，分别为10.3%、6.6%、6.3%（图8-1）。由于旅游业的重要地位，各国普遍采取政府主导的模式发展旅游业。泰国在社会经济发展规划、印度尼西

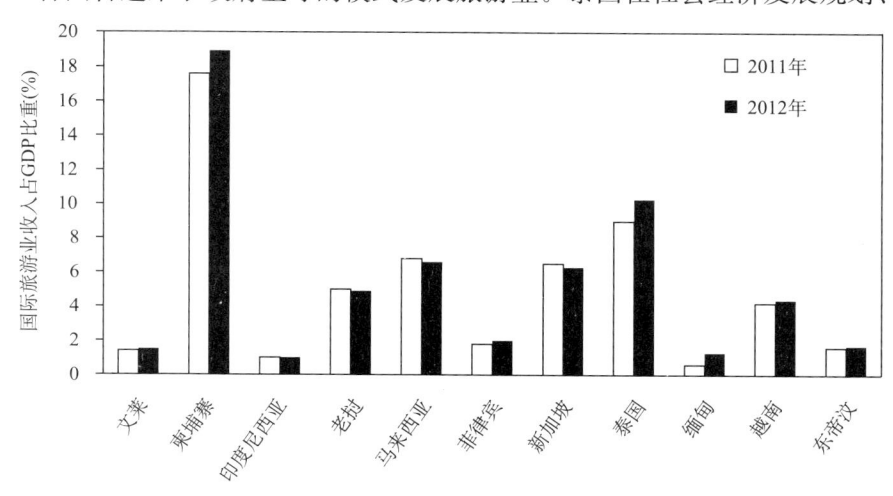

图8-1 2011～2012年东南亚国家国际旅游业收入占GDP比重

资料来源：世界银行数据库"世界发展指标"数据（下载地址：http://databank.worldbank.org/data//reports.aspx?source=2&country=&series=ST.INT.ARVL&period=#）。

亚在国民经济五年计划、马来西亚在五年计划中，均多次强调旅游业的地位，规划旅游业未来的发展方向。基于旅游业在各国经济中的地位、各国旅游业发展水平、政府重视程度和2013年国际旅游竞争力指数/排名分析（表8-2），可将东南亚国家分为三类：旅游业较成熟国家——新加坡、马来西亚、泰国、印度尼西亚；旅游业快速发展国家——菲律宾、柬埔寨、老挝、越南；旅游业有待进一步发展国家——缅甸、文莱和东帝汶。

表 8-2　2013 年东南亚国家旅游业地位比较

国家	旅游业的经济地位	国际旅游竞争力指数/排名	备注
新加坡	国家财政和主要外汇收入来源	4.86/11	国际交通枢纽作用突出
文莱	不重视旅游业的发展	—	石油和天然气为经济支柱
柬埔寨	刚刚起步	3.24/105	经济落后
老挝	刚刚起步	3.33/96	经济落后
菲律宾	受到重视	3.63/74	重视劳务出口
越南	受到重视	3.6/75	经济比较落后
马来西亚	受到重视	4.41/25	农产品出口大国
泰国	重要的外汇收入来源	4.26/35	农业发达
缅甸	刚刚起步	2.27/134	经济落后
印度尼西亚	国家财政收入第三大来源	4.04/50	仅次于石油、天然气
东帝汶	刚刚起步	—	经济落后

注："—"表示缺乏数据。
资料来源：①张广瑞：《东北亚与东南亚地区旅游发展过程与政策沿革》，中国水利水电出版社，2010年，第8页；② "The Travel & Tourism Competitiveness Index Dataset 2015"（https://en.wikipedia.org/wiki/Travel_and_Tourism_Competitiveness_Report2010）。

2. 入境旅游为主，国内旅游为辅

由于面积和人口限制，东南亚旅游业主要是外向型，各国普遍重视入境旅游。在1997年亚洲金融危机中，各国也普遍将旅游业作为经济复苏的主要推力之一。因此，东南亚国家旅游业国际化水平较高，旅游产品明显具有面向国际旅游者设计、改造的倾向，旅游基础设施较为完备，航空业较为发达。

3. 旅游业与国际经济形势紧密相关

由于以国际旅游业为主，国际经济形势（尤其是亚洲）的波动直接影响入境游客数量和国际旅游收入。"SARS""禽流感""美伊战争"、印度洋海啸以及世界金融危机等都给该地区的旅游业带来负面影响。以"SARS"为例，2003年，马来西亚、新加坡入境旅游业都受到较大冲击，马来西亚的入境游客数量与国际旅游收入分别比上一年下滑20.4%和15.8%，

而新加坡入境人数与国际旅游收入也分别比上一年下降 19.7% 和 13.8%。但东南亚旅游业恢复的速度较国际经济快,旅游业发展也成为经济恢复的推力和指标。

4. 旅游业合作基础较好,旅游业合作在切实推进

东南亚各国旅游业发展周期、资源产品优势、客源国具有相似性,因而具有良好的合作基础。目前已基本形成自身的合作体系,东盟十国签署了政治经济合作的一系列框架性协议,如《东盟宪章》《东盟协调一致第二宣言》《万象行动计划》《东盟一体化建设重点领域框架协议》等。这些政策为旅游业区域合作提供了框架,形成了一系列区域旅游合作组织,如东盟旅游委员会、东盟旅游协会、东盟旅游信息中心等。在较完备的组织保障和规章体系下,东南亚旅游合作切实有效,实现了旅游业的合理分工和整体发展。

第二节 旅游市场分析

一、区域旅游市场

东南亚接待入境游客总量从 1995 年的 2 967 万人次增长至 2012 年 8 923 万人次,17 年间接待入境游客总量翻了近 3 倍。从大区域看,东南亚最主要的入境客源市场来自本区域,其次是除东南亚以外的亚洲,然后是欧洲,这三个区域的游客数量占东南亚入境游客总量的绝大部分。1995~2012 年,这三个区域游客数量呈现上涨趋势,美洲、大洋洲和其他区域游客数量呈波动上升趋势,但游客数量均较少,不是东南亚主要入境客源市场(图 8-2)。1996~2012 年,东南亚入境游客年增长率波动较大,1998 年和 2003 年因分别受亚洲金融危机和"SARS"事件影响,入境游客数量年增长率出现负值,2003 年下跌 12.3%,2003 年后增长率反弹达到 30.2%,此后每年均为正增长。

1995~2012 年,东南亚接待本区域内游客数量呈波动中上升趋势。接待东南亚区域内游客人次最多的国家是马来西亚,其次是新加坡、泰国和印度尼西亚,其他国家接待区域内游客数量相对较少。新、马、泰是东南亚区域内游客到访的主要目的地(图 8-3)。1995~2012 年,马来西亚接待东南亚区域内游客数量呈大幅增长趋势;新加坡、泰国也呈明显增长趋势;印度尼西亚接待区域内游客数量呈波动趋势,增减幅度不大;虽然越南、老挝、柬埔寨三国接待区域内游客数量不多,但是呈增长趋势;文莱接待区域内游客数量则出现下降趋势;菲律宾 2004~2012 年呈现微弱增长趋势,2004 年之前变化不明显;缅甸 2008~2010 年接待东南亚区域内游客较其他年份有明显增长。

2012 年,接待东南亚区域外游客数量最多的是泰国,其次是新加坡,然后是马来西亚,

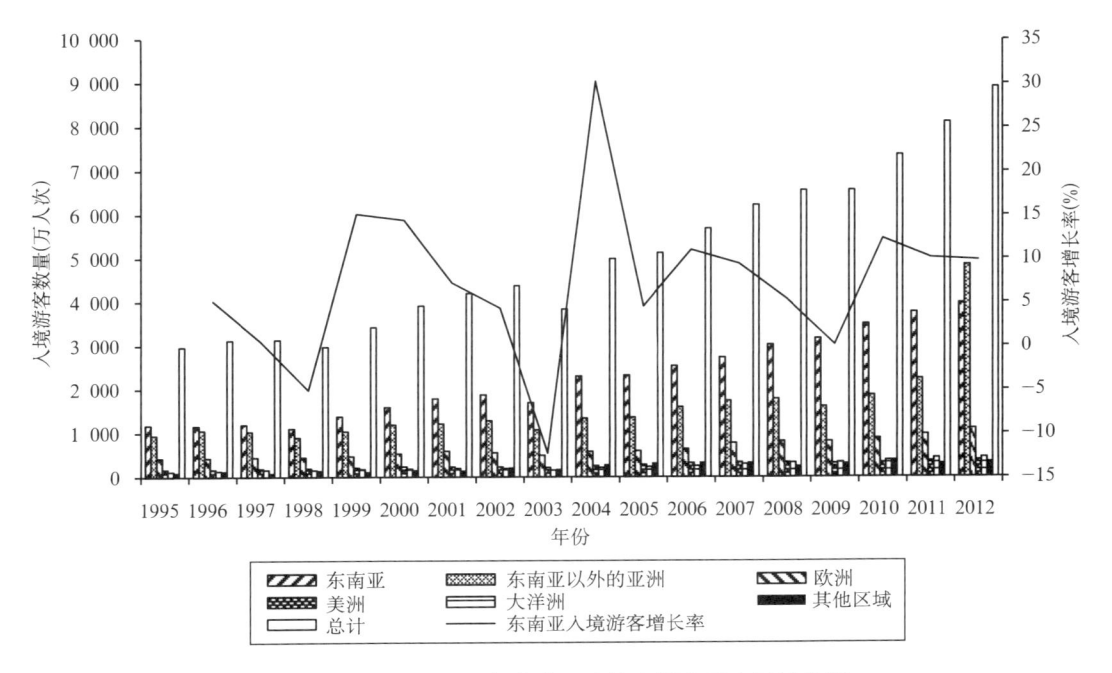

图 8-2　1995～2012 年东南亚入境客源市场大区域分析

资料来源：*ASEAN Statistical Yearbook*（2006，2013），by The ASEAN Secretariat，Jakarta，2007，2014.

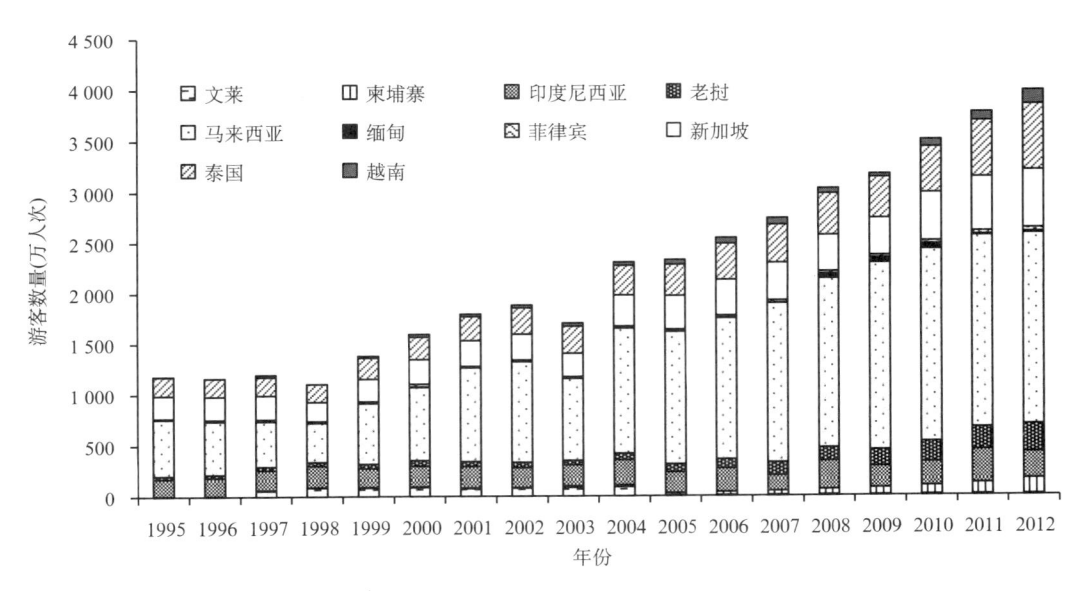

图 8-3　1995～2012 年各国接待东南亚地区（不包括东帝汶）游客数量

资料来源：同图 8-2。

印度尼西亚第四，越南第五，菲律宾第六（图8-4）。1995～2012年，泰国、越南、马来西亚、菲律宾和柬埔寨接待东南亚区域外游客数量增长稳定且升幅较大；新加坡和印度尼西亚接待区域外游客数量有所增长，但是易受各种危机事件影响而出现波动；缅甸和老挝接待东南亚区域外游客数量不多，但是2003年之后接待游客数量明显增多。

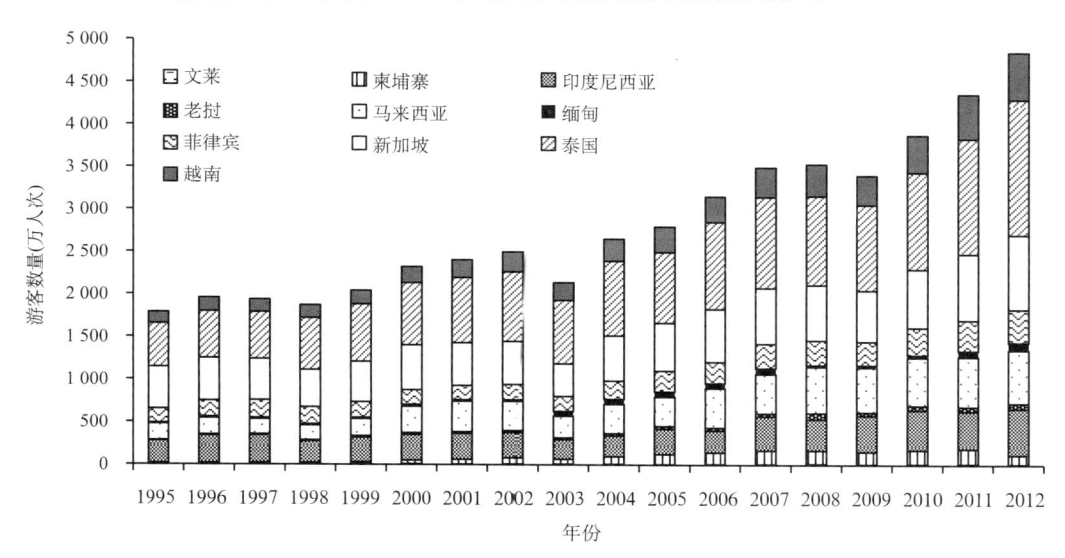

图8-4　1995～2012年各国接待东南亚区域（不包括东帝汶）外游客数量

资料来源：同图8-2。

1995～2012年，东南亚各国接待东南亚区域内游客与区域外游客比较发现：2003年以前，东南亚各国接待区域外游客总量明显多于区域内游客总量；2003年以后，接待区域内游客总量逐渐接近接待区域外游客数量，而且区域内游客数量逐年变化趋势没有区域外游客波动大。由此可见，发展区域内游客是东南亚各国最可靠和稳定的客源。多数东南亚区域内游客偏向选择马来西亚为旅游目的地，另外，新加坡、泰国和印度尼西亚也是区域内游客热衷的目的地；区域外游客目的地选择则更多样化一些，泰国、新加坡、马来西亚、印度尼西亚、菲律宾均是热门目的地，而且上述五国接待区域外游客数量的差距比接待区域内游客数量差距小。东南亚各国接待东南亚区域内外游客数量历年比较结果显示，越南、柬埔寨、菲律宾入境旅游发展势头良好，在东南亚旅游市场逐渐站稳脚跟；老挝、缅甸入境旅游业需要采取各种措施，进一步提高吸引力扩大客源市场；文莱和东帝汶入境旅游业有待进一步发展。

二、各国旅游市场

1. 新加坡

新加坡入境客源市场首先是亚洲地区，市场份额占到70%以上，其次是欧洲（图8-5）。

东南亚本区域内入境游客数量多于除东南亚以外的亚洲地区游客数量。1995～2004年与2005～2012年两个时间段相比，东南亚、欧洲、美洲市场份额在减少，除东南亚以外的亚洲地区、大洋洲市场份额在增加。1995～2004年新加坡十大主要客源地（不包含东南亚数据）依次为：日本、澳大利亚、中国大陆、英国、美国、中国台湾、韩国、印度、中国香港、德国。2005～2012年的数据则显示，中国大陆成为新加坡最大的客源地，中国香港退出前十，法国进入前十。1995～2004年与2005～2012年两个时段比较发现（图8-6），中国大陆、日本、韩国、印度、中国台湾、澳大利亚、美国、英国、德国、法国游客数量均大幅增加，仅中国香港游客数量大幅下降。这种大幅增长的现象主要是由于新加坡出台各种政策措施，努力增强竞争力，成功走出旅游业低谷期的结果。

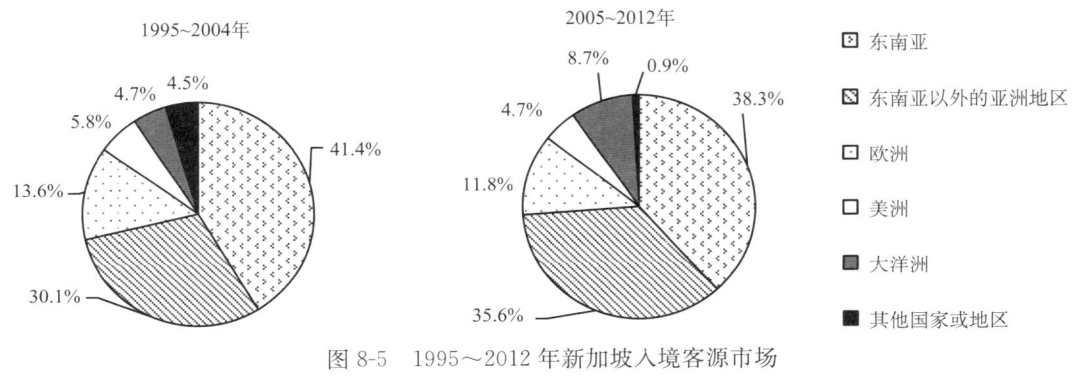

图 8-5　1995～2012 年新加坡入境客源市场

资料来源：同图 8-2。

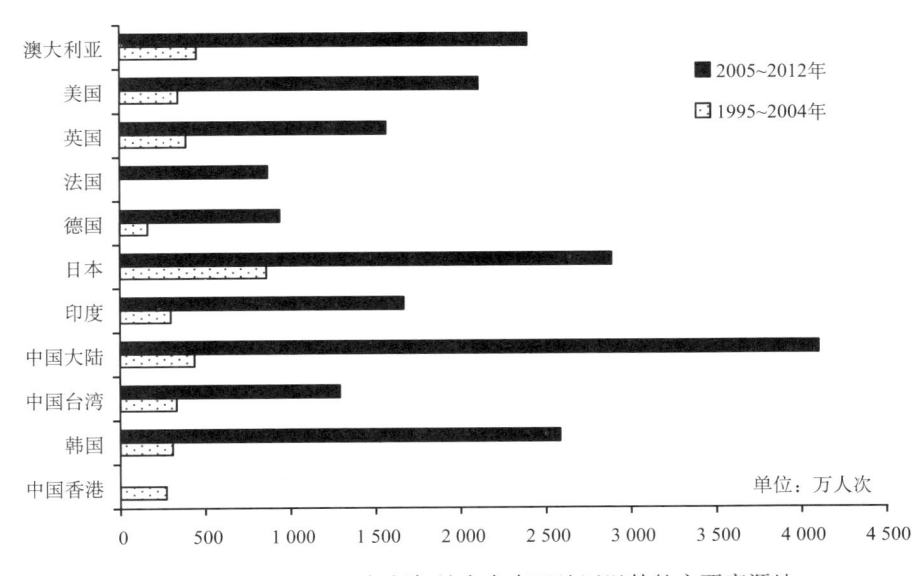

图 8-6　1995～2012 年新加坡在东南亚地区以外的主要客源地

资料来源：ASEAN National Tourism Organisations （http://www.asean.org/resources/2012-02-10-08-47-55/statistical-publications）。

据 2012 年统计资料显示，有 76.6% 的国际游客通过航空入境，通过陆上与水上交通工具入境的分别占 13.3% 和 10.1%；游客年龄段主要集中在 25～54 岁；有 22.2% 的游客逗留不足 1 天，33.8% 的游客停留 1～5 天①。从 2016 年游客支出构成看，餐饮支出比重较小，仅占 14%，而购物和住宿支出的比重都为 29%（图 8-7）。总体上，周边发展中亚洲国家游客喜好到新加坡购物，如中国游客在新加坡的购物支出比重达到总支出的 47%；而美国、日本等发达国家游客，主要消费在住宿和其他旅游项目体验；经济水平较落后的亚洲国家游客，如越南游客，用在住宿上的费用支出占总支出的比重也较高。

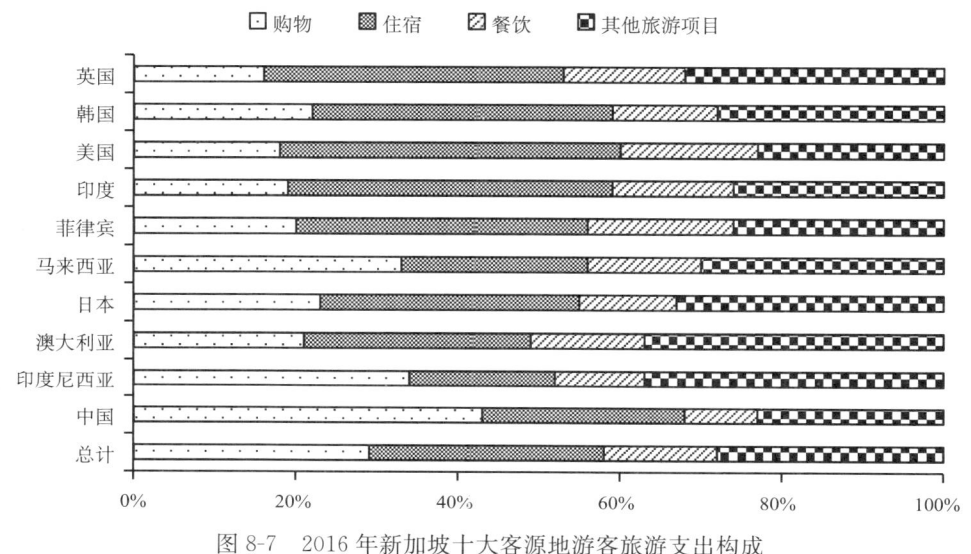

图 8-7　2016 年新加坡十大客源地游客旅游支出构成
资料来源：根据新加坡统计局（http://www.singstat.gov.sg/）"旅游部门第四季度业绩报告"（Tourism Sector Performance Q4 1023 Report）整理。

2. 马来西亚

马来西亚十分重视国际旅游业发展，已成为较为知名的旅游目的地。图 8-8 显示了 2003 年和 2012 年马来西亚入境旅游市场份额分配情况，亚洲是东南亚入境市场的主要客源地，其中来自东南亚区域内的国际游客占绝大部分。可见，区域内短距离客源市场对马来西亚旅游业发展具有重要意义。

1995～2004 年，马来西亚国际旅游市场（除东南亚国家外）居于前十位的国家和地区为：日本、中国大陆、中国台湾、英国、澳大利亚、美国、中国香港、印度、韩国、德国。2005～2012 年统计数据显示，中国香港退出前十，法国跻身前十名（图 8-9）。从上述两个时段比较来看，中国大陆游客数量上升速度最快，总游客量位居第一，另外，印度、澳大利

---

① 新加坡统计局（http://www.singstat.gov.sg/）"旅游部门第四季度业绩报告"（Tourism Sector Performance Q4 1023 Report）。

亚、韩国游客数量上升速度也较快；而中国香港、中国台湾及日本游客数量则呈下降趋势。

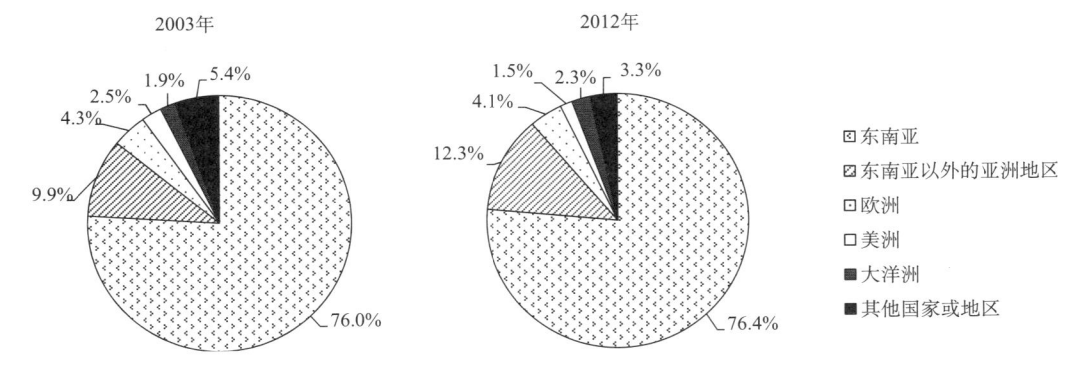

图 8-8　2003 年和 2012 年马来西亚入境客源市场

资料来源：同图 8-2。

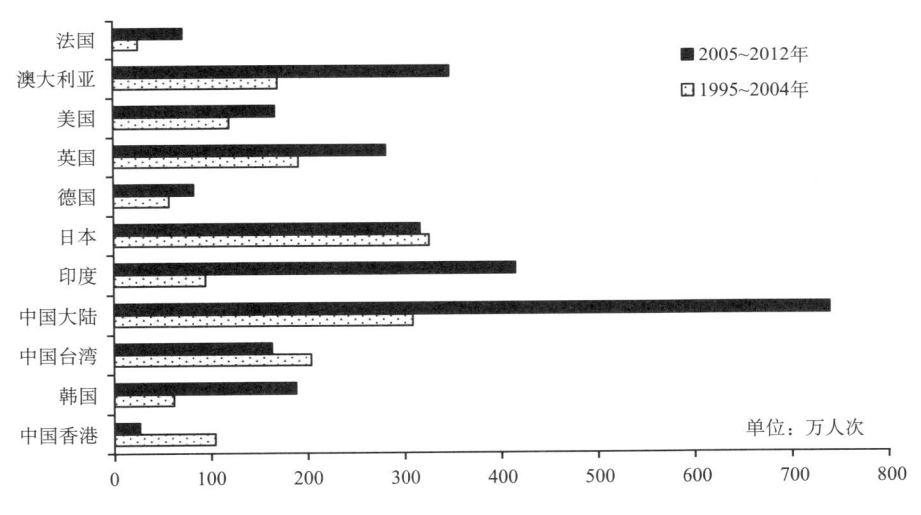

图 8-9　1995～2012 年马来西亚在东南亚地区以外的主要客源地

资料来源：①ASEAN Statistical Yearbook（2006，2013），The ASEAN Secretariat，Jakarta，2007，2014；②东盟国家旅游组织数据（ASEAN National Tourism Organisations），http://www.asean.org/resources/2012-02-10-08-47-55/statistical-publications。

3. 泰国

在国际旅游市场上，泰国是备受推崇的旅游目的地。图 8-10 显示，1995～2012 年，亚洲、欧洲一直是泰国旅游业主要的国际市场，市场份额占 85％以上，其中东南亚以外的亚洲地区市场份额又稍高于东南亚本区域内的份额。近年来，来自亚洲、欧洲、北美的旅游者不断增长。2005～2012 年，泰国主要客源地位居前十的依次为：中国大陆、日本、韩国、澳大利亚、英国、美国、印度、荷兰、德国、中国香港。从 1995~2004 年与 2005~2012 年两个时期比较来看，到访泰国游客数量增长较快的是印度、中国大陆和澳大利亚，而中国台湾、中国香港和日本则出现下降趋势（图 8-11）。

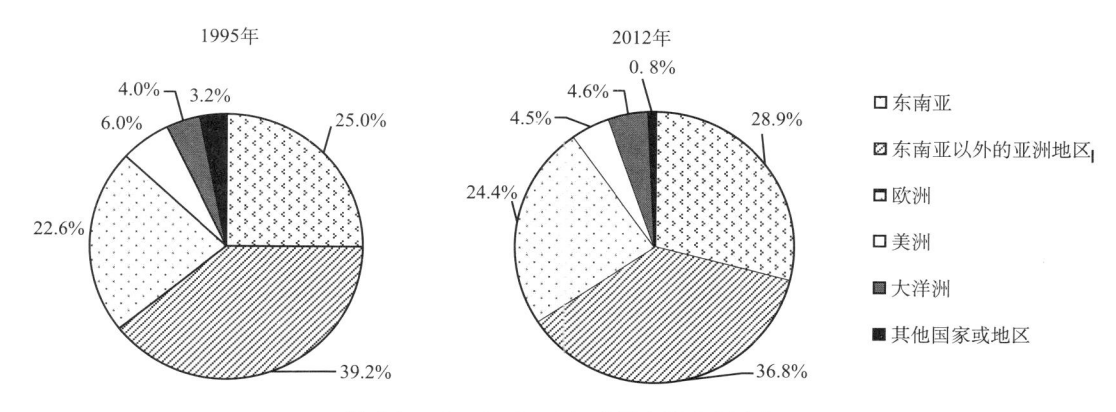

图 8-10　1995~2012 年泰国入境客源市场

资料来源：同图 8-2。

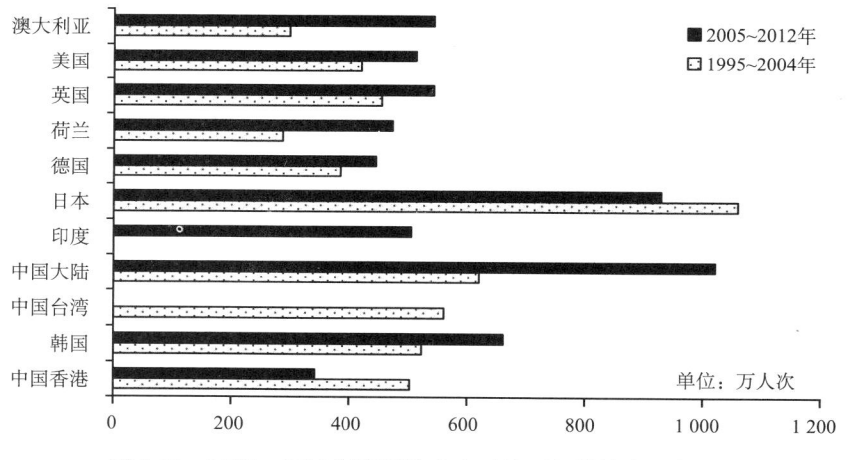

图 8-11　1995~2012 年泰国除东南亚地区以外的主要客源地

资料来源：同图 8-9。

4. 印度尼西亚

1995~2004 年，印度尼西亚主要入境游客市场是东南亚、东南亚以外的亚洲地区、欧洲，市场份额分别占 41.2%、28.2%、15.6%，此外，大洋洲市场份额占 8.9%，美洲和其他国家或地区市场份额总计 6.1%（图 8-12）。2005~2012 年，印度尼西亚入境市场仍然以东南亚、东南亚以外的亚洲地区和欧洲市场为主，但与 1995~2004 年相比，市场份额均有所下降，其他国家或地区市场份额则增加了 11 个百分点，大洋洲市场份额略微上升 0.1 个百分点。以上数据显示，印度尼西亚独特的旅游资源既吸引近距离亚洲国家的游客，对远距离欧洲国家也有较强吸引力。

2005~2012年澳大利亚成为印度尼西亚最大的客源地，日本、中国大陆、韩国分列第二、三、四位，中国台湾、美国、英国、荷兰、德国、法国则分别位居第五至第十位。图8-13显示，2005~2012年与1995~2004年相比，日本游客数量下降幅度最大，其次是中国台湾、意大利、德国，同时美国、英国、荷兰游客数量也呈下降趋势；中国大陆、澳大利亚、韩国、中国香港游客数量则呈上升趋势，其中中国游客数量上升幅度最大。

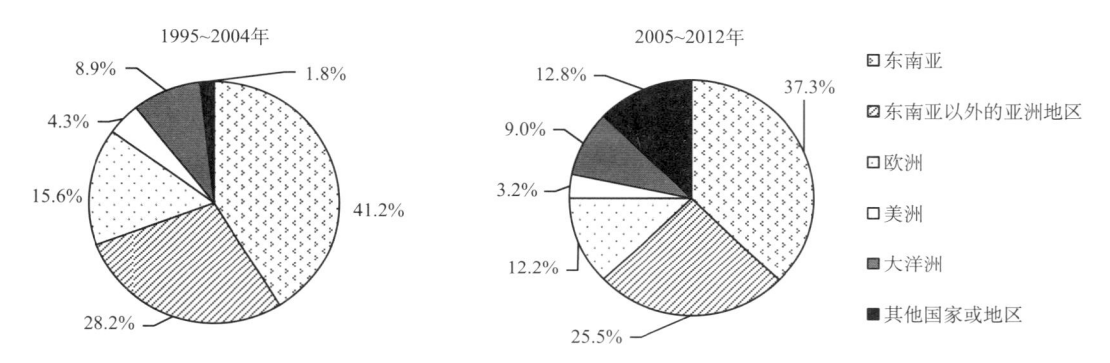

图 8-12　1995~2012 年印度尼西亚入境客源市场

资料来源：同图 8-2。

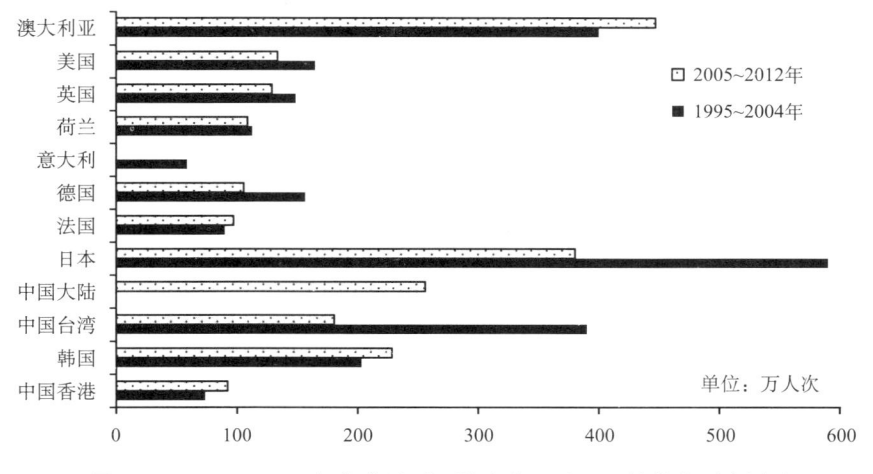

图 8-13　1995~2012 年印度尼西亚除东南亚地区以外的主要客源地

资料来源：同图 8-9。

5. 菲律宾

1995~2004 年，菲律宾最大的入境客源市场在东南亚以外的亚洲地区，市场份额占 45.3%，其次是美洲、欧洲，市场份额分别占 23.9%、12%。2005~2012 年，菲律宾入境客源市场仍以东南亚以外的亚洲地区、美洲和欧洲为主（图8-14）。2005~2012年与1995~2004年相比，菲律宾入境客源市场没有发生大的变化，亚洲国家是其发展入境旅游业最大的国际市场，同时美洲也是可靠的入境市场。

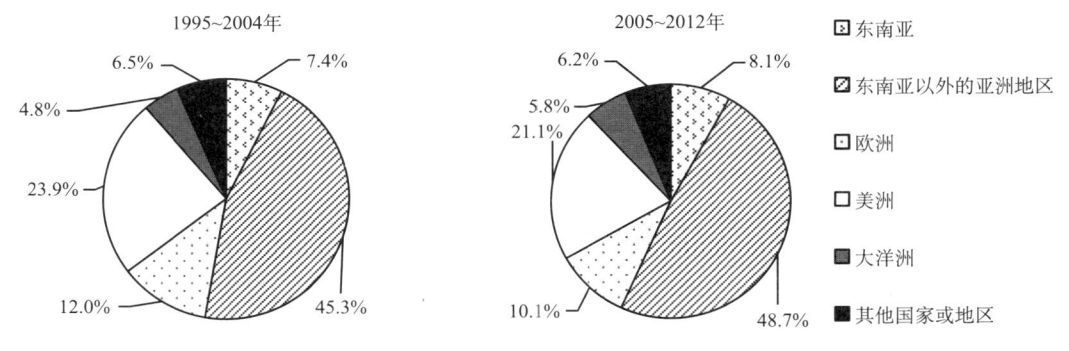

图 8-14 1995~2012年菲律宾入境客源市场

资料来源：同图8-2。

与1995~2004年相比，2005~2012年菲律宾的十大客源地没有发生改变（图8-15），韩国、美国、日本仍是最主要的客源地。不过，韩国、美国、中国大陆、澳大利亚、加拿大游客数量呈增长趋势，而日本、中国香港、中国台湾、德国、英国游客数量则呈下降趋势。

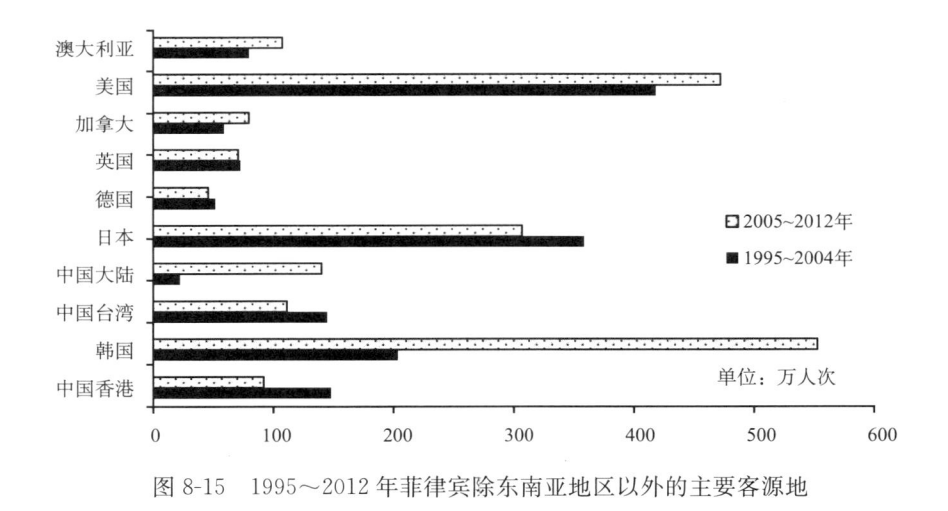

图 8-15 1995~2012年菲律宾除东南亚地区以外的主要客源地

资料来源：同图8-9。

6. 柬埔寨

1995~2004年，柬埔寨主要客源市场在东南亚、东南亚以外的亚洲地区、欧洲和其他国家或地区，市场份额分别占15.3%、27.9%、18.2%和24.5%。2005~2012年，东南亚、除东南亚以外的亚洲地区市场份额增幅较大，分别达到30.8%和32.1%，欧洲市场也

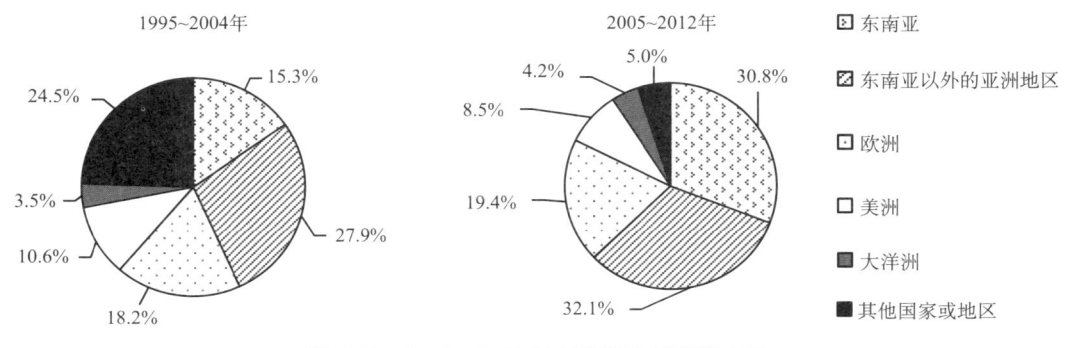

上升了 1.2 个百分点，其他国家或地区的市场份额则大幅下降，仅占 5%（图 8-16）。

图 8-16　1995～2012 年柬埔寨入境客源市场

资料来源：同图 8-2。

1995～2004 年，柬埔寨十大客源地（不包含东南亚数据）依次是美国、日本、中国台湾、中国大陆、法国、韩国、英国、澳大利亚、德国、加拿大，其中十年间累计接待最大客源地美国游客 38.1 万人次；2005～2012 年，十大客源地到访游客量均大幅增长，增长速度最快的是韩国，游客量达到 192.9 万人次，跃居柬埔寨第一客源地（图 8-17）。柬埔寨客源市场仍主要在近距离的亚太地区和欧美国家。

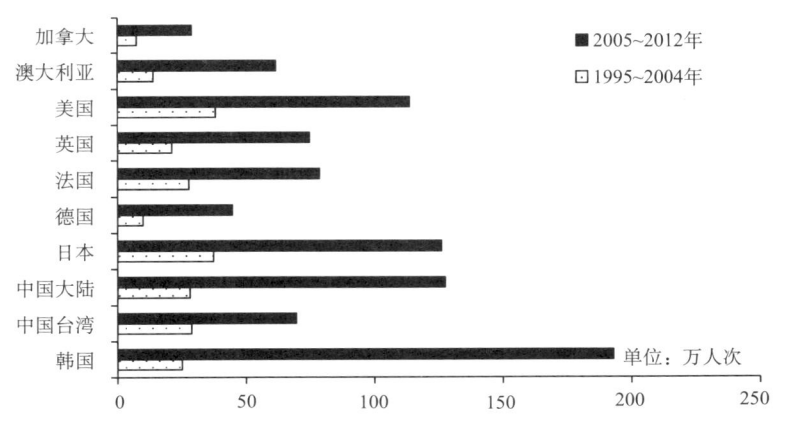

图 8-17　1995～2012 年柬埔寨除东南亚地区以外的主要客源地

资料来源：同图 8-9。

7. 越南

从大区域客源市场看，1995～2012 年，越南有 56.7% 的国际游客来自亚洲，其中除东南亚以外的亚洲游客占到 47.6%。此外，欧洲、美洲以及世界其他国家或地区也是重要入境市场，份额分别占到 11.6%、10.9% 和 17.6%（图 8-18）。2005～2012 年与 1995～2004

年相比，越南国际市场并未发生大的改变，仍以亚洲市场为主，东南亚与大洋洲市场份额稍有提高，其他大区域客源均呈稍微下降趋势。

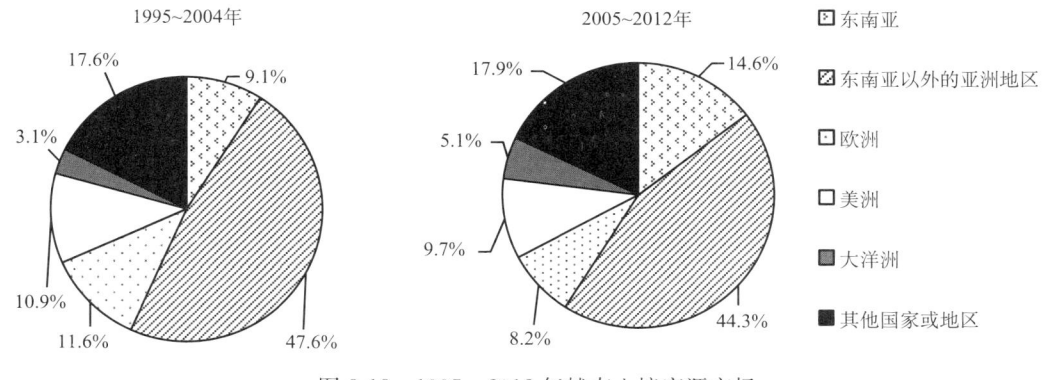

图 8-18　1995～2012 年越南入境客源市场

资料来源：同图 8-2。

1995～2004 年，越南入境游客位居前十的国家和地区依次为中国大陆、美国、中国台湾、日本、法国、韩国、澳大利亚、英国、德国、加拿大（图 8-19）。2005～2012 年，位居前十的客源地没有发生改变，其中除英国游客数量有所减少外，其他国家和地区的游客数量都呈上升趋势，韩国、日本、美国、澳大利亚入境游客数量增加最快，中国大陆仍然是越南最大的国际旅游客源地。

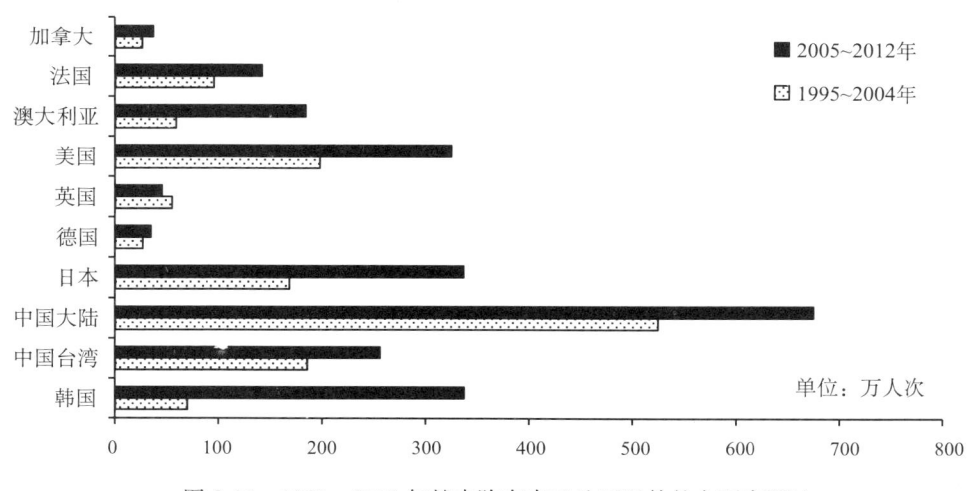

图 8-19　1995～2012 年越南除东南亚地区以外的主要客源地

资料来源：同图 8-9。

8. 缅甸

1995～2004年，缅甸入境客源市场主要有三大块，东南亚以外的亚洲地区份额占28.4%，欧洲占市场份额的19%，东南亚占市场份额的13.7%（图8-20）。2005～2012年，缅甸入境客源市场有所改变，东南亚市场份额提高了17.5个百分点，达到31.2%；其他国家或地区市场份额也有提高，达到36.0%；其余地区市场份额均呈下降趋势。上述两个时期比较发现，缅甸入境客源市场呈现四大客源地（东南亚、东南亚以外的亚洲地区、欧洲和大洋洲），并且其他国家或地区成为缅甸最大的客源市场。

1995～2004年，缅甸主要客源地依次是中国台湾、日本、法国、美国、中国大陆、德国、英国、意大利、韩国和印度；2004～2012年，意大利退出缅甸十大客源地，澳大利亚进入前十（图8-21）。上述两个时期比较看出，中国大陆游客数量增长最快并成为第一客源地，韩国和澳大利亚游客数量增长也较快，分别是第二、第三客源地，印度、美国和德国游客数量也呈上升趋势；中国台湾、日本游客数量下降较快，同时，英国、法国游客数量也呈下降趋势。可见，亚太国家和地区是缅甸可靠的入境游客市场，而澳大利亚是新兴的客源市场。

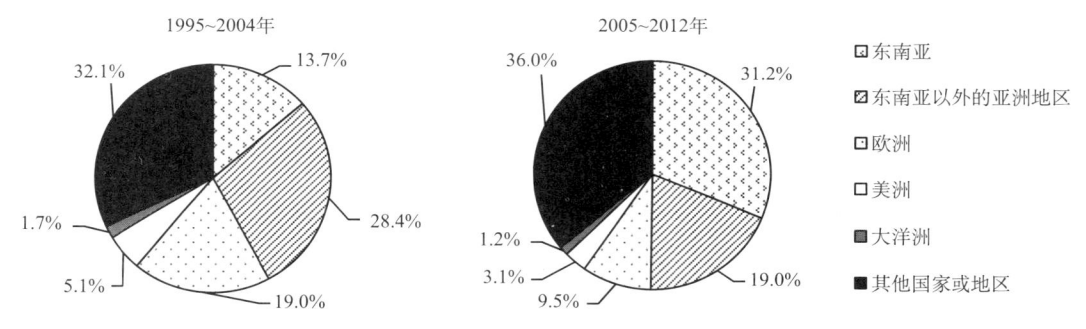

图8-20　1995～2012年缅甸入境客源市场

资料来源：同图8-2。

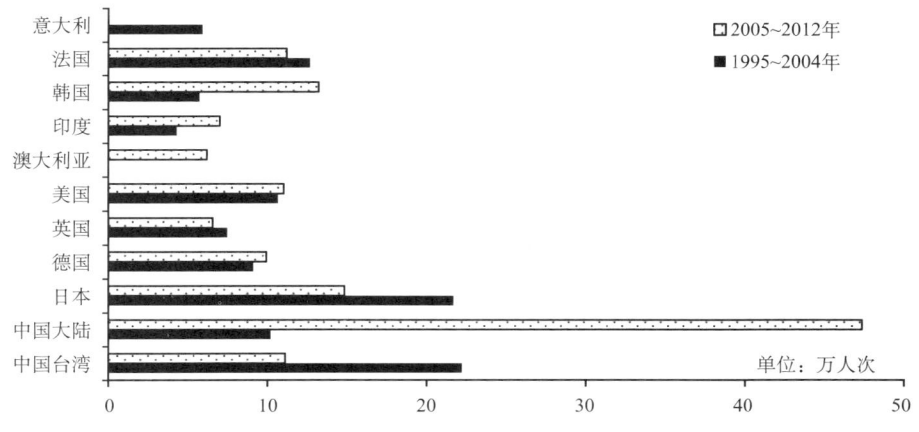

图8-21　1995～2012年缅甸除东南亚地区以外的主要客源地

资料来源：同图8-9。

9. 老挝

1995~2004年,老挝入境客源以亚洲市场为主,份额占到80.6%,其次是欧洲,市场份额占到11.4%。2005~2012年,老挝入境客源市场仍以亚洲为主,东南亚游客份额上升5.2个百分点,东南亚以外的亚洲地区市场份额上升1.7个百分点,欧洲、美洲、大洋洲与其他国家或地区的市场份额则呈下降趋势(图8-22)。2005~2012年与1995~2004年比较发现,经过20年的发展,老挝入境客源仍以亚洲为主,其中东南亚地区是重要的合作伙伴,除东南亚以外的亚洲地区则是重要的中短距离客源市场和发展的合作伙伴。

老挝的入境游客主要来自中国、日本、美国、英国、澳大利亚、德国、印度、加拿大、韩国、荷兰(图8-23)。2005~2012年,老挝仍处于开发旅游的初级阶段,但是接待入境游客数量较1995~2004年相比有大幅提高,十大客源地也有所变化,印度退出前十,法国进入前十。游客速度增加最快的是中国,达到89.1万人次;其次是韩国,美国、法国游客数

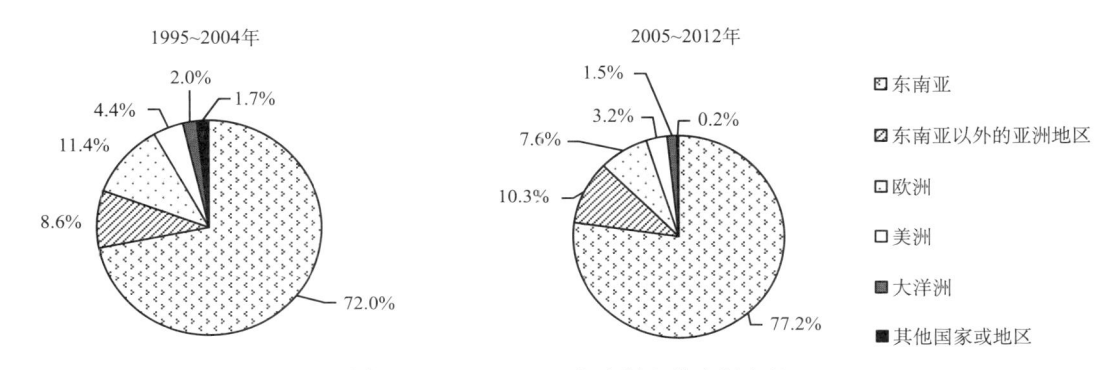

图8-22 1995~2012年老挝入境客源市场

资料来源:同图8-2。

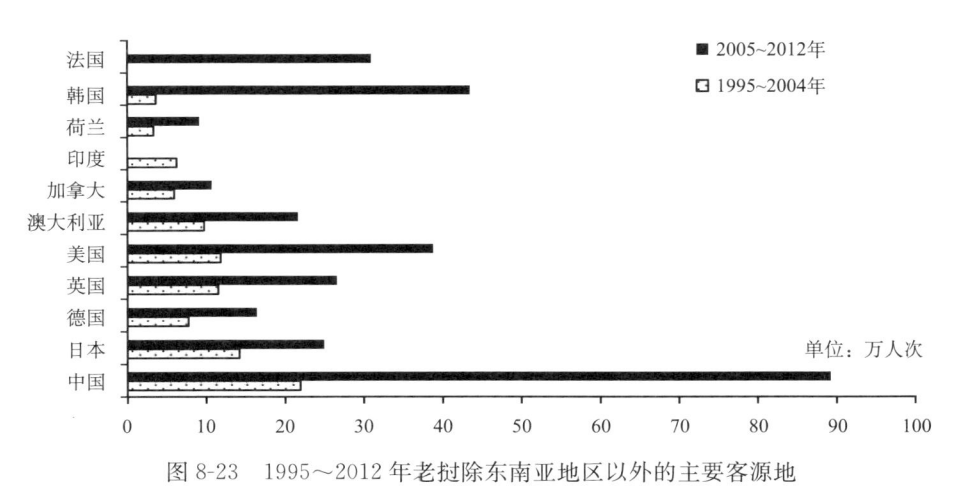

图8-23 1995~2012年老挝除东南亚地区以外的主要客源地

资料来源:同图8-9。

量增幅也较大；此外，英国、德国、日本、澳大利亚、荷兰、加拿大游客数量也有所提升。2005~2012年与1995~2004年比较发现，周边国家和地区（如中、日、韩等）及远距离国家和地区（如美、英、法、澳等）均是老挝需要进一步维持和开发的客源市场。

10. 文莱

1995~2004年，文莱入境游客绝大部分来自东南亚本区域，达到89.8%，欧洲游客占4.1%，除东南亚以外的亚洲地区占3.5%（图8-24）。2005~2012年，东南亚市场份额急剧下降至49.9%，东南亚以外的亚洲地区、欧洲和大洋洲市场份额显著上升，分别为22.6%、11.7%和11.3%，美洲市场份额略有上升，为2.8%。经过20年的发展，亚洲仍是文莱最主要的客源市场，美洲和欧洲是有开发潜力的远距离客源市场。

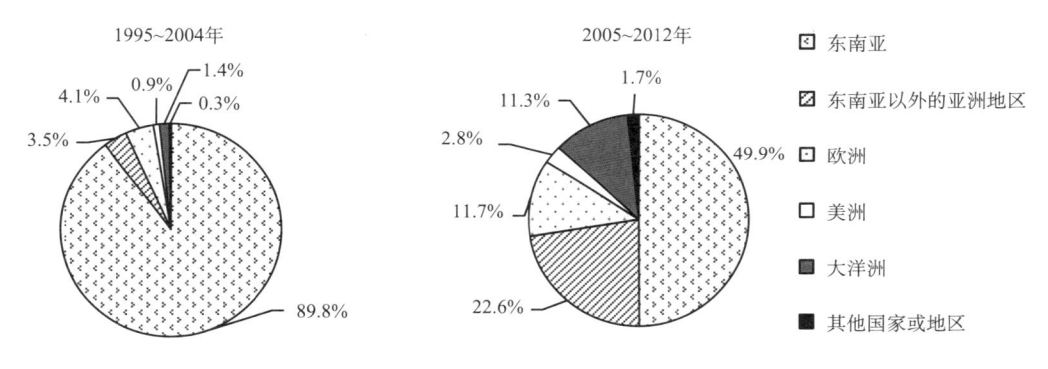

图8-24　1995~2012年文莱入境客源市场

资料来源：同图8-2。

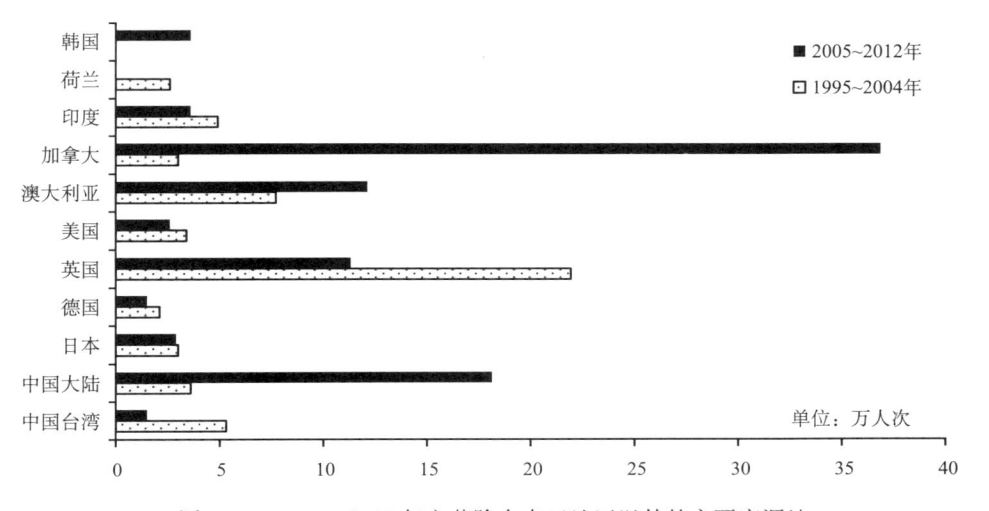

图8-25　1995~2012年文莱除东南亚地区以外的主要客源地

资料来源：同图8-9。

1995～2004 年，文莱主要客源地依次为英国、澳大利亚、中国台湾、印度、中国大陆、美国、日本、加拿大、荷兰和德国，其中英国是文莱最大的客源地。2005～2012 年，荷兰退出十大客源地，韩国进入前十，其中加拿大成为文莱最大的客源地，入境人数达到 36.8 万人次，中国大陆成为第二大客源地。两个时期相比，加拿大、中国大陆、韩国和澳大利亚呈上升趋势，其他国家和地区则呈下降趋势（图 8-25）。

第三节　旅游产业布局

一、区域旅游产业特点

东南亚文化与自然旅游资源丰富，各国旅游产业布局均考虑到文化和自然旅游产品的开发与发展。但由于各国旅游资源禀赋不同以及所处旅游发展阶段不一，各国旅游产业布局既有相似处，也有差异点。总体上，可将东南亚国家旅游产业布局特征分为三类。

第一类是新加坡、马来西亚、泰国、印度尼西亚，旅游产业布局主要表现为智慧性和休闲性，映射出这些国家较强的旅游业实力，重点开发海滨海岛旅游产业、养生康体旅游产业、商务会展旅游产业和邮轮旅游产业。同时，各国也有特色旅游产业，如新加坡教育旅游、马来西亚乡村旅游、印度尼西亚 SPA 等。

第二类是菲律宾、柬埔寨、越南、老挝、缅甸、文莱，旅游产业布局主要表现为依托重要旅游资源所在地、著名旅游城市或首都发展旅游业，并向周边地区辐射，带动旅游产业发展。旅游产业布局体现产品设计围绕文化、古迹、遗产和自然风光开展，旅游业发展需要依靠资源禀赋。

第三类是东帝汶，由于刚独立不久，旅游业尚处于起步阶段，再加上经济比较落后，无经济实力大规模修建旅游项目。因此，东帝汶的旅游产业布局主要依托原生态的山、湖、海滩，发展自然生态旅游业。

二、各国旅游产业布局

1. 新加坡

新加坡主要以观光休闲、会展、教育、医疗、邮轮五大领域为主要发展方向。

（1）休闲观光

重点打造以休闲观光度假为主的圣陶沙度假区和以会展商务为主体的金沙滨海城度假区

两大综合性旅游度假区的发展模式。

（2）会展旅游

商务会展旅游业是新加坡旅游业的主要收入来源[①]。目前，新加坡的国际会展规模和人次稳居亚洲第一位、世界第五位。新加坡共有40多家专业会展公司，其中最大的一家为新加坡展览有限公司，其展览项目份额占新加坡市场份额的29%。新加坡具有较大规模的、设施环境配置完善的会展设施。如：新加坡国际会议与展览中心，拥有12 000平方米展览大厅以及可容纳12 000人的无柱结构会议大厅；新加坡博览中心，由国家投资，委托第三方管理，拥有6个10 000平方米无柱结构会议大厅和25 000平方米室外展览能力，另有9个会议厅；莱佛士会议中心，拥有3个会议大厅和15个会议室，可分割成7个会议区域，所有会议厅和会议室都配备了闭路电视系统，中心则配备了卫星系统，可进行全球会议。

（3）医疗旅游

自20世纪90年代以来，新加坡政府致力于推广医疗服务，让不论贫富者都能负担。由于邻近印度尼西亚等医疗水平较为落后国家，新加坡成为周边国家富商喜欢前来看病的地方，许多印度尼西亚富商甚至每年定期到新加坡住院一个星期，接受健康检查，从而演变成医疗度假的形态。除了周边国家的游客，远至俄罗斯的病人也来新加坡施行眼科手术或治疗癌症。在2003年年底，新加坡政府成立了一个跨机构的官方组织，主导"新加坡国际医疗"计划的实施，积极落实把新加坡发展成为亚洲区域医疗枢纽的愿景。该计划旨在打响新加坡的医疗保健服务品牌，为前来新加坡的求医者提供资讯指南并展开一站式服务。具体举措包括吸引更多的外国人来新加坡进行医疗旅游，发展医学研究和临床服务方面的能力，以及鼓励向亚洲区域提供医疗保健咨询和管理服务。

（4）教育旅游

教育旅游通常是少于3个月的活动，它包括入境和出境两种形式。新加坡教育机构拥有极好的教育设备和先进的科技，教育制度以充分发挥学生最优秀的素质为目标。新加坡教育旅游主要有以下内容：留学教育系列产品，即新加坡中学和初级学院到海外颁发全额奖学金，吸引成绩优秀生前来新加坡受教育；国际教育计划，包括留学计划、游学计划、浸濡计划和国际交流；教育实践计划，包括举办教学研究法研讨会、教育研讨会、教育工作者论坛等以及针对学校的行政高级人士举办教育领导与管理研讨会；管理咨询服务，即为教育不发达的国家提供建校和办新校的咨询以及课程设计与发展服务；教育评估与鉴定业务，包括推展新加坡国际六小能力鉴定测试和成立学习与测试中心，以促进海外学生融入新加坡教育

---

① 周春雨："新加坡商务会展业领跑东南亚"，中国会展策划师联盟网，http://www.hzchs.org/show.asp?id=1 585（访问日期：2015-07-24）。

(杨丽贞，2006)。

(5) 邮轮旅游

新加坡是亚太地区邮轮旅游发展最快的地区之一。2003～2012年，新加坡邮轮旅游业在波动中发展，游客流量在2009年达到峰值1 138 570人次（表8-3）。新加坡邮轮产业发展模式可概括为枢纽港口型，通过建造国际标准码头吸引大量邮轮到港，促进邮轮产业经济的发展，从而成为邮轮母港。最著名的邮轮母港是新加坡邮轮中心，其特点是通过建造符合国际标准的邮轮码头，吸引邮轮到港停靠，从而发展成为区域航线重要的节点——"枢纽型"邮轮港口。新加坡邮轮中心通过行业（邮轮港口）联盟的方式宣传推广，获得了市场知名度与行业认可，同时高效的管理运作为新加坡邮轮中心赢得了巨大的行业声誉（吕长红，2014）。

表8-3 2003～2012年新加坡邮轮和游客流量变化

年份	到访邮轮		游客流量	
	数量（艘）	增长率（%）	数量（人次）	增长率（%）
2003	439	-40.8	514 698	-24.8
2004	392	-10.7	634 585	23.3
2005	454	15.8	623 740	-1.7
2006	787	73.3	856 556	37.3
2007	717	-8.9	943 134	10.1
2008	1 022	42.5	920 248	-2.4
2009	928	-9.2	1 138 570	23.7
2010	640	-31.0	1 014 144	-10.9
2011	394	-38.4	942 055	-7.1
2012	334	-15.2	912 720	-3.1

注：游客流量包括入港、离港单程邮轮游客数量和双程邮轮游客数量。

资料来源：根据新加坡旅游局"旅游统计年报2013"整理，下载地址：https://www.stb.gov.sg/statistics-and-market-insights/marketstatistics/annual%20report_2013_f_revised.pdf。

2. 马来西亚

旅游业是马来西亚支柱产业，是仅次于制造业和油棕业的第三大国际收入来源产业。1992年，马来西亚政府出台的《国家旅游政策研究》设立了发展旅游业的一系列经济、社会和政治目标：在经济上要解决就业、推动城乡一体化、推动经济公平发展等目标；在政治上要发展外交、改进国际形象、促进国家统一等目标；实现社会发展、推动文化交流等社会目标。为了实现这一系列目标，马来西亚政府提出发展一系列新形态产品，构建新的旅游产业布局。

（1）乡村旅游

乡村旅游主要包括以下内容：一是以农林公园为主，主要在分布于近郊的观光农业公园进行体验农林等活动；二是欣赏农村景观并在此居住，多在山区、半山区建造住宅区和附带的农园别墅；三是利用农林水产品的早市、配送和直销业务，对土特产进行再次加工和销售等；四是终身学习型，多以二、三产业退下来的城市居民为主要对象，为其开设农业产业研修课，实现体验农村生活（钟继军、唐元平，2014）。实践证明，马来西亚着力推广乡村旅游，有利于完成国家政策中所提到的城乡一体化的目标，有利于实现社会的可持续发展。

（2）国家生态旅游

1996年，马来西亚的非政府组织——马来西亚世界自然基金会提出了国家生态旅游计划。这份计划较为详细地涵盖了如何管理自然保护区、整合政府资源、获取财政支持、吸引当地居民参与、联合营销等，如今该计划成为马来西亚发展生态旅游的实际指导准则（罗文标，2013）。通过该计划，现在马来西亚的生态旅游发展已走在世界前列。

（3）会展旅游

会展旅游起步较晚，但发展速度快。马来西亚举办的会展数量、规模都在增加，形成了一批品牌会展，如国际家具展、兰卡威国际海事航天展、吉隆坡国际汽车展、马来西亚国际珠宝展等。与此同时，会展服务体系已初步形成，建立了一些会展组织者、目的地接待公司及与之相关的行业协会，如马来西亚旅游局加入了ICCA组织，建立了由会展中心、专业会展组织、场地管理公司、饭店、旅行社、景区、航空公司、购物中心等组成的行业协会，如马来西亚会展组织者提供者协会（MACEOS）是亚洲展览会议协会联盟（AFECA）及世界博览会联盟的成员。马来西亚初步形成了以吉隆坡为中心的国际会展业发展模式。但总体看，其会展旅游还处于起步阶段，市场总量还较小，在国际会展业中的地位还非常低。

（4）医疗旅游

马来西亚旅游部正积极推进传统医药旅游，设计一个结合华（中国）、巫（马来西亚）、印（印度）种族的传统医药技术和民宿的旅游卖点。目前，政府已圈定三个首要地点作为传统医疗的集中区，土著医药在Gua Kerbau，中药医疗在怡保三宝洞，印度医疗在黑风洞。

（5）学生旅游项目

为对特殊群体进行奖励，2001年起，马来西亚旅游部门和教育部联合推出旅游奖励项目，旨在让更多学生参与旅游的学生旅游项目。政府希望通过这一项目培养青少年的爱国热情，并希望通过旅游活动解决这一群体的种种不良嗜好，进一步培养全民旅游意识。

（6）第二家园项目

为了吸引外资与鼓励更多的外国游客频繁到访，2002年，马来西亚在全球范围推出了"马来西亚第二家园项目"。符合资格的外国人加入该项目后除给予10年有效期的护照自由出入外，还将在马来西亚享受自由购置房产、购买免税汽车、定期存款免利息税、子女就读当地学校等一系列优惠政策。自该项目启动以来，至 2010 年 3 月为止，共有 15 816 人或户加入，其中以中国、孟加拉国、英国和日本等国家的国民为主（罗文标，2013）。

3. 泰国

泰国是世界旅游的一个标志性地区，一向被誉为"亚洲最具异国风情的国家"。它是一个以旅游文化产业为国内经济支柱的亚洲经济强国。泰国的特色旅游业在亚太地区乃至全世界都有很高的赞誉度。

（1）文化旅游

文化旅游包括宗教旅游、历史古迹旅游和人妖表演。泰国是政教合一的国家，全国 90% 以上的国民信奉佛教，约有 4 万多座佛教寺院，因此有"千佛之国"的美称。众多寺庙和古宫殿群成为泰国宗教旅游和历史古迹旅游的重要资源。人妖表演是泰国最具特色的旅游项目，人妖的泰语叫 GRATEAI，主要指的是专事表演的从小服用雌性激素而发育的男性，其中部分是变性人，而大部分仍然是"男人"，只是胸部隆起，腰肢纤细，完全丧失了生育能力，大多数人妖都很漂亮，外表和女性唯一的区别是通常手脚较大，并可通过声音鉴别。人妖表演是到泰国游玩的必看节目，也是泰国旅游文化产业中最能掏游客腰包的表演。泰国人妖主要集中在帕塔亚和普吉岛附近一带。

（2）自然生态旅游

普吉岛是东南亚具有代表性的旅游度假胜地，离曼谷 867 千米。普吉岛的旅游观光业从 1970 年开始逐渐兴起，不断朝高级度假区方向发展。这里海滩和海湾遍布，有以清净著称的卡马拉海滩，有私密性风格的素林海滩，有经常举行海上运动的珊瑚岛，还有夜生活较丰富的芭东海滩等。岛上分布有很多山，游客可在岛上乘坐出租车和摩托探险，也可以潜水和乘坐游艇出海。岛屿北部有向游人开放的菠萝田和橡胶园。游客还能在城内见到保留着欧式风格的家居建筑。帕塔亚被誉为"东方夏威夷"，是世界著名的新兴海滨旅游度假胜地，位于曼谷东南 154 千米，市区面积 20 多平方千米，风光旖旎，气候宜人。每年接待游客 100 多万人次，收入外汇折合泰币 70 多亿铢，是泰国旅游业的重要支柱之一。此外，玛雅湾、玉佛寺、玛岛、兰达岛、阁沙梅岛等景点也是泰国知名的海岛旅游胜地。

（3）城市旅游

曼谷是"东方威尼斯"，是兼具古老气息和现代风情的东方大城，汇聚了国内外的各式商品，从低廉的手工艺品到价值高昂的珠宝饰品。清迈是泰国第二大城市，是泰国北部的政治、经济和文化中心，其发达程度仅次于曼谷。市区风景秀丽，遍植花草，尤以玫瑰花最著名，有"北方玫瑰"的雅号。华欣是泰国皇室钟爱的度假城市、泰国传统的海滨度假城市之一以及泰国治安最好的城镇，被称为"泰国的迈阿密"。

(4) 医疗旅游

泰国医疗旅游业 1997 年起步，2004 年开始制定第一个医疗旅游发展五年规划，整合医疗服务、健康保健服务、传统草药产业三个资源，竭力打造"亚洲健康旅游中心"的国际医疗旅游品牌（邓文志、文武刚，2011）。与其他国家医疗旅游相比，泰国发展医疗旅游业有其独特的竞争优势，在短短几年中便成为世界上医疗旅游业最发达的国家之一。

(5) 会展旅游

目前，全球会展市场的需求正在不断上升，而泰国会展商务产业在国际市场上具有相当的竞争力，在亚太市场和中东市场上的竞争能力则名列前茅。2012 年，泰国成功举办了 7 328 场会展活动，会展产业收入达 797.7 亿泰铢，占旅游业收入的 9.5%。虽然泰国举办会展的规模和次数比不上新加坡，但会展业的展览场地面积在东盟高居榜首，展销中心的数量在亚洲位居第五。泰国将采取新举措使泰式热情服务与国际高标准服务结合，为全球会展人士和企业客户提供高标准服务，使泰国会展业"从高标准走向成功新高度"，并以此为桥梁进一步拓展中国巨大的会展市场。中国已成为泰国仅次于印度的第二大会展旅游客源地，中泰会展产业的合作将不断加强，中国对泰国会展商务旅游业来说是非常重要的未来市场。2015 年 4 月，泰国会展局启动中国战略计划，旨在拉动泰国会展旅游业在中国地区的增长。

4. 印度尼西亚

(1) 生态旅游

广阔国土、热带气候和群岛地理使印度尼西亚的物种多样性占据世界第二位。风光、花草、遗传与生态系统多样性以及海洋资源，都成为印度尼西亚发展自然旅游——"生态旅游"的绝对优势及无价之宝。印度尼西亚的生态旅游有多种多样的选择，在此度假可欣赏到印度尼西亚独特而神奇的自然和文化，从容易到达的巴厘岛和爪哇到苏门答腊、加里曼丹、苏拉威西及印度尼西亚东部的偏远山林。

(2) 文化艺术旅游

对不论来自何方的参观游览者，印度尼西亚的文化历史和艺术都具有极大的吸引力。最南端的爪哇岛是印度尼西亚文化的发源地，而爪哇岛中心的日惹虽然是一个只有 50 万人口的小城市，却拥有印度尼西亚最古老的文化。日惹是爪哇古典文化艺术的中心，蜡染、芭蕾舞蹈、戏剧、音乐、诗歌和木偶戏都极富特色，并分布有荷兰殖民的遗迹和苏丹王的宫殿，以及两座建造于公元 8 世纪左右的佛教寺庙和印度教庙宇的遗迹。此外，雅加达作为首都既可以追寻历史的脉络，也反映了现代印度尼西亚的风貌。巴兰班南有东南亚最大的印度教寺庙群，巴厘岛则是历史、文化、宗教、自然风光的综合体。

(3) 邮轮旅游

印度尼西亚最大的国际级邮轮码头位于巴厘岛。据统计，2011 年全年的邮轮到访数为

189 艘，带来约 13.2 万名游客，到 2012 年 6 月，已有 198 艘邮轮到访印度尼西亚，带来约 13.7 万名游客，增幅相当明显。2012 年 2 月，全球最大邮轮"皇家加勒比海洋神话号"造访巴厘岛的伯诺阿港口，带来了 6 千多名游客。印度尼西亚计划在首都雅加达新建另一座大型国际级邮轮码头，旨在促进该国邮轮旅游业的蓬勃发展。

(4) 滨海休闲产业

印度尼西亚岛屿众多，巴厘岛是印度尼西亚 13 600 多个岛屿中最耀眼的一个岛，也是最具盛名的海岛度假胜地。巴厘人生性爱花，处处用花来装饰，因此该岛有"花之岛"之称，并享有"南海乐园""神仙岛"的美誉。岛上大部分为山地，全岛山脉纵横，地势东高西低，有四五座锥形完整的火山峰，其中阿贡火山（巴厘峰）海拔 3 142 米，是岛上的最高点，附近有曾于 963 年喷发过的巴都尔活火山。岛上萨努尔、努沙杜瓦和库达等处的海滩，是该岛景色最美的海滨浴场，每年来此游览的各国游客络绎不绝。

5. 菲律宾

菲律宾旅游资源丰富，风光多姿多彩，既有椰林海滩，又有火山瀑布。因为地处亚热带，物产富饶，水果、海鲜四季不断。菲律宾是一个多民族的国家，融合了许多东西方的文化与风俗习惯特点，富于异国风情。

(1) 东西合璧旅游区——大马尼拉

首都马尼拉交融东西方文化，古色古香与现代元素相融合。马尼拉历史的核心是王城，里面矗立着雄伟庄严的马尼拉大教堂，彩绘玻璃镶嵌图案和精致的石雕让游客赞叹不绝。由 16 个城市和 1 个自治市组成的大马尼拉，是整个菲律宾最繁华的商业中心和最时尚的休闲娱乐区。马卡蒂的阿亚拉和奥提斯中心是菲律宾的商业中心，汇集了高档的酒店、饭店、迪斯科、音乐吧、精品服饰店及专卖店等。值得一游的周边地区还包括政治和娱乐中心奎松，鞋都马里基纳，以干货、海鲜市场和餐厅著称的帕拉纳克市，以及拥有世界上唯一的竹制管风琴的拉斯皮纳斯市。

(2) 大堡海滨度假区

大堡市有"南海金银岛"之美称，位于菲律宾最南端的棉兰老岛东南方，由三州一市组成，具有绵延不断的淡紫色兰花、遍布的火山和山谷、珍贵罕见的野生动物、菲律宾最高的山峰阿波山等特色旅游资源。该地区的主要旅游区有三个。一是海岛花园沙茂，沙茂由大堡湾内一组小岛组成，其中最大的岛也叫沙茂，岛上有许多一流的度假村，其中之一曾是一个珍珠养殖场。二是基达帕市，距大堡 2 小时车程，是前往阿波山的主要入口，也是举行为期十天的卡达雅万节的场所。卡达雅万节是展示土著马诺博族和其他部落仪式、歌曲、舞蹈和体育运动的一个大舞台。三是在东大堡省，至少有 40 多个旅游目的地，著名的有圣伊西德罗镇,是神秘的湖泊"隐秘海"所在地,菲律宾最大的瀑布——卡帝尔市的阿里瓦格瓦格瀑布,以及古镇卡拉加,有一座布满苔藓的 17 世纪大教堂。

(3) 殖民历史文化旅游

位于吕宋岛西北端的北伊罗戈省,处于一个由东部险峻的科迪勒拉山脉、东北部崎岖的伊罗戈山脉以及南部伊罗戈山组成的楔形地理区域的中间位置。众多拥有悠久历史的大教堂遍布于伊罗戈省的各城镇,见证着他们的殖民地历史。海岸线长达 90 英里的北伊罗戈省被大自然赋予了丰富的海洋生物资源,如贝类、大海龟、海藻、海星、金枪鱼等。维甘是亚洲保存最完好的西班牙殖民小镇,有着菲律宾、中国、墨西哥和西班牙的多种文化元素,在 1999 年被列入世界文化遗产,成为菲律宾仅有的五项世界遗产之一。维甘的主教堂为圣保罗大教堂,该教堂具有与众不同的特色,体现了伊罗戈人的耐性和坚毅。

6. 柬埔寨

柬埔寨全国主要旅游景点有 1 300 多处,包括 100 余处自然景观、1 161 个历史文化景点和 40 多个休闲胜地(毕世鸿,2014)。自 2005 年开始,柬埔寨政府决定优先在金边及其周围暹粒、西哈努克、白马、戈公和东北地区的腊塔纳基里、蒙多基里和上丁等地建设、开发旅游业。其旅游产业主要有三类。

(1) 历史古迹旅游——吴哥窟

吴哥窟是柬埔寨吴哥王朝遗留下来的规模宏大的石砌建筑,是古代文化艺术的珍贵遗产。吴哥古迹分布在暹粒省内大约 45 平方千米的范围,总共有 600 多座石砌建筑,其中,最具特色的有巴戎寺(也称大吴哥)、吴哥寺(也称小吴哥)和班迭斯雷宫(也称女王宫)。这些古迹的外墙、长廊、门楣、石柱上都刻满了风格各异的浮雕,反映的内容极为丰富,有从著名印度史诗《罗摩衍那》《摩诃婆罗多》移植的神话故事、柬埔寨古代传说、当时发生的重大事件以及人们的生活场景等。

(2) 滨海山地旅游

柬埔寨常年高温,属热带季风气候,旅游景点多在海滨或山区,如位于南部海滨的白马市、象山山脉南端的卜哥山和磅士卑省西部的基里隆市等避暑胜地。其中,距西哈努克市约 50 千米的隆岛是一个吸引游客的景点,游客逐年增加。2002 年初,迎来了第一批远道而来的法国客人。该岛四周有细粒白色的沙滩,无污染的海水,岛上绿树成荫,有设备完善的旅馆,还有淡水供应系统。

(3) 民俗文化旅游

柬埔寨民俗文化村是新开发的一个大型旅游点,距吴哥窟 5 千米。民俗文化村以丰富多彩的活动项目,充分展示高棉浓郁的民族风情以及古老文化,有蜡像馆、文史博物馆,高棉传统婚礼演示,民族舞蹈、杂技、民间游戏表演,柬埔寨名胜古迹微缩景观以及风格各异的民族村寨等。过去只在皇宫内表演给皇亲国戚观看的宫廷舞（又称皇家芭蕾舞）更使游人大饱眼福。皇家芭蕾舞团不仅在国内面向大众，还经常出国演出，获得好评，并在 2005 年被联合国教科文组织列为世界非物质文化遗产。

7. 越南

越南是一个有山、有水、有高原、有海岸线的国家。其历史悠久，山河壮丽，民族众多，因此有着极其丰富的自然与人文旅游资源。越南主要的旅游观光地大致可分为北、中、南三部分，分别以北部的河内、中部的顺化以及南部的胡志明市为中心。

（1）北部旅游业

以首都河内为中心，主要旅游资源有：胡志明陵，越南进行爱国主义教育的胜地；西湖，河内市内最大湖，占地约 500 公顷，湖面宽广娴静、空气清新，可坐船观赏西湖风光；还剑湖，位于河内市中心，湖中有龟塔和玉山寺，为越南神话传说的古迹；文庙，又名国子监，越南历史上首家学府，里面供奉有孔、孟等圣人。此外，在北部有下龙湾旅游景区，位于广宁省境内，是北部湾的一部分，总面积约 1 500 平方千米，1993 年被联合国教科文组织列入"世界自然文化遗产名录"。

（2）中部旅游业

以顺化为中心，主要景点有：故宫，内有护城河、城墙、午门、王居宫殿等，与中国故宫的设置布局如出一辙；王陵，现存最有名气的四座陵墓为嘉隆王陵、明命王陵、自德王陵和定王陵；寺庙，包括灵娘庙、碗山庙和慈考庙等；香江，体现了顺化古都的画意，游客可乘船游江，亲临其境感受那令人陶醉的意境。在中部地区还有个叫芽庄的小城市，是越南景色最为美丽的海滨城市之一，海滩绵延数里。芽庄人民主要以海为生，水海产品丰富，主产龙虾、鲍鱼、玳瑁，同时盛产燕窝及各种热带水果。游客在游玩之余还可尽情品尝当地特产。

（3）南部旅游业

以胡志明市为中心，包括岘港市和大叻市。胡志明市是越南最大的港口城市和经济中心，由原西贡、堤岸、嘉定三市组成，市区主要建筑有统一宫、天后庙、圣母大教堂等。统一宫是法国殖民者为了加强其在越南的统治，由当时的越南南部总督拉格兰蒂耶于 1869 年 2 月 23 日开始兴建的，取名为"诺罗敦宫"，实际上也是法国在整个印支地区的总督府。1975 年 11 月起，"独立宫"更名为"统一宫"，作为越南人民争取独立统一意志的象征。岘港市是四个直辖市之一，主要景点有：占婆族石雕博物馆、五行山、美山、会安、中国海滩、美国电影。大叻市，法国殖民时期开发的避暑胜地，风景优美，有如欧洲风情画，主要景点有春香湖、泉林湖、情人谷、千鲤瀑布。

8. 缅甸

（1）原生态自然风光旅游

缅甸保留完好的原始自然风光，一直受到游客的赞誉与青睐。境内河流交错，伊洛瓦底江、萨尔温江、钦敦江等河流形成了独具特色的自然景观。位于若开邦的额布里海滩是世界著名的滨海度假胜地。

（2）古城与宗教旅游

缅甸的佛教文化在东南亚地区独具特色，仰光大金塔和"万塔之城"蒲甘享誉世界，前者被列为世界七大文化遗产之一，后者被列为世界著名人造旅游奇迹。仰光是一座热带花园城市，风景如画，景色宜人，有两个大湖——皇家湖和茵雅湖，市中心广场有素丽塔，在茵雅湖畔则耸立着仰光大金塔，市北有世界和平塔和吉祥山大窟。

曼德勒是缅甸古都和第二大城市，曼德勒及其附近地区历史上曾是缅甸的政治、经济、文化中心，其建筑和雕刻艺术等保存着浓厚的缅甸传统文化特色。曼德勒的王宫和王城是1857年由敏同王迁都后所建。王城内有精致的栏栅，金碧辉煌的金箔漆柱，还礼的缅王狮子宝座。王宫内的宫殿被毁于第二次世界大战，现在的建筑则是缅甸政府于20世纪90年代根据建筑图样重建的。曼德勒还是著名的佛教圣地，有大佛塔和寺庙231座，小寺院1 022座。曼德勒附近的阿瓦也是缅甸著名古都之一，建于缅历726年，是缅甸历史上建都时间最长的古城。曼德勒有传统风格的吴炳木桥，长达1.6千米，是世界上最长的木桥。

蒲甘位于国境中部，坐落在伊洛瓦底河中游左岸，市区保留着缅甸各个历史时期建造的佛塔、佛寺。城市佛塔、佛寺建筑艺术是缅甸古老建筑艺术的缩影，成为缅甸珍贵的历史文化遗产。蒲甘是一个建筑艺术保护区，包括了老蒲甘、良乌、明南村和新蒲甘等几个地区。老蒲甘是其中最重要的地区，集中了阿南达、施维谷机等保存最好的十几座庙宇。阿南达寺被称为蒲甘最优美的建筑，整个寺院呈正方形，占地近百亩。院子正中心就是阿南达塔，塔座是印度风格的正方形大佛窟，东南西北面各有一门，门内有一尊高约十米的释迦立佛。在塔座之上屹立着70多米高的塔身，非常高大宏伟。塔身为浅黄色，外壁上有数千尊大小佛像和佛本生故事的彩陶浮雕，在主塔周围又环绕着众多的小塔、佛像及各种动物和怪兽雕塑。

9. 老挝

老挝的旅游资源主要由自然风光、文化遗产、历史建筑及文化节日等组成。老挝自然资源丰富，气候条件良好，空气清新，无污染，许多旅游资源尚待开发。比较出名且重要的旅游景点集中在五地：琅勃拉、万象、万荣、川圹、占巴塞。据统计，有98%的游客去首都万象，64%的游客去琅勃拉，16%的游客去了占巴塞，11%的游客去了川圹（茗戈、陈嵩，2014）。

万象是一座佛教气氛浓厚的城市，市内各种寺庙、古塔随处可见，主要佛寺有玉佛寺等。塔銮是老挝最著名的佛塔，始建于1560年，历经毁坏和修葺，最终保存至今，成为老挝的象征和东南亚著名的古迹之一。目前万象已经成为国际著名的旅游城市，旅游业已经成为当地的支柱产业，并带动了整个万象省的旅游业和经济发展。

古都琅勃拉位于湄公河畔群山环抱的谷地，距离首都万象约500千米，是老挝现存最古老的一个城镇，距今已1 000多年的历史。琅勃拉有679座具有保存价值的古老建筑物。1995年被列入世界历史遗产名录。琅勃拉是老挝的佛教中心，寺庙、佛塔林立，仅市区内就有30多座寺庙。走进琅勃拉也就走进了老挝的历史，琅勃拉曾经是老挝很多朝代的都城所在地，自孟骚，历经澜沧舞女国以及兰勃拉邦澜沧国，再到现在的老挝国，国王的御座均设于此。

万荣是老挝一个很著名的休闲旅游地，位于万象和琅勃拉两个主要城市之间。山清水秀，民风淳朴，来到这里的中国人都称之为"小桂林"。在万荣，除了能够欣赏到秀美的山水外，还可以探洞、漂流、滑索等。万荣以众多的岩洞而著名，秀美的南宋河流过、神奇的喀斯特地形、千奇百怪的岩洞以及附近传统的老挝村庄，构成丰富的旅游资源。既可以在这里逍遥地休闲度假，又可以访问附近村庄的老挝人家，深入了解并体验当地民族村妇的生活方式。

占巴塞曾经是老挝首都，占巴塞文化风景区是老挝最引人制胜的古遗址之一，包括瓦普神庙建筑群，是一处完好保留了1 000多年的人类文化杰作。占巴塞文化景观以山顶至河岸为轴心，在方圆10千米的地方，整齐而有规划地建造了一系列庙宇、神殿和水利设施，完美表达了古代印度文明中天人关系的文化理念。占巴塞文化景观还包括湄公河两岸的两座文明城市，体现了公元5~15世纪以高棉帝国为代表的老挝文化发展概况。风景区中瓦普神庙是老挝著名的佛教古刹，老挝人把它与柬埔寨吴哥窟媲美，称为印度支那两大胜迹。瓦普神庙是东南亚多种文化的独特历史见证，全部以宗教皈依和献身为主题，拥有丰富的艺术杰作，突出体现了公元10~14世纪统治该地区的高棉帝国的历史文化发展状况。

川圹有著名的石缸阵景区，科研部门考证这些石缸雕琢的年代在距今2 500~3 500年，所用的石料为花岗岩、大理石、砂岩石或石灰石，它们有圆有方，大小不一。石缸所用的石料当地不产，要很远的地方才有，这些重以吨计的几百个石缸，当年又是怎样从远处搬运过来的，几千年来始终没有人能解开这些谜团。这片面积宽广的石缸平原，同英国巨石阵、智利巨石人像、南美洲石人圈一起，被称为"世界四大石器之谜"。

10. 文莱

（1）自然、文化与伊斯兰旅游

文莱旅游资源丰富，文化、历史遗产、自然风景、独特的文化信仰以及高度的富裕构成了当地特色旅游资源。文莱旅游景点众多，有世界最大的皇宫"世纪性宫殿"——努鲁·伊曼王宫，有金碧辉煌的清真寺，有被誉为"东方威尼斯"的文莱水乡，有"亚洲迪士尼"之称的杰鲁东游乐场，有苏丹纪念馆、奥马尔·阿里·赛福鼎清真寺、默林本湖公园、文莱博物馆、丘吉尔纪念馆、淡布隆国家公园等。这些旅游景点质量较高，被国际旅游业同行所赞誉。

（2）首都景观

斯里巴加湾市是文莱的首都，意为"和平的市镇"。文莱皇宫位于首都，可以说是用金子堆起来的皇宫，整座王宫建筑充满伊斯兰色彩，其马来风格的人字形大屋顶和镀金的硕大圆顶，金光闪闪，成为王宫的鲜明标志。在文莱国际机场起飞和降落的飞机上，均能看到这一在阳光下熠熠生辉的雄伟建筑。它与中国北京故宫、法国凡尔赛宫、俄罗斯克里姆林宫、美国白宫、英国白金汉宫并列为世界六大宫殿。

（3）生态旅游

淡布隆国家公园坐落在巴都阿波伊森林保护区，占地约5万公顷。文莱人将天然与旅游和谐地结合在了一起，文莱政府倡导生态旅游，为了保持原始森林的风貌，公园内几乎看不到人工斧凿的印迹，森林公园内只有爬山石阶和简易的救生、休憩、交通场所。公园内部的自然卖点包括7千米木板路和树木路，科学家和旅客有机会深入森林，探讨丰富的生命；公园里也设有约20米高的树屋与吊桥连接着，可作为自然观察之用；自顶端俯瞰森林全景较为困难，不过另有一些清晰的河流和山峰景色令人着迷。

（4）油田景观

1929年，诗里亚发现了石油，从此成为文莱的经济支柱，也使文莱获得"东方科威特"的美誉。诗里亚林立的井架，轰隆的机声，不歇的炼油厂、大型液化天然气厂彻底改变了它以往的宁静和田园。诗里亚的"10亿桶石油纪念碑"是游人必要参观的地方。纪念碑建于1991年，位于文莱第一个具有商业开采价值的油井诗里亚—1号油井附近，旨在纪念该油井开采出的第10亿桶原油及该油田对文莱经济的贡献。纪念碑造型简洁大方，以立在土黄色基座上的两个黑色半椭圆环托起文莱的国徽，象征着石油为文莱经济发展做出的巨大贡献，也是文莱社会经济发展高度依赖油气资源的缩影。

11. 东帝汶

东帝汶由于独立不久，旅游业尚处起步阶段，再加上经济比较落后，旅游业以原生态景观为主。东帝汶多山、湖、泉、海滩，但尚未开发完善。东部的科尼斯国家公园是仅存的热带低地雨林，拥有多样的海岸资源。雅科岛和阿陶罗岛也位于东部，拥有大片近海珊瑚礁，适合浮潜观赏各种珊瑚、海葵、海星和热带鱼，是许多潜水爱好者的最爱，当地居民还在岛上开办了别具特色的自然生态旅馆。东帝汶虽然具有一定的旅游潜力，但旅游资源尚待开发。除首都帝力外，其他地区几乎无旅馆，国际航班很少。目前政府已经把发展自然生态旅游业纳入国家策略性计划，希望可以吸引更多的中国游客和世界各地游客到东帝汶旅游投资。

三、中国与东南亚国家旅游合作现状

中国与新加坡之间一直有紧密的旅游合作。早在1986年，中国和新加坡签订了《中华人民共和国政府和新加坡共和国政府关于旅游、民航及展览合作的协定》，双方协定成立旅游合作联合委员会，鼓励两国间的国家旅游组织和机构进行交往；鼓励两国的国内外旅游经营机构进行商业接触，并协助和鼓励他们互为对方组织从第三国到中国和新加坡的旅游；同时，双方还签订在旅游促销、旅游教育、饭店建设、简化旅游手续等方面开展多方面的合作。新加坡非常重视对中国市场的挖掘，积极参与各种中国的旅游交易会，并和江苏等地签订了专门的旅游合作协议。

马来西亚政府非常重视中国的旅游市场，旅游部门多次专程赴中国各省市宣传推介，并努力与中国各市建立多方面的合作关系。2012年11月，中国银行与马来西亚旅游部签署合作谅解备忘录，双方共同推广"马来西亚第二家园"计划，吸引来自中国与世界其他地区的投资者来马投资和定居。同年12月，中国和马来西亚签署两国航空合作备忘录，以促进两国间航空运输的发展，满足两国经贸和旅游等方面快速发展的需要。

中国是泰国的主要客源地之一，2007年中国游客占泰国国际游客数量的6.3%，到2012达到29.7%。两国旅游主管部门负责人经常就旅游合作举行磋商，双方一直能够保持信息交换和共同解决有关问题。根据泰国旅游局出台的2010年旅游推广一揽子计划，中国与印度、中东等地将是泰国着力发展的市场，在中国市场进行旅游推广是泰国旅游的重要工作。随着中国公民出境旅游人数的持续增加，中国公民在海外也遇到了安全、服务质量等问题。泰国采取了多项便利中国游客的措施，比如在机场和中国游客经常到访的景点增加中文标识，成立了一个专门委员会协助解决境外游客在泰国遇到的突发问题，泰国将不断改善接待环境和服务质量，以使包括中国游客在内的各国游客得到更加美好的旅游感受。

1991年，中国与印度尼西亚签署了航空协定，开辟直飞航线，两国民航部门于2004年就扩大航权安排达成协议。2001年，印度尼西亚成为中国公民自费出境旅游目的地国家；2005年，两国相互免除签证（除外交与公务护照外），印度尼西亚政府宣布给予中国公民落地签证待遇。中国与印度尼西亚缔结友好关系的省市有：北京和雅加达特区，广东省和北苏门答腊省，福建省和中爪哇省，云南省和巴厘省，成都市和棉兰市，漳州市和巨港市。

中国已经成为菲律宾的主要客源市场，被菲律宾定为全球旅游战略的优先国。2004年，

菲律宾旅游局在北京设立办公室，推介海岛度假旅游目的地。同年9月与中国国家旅游局签署旅游合作备忘录，同意进行旅游专家和管理人员的交换与团组互访、相互提供资料进行促销活动、中方派汉语教师和导游到菲进行辅导、菲派员赴中国进行菲律宾文化传统方面的宣传。2008年，菲律宾旅游局联合沈阳各大旅行社在沈阳举办大型表演，推广菲律宾风土人情。随着菲律宾政府对中国客源市场的重视，中国赴菲游客从1995年的0.9万人次，增加到2012年的25万人次，近20年游客数量翻了近28倍。

柬埔寨政府将中国视为具有庞大潜力的旅游市场，采取了各种措施，积极开拓中国市场，期望吸引更多的中国游客。柬埔寨政府不仅在政策上提供很多便利，而且还积极鼓励中柬之间的区域合作和企业合作，从而从行业层面刺激市场的发展。在旅游服务方面，柬埔寨对中国游客实行落地签证，人民币在柬埔寨市场可以公开兑换和流通，大力培训中文导游，酒店提供中文服务，在景区设立中文指示牌等。在旅游推广方面，加大在中国市场上的广告投入，积极参与各种大型旅游和经贸交易会，开通、运行中文官方网站，介绍柬埔寨旅游资源吸引中国游客，同时在华设立旅游推广机构，负责收集中国市场信息、把握中国游客需求。在企业合作方面，柬埔寨政府积极促成中国几大航空公司开通中柬主要城市之间的直飞航线，如金边、暹粒往来北京、广州、昆明、上海、南宁等地的航线。此外，柬埔寨旅游公司与中国各大旅游运营商合作开发中国游客赴柬埔寨旅行线路，推广有政府保证承诺的旅游线路。在东盟平台上，加强与中国的合作。2004年2月，在老挝万象举行的第七次东盟旅游部长会议及东盟加中日韩第三次旅游部长会议达成一系列区域旅游合作计划。在地方层面，加强与中国云南那得区域旅游合作。在第三届泛珠三角区域（9+2）合作与开发论坛和昆交会上，柬埔寨明确了与云南的合作模式首推旅游业和农业，提出联合云南和柬埔寨，推出丽江—吴哥窟旅游线等一系列具体的旅游合作方案。

中越两国签订了许多有助于促进两国旅游合作的协定，包括1994年的《中越旅游合作协定》，1999年的《中越1999～2000年旅游合作计划》，2000年的《中国公民持护照到越南旅游的备忘录》和《中越关于新世纪全面合作的联合声明》。联合声明提到了"扩大旅游合作，鼓励两国旅游部门在管理、宣传、营销、人员培训等方面交流经验，加强合作，并为两国公民和第三国公民赴两国旅游提供便利"。此外，声明还提到"共同致力于湄公河流域的开发与合作"。除了中央政府外，两国地方政府也签订了有关协议，如中国广西与越南于1998年开通了北海—下龙湾—海防的海上旅游线；北京、上海与越南的河内、胡志明市达成了开发旅游人力资源、推出旅游广告、组织开拓客源市场等方面的协议。虽然中越合作取得了一定成果，但似乎仍存在很多问题，停留在初期合作阶段。随着中国—东盟自由贸易区建设的深入，大湄公河次区域合作的推进，中越两国的旅游合作必将进一步深化，对两国的旅游发展起到积极作用。

缅甸政府非常重视与中国的旅游合作。首先，加强对中国市场的宣传促销。缅甸多家旅游公司在中国开设办事处，与中国各大旅行社合作联合推出旅游线路。缅甸酒店与旅游部开通专门针对中国游客的旅游网站，介绍缅甸的旅游产品，帮助游客更好地了解缅甸。此外，通过中国的大众媒体、预订平台和旅行社渠道发布广告与旅游线路的宣传，提升缅甸旅游在中国的知名度。其次，简化中国游客入境手续，扩大中国旅游团队入境范围。针对中国游客提供落地签证、在中缅主要边境口岸采取一站式入境手续，为中国游客提供了更好的便利性。最后，深化与云南的旅游合作。在交通方面开通建设多条高速公路，如云南腾冲至缅甸密支那的腾密二级公路已开通，昆明至曼德勒高速公路的云南那宝山—瑞丽段2015年11月全线开通。在旅游路线方面，2009年开通密支那到缅甸仰光、蒲甘、曼德勒、额布里等地的旅游线路，由原来腾冲—密支那单点旅游线扩大到缅甸所有城市。

中国是老挝第三大主要客源市场。中老两国先后签订了贸易、投资保护、旅游、汽车运输等经贸合作文件，成立了双边经贸与技术合作委员会。在旅游领域，中老双方加强旅游合作，在开辟旅游线路，加强旅游景区景点宾馆饭店、娱乐场所等旅游接待设施的建设和加强对旅游从业人员的培训，学习对方的语言文字等多个项目上达成共识，并妥善解决合作中出现的一些困难和问题，努力把交流合作推向更广泛的领域，把发展水平提高到一个新的层次，共同促进双方的经济发展，开创美好的未来。两国在地方层面的旅游合作也很紧密，老挝与中国广西、云南在旅游合作和人才培训等方面均有详细的合作计划。

文莱政府十分重视与中国开展旅游合作，积极采取措施吸引更多中国游客到文莱旅游。2000年，中莱两国签订《中国公民自费赴文旅游实施方案的谅解备忘录》；2004年，首次举办中国—东盟博览会以来，文莱开始受到中国旅游者的关注；2005年6月，两国就互免持外交、公务护照人员签证的换文协定生效；2006年，签署《旅游合作谅解备忘录》；2010年3月，文莱皇家航空公司重开斯里巴加湾至上海航线。同时，自2003年7月起，中国对持普通护照来华旅游、经商的文莱公民给予免签证15天的待遇。据统计，目前中国已成为继马来西亚后文莱的第二大入境市场，2012年，中国游客已达2.7万人次，文莱政府希望中国每年到文莱旅游的游客能达到15万人次。另外，文莱已经或正在筹备在中国昆明、上海、桂林等地举办旅游博览会之类的活动，增加了飞往中国香港的航班，并已恢复文莱直飞北京的航班。

东帝汶于2002年与中国签署了《中华人民共和国与东帝汶民主共和国关于建立外交关系的联合公报》，中国成为第一个与东帝汶建交的国家。2014年4月，中国与东帝汶签署《中华人民共和国国家旅游局和东帝汶民主共和国旅游部门关于旅游合作交流意向书》，以此进一步加强两国在旅游宣传推广、信息共享、人才培训、旅游规划等方面的合作，以促进双向游客往来，推动旅游业发展。

第四节 政策启示

"一带一路"倡议涵盖了全世界74%的自然保护区与50%的文化遗产，跨越东西方四大文明、世界四大宗教发源地，是世界规模最大的文化遗产（金辉，2015）。中国与海上丝绸之路沿线国家的旅游资源十分丰富，而且旅游基础设施较为完善，同时在旅游产品开发、市场对接、线路推广等方面开展了大量卓有成效的交流与合作，旅游业已成为推动区域经济合作的重要抓手。旅游作为现代服务业的重要部分，以其独特的产业特点和发展特性，成为不容忽视的贸易和文化力量。综合以上分析，结合"一带一路"国际合作需求和原则，对深化发展中国与东南亚的旅游合作有以下建议。

第一，互敬互惠，避免争端。南海问题将自始至终影响"海上丝绸之路"建设的进程，因此，"海上丝绸之路"沿线国家应以相互尊重主权为前提开展旅游合作。由于旅游行为具有亲民性，是一种精神感知行为，更多地表现为个体而非集体行为，因此，中国与东南亚旅游合作遵循一切为了游客、一切服务于游客的目标提供旅游产品，增加旅游行为的亲民感，提高游客的亲民体验，有助于"一带一路"倡议的实施，使民间亲近、国间认可、互惠互利成为可能。

第二，加强通关便利建设。通关速度慢、效率低等不仅给入境、过境游客带来负面情绪，而且严重阻碍国际丝绸之路旅游的发展。由于中国与东南亚国家具有良好的旅游往来基础，而且东南亚国家比较重视挖掘中国市场，所以，促进中国与东盟国家签证便利化，尽量使用免签、落地签或者电子签证，减免签证费用，延长签证有效期限具有必要性。"海上丝绸之路"沿线国家签证便利化的成功实施，其经验可以向整个"丝路"沿线国家推广，推动"丝路"之旅成功实现。

第三，建立旅游信息交流平台。对政府和企业来讲，旅游促销的基础在于信息的提供；旅游者出游决策的关键在于对信息的获得。上述两个方面，都希望有能够提供安全、可靠、及时、准确信息的渠道。这个渠道应当由政府来建造，由政府和企业共同维护，尤其要做好中国与东南亚各国之间旅游法律法规、旅游政策等方面的信息交流，关乎旅游经营管理中风险、预警信息的交流，严重危机发生时，能够及时地通过正当渠道公之于众，可以避免混乱和损失（衷海燕、钟一鸣，2014）。在网络时代，信息交流十分便捷，搭建网络平台实现"海上丝绸之路"沿线各国或地区之间的旅游信息交流是可行的也是必要的。

第四，开拓海上丝绸之路申遗。以海上丝绸之路的起点泉州为依托，将广州、福州、厦门、东盟、印度洋、中东等海上丝绸之路港口城市遗产陆续增补成为"丝绸之路"世界遗产上来，构建围绕"一带一路"的完整丝绸之路遗产廊道。

第五，做好"海上丝绸之路"符号建设。强化海上丝绸之路起点泉州的标志物（灯塔、刺桐）、标志性人物（郑和），构建大众对"海上丝绸之路"产品的认同。推出具有海上丝绸之路符号的旅游线路，通过加强区域沿海城市、港口的合作，共同建设、完善海上旅游大通道，以"点—线—面"的形式带动全球经济发展。开辟中国（北海）—越南（下龙、岘港、胡志明）—泰国—马来西亚—新加坡—印度尼西亚—文莱—菲律宾—中国（香港—海口—北海）的海上跨国旅游环线，串联经典，创建"海上丝绸之路"旅游精品线路。

第六，"海上丝绸之路"旅游产品建设——邮轮为主体，文化为核心。打造海上跨国邮轮旅游为主体，融合游览观光、商务会展、医疗养生、文化体验、修学科考等功能于一体的复合型国际旅游精品。当前中国要加大海南国际旅游岛开发，推动 21 世纪海上丝绸之路邮轮旅游合作；开发泛北部湾、湄公河区域邮轮、游船旅游合作，为"海上丝绸之路"沿线邮轮旅游产品和线路开发奠定基础。文化具有地域特色、强大吸引力和旺盛生命力，因此，精心策划丝路古镇、丝路佛缘、丝路康体、郑和足迹、茶马古道等旅游产品，丰富"海上丝绸之路"旅游文化内涵，对于"海上丝绸之路"旅游建设具有灵魂般重要意义。

参 考 文 献

[1] 毕世鸿：《柬埔寨经济社会地理》，中国出版集团、世界图书出版公司，2014 年。
[2] 邓文志、文武刚："旅游业中的奇葩：泰国医疗旅游的经验和启示"，《东南亚纵横》，2011 年第 9 期。
[3] 金辉："东南亚在'一带一路'建设中将发挥重要作用"，《经济参考报》，2015 年 7 月 6 日。
[4] 罗文标："马来西亚旅游业快速发展的政策因素及启示"，《商业时代》，2013 年第 10 期。
[5] 吕长红："借鉴国际经验加快建设上海邮轮母港"，《港口经济》，2014 年第 1 期。
[6] 茗戈、陈嵩：《老挝经济社会地理》，中国出版集团、世界图书出版公司，2014 年。
[7] 杨丽贞："新加坡教育旅游发展问题与探讨"（硕士论文），上海交通大学，2006 年。
[8] 衷海燕、钟一鸣：《新加坡经济社会地理》，中国出版集团、世界图书出版公司，2014 年。
[9] 钟继军、唐元平：《马来西亚经济社会地理》，中国出版集团、世界图书出版公司，2014 年。

第九章 发展规划解读

第一节 东南亚地区整体发展愿景

大湄公河次区域属于东南亚地区较早开展区域合作的地区，该区域处于东南亚、南亚和中国大西南的接合部。大湄公河次区域经济合作于1992年由亚洲开发银行发起，涉及流域内的中国、缅甸、老挝、泰国、柬埔寨和越南六个国家，旨在通过加强各成员国间的经济联系，促进次区域的经济和社会发展。大湄公河次区域提出以"三纵两横"交通通道建设为基础，建设成产业、贸易和基础设施为一体的、经济较快发展的"三纵两横"经济带。其中，"三纵"为：云南昆明—云南大理—云南德宏—缅甸曼德勒—缅甸仰光；云南昆明—云南西双版纳—老挝—泰国曼谷；云南昆明—云南红河—越南河内—越南海防；"两横"为：缅甸毛淡棉—泰国彭世洛—老挝沙湾拿吉—越南岘港；缅甸仰光—泰国曼谷—柬埔寨金边—越南胡志明市。

东南亚国家联盟，简称东盟（ASEAN），包括东南亚地区除东帝汶以外的十个国家，该地区是目前东南亚地区最重要的经贸合作区域。2007年11月，第13届东盟首脑会议通过了《东盟经济共同体蓝图》，重申在2015年之前建成东盟经济共同体；互联互通是建设21世纪海上丝绸之路及亚太自贸区的重要内容，也是中国与东盟合作的重要领域，《东盟互联互通总体规划》于2010年在第17届东盟峰会上通过，是东盟具有重要战略意义的文件，确定了以基础设施建设、机制构建和人文交流为主体的互联互通建设蓝图，并且明确了125个计划和具体措施。2016年9月，在老挝并期举行的第28届、29届东盟峰会通过了《东盟互联互通总体规划2025》，主要关注可持续基础设施建设、数字创新、物流、进出口管理和人员流动五大战略领域。2017年7月，中国一东盟互联互通合作委员会第三次会议在印尼雅加达召开，双方一致认为，中方"一带一路"倡议与《东盟互联互通总体规划2025》战略契合，领域相同，协同发展潜力巨大，双方将继续就此做好规划对接，就未来合作的优先领域和项目进行具体商谈，鼓励企业开展务实合作，支持东盟方落实好《东盟互联互通总体规划2025》，使得双方在互联互通领域合作持续向前发展。2016年，东盟十国旅游部长在菲律宾首都马尼拉共同发布了《东盟旅游战略规划（2016~2025）》，致力于打造高品质旅游目的地，未来十年，东盟把打造单一的旅游目的地作为地区旅游业发展的首要目标，为此制订了包括增强市场推广能力、丰富旅游产品、吸引旅游业投资、提高旅游业人力资源水平等七项措施。

此外，还有一系列中国加强与东盟地区合作发展的相关规划编制出台，包括：《广西北部湾经济区南宁—东盟经济开发区总体规划（2010~2030年）》，该规划范围内用地面积为92平方千米，规划至2030年总人口规模为47万人；《中国—东盟南宁空港经济区发展规划》，按规划八年后在180平方千米的土地上将建成一座30万人新兴的空港卫星城；《南宁东盟商务区规划》《中国—东盟现代农业科技合作园区总体规划》《左右江革命老区振兴规划》等。

第二节 东南亚各国发展规划

一、社会经济发展规划

1. 新加坡——十年一转型，打造具有竞争力的全球城市

新加坡在经济全球化进程中占得先机，是高度外向型的开放经济体，经济对外依存度和国家竞争力显著提升，经济建设取得的成就举世瞩目。在近半个世纪的发展历程中，新加坡差不多每十年就有一次经济转型，其经济转型的成功之处，在于政府能够适时提出新的经济发展战略，使新加坡经济跨上一个新台阶，形成一次新飞跃，从而使新加坡经济形成一种可持续发展的良性模式。1997年东南亚金融危机之后，新加坡大力推进经济结构向知识密集型转变。2008年国际金融危机爆发后，全球经济重心向亚洲转移，为了应对国际金融危机并确保新加坡经济的可持续发展，新加坡政府于2009年6月成立了国家经济战略委员会，下设八个小组，目标是提出经济战略，确保新加坡持续稳定发展，并将新加坡打造成一个领先的国际大都市。经过近一年的细致调查和研究后，该委员会在2010年公布了未来十年（2011~2020年）七大经济发展战略，计划在未来十年继续提高竞争能力和国民生活水平的同时，把握各种商机，力争把新加坡打造成一个更具活力的国际大都市：

（1）通过提高劳动生产力和创新推动经济发展；

（2）打造环球—亚洲枢纽；

（3）建设富有活力的多元化企业生态；

（4）加快研发成果商品化；

（5）实现能源多元化和提高能源效率；

（6）提高土地利用率；

（7）打造独特的环球都市和宜居家园。

该七大经济战略归纳起来主要有三个方面的内容：一是提升各行业的职业技能，在全国范围内推广继续教育和培训，让每一位劳动者都有机会提升专门的知识和技能；二是进一步增强新加坡企业在国际市场上的竞争能力，把握未来亚洲地区所呈现的任何商机，在继续吸引大型跨国公司前来投资的基础上，在未来的5~10年吸引一大批中型全球企业来本地创业，以促进和带动本地企业的发展，使之成为亚洲的行业领先者；三是努力把新加坡打造成一个独特的全球城市，以吸引来自世界各地的顶尖人才，同时继续加大投资，争取为新加坡人才发挥作用提供最好的机会。

新加坡贸易与工业部负责从宏观角度促进经济发展，创造更多就业，指导国家经济发展方向。该部门的愿景是，新加坡将成为一个充满经济活力，拥有世界级企业和创新性生产型中小企业的全球领先城市。

2. 马来西亚——实现2020年跻身高收入国家行列的"先进国宏愿"

"2020宏愿"（WAWASAN2020）国家发展计划是马来西亚前总理敦·马哈蒂尔·宾·穆罕默德在1991年提呈第六个五年规划期间对马来西亚民众提出的使命，希望到2020年把马来西亚建设成发达的工业化国家，人均国民收入达到1.5万美元。该愿景述及为实现自给自足的工业化和高度发达国家而必须克服的九项战略挑战，同时也强调了经济、社会、政治、政府、文化和精神价值等层面上的环境与制度改善。

2006年4月，马来西亚政府先后开始执行第九个五年规划（2006~2010年）和第三个工业大蓝图（2006~2015年），主题是"共同迈向卓越、辉煌和昌盛"，政府施政重点为降低财政赤字，加强人力资源开发，加大农业投入，扶持中小企业，推动旅游业发展。在第三个工业大蓝图期间，政府设定的GDP年均增长速度为6.3%。

2010年3月底，马来西亚政府提出"新经济模式"，着力提高人民收入、推动经济可持续发展和加强社会包容性，提出之后十年推动马来西亚跻身发达国家行列的三大指导方针：①国民高收入：人均国民收入从6 700美元增长到15 000美元；②可持续发展：关注经济活动与发展对环境及自然资源的影响；③包容性发展：创造财富的同时兼顾社会分配的公平均等。共提出八大策略改革方案，包括：①鼓励私营领域发展，带动经济增长；②开发优质劳动力，降低对外劳的依靠；③创造具有竞争力的国内经济；④强化公共领域；⑤履行公正透明且有利于市场的政策；⑥扶持知识密集型产业；⑦开拓经济增长来源；⑧确保可持续发展。

2010年10月，马来西亚总理纳吉布推出"经济转型计划"，指定总理府绩效管理实施署（Performance Management and Delivery Unit）负责此计划，关注支柱产业发展，推出12个国家关键经济领域，包括批发零售业、旅游业、商业服务领域、油气能源领域、电子电器产业、教育业、医疗保健领域、棕油与橡胶产业、通信设施领域、农业、金融服务业以及大吉隆坡地区/巴生河谷。为推动该计划尽快开展，同时提出了总值1380亿美元的131项"切入点计划"，预计到2020年将创造330万个新的就业机会。

国家经济顾问理事会（NEAC）在总结新经济模式时将其51项政策措施重新整理归纳，提出六条新的策略改革方案，各由一名或多名部长负责监督实施，并将关键绩效指标概念引入其政绩评价中，包括：①竞争力、标准化与放宽限制；②政府在商业领域的作用；③人力资本开发；④公共服务实施；⑤缩小贫富差距；⑥公共金融改革。

2011年，联邦政府开始执行马来西亚第十个五年规划（2011~2015年），该规划是在国家处于迈向2020年宏愿的经济转型关键阶段所提出，包含政府转型计划和新经济模式两部分愿景。新政策导向、策略和计划在兼具包容性与可持续性考量后为实现高收入发达国家的重大转型搭建了平台，并始终秉承"一个马来西亚、人民为先、立即实施"的原则。该规划主题是"经济繁荣与社会公正"，将私营经济和创新行业作为推动经济发展的主要动力，提升政府服务效率及透明度，进一步改善社会环境，加强人力资源开发，继续培养高素质人才，提高生产力和国家竞争力，以确保社会整体经济的可持续发展，从而实现到2020年马来西亚跻身高收入国家行列的"2020宏愿"。主题分为十大理念①，包括：①内部驱动，外部意识；②在国际上善用多样性；③通过专门化的高收入转型；④释放生产力领导的增长和创新；⑤培养、吸引和留住顶级人才；⑥确保机会均等和保护弱势群体；⑦集中成长，全面发展；⑧支持有效睿智的伙伴关系；⑨评估环境禀赋；⑩政府担当竞争性法人。

2015年5月，马来西亚公布第十一个五年规划（2016~2020年）。该规划以推动马来西亚在2020年成为高收入国家为目标，对未来五年马来西亚经济发展的重点领域和战略方向进行了规划与部署。规划以人民为所有发展的重点——"富民、贵民、全民共享祖国繁荣"，并专注于提高社会包容性、改善民生、营造可持续发展环境以及确定新的增长源，这是该国实现"先进国宏愿"的最后冲刺，确保马来西亚在未来五年成为包容与永续发展的先进国。规划分为十个部分②：

（1）第十一个马来西亚规划：依靠国民实现增长；

（2）为可持续增长加强宏观经济弹性；

---

① An Overview of Spatial Policy in Asian and European Countries，http：//www.mlit.go.jp/kokudokeikaku/international/spw/general/malaysia/index_e.html（访问日期：2015-8-10）。

② "Eleventh Malaysia Plan 2016-2020"，Percetakan Nasional Malaysia Berhad，Kuala Lumpur，2015.

(3) 增强包容性以迈向公平社会；

(4) 提高全民福祉；

(5) 加速发展人力资本以强国；

(6) 为可持续性和弹性而追求绿色增长；

(7) 强化基础设施以支撑经济扩张；

(8) 重掌经济增长以展望更大的繁荣；

(9) 改革公共服务以提高生产率；

(10) 2020 年后的马来西亚。

"十一五"规划的重要意义在于，它是实现 2020 年远景规划的最后一期五年规划。它建立了一个重要的平台，确保马来西亚顺利过渡至一个经济发达和兼容并包的国家。"十一五"规划力图打造的未来，其基础在于健全的宏观经济政策和包容性（不让任何一名马来西亚人掉队）、更优渥的全民福祉、面向未来、绿色、可持续的人力资本发展、作为经济扩张后盾的基础设施建设以及高效的民本公共服务。总之，这些进步将确保每个人，无论性别、种族、社会经济地位和地理位置，都能够生活在一个真正和谐进步的社会中，彰显一个发达经济体和兼容包并的国家所具有的特点。

专栏 9-1　为可持续增长加强宏观经济弹性

在全球经济的不确定性面前，马来西亚这种规模相对不大但格局开放的经济体处于风险之中，所以经济继续保持弹性。在过去的时间里，国家已经渡过了若干经济冲击，这主要归功于强劲的基本面。在前行的过程中，经济基本面将继续得到加强。强劲的国内需求，多元化的经济基础，庞大的国内储蓄、可持续的财政状况、低通货膨胀率和健全的金融制度，将确保面对外部风险和不确定性时应具备的弹性。稳定的经济增长还将长期为企业和投资创造有利环境。

在马来西亚"十五"规划（2011~2015 年）期间，尽管全局情况复杂，但经济实现了稳步扩张。据预计，实际国内生产总值（GDP）每年增长 5.3%，名义人均国民总收入（GNI）将提高 5.8%，即从 2010 年的 RM 27 819（US 8 636 美元）提高至 2015 年的 RM 36 937（US 10 196 美元）。2009~2014 年，平均每月每户收入以每年 8.8%的速度增长。增长受强劲的国内需求所推动，尤其是私人投资增加，经济基础多元化，缓冲了复杂的外部环境造成的冲击。由于经济稳步扩张，国民收入分配改善，失业率低至 2.9%。

在"十一五"规划（2016~2020 年）期间，政府将继续加强经济弹性，以抵御未来的经济挑战。基于持续的国内需求和对外部门做出的越来越大的贡献，经济预计每年以

5%～6%的速度增长。此外，继续推进结构性改革，稳固经济扩张基础，包括提高创新能力和生产力。这将为增长、更高的国民人均和家庭收入以及优渥的国民福利提供更多动力。将实施货币和财政政策，确保物价、汇率和利率稳定。鼓励私营部门投资，推进主要经济部门的现代化，特别是服务业，将专注于高附加值、知识密集型服务。联邦政府将加强税收基础，改进拟行方案或项目统筹发展决策过程，在2020年时实现其财政平衡。根据规划，马来西亚将提高产品竞争力，促进服务出口，实行市场多元化，从而加强出口，保持贸易顺差。通过提高资金使用效率，加大多要素生产率（MFP）的贡献，实现生产力提高，也将是"十一五"规划中国家经济增长的主要动力。

在"十一五"规划期间，以持续稳固的国内需求和对外部门的改善为后盾，经济有望强劲增长。经济基础将更加多样化，国内储蓄增长，财政状况实现平衡，通货膨胀保持低下，就业充分以及财务制度健全，宏观经济基本面将得到进一步加强，提高经济活力。旨在提高国家、行业和企业层面的生产效率的措施将进一步推动经济增长。与此同时，国民人均和家庭收入将提高，国民福祉改善，与国民经济的重点亦步亦趋。

专栏 9-2　增强包容性以迈向公平社会

包容性是马来西亚国家社会经济发展议程中的一项关键原则，以此确保所有公民无论其种族、社会经济地位和地理位置如何，均能享受到发展的成果。马来西亚历来强调平衡增长的重要性，通过提供享受教育和技能培训、基础设施和就业的机会，促进社会各阶层尤其是低收入群体的产出。在前行的过程中，重点将是在提高所有阶层福利和生活质量的同时，确保经济增长的机会能公平获得。规划将减少非生产性援助项目，增加更具有可持续性的财富创造活动。政府上下将加强交付机制，鼓励私营部门和民间社会更积极地参与进来。

在"十五"规划期间，包容性是实现社会繁荣和公正的一项关键战略。通过针对性地实施发展和赋权计划，提高了马来西亚国民的社会经济地位。整体收入分配的改善，使基尼系数从2009年的0.441降低至2014年的0.401，超过了2015年的目标0.420。底层40%的家庭收入组别（B40家族）的平均每月家庭收入从2009年的RM 1 440提高至2014年的RM 2 537。兴建农村基础设施与企业家发展活动双管齐下，使农村和偏远地区的人们能更多地参与社会经济发展。以区域经济走廊为发展重点，实现了招商引资和为本地人创造就业机会，在欠发达地区尤其如此。尽管取得了这些成就，还更需确保发展成果惠及全民。

在"十一五"规划期间,政府将继续把重点放在为所有马来西亚人改善包容性和公平机会。战略旨在提高 B40 家庭的整体家庭收入,改善国民生活质量和幸福度。随着基尼系数将于 2020 年降低至 0.385,收入差距有望进一步缩小。重点将放在解决标定目标群体的需求,优先提供附带条件并以结果为基础的经济或社会支持。将削减与生产力不挂钩的援助和补贴,增设的计划将侧重于树立更牢固的财富所有权,提高教育和技能水平。具体战略包括:帮助 B40 家庭迈入中产阶级社会;加强社区权利,以提高经济参与度;改造农村地区,提升农村社区福祉;加快区域增长。

"十五"规划成功地提高了全国上下的包容性,从农村和城市地区收入分配之改善便可见一斑。农村基础设施享用途径得到了改善,为农村和其他社区创造了利用经济发展机遇的各种便利。然而,还有更多的工作有待完成,特别是对于感觉未能受益于国家的增长和发展的选定社会阶层,需要解决他们的需求。另外,弱势家庭,特别是 B40 家庭和农村社区中的弱势家族,还无力承受社会经济冲击。为了帮助更多的 B40 家族升入中产阶级社会,"十一五"规划中的战略将提高包容性,与这一目标保持一致。将继续重用并支持社会关键阶层,提供基于成效的激励机制,促进独立性和结果导向思维。农村改革将继续推进,目的是提升农村社区的福祉,使他们能够参与并受益于国家经济增长。规划提出了不同的策略,将使经济机会更为公平。马来西亚人将提升收入、降低脆弱度、提高生活质量以及继续为国家增长和发展做出贡献。

3. 泰国——五年发展规划重视应对未来风险

泰国自 1961 年开始实施第一个国家经济和社会发展计划以来,至今已顺利走完了十个五年发展规划的历程。泰国国家经济和社会发展局(NESDB)对国家第十个国民经济和社会发展规划(2006~2011 年)的实施情况进行总结发现,受到世界经济危机、泰铢兑美元汇率升值、国内政治纠纷事件和自然灾害,尤其是 2011 年末特大洪灾等因素影响,并未达到国家经济年递增 5% 的目标,年均经济增长速度仅为 2.6%,甚至低于第九个经济和社会发展规划平均增长 5.7% 的水平。尤其是 2009 年,泰国经济萎缩达 2.3%,至 2010 年快速复苏达 7.8% 的增长速度,但 2011 年末发生受灾面极广的特大洪灾,多个重要工业园受灾使得制造业大受打击,导致 2011 年经济增长仅余 0.1% 的水平。

在拟订第十一个经济和社会发展规划前,泰国国家经济和社会发展局分析未来遇到的风险有五类。①政府管理不力,官员以权谋私,公务员工作效率低下,导致社会贫富差距增大。②经济结构无法适应持续增长,过于依赖出口,出口占国内生产总值的 80%,如汽车、电子、化工等行业还使用大量廉价劳工,商业垄断不利于行业竞争。③人口结构不合理,处在工作年龄的国民的学历及素质不高。人口老年化,儿童及劳动力减少,影响行业产量减少。劳动力不足，目前劳动力与老年人比例为 5∶1，未来 10～20 年，将降低到 3∶1，政府需要在照顾老年人上支出更多预算。④社会道德退步，个人利益多于公共利益，科技的进步、网络的普及，使得人与人交流减少，未来家庭内可能出现问题。⑤自然资源减少。天气变化，全球变暖，自然灾害增多，影响农产品生产，导致出现粮食供给问题。

2012 年 8 月，泰国内阁批准了该国《第十一个国民经济和社会发展五年规划（2012～2016 年）》。规划确定的目标包括：稳定农业粮食生产，实现经济稳定增长，推动与邻国的良好关系及贸易往来，改善环境和保持可持续发展，推动社会公平，建立公民长期教育制度。该规划预计 2012～2016 年泰国的经济增长率将达到 4%～5%，通货膨胀率继续维持在 3%～4%。同时，该规划主要涵盖四个方面：①投资政策仍需着眼于国内资金来源；②提升与缅甸深水海港项目的合作和开发水平；③全国铁路系统的改造与发展，尤其是高速铁路系统的发展计划；④为 2011 年受洪灾影响的制造商提供财政援助等。

泰国国家重建和未来发展战略委员会建议，政府在未来 5～10 年的投资政策重点仍应立足于国内资金来源；与缅甸深水海港的合作开发项目，是连接该国东部和西部地区非常关键的项目，因此，政府将提升其合作开发水平，达到泰缅两国都能获取最佳效益之目标。该计划还涵盖改善该国铁路运输系统、如何更有效地发展高速铁路系统等。泰国政府确信，高速铁路系统有助于降低该国物流成本，由此可使安达曼海和中国南海深水海港间的交通运输网络连为一体。

表 9-1　泰国基础设施发展五年规划（2012～2016 年）

名称	财政预算投入（10 亿泰铢）
国道与重要城市公路连接	187
改进旧铁路，建设新线路	298
高铁	481
公共轨道交通	321
发展公路及物流网络	182
航空及水路运输	149
能源	499
电子通信	35
基础设施	117
预算总计	2 270

资料来源：泰国国家经济和社会发展局，泰国财政部，2012 年 3 月。

《泰国基础设施发展规划（2012～2016 年）》获得国家重建和未来发展战略委员会的一致通过，为顺利实现该计划，政府方面将从财政划拨 22 700 亿泰铢用于基础设施项目建设

(表9-1),包括:改善制造业及服务业的基础设施建设,对空置闲地进行经济开发利用,制定基础设施战略发展规划,提高防御自然灾害的能力及进一步加强对水资源管理的保护措施。该规划如能够高效顺利完成,良好的基础设施建设将对泰国未来经济保持稳定增长添加积极因素。为各项规划项目提供资金保障已成为政府目前需要解决的问题,政府正试图通过修改现行法律、法规的方式吸纳社会资金的投入,以解决资金短缺的问题。《泰国私营企业参与经营国有事业条例》颁行于1992年,政府目前正在商讨修订此部条例,如果修改能够顺利通过,将来投资规模达到10亿泰铢以上的项目都必须遵照该条例的新规定,只有获得内阁的正式批准才能进行项目投资。政府希望私人个体不仅投资大型项目,也对小项目进行投资,比如公务人员住房建设及政府土地开发。

4. 缅甸——经济全面发展的"五五"时期

缅甸的经济发展目标已从"以农业为基础,全面发展其他领域经济"转变为"进一步发展农业,建立现代化工业国家,全面发展其他领域的经济"。在此发展目标的基础上,缅甸政府制定了第五个五年发展规划(2011～2015年),把从2011/2012财年开始的"五五"(未来五个财政年度)年均经济增长率设定为7.7%,五年规划目标是要实现农业产值在国内生产总值的比重从基础年的36.4%降低到29.2%;工业产值的比重从26%提升到32.1%;服务业产值的比重从37.6%提升到38.7%。到五年规划的最后一年,人均国内生产总值要比基础年增长1.7倍。根据改革需要和国家目前情况,缅甸政府确定了四项经济发展原则,其中包括在加强农业发展的同时努力发展工业、省邦平衡发展、提高人民生活水平等。

为了保证市场经济改革顺利实施,缅甸政府同时出台了多项措施。首先是农业。农业是缅甸国民经济的基础,有关农业发展的新政策包括:只要对环境和当地群众不造成损害,就允许外国私营业主投资开发缅甸农业;免除对大米、豆类、玉米、橡胶等七类商品的出口贸易税;中央与地方政府合力,争取在四年内将贫困人口比例减少至16%。

其次是促进投资。缅甸允许目前存在的外国隐性投资(即以缅甸人名义的外国投资)合法化;进一步放宽对国内外投资的限制,比如将为私企注册提供更多便利,开放70%的服务行业;允许外国人租用国有及私有土地;向外国投资者提供长达8年的免税优惠等。政府还就开展外汇和股票交易等进行了可行性调研,于2012年2月1日起放开外币兑换管制,以确保银行可持有更多的外币现金;此外,计划从2011/2012财年起,争取在五年内实现工业产值年均增长8%和国有企业逐步私有化的目标。

2014/2015财年经济规划主要内容包括:计划该财年GDP总量为54.42万亿缅币(目前汇率折合约565亿美元),GDP增幅为9.1%;GDP农业、工业、服务业的占比分别为28.6%、35%、36.4%;投资领域中的国家投资和私人投资分别占29.4%和70.6%;出口

12.4 万亿缅币，进口 12.7 万亿缅币；人均 GDP 为 106.52 万缅币（按当前市价折算约 1 107 美元）。

5. 菲律宾——强调实现包容性增长

菲律宾政府在《2011～2016 年菲律宾中期发展规划》中特别强调要实现包容性发展，包容性发展意味着一国政府在发展经济时会考虑到贫困或弱势的一方，让他们也可以分享到经济增长的成果，分享到均等的社会福利。2017 年 2 月，菲律宾国家经济发展署批准通过了《2017～2022 菲律宾发展规划》，规划提出到 2022 年计划实现经济增长 7%～8%，全国人均收入达 5 000 美元，贫困率由当前的 21.6% 降至 14%，农村地区贫困率由 30% 降至 20%，失业率由 5.5% 降至 3%～5%，推动教育普及，加强防灾综合防御机制，使政府获得更高社会信任度，个人和社会发展更加有力，企业创新能力大大增强等。

2018 年度财政预算案也继续体现着这种包容性发展的战略方向。预算案开篇即提出名为"建设、建设、建设"的大规模基础建设计划，预算的最大份额将分配至教育部门和基础设施发展计划。其中，教育预算非常具体，如拨款新建 47 000 间新教室，修复 18 000 间教室，创造 81 100 个教学岗位等。为了建立适应现代经济发展的公共交通系统，菲律宾公共工程和公路部门 2018 年度得到的预算排第二，未来将建成更多的新公路、高速公路以及货运中心。

6. 柬埔寨——未来五年加大公共领域投资

2013 年 9 月，新成立的柬埔寨第五届王国政府发布了《四角战略第三阶段政策》，确定了柬埔寨今后五年四大优先发展领域。一是发展人力资源，加大对专业技术工人的培养，制定适应劳工市场的法律规章，设立职业培训中心等。二是继续投资基础设施和建设商业协调机制，加大对交通基础设施的投入，建设具有灵活性的商业协调机制，加大能源开发力度，推动互联互通。三是继续发展农业和提高农业附加值，推动大米出口、大米增值，推动畜牧业和水产养殖发展，鼓励企业投资农产品加工业，提高农业的现代化和商业化水平。四是加强国家机构的实施力度，提高公共服务效率，改善投资环境，继续推进司法体系改革，保障社会公平和国民全力；继续推进公共行政改革，强化监督机构职能；继续深入实施公共财政各个计划，确保国家预算的分配和使用；加大吸引投资力度，鼓励经济特区的实施和运作。

2014 年 9 月，柬埔寨制定了《柬埔寨国家战略发展规划（2014～2018 年）》[①]，分为以下七个部分：①导言；②在实施《柬埔寨国家战略发展规划（2009～2013 年）》期间的主要成就和挑战；③《柬埔寨国家战略发展规划（2014～2018 年）》的宏观经济框架；④2014～2018 年的关键政策优先权和行动；⑤成本、资源与方案；⑥监测与评估；⑦结论。

---

① "National Strategic Development Plan 2014-2018"，Royal Government of Cambodia，2014.

该规划确定了柬埔寨未来五年需要的公共领域投资额达 110 亿美元，以确保经济高速发展、实现减贫目标以及减少各种灾害。政府将加大对教育、公共卫生和国防三大领域的投入，其中：教育、青年与体育领域为 22.3 亿美元；公共卫生为 17.4 亿美元；国防领域为 14.9 亿美元；另外，内政部的预算为 10.5 亿美元。

7. 老挝——至 2020 年摆脱最不发达状态

老挝人民革命党每五年提出其国家经济社会发展的阶段性目标，并以至 2020 年摆脱最不发达状态作为其为之奋斗的长远目标：1996 年，老挝人民革命党"六大"提出到 2020 年摆脱最不发达国家状态；2001 年，老挝人民革命党"七大"确定了老挝国家长期发展规划的三个特别目标；2006 年，老挝人民革命党"八大"提出经济增长保持在 7.5%～8%，明确了 11 个工作计划、111 个项目；2011 年，老挝人民革命党"九大"确定了今后五年党和国家主要目标与任务。

2016 年 4 月，老挝第八届国民议会第一次会议上批准了《第八个五年社会经济发展规划（2016～2020 年）》《十年社会经济发展战略（2016～2025 年）》和《2030 年远景规划》所设定的目标。

《第八个五年社会经济发展规划（2016～2020 年）》的目标为全年经济增速不低于 7.5%，到 2020 年争取摆脱最不发达国家地位，并将人均国内生产总值从目前的 1 970 美元提高到 3 190 美元，人口预计超过 700 万；另一个主要目标是将全国居民贫困率降至 10% 以下，并努力提高 15 岁及其以上人群的识字率，到 2020 年占全国总人数的 95%，同时确保医疗网络得到广泛拓展。

《十年社会经济发展战略（2016～2025 年）》中设定的年度经济增长目标为不低于 7.5%，至 2025 年国内生产总值（GDP）比 2015 年增长四倍，人均国内生产总值超过 2015 年 1 970 美元的两倍，政府将力争至 2025 年贫困率降低到低于 5%，至 2020 年贫困率设定为少于总人口数的 10%。

《2030 年远景规划》目标是到期实现中等收入国家地位。

8. 文莱——侧重经济多元化，至 2035 年生活质量和经济水平进入全球前十

文莱于 1962 年起开始实施"五年发展规划"，2015 年刚刚实施完成的是第十个国家发展五年规划（2011～2015 年）。1994 年起，文莱着眼于国家持久发展，启动多元化发展战略，即积极鼓励经济多元化，提倡发展油气以外的经济发展，主线是调整单一经济结构，减少油气产业比重，实现"进口替代"。该战略最初（20 世纪 80 年代中旬至 90 年代初）重点是发展工业和农牧业；90 年代中期转向资本再生开发，即进行海外投资、推动国内中小企业发展等；因成效不大，2002 年文莱经济发展理事会提出了"双叉战略"（Two-Pronged Strategy），作为多元化战略的一个重点，"双叉战略"着重寻找并吸引外资来投资建造重要

油气下游工业和基础设施；利用深水港优势，建设本地区最大的货物集散港口，并以港口建设带动基础设施建设；建设工业园区，发展制造业、金融业和其他服务行业。

文莱第十个国家发展规划继续强调经济多元化建设，制定了53亿美元发展预算，用于鼓励自主创新和培养本地中小企业成长，实现文莱经济重心从油气产业向其他产业转移的目标，重点发展科技行业。近年来，政府主要采取了以下措施鼓励经济多元化发展。

（1）加大吸引外资的力度。鼓励国内外商人在文莱投资、经商，促进中小型私人企业、商业部门的发展，外资在高科技和出口导向型工业项目中可以拥有100%的股权。中小企业是文莱工商业的主力，被视为带动国家经济增长的"火车头"。2013年，文莱比较活跃的中小企业约有5 500家。为促进中小企业的发展，文莱政府设立了中小企业发展基金，为中小企业提供财政支持。2010年4月，政府宣布进一步放宽企业借贷条件，将企业最高借贷额从150万文莱元提高到500万文莱元，返还期从7年延长至10年，将小额企业信贷额上限从3万文莱元提高到5万文莱元，返还期从3年延长至4年，以鼓励中小企业的发展。2011年1月，文莱财政部修改公司法，放宽对公司注册中董事会构成的限制。根据新法案，公司董事会构成中，至少两位中的一位（如仅两位董事）或者至少两位（如超过两位董事）必须为本地公民。而修改前法令规定本地公民数量在董事会中须占一半以上，新法案有利于吸引外国投资。

（2）努力建成地区国际金融中心。文莱于2000年建立了文莱国际金融中心，积极吸引外资到该中心落户，并先后颁布10项同金融中心有关的法令，对在中心注册的外国企业，给予免税的待遇。2006年，文莱政府加大实施伊斯兰金融力度，成立了伊斯兰金融监管事会，发行短期伊斯兰金融债券，并将文莱伊斯兰银行（IBB）及文莱伊斯兰发展银行（IDBB）合并，成立了文莱达鲁萨兰伊斯兰银行（BIBD），2012年，位列全球500大伊斯兰教机构第69位。2010年11月，文莱将国内仅有的两家经营伊斯兰保险业务的机构合并为文莱伊斯兰保险公司。

（3）加速发展石油、天然气的下游产业及能源工业。2001年专门在首相署下成立了文莱经济发展局，向外国投资推介投资项目。2003年年初，该局提出以港口建设和工业园建设为主要内容的"双叉战略"：利用大摩拉深水港（水深16米）的优势，打造本地区最大的货物集散中心，并以港口建设带动基础设施建设。2016年4月公布大摩拉岛港计划蓝图；浙江恒逸集团在文莱大摩拉岛综合炼油项目2013年年初获中国国家发改委批准，将大大延伸文莱石油天然气产业链，推动下游产业发展；利用油气资源兴建双溪岭工业园项目，先后就甲醇厂、尿素厂和炼铝厂的建设及可行性研究与外国公司签订了备忘录，其中投资6亿美元的文日合资甲醇厂已于2010年5月底输出首批甲醇；尿素厂已开工建设。文莱计划到2030年油气产业总支出将达到88亿文莱元（约合70亿美元），本地成分力争达到60%，以便将更多资金留在本地经济系统内。

(4) 大力发展旅游业。旅游业是文莱近年来在除油气业外大力发展的又一产业。政府成立文莱旅游发展委员会，指导旅游业的发展。文莱主要旅游景点有独具民族特色的水村、赛福鼎清真寺、杰鲁东公园等，位于淡布隆的热带天然林区是目前文莱推介的主要旅游项目之一。随着国际邮轮业务的快速发展，通过国际邮轮到访文莱旅游的人数大幅增加。据联合国世界旅游组织资料显示，文莱 2011 年旅游业产值占 GDP 的 5.8%。2013 年，文莱共接待外国游客 268 122 人次，同比增长 5%，其中 224 904 人次乘航班来文莱，43 214 人次乘坐邮轮。乘坐国际航班来文莱的外国游客中，来自东盟的游客最多，占 53.46%，马来西亚游客 57 476 人次，占 25.56%，中国游客 30 481 人次，占 13.6%。

(5) 加大对农、林、渔业的投入，包括扩大粮食和蔬菜种植面积，增加牛、羊、鸡、鱼、虾的养殖及蛋奶的生产，增加食品的自给率，减少进口。

(6) 推行私有化。逐步将政府管理的电信、邮政、水电、交通等公共服务部门私有化，以提高服务质量和办事效率，减少政府财政负担。通过推动私有化，使文莱经济由政府主导逐步转向私人经济主导的方向发展。

文莱 2007 年开始制定了一项 30 年长期发展规划，该计划分为三部分："文莱 2035 年宏愿""2007～2017 年发展策略纲领"和"2007～2012 年国家发展计划"。"文莱 2035 年宏愿"提出了 2035 年发展目标：

(1) 提高教育水平，培训造就更多具备国际水准的人才；

(2) 提高生活质量，使文莱生活水准进入全球前十名；

(3) 提高经济水平，发展高效可持续的经济，使文莱人均收入进入世界前十名。

为实现上述三大目标，文莱全面实施教育战略、经济战略、国家安全战略、体制发展战略、本地商业发展战略、基础设施发展战略、社会安全战略及环境保护战略八大发展战略，确保各方面的目标得到系统有效实施。

9. 印度尼西亚——加速和扩大经济发展，至 2025 年晋升世界十大经济体

为了全面振兴印度尼西亚，促进和扩大经济增长和社会进步，增强印度尼西亚在全球的竞争能力，经过较长时间酝酿准备，2011 年 5 月，印度尼西亚总统苏西洛颁布《2011～2025 年加速和扩大印度尼西亚经济发展总体规划》（MP3EI）[①]，为到 2025 年成功晋升为世界十大经济体之一这一目标奠定基础。实现这一目标，印度尼西亚的实际经济增长率必须达到持续每年增长 7%～9%，在此过程中，将有数百万人摆脱贫困，并获得更多接受优质教

---

① "Master Plan Acceleration and Expansion of Indonesia Economic Development 2011-2025", Dezan Shira & Associates, 2011.

育、更多就业、享受更高生活水平和更好的医疗保健的机会。同时，中产阶级的强大意味着本国及其公民将拥有更高的购买力，在全球舞台上的竞争力也将提升。

MP3EI的实施包括由22个重要经济活动组成的8个主要方案。印度尼西亚将在未来15年筹集约4 700亿美元，兴建电站、路桥、机场等370个基础设施项目，加快产业升级，完善产业布局，刺激经济发展。力争未来15年印度尼西亚经济年均增长7%～9%，2025年国内生产总值达到4～4.5万亿美元，人均GDP达1.4～1.5万美元，跻身世界十大经济体和发达国家行列。

MP3EI的实施战略将整合以下三方面要素。

（1）开发印度尼西亚六大经济走廊的区域经济发展潜力，六大经济走廊包括：爪哇走廊——工业与服务中心；苏门答腊走廊——能源储备、自然资源生产与处理中心；加里曼丹走廊——矿业和能源储备生产与加工中心；苏拉威西走廊——农业、种植业、渔业、油气和矿业生产与加工中心；巴厘—努沙登加拉走廊——旅游和食品加工中心；巴布亚—马鲁古群岛走廊——自然资源开发中心。发挥各地区比较优势，着力推动上述地区的交通、通信、能源等大型基础设施，大力发展棕榈油加工、采矿业及新型制造业，逐步形成各具产业特色的工业中心。

（2）强化国内外的联通性。加强岛际互联互通，增加产业链附加值，提升生产率和原材料、资源利用效率，增强开拓国内外市场的能力，提高本国经济的整体竞争力、资源利用效率，增强开拓国内外市场的能力，提高本国经济的整体竞争力。

（3）增强人力资源能力和国家科学技术水平，为每个经济走廊实施主要方案提供支撑。要加快人才培养，提高人口素质，推动建设创新型国家，为经济建设提供人力资源和智力支持。

10. 越南——至2020年迈向现代化工业国

1986年以来，越南政府以经济发展为重心，全面深化各项革新开放，不断推动社会经济持续稳定发展。2011年，越共十一大提出到2020年将越南建成迈向现代化的工业国，到21世纪中叶建成社会主义定向的现代化工业国的目标。

越共十一大审议并通过《越南经济社会发展战略》。战略提出，越南将继续坚持以经济建设为中心，坚持"快速发展与可持续发展相结合，经济革新与政治革新相结合，坚持以人为本，发展生产力与完善生产关系相结合，经济独立自主与扩大开放相结合，进一步加快经济结构调整"发展理念，在此基础上，越南提出2010～2020年阶段经济社会发展战略规划。

（1）经济方面：努力实现GDP年均增长7%～8%，到2020年，按可比价格计算，GDP比2010年增长2.2倍，人均GDP突破3 000美元；宏观经济持续稳定发展，建设现代和有效的工业、农业、服务业体系。工业和服务业占GDP的比重提高到85%；高科技产品和适用型高科技产品产值占 GDP 总产值的 45%；制造业产值占工业总产值的 40%；农业按现代、有效和可持续方向发展，可生产多种附加值高的农产品；经济结构和劳动结构的调整更加合理，农业劳动力占社会总劳动力的 30%～35%；复合产能要素对经济增长贡献率达 35%；基础设施结构相对同步；城镇化比例达 45% 以上，50% 的乡镇达到新农村标准。

（2）社会方面：建设民主、和谐、公平和文明的社会。到 2020 年，越南人类发展指数（HDI）达世界较高水平；人口增长率控制在 1% 以内，平均寿命达 75 岁；每万人中拥有 9 名医生和 29 张病床，实现全民医保目标；经培训的劳动力占社会劳动力的 70% 以上，其中已参加职业培训的占 55%；贫困人口比例年均减少 1.5%～2%；社会福利、民生及保健将得到进一步保障，居民实际收入比 2010 年增长 3.5 倍，缩小地区收入差距；到 2020 年，一些领域的科技、教育和卫生达到先进与现代水平，每万人中拥有 450 名大学生。

（3）重点产业：能源和电力领域，出台《2011～2020 年、远景 2030 年国家电力发展规划》；交通运输领域，出台《建设基础设施配套体系、使越南到 2020 年基本成为迈向现代化的工业国》决议；煤炭领域，颁布《2020 年越南煤炭工业发展规划和 2030 年展望》；此外，越共中央十一届四中全会在工业园区领域、通信基础设施领域、供排水及环保领域也出台了相关决议。

（4）重点区域及周边国家跨境合作区域发展：口岸经济区建设方面，越南提出《口岸经济区至 2020 年发展及展望 2030 年规划》；与中方签署《关于建设发展跨境经济合作区的谅解备忘录》；重点推动六个沿海重点经济区的建设；集中加速南部、北部、中部三大重点经济区发展，制定《2010～2020 年三个重点经济区经济社会发展规划》。

11. 东帝汶——至 2030 年发展成为中等偏上收入国家

东帝汶《2011～2030 年国家发展战略规划》于 2011 年 6 月提交国会审批通过，以这份指导性文件作为国家发展的原则，东帝汶到 2030 年将由低收入国家发展成为中等偏上收入国家。规划以国家发展战略规划作为指导性原则，定位国家未来 20 年的发展方向，采取跨部门战略加大公共领域投资，旨在创造更佳方法以获取最大回报，从而推动非石油经济的发展，刺激私营经济的增长。预计在未来 20 年，基础设施领域投资将达到 100 亿美元。

规划确定的发展战略的主要内容包括：①推动经济自由化和提升竞争力；②创建由私营经济主导的市场经济；③为企业投资建厂创造条件；④吸引私人投资；⑤促进出口；⑥发展国有企业；⑦为国内外投资者提供投资鼓励措施；⑧推进经济领域基础设施建设；⑨创造就业机会；⑩减少贫困；⑪提升居民生活质量。

二、空间发展规划

1. 新加坡——三级体系共同运作的空间规划

新加坡的发展规划采取三级规划体系，分别是战略性的概念规划、实施性的总体规划和开发指导规划（唐子来，2000）。

（1）概念规划

概念规划是长期性和战略性的，制定长远发展的目标和原则，体现在形态结构、空间布局和基础设施体系。概念规划的作用是协调和指导公共建设的长期计划，并为实施性规划提供依据（何安萍、夏杰，2009）。规划图只是示意性的，并不是详细的土地利用区划，不足以指导具体的开发活动，因而不是法定规划。

1967~1971年，新加坡编制了第一个概念规划。1991年，新加坡重新制定了经济和社会发展的远景，并对概念规划进行了相应的修编，形成2000年、2010年和X年三个阶段的形态发展框架。新一轮概念规划的重点是建设一个具有国际水准的城市中心，并形成四个地区中心，完善快速交通体系，在交通节点和地区中心周围发展由科学园区与商务园区构成的"高科技走廊"，提升居住环境品质，提供更多的低层和多层住宅，并将更多的绿地和水体融入城市空间体系。值得指出的是，概念规划的远景只是一个发展目标（指新加坡的人口达到400万），并没有具体的实现期限。2001年重新编制了概念规划，规划人口达550万，定位为具有三个特色的世界级城市：动态、与众不同、令人愉悦。2006年修编了概念规划，人口指标提升到650万；2009年再次修编了概念规划。

（2）总体规划

总体规划是新加坡的法定规划，作为开发控制的法定依据。由于总体规划的法定地位，其编制、修改和审批都必须遵循法定程序，这就是1962年的总体规划条例。总体规划的任务是制定土地使用的管制措施，包括用途区划和开发强度以及基础设施和其他公共建设的预留用地。2008年的总规主要包括四个核心思想：①让新加坡的住房选择更加多样化和多区域化；②加强新加坡的商务吸引力，在中央港湾区打造金融中心，提供更多的商业机会；③打造不夜城，创造全天候24小时的休闲娱乐活动，提供多样化的活动场所；④使新加坡成为一个值得珍惜、具备安全保障又让人有认同感的家园。

（3）开发指导规划

开发指导规划主要出现在20世纪80年代之后，其编制、修改和审批的程序与总体规划相同。城市重建局（URA）在开发指导规划的编制中起着全面协调的作用，但有些地区的开发指导规划是由规划事务所承担的。

新加坡被划为五个规划区域（DGP Regions），再细分为 55 个规划分区（Planning Areas）。到 1997 年年底，新加坡完成了每个分区的开发指导规划，取代 1985 年总体规划的相应部分。每个分区的开发指导规划类似详规，以土地使用和交通规划为核心，根据概念规划的原则和政策，针对分区的特定发展条件，制定用途区划、交通组织、环境改善、步行和开敞空间体系、历史保护和旧区改造等方面的开发指导细则。DGP 的应用主要是为了涵盖总规和其他非法定的地区规划的所有内容，分区的开发指导规划显然要比全岛的总体规划更为详细和更有针对性，因而对于具体的开发活动更具有指导意义，也便于灵活地进行修编调整。

在 DGP 的基础上，URA 进行土地销售与开发控制。开发控制的内容包括：开发类型定义、授权豁免规划审批、颁发规划许可、征收开发费、强制征地（1965 年立国之后，新加坡为了发展一度把 80% 的国土强征为国有，再慢慢开发）、公众参与上诉。新加坡的规划职能（包括发展规划和开发控制）归属中央政府，地区政府不作为规划当局。镇议会不具备规划职能。

2. 马来西亚——分权体系下的空间规划

马来西亚《地方政府法（1976）》（171 号法）与《城镇和乡村规划法（1976）》（172 号法）成为重构地方政府体制的法律基础。马来西亚的政府行政管理结构运用了分权的概念，包括分散和下放两种形式（表 9-2）。

表 9-2 马来西亚的分权概念

分散	下放
功能分散：联邦政府通过外交部和国家官员将职责与职能转移到较低级别的国家政府部门，例如医疗、教育、农业	高层级的政府将决策权、金融以及管理转移给地方政府，然而地方政府不能独立运作，而是需要在联邦政府和州政府之间建立良好的联系
专区分权：联邦政府在一个地区（行政区）指派一名有更高职位的官员或专员协助中央政府执行工作	强制授权：包括垃圾收集、卫生、控制疾病暴发、建筑控制等设施和服务； 自由裁量权：土地开发或所有权、房地产投资

资料来源：An Overview of Spatial Policy in Asian and European Countries，http：//www.mlit.go.jp/kokudokeikaku/international/spw/general/malaysia/index_e.html（访问日期：2015-8-10）。

根据 172 号法关于发展规划体系的规定，国家空间战略规划，即国家物质性规划（NPP），是在联邦一级的管治下，由总理和副总理担任副主席。同时，区域规划涉及的项目包括两个或多个州，以解决重大的战略问题。在国家物质性发展框架下，政策和规划随后被解释为有着特定的地图和插图的州结构规划。这些规划提供了一个州的土地开发与利用的政策。因此，地方规划在地方层面制定，概述了具体场地发展的促进和控制。此外，也需要另一种形式的地方层级的规划，即特定地区规划，它提供了需要特别处理的地区的详细规划。

3. 泰国——多层次多手段推进空间规划全域覆盖与实施

无论是在国家或区域层面上，泰国以往的空间发展缺少官方配套的空间政策作为明确的框架，以引导、监督、控制和整合城乡发展。此外，发展规划体系缺乏相关机构统一高效的配合，造成许多问题，比如土地利用、社会和经济发展不平衡，自然资源管理不当，城市和社区无序扩张，人们在危险地区聚居，工业厂房和危险仓库与居住区混杂，自然资源和环境恶化，贫困问题，增长和利润差距扩大，所有的城市和农村地区公共服务与设施不足等。除了对人们的生活质量造成直接影响外，这些问题还造成开发成本较高，不利于国家竞争力和经济体系。

2002年7月9日，内阁规定，公共工程和城乡规划部（DPT）应加快制定城市规划，覆盖全国所有地区。遵照上述决议，DPT制定了一份国家—区域规划，作为因地制宜地给各个层面空间发展和规划制定发展政策、战略以及措施的框架（表9-3）。这份国家—区域规划的目的是使该国准备好应对全球化时代的变化，满足民众需求，提升国家竞争力，改善人们的生活质量，维护国家文化艺术遗产，打造功能强大、居住愉快的社区，在自给自足的经济基础上实现可持续发展。

表9-3 泰国空间规划体系结构

空间尺度	规划	责任机关
国家	国家空间发展规划	
区域	区域空间发展规划（六个区域）	
分区	分区规划	
省	总体规划	DPT
城镇	总体规划	
特定区域	详细规划	

资料来源：同表9-2。

泰国制定了为期50年的国家空间发展的路线和政策（2057年），并制定了5年期（2012年）、10年期（2017年）和15年期（2022年）短期战略规划。空间规划范围涵盖泰国76个省的所有区域，包括特殊地方行政组织，即曼谷和芭堤雅。

为了在50年（2057年）内实现愿景，使"泰国成为农业、农产品加工业、食品技术、医疗服务、旅游等的世界大国；泰国人在舒适的环境中享受品质生活；泰国将以可持续增长扎实立足"，发展框架如下：

（1）经济潜力区发展；

(2) 所有区域一起增长；

(3) 联动东盟其他国家。

国家发展政策中全面体现了泰国的战略地位和未来发展趋势概览，诸如，以相匹配的经济活动和增长优先考虑城市均衡增长与城市群发展，促进乡村二级中心发展壮大，实现自力更生，从区域联动获益，只要国家发展政策兼顾并支持如下主要问题：

(1) 人口和劳动力分布；

(2) 经济发展；

(3) 发挥适当角色和职能的城乡组织；

(4) 高效的土地利用；

(5) 交通系统、技术和通信以及能源的发展。

该 50 年期国家空间发展政策包括国家级规划和广域地方级规划（国家—区域规划），分为六个区域（即所指广域）：曼谷及其周边地区、东部地区、中部地区、东北地区、北部地区、南部地区。这项政策涵盖的领域有土地使用和开发、农业、城乡发展、工业、旅游、社会服务、交通、能源、IT、电信和自然灾害预防。

按照区域发展框架，为了使所有国家级区域互助互容，极尽潜力，使国家规划实施能实现其目标，以单个区域为基础的区域发展框架划分如下。

(1) 曼谷及其周边地区：促进曼谷及其周边地区发挥省会城市和国家中心的作用，保持世界航空运输中心城市及东南亚、东亚和南亚地区交通集散中心的地位，将曼谷打造为宜居宜旅之城，拟合密度适当，增长有序，内部空间充足，维持环保质量，改善国民健康生活。

(2) 东部地区：东部地区是主要国家大中型进出口行业开发基地，承接曼谷流出的工业和服务业就业人口及其他地区的富余劳动力，但为了保护环境，仍需要进行区域管理，进一步发挥对国家农业和自然旅游所起的作用。因此，有必要对土地使用制定严格的政策。

(3) 中部地区：曼谷及其周边地区附近农业面积广大，所以中部地区是大都市的环境维护地带，是各区通往国家主要经济部门的重要枢纽，这将有助于整个国家所有地区一起增长。有鉴于此，中部地区肩负着各种角色和职能，即发展城市和工业、研究和开发农业、推进保护性旅游以及将主要通信线路与周边国家联通。

(4) 东北地区：这一地区具有该国无数主要劳动力、丰富的自然资源以及与柬埔寨人民共和国相关的文化遗产。

(5) 北部地区：侧重于维护丰富多样的自然资源基础，坚定不移地延续兰纳文化，同时发展为面对中国的商业门户。

(6) 南部地区：该地区与东盟一海相连，潜力巨大；然而，其约束条件是，要守住宝贵的自然资源以及（独特而高度保守的）文化敏感性。

由于泰国的国家和区域规划发展尚起步，有待明确、系统、有效完成规划的实施，必然要求有配套的法律法规和国家的大力推广。所有有关机构和社会各部门必须协力推进国家规划付诸实践，制定如下一套定期监测和评估系统：

(1) 国家规划有关执法情况；

(2) 以政策推动政府将"城市规划"摆上国家议程；

(3) 监督政策的实施。

4. 缅甸——构建和完善中的空间规划体系

截至2012年12月，缅甸物质性规划的基本法是1951年立法的《国家住房城乡发展法》，这一旧法不再适应新的形势，因此，建设部着手起草替代法案，即《国家空间发展规划法》。内容主要包括：①空间规划政策，分为三个空间层次——全国、区域（区域/州）和乡镇（表9-4）；②土地利用规章；③开发许可标准。由于缅甸允许外国人租用私人土地进行建筑投资，无论是独资还是合作，兴建宾馆及高层建筑等均需符合当地城市规划方可审批。

表9-4 缅甸期望建立的规划体系

空间尺度	空间规划	社会经济发展规划
国家层面	全国空间发展规划	全国综合发展规划（20年长期规划）
区域/州层面	区域空间发展规划	5年短期规划 全国综合发展规划（区域规划）
城镇层面	城镇空间发展规划	

资料来源：同表9-2。

根据仰光市政发展委员会制定的《2040仰光城市发展规划》，缅甸最大城市仰光将发展成为亚洲大都会，预计到2040年拥有超过1 000万人口，成为集金融中心、商业中心、进出口贸易和港口等多功能于一体的现代化"超级城市"。缅甸政府希望主要通过外来投资实现这个目标。规划以老城区为重心，为安置低收入群体和棚户区居民将新建七个卫星城，在仰光环城铁路外围建立环城公路，新城和老城之间将设置环城绿化带以控制城市发展密度。卫星城项目（仰光东部新城、西南部新城、丁茵新城、达拉新城、坦达宾新城、茂比新城和礼居新城）规划总面积为118 732英亩，能安置约1 000万人。这七个卫星城为仰光市民提供适合低收入群体、收入稳定群体的高层楼、中层楼、低层楼，项目总投资8.128万亿缅元。仰光市政厅委员会将在日本国际协力机构（JICA）的援助下，按照仰光2040总体规划实施该项目（表9-5）。

表 9-5　缅甸空间政策的主要机构

规划名称或管理领域	组织机构
全国综合发展规划（20 年长期规划）、5 年短期规划	国家规划与经济发展部
全国空间发展规划	建设部
仰光区域的综合发展规划、大仰光的战略性城市发展规划	仰光区域政府

资料来源：同表 9-2。

5. 菲律宾——立意长远、中期修正的空间规划

秉持空间规划应该立意长远的观念，菲律宾制定了 30 年期的《1993~2022 国家物质性框架规划》（NPFP）。1997 年，该规划被《2001~2030 国家物质性框架规划》（NFPP）所取代。NFPP 部署的政策和举措有关土地与物质资源的分配、使用、管理及开发。该规划的最终目的是提高土地生产力，保护并确保资源的可持续性，促进住房开发保持一致，建设基础设施，促进并助力开发。NFPP 与 NPFP 类似，由国家土地利用委员会（NLUC）通过国家经济和发展机构（NEDA）制定。NLUC 由有关部委组成，并与 NEDA 紧密结合。如今，NLUC 的定位是 NEDA 下属委员会之一（其地位依第 770 号政令于 2008 年调整）。

NPFP 更名为 NFPP 有其背后原因。以前规划限制了下层行政当局的作为，多有不便。而新的框架有意解除这种限制，并给予地方政府更多的决策发言权。

表 9-6　菲律宾的规划体系

空间尺度	空间规划	社会经济规划
国家	空间规划的全国框架	中期发展规划
区域	区域空间体系规划	区域发展规划
省	省域发展与物质性框架规划	—
城市	综合土地利用规划	综合发展规划

资料来源：同表 9-2。

在设立 NFPP 的同时，在区域层面上起草了《区域物质性框架规划》（RPFPs）。与 NFPP 一样，RPFP 给地方当局提供了选择和政策方向。国家和区域 NEDA 办公室指导了 RPFP 的设立［国家首都地区（NCR）和棉兰老穆斯林自治区（ARMM）除外］，但每份 RPFP 必须由当地区域发展理事会批准［NCR、ARMM 以及科迪勒拉自治区（CAR）除外］。除了两个地区（NCR 和 CAR）外，各地区（包括 ARMM）的当前 RPFP 目标年设为 2030 年。

6. 柬埔寨——按"优先与次级"方式开展工作，较多引入外部力量

柬埔寨《土地法》于 1992 年颁布，并于 2001 年 8 月修正。2001 年《土地法》修正案

的主要目的是明确不动产所有权体制，以保障不动产所有权及相关权益。该法还旨在建立现代化土地注册体系，以保障人民拥有土地的权利。《土地法》指定土地管理、城市规划和建设部作为不动产权属证明文件的核发部门，并负责国有不动产的地籍管理工作。1994年颁布的《土地使用规划、城市化与建设法》管辖柬埔寨全境范围内的土地使用。本法和很多土地使用规划均极其笼统，投资者在实施投资项目之前应认真核对实际的规划规则。2010年12月，柬埔寨内阁通过法律草案，允许外国人购买柬埔寨业主房屋一楼以上的房产。

根据柬埔寨王国政府的发展政策，柬埔寨将在全国各城市制定发展总体规划，但是由于资金和人力有限，政府将以"优先与次级"方式来开展相关工作。王国政府优先发展核心经济圈带，包括金边市、西哈努克省、马德望省和暹粒省，而马德望省马德望市就是其中的一个核心经济圈带。事实上，城市层面制定的规划还不多，全部由国家政府制定，部分有地方层面的参与，但都还没有通过国家内阁的批准。早前于2015年12月通过的马德望市土地利用规划是个例外，得益于十多年来国外技术的援助，主要来自德国国际合作机构。同样，首都金边2005~2020年的战略定位于2002年提出和开展讨论，2015年12月获原则性批准（修改至2035年）。

柬埔寨的空间规划较多引入了外部规划设计力量，如《金边城市总体规划》的最初草案是由法国巴黎的专家修订，新草案由土地管理、城市规划和建设部以及金边的专家来完成；《柬埔寨西哈努克港经济特区控制性详细规划》由中国江苏省城乡规划设计研究院编制完成；《柬埔寨高速公路发展总体规划报告》由中国河南省交通规划勘察设计研究院有限责任公司负责完成；《金边市城市交通总体规划》由日本国际协力机构赞助完成；《柬埔寨中柬金边经济特区规划设计》由中国深圳市蕾奥城市规划设计咨询有限公司负责完成等。

7. 老挝——以基础设施和跨境合作区建设为重点

老挝人民民主共和国自1975年成立以来，政府在全国范围内不遗余力地建设必要的基础设施，以推进城市化进程。老挝是陆路连接中国与东盟各国路程最短的国家，东南亚唯一没有出海口的国家，国内基础设施极度落后，铁路运输仅有边境上3.5千米与泰国相连的铁路刚刚完工。目前，老挝公路网总里程已超过45 800千米，并以每年4.5%的速度增长，但老挝的道路交通发展水平落后于其他东盟国家，许多道路建设标准低于东盟地区基准，难以满足东盟一体化的需求。老挝政府提出未来将大力提升道路建设标准，并致力于将老挝从"陆锁国"打造成为"陆联国"，鼓励国营机构与民间资本联合投资以及申请国际援助来完成这一目标。老挝制定的"八五"规划中，提出把交通基础设施建设作为内陆无出海口国家与国际、地区互联互通的重要战略来抓，重点工作和主要项目排第一位的便是磨丁口岸—万象铁路（即中老铁路老挝段，2014年10月，中国国家发改委批复了玉溪—磨憨铁路项目，2015年8月，玉溪—磨憨铁路先期开工段在玉溪正式开工，工期6年），老挝段的投资巨大，初步估算为 70 亿美元，占老挝 2013 年国家 GDP 的 68%，这将增加大量的就业机会，产生巨大的投资需求，极大地带动地区经济发展。

2013 年 10 月 15 日，在中国云南—老挝北部合作特别会议暨工作组第六次会议上，云南省人民政府与老挝中央特区管理委员会正式签署《中国磨憨—老挝磨丁跨境经济合作区框架协议》。两国确立了"以旅游度假产业为先导，带动人气和商气；以商业贸易和金融商务产业为核心，打造区域经济发动机；以文化传媒和教育医疗产业为支柱，构建可持续发展社会环境"的产业定位。根据这一定位，具体规划出台了包括商贸金融区、旅游文化区和保税物流贸易区的产业发展布局。在此基础上，磨憨还与昆明高新开发区建立对口支援的友好合作关系。本着"优势互补、合作交流、共同发展"的原则，借助昆明高新区在技术、人才、资金等方面的优势，加快推进中老跨境经济合作区建设。磨丁将建成一个与磨憨经济开发区产业布局紧密结合，在政策上优势互补，无缝对接的产业带，形成一个昆曼大通道上的繁华之城。具体分为国门商贸区、物流加工园区、旅游小镇、一球两国高尔夫球场和传统小镇四大板块。随着昆曼公路全线贯通、泛亚铁路中线的积极推进和上湄公河航道的整治，中老磨憨—磨丁经济合作区将逐渐成为西南地区进入东盟各国的交通枢纽和产业聚集高地。

老挝赛色塔综合开发区是中老两国合作项目，也是老挝境内唯一中国国家级"境外经贸合作区"，被中央列为"一带一路"建设规划中优先推进的项目，该项目于 2010 年达成。开发区占地 1 149 公顷，是万象新城区的核心区域。截至 2017 年 7 月，开发区已经累计投资 3 亿多美元，完成一期 4 平方千米基础设施建设，签约入驻企业 39 家。

8. 文莱——建设花园中的城市

文莱首都斯里巴加湾规划期限至 2030 年的《斯里巴加湾发展总体规划》，由国际知名建筑设计公司 HOK 事务所编制完成，该规划对文莱苏丹促进经济多样性的设想做出了回应，强调在将城市转变成为一个"花园中的城市"时对城市的保护。文莱是世界上最具生物多样性的生态系统之地，其首都斯里巴加湾市地处克达岩和文莱河附近的一个热带雨林中。总体规划小组与生物学家、环境专家和工程师合作，最重要的是，与文莱的人民和政府一起制定了可持续发展战略。克达岩河连接国际机场到城市中心和文莱第一水镇，即水上人家，滨河的生态走廊最初设计为一个管理城市中心频发的洪水的绿色基础设施，通过利益相关者的会议，初衷逐渐包含了旅游和再生等发展内容。在更新斯里巴加湾市现有基础设施的同时，该规划为改善城市的宜居性、驱动经济多元化以及在国家规划中示范如何接受公共投入等方面，提供了清晰的愿景。

9. 印度尼西亚——纵向三级、横向划分城市与乡村地区的空间规划

印度尼西亚空间规划的法律基础首先源自 1992 年第 24 号法令的《空间规划法》。在分权化、城市化以及其他因素等背景下，该法于 2007 年修订。在该法案的修订过程中，回应快速发展的城市化进程被视为最优先的议题。因此，该法包括交通规划、绿色空间规划以及与非正规部门特别是在城市空间规划里与之相关的信息（省域空间规划并不总是需要），该法还规定了要保障城市 30% 的土地作为开放空间（城市公园、绿色道路、墓地等）。此外，对于大城市，如雅加达和泗水，大都市区空间规划正在建立之中。

目前的国家空间规划，由 2008 年第 26 号法案确立，涵盖了 20 年的期限，并且每五年审查一次。负责起草规划的机构是国家空间规划协调委员会，由经济协调部部长任主席。委员会的办公室设置在国家发展规划机构并由其主管领导。公共工程部的空间规划局负责执行委员会的规划。印度尼西亚的空间规划体系由三层组成，包括全国空间规划、省域空间规划、摄政区或城市空间规划，每一层次的空间规划包含相应空间尺度的详细空间规划（图 9-1）。

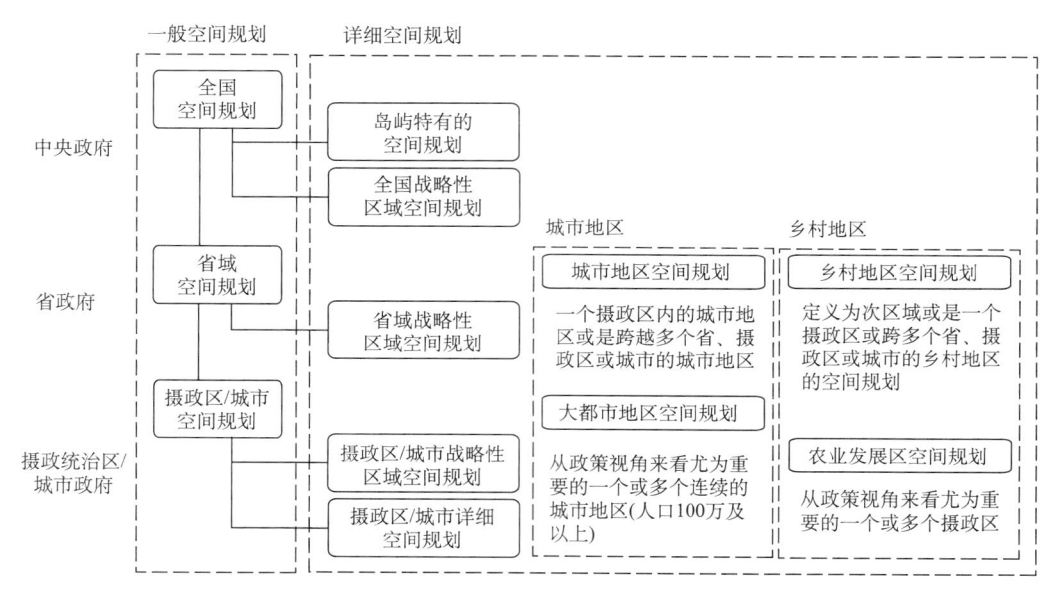

图 9-1 印度尼西亚空间规划体系

资料来源：同表 9-2。

规划的内容是有效和高效的规划过程的指引，以实现规划的既定目标。战略发展框架的目的是制定国家土地战略。该框架旨在实现这个群岛国家土地利用上的安全、经济可行性以及可持续性，以增强民族的凝聚力和稳定性。具体就城市发展而言，所有的城市被分为四组，即国家中心城市、区域间的中心城市、区域中心城市和国家战略性中心城市，并且定义了分类标准每个组别的角色。例如，国家中心城市是：①出口/进口中心或国际门户或具有这种潜力的城市地区；②工业与服务业中心（全国性的或一个省以上的）或具有这种潜力的城市地区；③交通节点（全国性的或一个省以上的）或具有这种潜力的城市地区等。

10. 越南——以空间规划为主导的规划体系

2013年，越南颁布了《建造法》，其中包括第二章建造规划。根据2013年《建造法》第13条，建筑规划包括如下四种规划：①区域建造规划；②城市规划（由2009年《城市规划法》界定）；③特殊功能区规划；④乡村规划。

在2013年《建筑法》第二章第2节，对以下若干地区提出了区域规划：①联省/多省区域（行政1级）；②省级区域；③联/多市区域（行政2级）；④市级区域；⑤特殊功能区区域；⑥联省/多省公路走廊、经济走廊区域。

在2013年《建造法》第二章第3节中，对以下几区提出了功能区规划：①经济区；②工业区、出口加工区、高新区；③生态、旅游区；④保护区、历史文化区；⑤研究区、培训区和运动区；⑥机场或海港区；⑦核心基础设施节点区；⑧其他区域规划规定的或当局批准的区。

建设部管辖之下的空间规划的细节通过四大行政机制来构思：越南城镇体系发展总体规划定位（国家规划）、区域规划（建设部/省）、总体规划（城市/省）以及详细规划（区、行政、工业区或开发项目）。整体而言，越南规划是指令性的，规定了具体地点的土地利用方式，不像西方的土地规划具有调控性质。

越南总理批准了《以2050年为愿景为越南至2025年的城镇体系发展调整总体规划定位》，即第445号/QD-TTg决定，其全面发展定位如下。

从现在到2015年，以主要经济区域和大城市地区为重，综合经济区发挥国家层面主导增长极的作用；2015~2025年，以基本城市化地区的发展为重，减少局部和分散发展；2026~2050年，将普遍实行城市网络。

2015年，全国城镇人口预计约3 500万人；2020年预计约4 400万人，2025年约5 200万人，占全国2025年总人口的50%。

2015年，全国城市总数达870个上，到2025年为1 000个。

2015年，城镇建设用地的需求量约为335 000公顷，占全国自然土地的1.06%，人均95平方米；2025年，分别为450 000公顷，占1.4%，人均85平方米。

2012年，越南总理第1659号/QD-TTg批准《2012~2020年全国城市发展规划》，调整了城镇体系的一些内容。例如2020年前，全国城镇化率要达到45%，全国城镇体系应满足社会经济发展的需求，城市行政管理机构要到位，以满足两个特殊市、312个Ⅰ~Ⅳ级的城市地区以及640多个Ⅴ级城市地区发展管理的要求。

11. 东帝汶——世行支持下的规划重建工作

东帝汶原有的经济社会和城市建设资料并不多，几乎所有资料都在1999年的暴乱中散失或烧毁，珍贵一些的也被印度尼西亚官员撤退时带走。2000年6月，世界银行城市发展部派出专家组对东帝汶的几个规模较大的城镇进行考察，在给世行东帝汶办事处和联东当局的报告中，他们认为帝力市尚没有进行城市总体规划的基础，建议世行拨出资金开展帝力市的战略规划，以便为今后的总体规划奠定框架。在1999年的暴乱中，帝力市的基础设施、公共建筑和民居被破坏殆尽，当局的急迫任务是恢复基础设施的正常运转和帮助返乡难民重建家园，实在没有人力、财力从基础资料的调查开始来进行城市规划的编制。另外，东帝汶的经济发展前途极不明朗，政治框架还没有建立，城市规划编制的依据也不充分。这样，世行决定拨出专项资金，开展帝力市战略规划的编制，通过招标，一家澳大利亚的规划咨询公司承接了此项目。

规划编制过程包括建立协调委员会、工作小组，准备资料和图纸，分部门调查座谈，分区调查座谈，分报告编写，总报告初稿编写，初稿向协调委员会、各部门和各区征求意见，初稿修改，正式报告报送等阶段，历时11个月。在规划中除了实体基础设施（Physical Infrastructure）的规划外，高度重视社会基础设施（Social Infrastructure）的培植和发展，包括就业机会研究、社区网络组织和安全保障措施研究、人口迁移和各区平衡发展等问题（崇婧，2003）。

第三节　政策启示

一、发展规划的特征

综上所述，东南亚国家的发展规划具有以下三个特征。

首先，基本形成由社会经济发展规划、空间发展规划共同构成的规划体系。新加坡、马来西亚、泰国、缅甸、菲律宾、印度尼西亚、越南等国家均有编制社会经济发展规划和空间发展规划，并且这两种不同类型的规划一般由国内不同的部门或机构组织编制工作。如新加坡分别由国家经济战略委员会和国家发展部负责；泰国分别由国家经济和社会发展局及公共工程和城乡规划部负责；缅甸分别由国家规划与经济发展部和建设部负责；越南分别由规划与投资部、建设部负责。

其次，社会经济发展规划多以五年规划为主，经济目标指向明确。多数国家每五年制定一次发展规划，如马来西亚、泰国、缅甸、菲律宾、柬埔寨、老挝、越南。部分国家的发展规划也立足长远，如文莱在制定五年规划的同时，也制定了2007~2035年长约30年的长期发展规划；越南同时有五年社会经济发展规划和十年社会经济发展战略；印度尼西亚制定了《2011~2025年加速和扩大印度尼西亚经济发展总体规划》；东帝汶的国家发展战略规划期限为 2011～2030 年。比较特殊的是新加坡，每十年规划一次发展转型。多数国家的发展目标设定指向预期的经济发展水平，如马来西亚提出至 2020 年跻身高收入国家行列；印度尼西亚至 2025 年晋升世界十大经济体之一；文莱至 2035 年生活质量和经济水平进入全球前十；老挝至 2020 年人均国内生产总值将达到 3 200 美元，摆脱最不发达状态；东帝汶至 2030 年发展为中等偏上收入国家。

最后，空间发展规划多立意长远，处于日臻完善阶段。新加坡的概念规划是长期性和战略性的，其 1991 年修编的概念规划形成了 2000 年、2010 年和 X 年三个阶段的形态发展框架；泰国制定的国家空间发展路线和政策为期 50 年（2007～2057 年），同时也制定了 5 年期（2012 年）、10 年期（2017 年）和 15 年期（2022 年）短期战略规划；缅甸为其最大的城市制定了《2040 仰光城市发展规划》；菲律宾制定了《2001～2030 国家物质性框架规划》；印度尼西亚的国家空间规划期限为 20 年。新加坡、马来西亚、越南、印度尼西亚等少数国家具备完善的规划法律基础和较强的规划控制体，其余国家的空间规划体系仍处于构建和完善阶段。以新加坡为例，早在 1959 年就正式确立《规划法令》作为第一部规划法，奠定了新加坡的现代城市规划体系基础，同时建立了规划局。法案的核心是制定规划机构设置、规划编制和开发控制的条款，授权规划部门每五年编制一次总规，可以在任何时候修编，土地使用者开工前必须取得规划部门的许可。1964 年规划修正案增加了开发费征收和规划许可有效期限两个条款。1989 年，颁布两项修正案，1990 年颁布规划法，设立城市重建局，其职能为发展规划、开发控制、旧区改造和历史保护，规划局成为其下属机构。

二、中国对东南亚各国制定发展规划的影响

随着中国经济实力和国际影响力的日益扩大，中国对于东南亚各国制定发展规划的影响也逐渐增强。这种影响力主要体现在以下几个方面。

首先，"互联互通"计划成为东南亚多国施政重点。东盟已经制定了《东盟互联互通总体规划》，优先项目包括东盟高速公路网络、泛亚铁路、东盟滚装船网络和短距离海运线路等，中国积极支持《东盟互联互通总体规划》，参与东盟国家互联互通项目建设，涉及公路、铁路、水运、电力、通信等众多领域，设立了总规模 100 亿美元的中国—东盟投资合作基金，宣布提供 250 亿美元信贷，支持东盟基础设施建设等项目，并希冀东盟互联互通规划主动与"一带一路"构想对接，构建中国—东盟利益共同体。

其次，自 1992 年以来，大湄公河次区域国家开始实施经济合作规划，《大湄公河次区域经济走廊发展规划》显示，几条贯穿东南亚的主要公路把中国西南部与中南半岛联成一张大网，东南亚以及与中国之间互联互通的战略一目了然。同时，中国正在将高铁作为重要的出

口产业，稳步推进"走出去"战略。按照规划，泛亚铁路穿越中国、缅甸、老挝、越南、新加坡等国，分东、中、西三线，累计全长 14 110 千米，其中中国境内 1 577 千米，2014 年 12 月，泛亚铁路东线蒙河铁路开通货运，标志着泛亚铁路东线国内段全线通车。

最后，中国参与帮助或影响了东南亚各国规划的编制。2004 年 11 月，中老两国政府正式换文，确定由云南省承担负责帮助老挝编制北部规划，并在老挝老中合作委员会的提请下，由云南省为老方继续培训经济发展规划方面的技术人员；2014 年，中国以无偿援助的形式帮助缅甸完成该国第一个国家电力发展规划；中国实施"十二五"规划期间，东帝汶政府也制定了《2011~2030 年国家发展战略规划》，双方都将调整经济结构、促进经济增长作为首要任务。

参 考 文 献

[1] 崇婧："迎接一个国家的诞生——访联合国东帝汶维和团的中国城市规划师赵永革"，《现代城市研究》，2003 年第 12 期。

[2] 广西大学中国—东盟研究院："菲律宾 2015 年政府预算简单评述"，http://cari.gxu.edu.cn/info/1087/5498.htm，2015 年。

[3] 何安萍、夏杰："2001 年度新加坡概念规划基本理念"，《江苏城市规划》，2009 年第 2 期。

[4] 唐子来："新加坡的城市规划体系"，《城市规划》，2000 年第 1 期。

[5] 中华人民共和国商务部："老挝政府'七五'规划主要经济指标"，http://www.mofcom.gov.cn/aarticle/i/dxfw/cj/201202/20120207958749.html，2012 年。

第十章　中国—东盟经贸合作现状与发展

第一节　东盟基本特征

一、东盟基本概况

东盟是东南亚国家联盟（Association of Southeast Asian Nations）的简称，包括文莱、柬埔寨、印度尼西亚、老挝、马来西亚、缅甸、菲律宾、新加坡、泰国、越南十个国家。截至 2012 年，东盟的人口为 6.17 亿，GDP 为 23 113 亿美元，人均 GDP 为 3 745 美元，是一个具有相当影响力的区域性组织。除了正式成员之外，东盟有一个观察员国巴布亚新几内亚和一个候选成员国东帝汶。

东盟有七个宗旨，包括：①以平等与协作精神，努力促进本地区的经济、社会和文化发展；②遵循正义、国家关系准则和《联合国宪章》，促进本地区的和平与稳定；③促进经济、社会、文化、技术和科学等问题的合作与相互支援；④在教育、职业和技术及行政训练和研究设施方面互相支援；⑤在农业、工业、贸易、交通运输、提高生活水平方面进行更有效的合作；⑥促进对东南亚问题的研究；⑦与具有相似宗旨和目标的国际与地区组织保持紧密和互利的合作。在对各类议题进行谈判协商和决策时，东盟采取特有的决策方式，被称为"东盟方式"，其核心是"非强制性"和"协商一致"。在决策过程中，不同于传统的"少数服从多数"方式，东盟各国充分尊重他国的意见和想法，不得干涉他国内政，只有各方达成共识时，协议才得以执行（赖盛中、李万青，2011）。

然而，东盟内部并非铁板一块，其发展受到成员国领土纠纷、经济竞争与地缘政治势力干涉的影响。首先，由于领土划分不清，一些成员国之间便产生了领土纠纷，如越南和菲律宾在南中国海上的"领海"纠纷，泰国和柬埔寨、印度尼西亚与马来西亚之间的领土争端。其中，许多争端处于谈判或搁置状态（表 10-1）。其次，东盟成员国的经济大多以加工、制造、出口为主，严重依赖发达国家，导致成员国在吸引外资、发展经济方面存在剧烈的竞争，从而影响区域一体化建设。最后，东南亚地区历来就是强国斗争的热点，特别是冷战后美国、日本都尽最大努力使东南亚向着有利于自己的方向转变。美国一方面希望东南亚国家能够联合起来制衡中国，另一方面又担心强大的东盟会影响到自己的亚太战略。日本则希望能够在经济合作方面起引领作用，但又不希望东盟的深入发展损害自己的利益。

表10-1 东盟各国海疆界争端

介入冲突的国家	冲突的内容	位 置	冲突的现状
柬埔寨、泰国	海疆和专属经济区	泰国湾	谈判
柬埔寨、越南	海上疆界/历史水域	泰国湾	谈判/区域
印度尼西亚、马来西亚	岛屿主权	西巴丹岛/利吉丹岛	国际法庭判决归属马来西亚
印度尼西亚、越南	海疆和专属经济区	纳土纳群岛	谈判
马来西亚、印度尼西亚	海疆和专属经济区	塞拉布斯海	搁置
马来西亚、菲律宾	海疆和专属经济区/岛屿主权	塞拉布斯海/沙巴州	搁置
马来西亚、新加坡	岛屿主权	白礁岛	国际法庭判决归属新加坡
马来西亚、泰国	海上疆界划界问题	泰国湾	共同开发
马来西亚、越南	海疆和专属经济区	泰国湾	共同开发
泰国、缅甸	岛屿主权	兰姆岛/金嘎岛、可努岛和可汗岛	谈判
泰国、越南	海疆和专属经济区	泰国湾	搁置

资料来源：彭宾、刘小雪等：《东盟的资源环境概况及合作潜力》，社会科学文献出版社，2013年，第27页。

二、东盟的组织机制

2007年11月20日签署的《东盟宪章》是一部对成员国具有法律意义的文件，对东盟发展的目标、原则地位和框架做出了规定。根据《东盟宪章》，东盟的组织机构包括三类：一是决策机构，主要是东盟峰会和东盟部长会议；二是行政机构，东盟秘书处是东盟的行政总部；三是协调机构，包括协调理事会及三个共同体理事会。

1. 东盟峰会

东盟峰会是东盟的最高决策机构，由主席国召集，每年举行两次，由东盟成员国的国家元首和政府首脑参加，地点由成员国协商确定。正式的峰会每三年举行一次，其余的年份则举行非正式会谈。东盟的主席国由东盟成员国按照字母顺序轮流担任。在峰会上，东盟各国领导人对涉及区域发展的重大决定进行表决。每个成员国都有对决议的否决权，体现了东盟互不干涉内政的协商原则。因此，在峰会召开前，东盟会特别注意开展双边和多边磋商，提前达成共识，使峰会的决策过程更加顺利。

2. 东盟秘书处

东盟秘书处的成员为东盟成员国负责东盟事务的负责人。东盟秘书长会议采取轮换制，主席由成员国代表轮流担任。东盟秘书处是东盟最重要的常设办公机构，位于印度尼西亚的雅加达。东盟秘书长按照东盟成员国的字母顺序，轮流从东盟各国选出，由东盟峰会委任，任期五年，不得连任。设置四名副秘书长协助秘书长工作，副秘书长必须来自四个不同的东盟国家；副秘书长任期三年，其中两名可以再连任一届，根据才能委任，另外两名不得连任。每个东盟成员国都任命一名驻雅加达的大使级东盟代表，支持协调东盟秘书处的工作。同时，在每个东盟成员国内都设立东盟国家秘书处，作为国内的联络点，推动东盟的协定在本国层面的实施。

3. 东盟外长会议

东盟外长会议即外交部长会议，是制定东盟基本政策的机构之一，负责解释规则、方针，签署重要的宣言、条约，发布会议公报和声明等，外长会议在东盟早期的活动中处于核心地位。外长会议每年轮流在各个成员国举行，一般在东盟峰会召开以前都会先召开外长会议，为峰会提供议题和议案。东盟同时在区域外很多国家设立了由该地东盟成员国外交使团团长组成的委员会，以便开展共同外交关系。同样，由东盟外长组成的会议还有东盟协调理事会。东盟协调理事会每年至少召开两次，主要职责包括筹备东盟峰会、协调东盟峰会所达成协议的实施、任命东盟秘书处副秘书长。

4. 其他部长会议

东盟经济部长会议是东盟经济合作的决策机构，如东盟能源部长会议，主要讨论东盟的能源开发、管理和保护事宜；东盟财政部长会议，致力于促进本地区的经济增长，改善投资，加强金融监管和维护市场秩序。此外，东盟还有包括农业和林业、贸易、环境、投资、信息、科技、劳工在内的多个部长会议。

5. 其他机构

东盟已经发展成为一个庞杂的组织，除了上述机构外，还有几个比较重要的机构。①东盟共同体理事会，负责推动东盟的一体化进程，由政治安全共同体理事会、经济共同体理事会和文化共同体理事会组成，分别管理东盟各个相关领域的部长会议。每个成员国都必须派出人员参加。东盟共同体理事会每年至少组织两次会议。②东盟人权机构，由东盟外长会议负责，以贯彻东盟保护人权和基本自由的宗旨与原则。③东盟基金会，由东盟秘书长负责，旨在为提高东盟认同感，促进民间交流及商界、社会、学术界等协作的相关活动提供支持。

三、东盟自由贸易区

为了应对经济全球化中的负面影响和促进区域经济一体化的快速发展，1992年1月，东盟首脑会议通过了《新加坡宣言》《东盟加强经济合作框架协定》和《共同有效优惠关税协定》（CEPT）三个主要文件，标志着东盟自由贸易区（AFTA）的正式成立。东盟自由贸易区的建成，不仅可以扩大各成员国的市场容量，增加东盟内的贸易，而且可以团结一致对外，对付发达国家的贸易保护主义，增强东盟的整体竞争力，在国际舞台上发挥重要的作用。由于东盟各国经济实力强弱不一，发展水平差别较大，实行区域贸易和投资自由化肯定会遇到不少困难。但是东盟自由贸易区的建立，使东盟十个成员国形成一个共同的统一市场，在本区域内的货物贸易关税极低（0～5%），有利于扩大各国的贸易和投资，通过优势互补，优化配置各国的资源、技术和劳力，从而促进各国经济的发展。东盟自由贸易区对内实行开放式的自由贸易，对东盟外的国家则具有排他性，实行高于东盟内国家的关税以及诸如原产地原则、进口许可证等非关税壁垒。因此，东盟外的国家与东盟内的国家在东盟市场的竞争是不平等的。

第二节 中国—东盟经贸合作机制

中国与东盟的经贸合作实质上是大国和小国集团的合作，其主要机制为"10+1"模式和"10+3"模式。"10+1"即东盟十国作为一个整体与中国进行自由贸易区的谈判和经贸合作。而"10+3"模式主要是以东亚领导人非正式会晤为核心，演化出首脑会晤机制、部长级会议机制、东亚峰会等多层次、独具特色的合作机制，并充分利用中国—东盟博览会、中国—东盟商务与投资峰会、中国—东盟经贸论坛等方式，加强了中国与东盟的次区域合作。

一、中国与东盟"10+1"模式

东盟与中国的区域经济合作始于东南亚金融危机之后，是在东盟"10+3"的基础之上发展起来的，成为三个"10+1"合作机制中最有影响的机制。从东盟的角度而言，中国—东盟自贸区是中国—东盟经贸合作机制的阶段性目标形式，附着在东盟经贸合作机制上，是

"东盟方式"的附属机制,也是三个东盟"10+3"之一。中国—东盟合作方式是东盟为了提高东盟经贸合作程度、扩大东盟影响的延伸机制,实质上是东盟"大国平衡"策略的杰作(陈万灵、吴喜龄,2014)。

东盟能够成功发起和顺利推动建立东亚经济合作机制,并在其中发挥主导作用的客观条件之一,是其多年来在东南亚区域内部合作中积累的成果和丰富经验。其主要动力在相当大的程度上来源于1997年金融危机的教训。东盟从中认识到,单纯依靠东盟自身的力量,不足以抵抗某些经济风险,只有坐上东亚的大船,才可以增强其抵御大风大浪的能力。中、日、韩三国对东盟领导地位的支持,却似乎在谋求东盟广阔的市场。

长期以来,中国十分重视发展与东盟的关系,并在多年的探索和实践中,逐步制定和完善了对东盟政治与经贸合作的一系列政策。近年来,推动中国—东盟自贸区升级、倡议并推动共建21世纪海上丝绸之路,正是中国的积极作为。

中国与东盟合作的基础是"睦邻合作"与"互信伙伴",基于此已逐步形成了一系列合作协议和政策。中国高度重视并积极参与东盟多层次、多渠道的双边和多边安全、政治、经贸合作,并参与了东盟倡议的各个层次的合作机制。基本上形成以东盟为核心,以中国为主要动力,竭力共同打造双方和谐格局,并在经贸合作方面以最大的利益让步与妥协,扩大中国与东盟共同利益,妥善解决与东盟个别国家的主权纠纷,获取东盟与中国经贸合作持续发展。站在中国角度看,其与东盟的合作方式就是"东盟经贸合作方式",合作目标形式也是追逐东盟自贸区及其将来类似于"东盟共同体"的"关税同盟"和"共同市场"。东盟共同体包括东盟政治与安全共同体、东盟经济共同体(AEC)、东盟社会文化共同体三大部分。东盟共同体于2015年12月31日建成,其中重点是建成东盟经济共同体,而且还要牵头完成区域全面经济伙伴关系协定(RCEP)谈判。目前,东盟正努力通过执行《东盟一体化倡议》(IAI),缩小东盟各国之间以及东盟和世界之间的发展差距;通过实施《东盟互联互通总体规划》(MPAC)促进东盟内民众、经济、基础设施等互联互通。

中国—东盟合作机制主要包括五个部分。第一,最高决策机制是中国与东盟领导人会议,相关的决策机制有东亚峰会。领导人会议就中国—东盟关系的发展做出战略规划和指导。自1997年以来已举行19次中国—东盟领导人会议。此外,还召开过几次中国—东盟领导人特别会议,包括中国—东盟领导人关于非典型性肺炎问题特别会议(2003年)和中国—东盟建立对话关系15周年纪念峰会(2006年)。

第二,日常磋商决策机制,主要是东盟与中国(10+1)对话会以及东盟地区论坛及外长会议。中国和东盟已建立外交、商务、文化、交通、海关署长、总检察长、卫生、电信、新闻、质检和打击跨国犯罪共11个部长级会议机制。

第三,议事机制,即高官会议,主要是中国—东盟经济贸易合作联合委员会、东盟—中国科学技术合作联合委员会等；还包括相关的中国—东盟高官（政治）磋商、东盟北京委员会等。通常在部长级会议前会召开高官会，为部长会做准备。高官会由中国和东盟相关机构的高官出席。例如，到2017年5月，中国—东盟高官磋商已举行23次，中国和东盟国家外交部高官以及东盟秘书处代表与会。中国—东盟高官磋商旨在回顾和展望中国—东盟关系，并为中国—东盟外长会做准备。

第四，专业工作机制，即专业委员会和工作组，主要是中国—东盟商务理事会、中国—东盟联合合作委员会。联合合作委员会旨在推动中国和东盟各领域务实合作，会议每年在印度尼西亚雅加达举行，东盟常驻代表委员会和中国驻东盟大使出席，截至2017年4月，中国—东盟联合合作委员会已举行18次会议。

第五，对话机制，主要包括中国商务部、东盟秘书处主办的中国—东盟自由贸易区论坛、"中国—东盟博览会和中国—东盟商务与投资峰会"；相关论坛有博鳌亚洲论坛、泛北部湾经济合作论坛、东盟与对话伙伴国会议等。

二、中日韩与东盟"10＋3"模式

"10＋3"是东盟十国和中日韩三国合作机制的简称。20世纪90年代后期，在经济全球化浪潮的冲击下，东盟国家逐步认识到启动新的合作层次、构筑全方位合作关系的重要性，并决定开展"外向型"经济合作。在这种形势下，"10＋3"合作机制应运而生。近年来，"10＋3"已发展成为东亚合作的主要渠道，被认为是亚洲地区的发展方向和振兴的重要标志（陈万灵、吴喜龄，2014）。

从合作领域看，"10＋3"合作以经济合作为重点，逐渐向政治、安全、文化等领域拓展，注重各国在世界政治外交、文化交流等方面的求同存异、共同发展，已经形成了多层次、宽领域、全方位的良好局面。"10＋3"国家在维护金融和粮食安全方面取得重要成果，包括：成功推进清迈倡议多边化；建成2 400亿美元的区域外汇储备库；共同出资设立7亿美元的区域信用担保与投资基金；成立"10＋3"宏观经济研究办公室；初步构建起地区金融安全网；"10＋3"大米紧急储备规模已达87万吨。

从合作机制看，东盟与中日韩合作建立了较为完备的合作平台，已经拥有66个不同级别的对话与合作机制，涵盖政治安全、经济金融、能源和可持续发展、社会文化等24个领域，形成了以领导人会议为核心，以部长会议、高官会、东盟常驻代表委员会与中日韩驻东盟大使会议（CPR＋3）及工作组会议为支撑的合作体系。

在"10＋3"合作机制下，每年均召开首脑会议、部长会议、高官会议和工作层会议。东盟与中日韩（10＋3）领导人会议，是指东盟十国（文莱、印度尼西亚、马来西亚、菲律宾、新加坡、泰国、越南、老挝、缅甸、柬埔寨）领导人与中国、日本、韩国三国领导人举行的会议。会议是东盟于1997年成立30周年时发起的最高层级机制，每年举行一次，主要对"10+3"发展做出战略规划和指导，到2016年已举行19次。19个部长级会议机制负责相关领域政策规划和协调，高官会负责政策沟通，CPR+3负责就合作具体问题进行协调。此外，"10+3"框架下还建有官、产、学共同参与的东亚论坛（EAF）及东亚思想库网络（NEAT），为"10+3"合作提供智力支撑。

第19次"10+3"领导人会议中，国务院总理李克强提出合作的六点建议，推动东亚经济一体化。①加强金融安全合作。进一步加强清迈倡议多边化有效性，做好相关协议的阶段性评估。推动"10+3"宏观经济研究办公室加强机制建设，支持其与博鳌亚洲论坛等地区机制加强联系，打造地区宏观经济研究评估的权威发声平台，提高"10+3"国家宏观经济监测能力。中方支持筹建亚洲金融合作协会，促进地区金融机构经验分享和业务交流，共同维护区域经济金融稳定。②深化贸易投资合作。去年"10+3"内部贸易额1.3万亿美元，占"10+3"对外贸易总额的比重只有15%，区域内贸易还有很大发展潜力。中方支持东盟在RCEP谈判中发挥主导作用，希望各方加快谈判进程，争取尽快结束谈判，推动"10+3"内部贸易投资自由化、便利化。中方愿与各方探讨成立"10+3"中小企业服务联盟，帮助中小企业从区域一体化中获得更多实利。③推动农业和减贫合作。中方支持加强"10+3"大米紧急储备机制建设。中方倡建的现代农业合作示范基地和东亚畜牧产品交易平台，都将于近期挂牌成立。中方将继续办好"10+3"粮食安全合作圆桌会议、现代农业研修班、"10+3"村官交流等项目，欢迎各方积极参与。中方正积极落实"东亚减贫合作倡议"，有望于年内进入具体实施阶段。中国与老挝共同提出本次会议发表"'10+3'关于促进可持续发展合作声明"，以促进地区国家落实联合国2030年可持续发展议程，实现东亚地区可持续发展。中日韩还可发挥各自优势，探讨在东盟开展可持续发展领域的三方合作。④促进互联互通建设。中方支持东盟制定《东盟互联互通总体规划2025》，愿加强"一带一路"倡议与这一规划对接，在此基础上推进东亚整体范围的互联互通。中方愿与各方共同出力，充分利用亚洲基础设施投资银行、丝路基金等融资平台，为亚洲特别是东盟国家互联互通项目争取更多资金支持。中方将继续推进东亚海洋合作平台建设，办好"10+3"互联互通伙伴关系研讨会。⑤创新产能合作模式。中日韩在装备制造、基础设施建设、资金和人才等方面各具优势，可探讨同东盟国家开展产能合作。中方年内将举行"10+3"国际产能合作研讨会，欢迎地区各国官产学研各界人士积极参与，献计献策。中方还愿同日韩合作，在物流、供应链建设等方面对东盟国家提供帮助，推动东亚经济一体化进程。⑥增进社会人文交流。"10+3"合作基金自2008年启动以来，在社会文化等领域开展了丰富多彩的活动。中方支持基金开展更多人文交流项目。各方应落实好今年年初签署的《"10+3"旅游合作谅解备忘录》，加强

"东亚文化之都"和"东盟文化城市"交流互动。今年中方将主办"10+3""了解中国"和"亚洲主流媒体看中国"项目,欢迎各方积极参与。中方支持泰国提出的《"10+3"关于积极老龄化的声明》,愿与地区国家分享应对老龄化的经验。

三、中国—东盟自由贸易区升级版

中国—东盟自由贸易区是中国第一个主动谈判构建的区域性组织,开创了中国对外经贸合作历史新篇章。2002年以后,随着《中国—东盟全面经济合作框架协议》等一系列经济协议的签署,中国—东盟自由贸易区逐渐成形,双方的经济合作实现了互利双赢格局。中国作为世界重要的经济体,对推动东盟地区的经济发展,提升东盟竞争力起到了十分重要的作用。在中国—东盟经贸合作和自由贸易区建立过程中,中国经济快速发展为东盟扩大市场、增加就业、促进经济发展带来了机会,对推动和确保东盟地区经济平衡发展起到重要的作用。

中国—东盟自由贸易区于2010年成立,在关税减让方面已经取得了良好效果。中国与东盟贸易进入了"零关税"时期,双方相互开放市场。中国对外贸易的关税为9.8%,而对东盟平均关税则降至0.1%,东盟六个老的成员国(新加坡、马来西亚、泰国、印度尼西亚、菲律宾、文莱)对中国平均关税降至5.6%。2015年前,重点完善中国与东盟的越南、老挝、柬埔寨、缅甸四国自由贸易的条件待遇和机制。2002年,中国—东盟自贸区框架协议签订时,双边贸易额仅为547.67亿美元。2013年,中国与东盟的贸易额已升至4 436.1亿美元,年均增长20.2%。2014年,贸易额进一步达到4 803亿美元。中国已经连续五年成为东盟最大的贸易伙伴,东盟连续三年成为中国第三大贸易伙伴、第四大出口市场和第二大进口来源地。截至2015年7月,中国—东盟双向投资累计达到1 200亿美元。

然而,中国—东盟自由贸易区面临发展的"瓶颈"。中国—东盟自由贸易区内的互联互通和贸易往来处于"通而不畅"的状态。中国投入大量资金推动与东盟国家的互联互通建设,尤其是陆路交通方面建成了昆曼公路等重要通道,国内通往中南半岛的铁路也正稳步推进到边境一线。但由于中国与部分东盟国家间的客货运输协定还不完善,部分区域的物流交通出现"通而不畅"的现象,贸易货物运输、人员交往成本仍然较高,成为自贸区升级中亟待突破的"瓶颈"。同时,跨国金融服务能力不足同样也困扰自贸区的升级。由于东南亚地区国家政治、经济发展不平衡,各国家间的银行金融政策体系、法制建设水平差异较大,已经严重制约中国与东盟各国之间的贸易、投资,形成了新的"金融门槛"。东盟国家间也还没有健全的外汇合作机制,给金融外汇交易造成更大风险。目前,在中越、中老、中缅边境,每年上百亿元的边境小额贸易基本依靠"地摊银行"形成的汇率进行汇兑,这给中国与东盟各国的贸易往来和金融安全埋下诸多不稳定因素。此外，部分东盟国家参与了美国主导的跨太平洋战略经济伙伴关系协定（TPP）谈判，TPP是美国从经济上主导亚太未来发展的一个战略谋划，东盟国家的加入对未来中国与东盟的经济关系将产生影响。

因此，中国—东盟自贸区的建设已经到了一个关键的转折点。自由贸易区对服务贸易和投资门槛的谈判基本完成，简单易行的领域放开已经完成，升级版将触及更为敏感和深入的领域，需要认清分歧，找到突破口，逐渐推进。鉴于中国—东盟的经贸关系及该自贸协议与国际经贸规则的差距，打造中国—东盟自贸区升级版，促进双方朝着高水平、深层次、宽领域的方向合作，是双边适应国际经贸新规则、融入全球经济的重要途径，也是中国立足周边、辐射"一带一路"全球自贸区网络构建的基础（李杨、刘鹏，2015）。中国—东盟自由贸易区升级版的目标是争取到2020年达到1万亿美元，今后8年双向投资1 500亿美元。大体包括以下内容：一是进一步降低关税，削减非关税措施，提升贸易和投资的自由化与便利水平，促进中国与东盟贸易更密切；二是提升服务贸易自由化，主要是从准入条件、人员往来等方面审核投资领域的开放。中国提出中国—东盟自由贸易区升级版完全符合东盟主导的区域经济一体化过程。

打造中国—东盟自贸区升级版是落实党的十八届三中全会"以周边为基础加快实施自由贸易区战略"、"加快同周边国家和区域基础设施互联互通建设"等战略部署的重要任务和突破口。中国—东盟自贸区的升级版谈判已经展开，显示各方政府求同存异的决心。2014年9月，中国—东盟自贸区首轮升级版谈判在越南河内举行，中国与东盟国家正进一步互相开放市场，努力在更广领域、更高层次上打造升级版，提升货物贸易、服务贸易及投资的自由化、便利化水平。目前，中国与东盟相关国家正积极建设"中国—新加坡经济走廊"，打造一条从中国广西南宁南下，沿途联通越南、柬埔寨、泰国、马来西亚、新加坡等国家的交通经济大动脉。2015年，东盟建成经济共同体，中国与越南、老挝、柬埔寨、缅甸实现"零关税"自由贸易，全面建成中国—东盟自由贸易区，这些都有助于中国—东盟自由贸易区升级版谈判。

第三节 政策启示

中国—东盟经济合作的领域，主要由三个文件《中国—东盟自由贸易区投资协议》《中国—东盟自由贸易区服务贸易协议》《中国—东盟全面经济合作框架协议货物贸易协议》构成基本的合作领域。"10+1"确定了农业、信息、人力资源开发、相互投资、湄公河流域开发、交通、能源、文化、旅游和公共卫生十大合作领域；在执法、青年交流、非传统安全等

20多个领域也展开了广泛合作；中国—东盟签署了农业、通信、非传统安全领域、大湄公河次区域信息高速公路、交通、文化六个领域的合作谅解备忘录。根据廖东声、熊娜（2013）对中国和东盟相互投资的研究，可从以下三次产业分类分析中国—东盟的经济合作政策。

一、第一产业合作

第一产业是中国和东盟面向21世纪合作的重点领域之一，合作重点主要在粮食种植、经济作物、林业加工、畜牧养殖、农业加工、农资市场等领域（廖东声、熊娜，2013）。

在粮食种植方面，据估计，2020年中国每年的粮食进口量在5 000万吨到2亿吨之间，成为世界上最大的粮食进口国。东盟国家是世界水稻主产区之一，其中，泰国和越南分别是当今世界名列第一、第二的大米出口国，缅甸、老挝、柬埔寨粮食生产潜力巨大，未来的粮食出口能力每年在2 000万吨以上，成为今后中国粮食进口的重要来源。此外，中国与东盟已经在种植栽培技术、管理、技术培训等方面开展了合作与交流。农业部组织实施了中国与东盟粮食综合生产能力行动提升计划，以一定经费鼓励和支持企业集中推广优良品种与关键技术，包括在东盟各国组织优质高产作物示范田，宣传和介绍中国企业产品、能力和形象，安排东盟农业管理和技术人员到中国进行培训与交流等。

在经济作物方面，中国和东盟具有互补关系。中国大多数省份处于温带地区，具有比较优势的是温带农产品，如蔬菜、温带水果、玉米、小麦以及肉类和蔬菜水果制品。市场农产品价格差异很大，中国在许多作物方面都具有价格优势，如大蒜、洋葱、大豆、土豆、苹果、雪梨、葡萄、红枣、水蜜桃、猕猴桃、哈密瓜等温带作物。东盟国家多处于热带，盛产椰子、橡胶、棕榈油等热带经济作物，对中国具有价格优势，而中国发展经济也需要这些作物作为原材料。由于具有较强的互补性，2003年，中国与泰国签署了关于加速取消两国蔬菜和水果关税的协议。根据该协议，两国间的蔬菜、水果、坚果产品（共88种产品）的贸易将实行零关税。2005年后，果蔬"零关税"扩展至新加坡、马来西亚、印度尼西亚、菲律宾、文莱等东盟六国，共涉及194个税目的产品。零关税的实施进一步促进了中国与东盟在经济作物方面的贸易和投资合作。

在林业加工方面，东盟国家的森林资源相当丰富，特别是缅甸、老挝、柬埔寨，且三国政府欢迎中国企业投资。中国企业选择缅甸、老挝作为重点投资国家，充分利用森林资源，建立起一定规模的速生林生产基地、林业采伐基地。木材加工企业与东盟国家林场合作办厂，采取种伐结合的模式，投资购买或租赁林场山林进行开发经营，发展林产工业、木材加工业、竹产业以及生物药品的加工业。根据统计，2012年东盟出口到中国的木材产品达到

25.8亿美元,成为东盟十大出口商品之一,占出口总额的1.5%[①]。中国与东盟国家还开展了林业种植技术方面的合作。例如,广西林业科学研究院与泰国合作开展了中泰油茶、中泰八角科技合作项目,与越南合作研究谅山八角低产林改造与加工技术应用示范、桉树技术合作等,并承担了国际林业研究中心(CIFOR)"通过提高茴油生产经营水平促进山区减贫"项目。

在畜牧养殖业方面,东盟国家拥有丰富的海域、湖泊、江河和水库资源,畜牧养殖业发展潜力大,但技术落后,而中国具有水产养殖、捕捞设备等方面的技术和经验,双方可实现优势互补。例如,中国涉农企业在越南投资兴办鱼粉厂,投资加工虾蟹、鳕鱼、鱿鱼、鲱鱼等,投入技术和设备与当地的水产品进行结合,产品加工后返销国内。中国向老挝提供养殖方面的技术,在小区内形成技术比较先进、实现一定规模经营的养牛、养鱼基地。东盟国家对活畜和肉制品需求量巨大,目前主要从印度和巴基斯坦等国进口,但运距较远、成本较高。中国企业凭借资金和技术力量参与肉牛生产可满足东盟国家的需求。

在农资市场方面,东盟国家大部分是农业国家,对农药、化肥、农机等农资的需求日益增长。首先,中国农药厂生产的农药产品颇受东盟国家欢迎,出口东盟各国的农药量增长迅速。其次,中国化肥已经在东盟国家打开市场,中国企业也与老挝等国家合作,共同开发当地丰富的钾盐资源。苏浙地区的农药、喷雾器、薄膜、柴油机,广东、广西的拖拉机、尿素、农药等产品,在东盟国家有着很好的销路。再次,东盟大多数国家工业基础薄弱,农机生产不能自足,对农机的巨大需求只能依靠进口来满足。中国农业机械具有产品品种多、覆盖面广、价格低、易于操作的特点,成为东盟国家青睐的产品。据不完全统计,2011年广西有34%的农机生产企业的产品出口到越南、马来西亚、泰国、缅甸、印度尼西亚等国家,产品包括拖拉机、农用运输车、柴油机、碾米机等。

在农产品加工方面,中国与东盟国家同样可实现技术与资源的结合,发挥社会经济效益。例如,在油料生产方面,中国具有一定的竞争优势,价格低于国际市场价格,但中国油料加工设备陈旧,工艺落后,出油率低,成本高。因此,中国油料生产企业与新加坡等东南亚油料生产强国进行技术联盟,增强国际竞争力。在食品加工方面,中国的食品罐头生产技术在世界上处于较先进的水平,东盟国家盛产菠萝、杧果、荔枝等水果,急需获得食品冷藏、加工、储藏的技术帮助。中国的食品加工企业到东盟国家进行合资与独资,建立食品加工厂,用当地原料生产鲜果汁、罐头、糖果等系列产品。菲律宾的椰子、印度尼西亚的药用植物种植也是中国企业重要的农业合作项目,中国农垦企业与东盟成员国国内的食品加工企业及医药研制企业合作,在当地投资,形成种植、食品加工或药物研制开发的生产一条龙。

---

① *ASEAN Statistical Yearbook 2013*,The ASEAN Secretariat,Jakarta,2014.

二、第二产业合作

中国与东盟在第二产业领域方面的合作主要在矿产资源、制造业、汽车行业和能源领域（廖东声、熊娜，2013），主要的合作模式是基于资源禀赋差异，实现中国技术与东南亚国家资源优势的结合。

在矿产资源方面，中国对矿产资源的需求日益增长。2012 年，中国从东盟进口矿物燃料、矿物油等产品的金额达到 216 亿美元，占东盟出口总额的 15.2%，而东盟从中国进口的矿物产品仅为 57 亿美元，仅占东盟进口总额的 3.2%[①]。相比之下，中国对东盟的矿产资源具有更大依赖度。中国—东盟自由贸易区的成立大大降低了双方矿产能源的交易成本，减少了相互能源勘探开发的壁垒。例如，广东、云南、广西等省区从越南进口煤炭的运输成本，要比从中国北方采购煤炭的运输成本低，降税后，这些省区更加倾向于从越南进口煤炭。东盟国家，尤其是近邻的越南、老挝、缅甸，地质勘查的程度不高，中国可凭借资金、技术与当地开展合作，将资源转化为生产力，助推经济发展。

在制造业方面，中国与东盟加强在制造业领域方面的对接与合作可给双方带来互利共赢的效果。双方合作主要包括机械装备、船舶、冶金有色、电子信息、家用电器、食品医药、纺织服装、造纸、家具等，特别是在电子机械设备等产品，中国与东盟已形成了相互依赖的贸易关系。根据统计，2012 年东盟从中国进口的电子机械设备及零部件等产品贸易额达到 536 亿美元，占东盟进口总额的 30.2%，相比之下，中国从东盟进口的同类产品为 359 亿美元，占东盟出口总额的 25.3%[②]。在电子产品、机械设备等产业中，双方在研发设计、加工制造、市场营销等领域的合作不断加深。在纺织服装、玩具、制鞋、日用品等领域，东盟已成为中国企业投资海外的重要目的地。中国制造业企业应借助国家对"一带一路"建设的战略支持，将部分剩余产能转移至东盟国家，充分利用当地廉价的人力、土地和原材料资源，从而促进自身的转型和升级。

在汽车行业方面，随着经济发展和人均收入水平的提高，东盟国家汽车消费市场正在快速兴起，其中印度尼西亚、泰国和马来西亚是东盟的三大汽车市场。然而，2013 年东盟汽车总产量只有 444 万辆，大部分国家没有汽车产业，唯一初具竞争力的汽车生产国家是泰国。中国汽车产品在东盟汽车市场份额微小，合作前景广阔。以印度尼西亚为例，中国奇瑞、吉利、长城、东风等汽车厂商在东盟有投资，但市场份额不足 1%。中国汽车产量已多

[①] *ASEAN Statistical Yearbook 2013*, The ASEAN Secretariat, Jakarta, 2014.
[②] 同上。

年位居世界第一，与东盟有着地缘优势，特别是随着中国—东盟自贸区的建设，双方合作潜力巨大。目前，商务部、海关等有关部门以及一些地方政府已经出台一系列政策措施支持产品和企业走出去，中国企业应抓住机遇。

在能源领域方面，中国与东盟的合作已上升到战略展面。2013年，中国与东盟成员国领导人发表的《纪念中国—东盟建立战略伙伴关系10周年联合声明》中明确提出，双方将加强在能源领域的合作，制订"中国—东盟新能源与可再生能源合作行动计划"。东南亚国家近年来经济快速增长，能源需求高涨，但由于能源基础设施欠发达，能源供给缺口较大。预计到2030年，缅甸、菲律宾、泰国等国家电力装机量会达到2013年的2～3倍，显现出巨大的增长潜力。除了在石油、天然气、煤炭等方面的贸易合作，新能源成为新的合作方向。在第10届中国—东盟博览会举行国内经济合作项目集中签约仪式中，共签订国内经济合作项目94个，项目总投资额681亿元，领域涉及工业制造、基础设施、交通能源等行业，其中新型能源类项目2个，投资额近30亿元，平均每个项目投资规模高达15亿元。在电力合作方面，中国也已开始尝试建设东盟国家互联电网，中国—东盟能源合作在电源开发、电网互联互通、电力贸易等领域面临诸多机遇。中国与东盟十国在技术、投资、工程建设、人员交流与培训等方面可加强合作。

三、第三产业合作

中国与东盟在第三产业领域方面的合作重点在交通基础设施建设、工程承包、旅游开发合作与金融合作等领域（廖东声、熊娜，2013）。

交通建设是中国—东盟双方的重点合作领域，包括水路、公路、铁路、航空等领域。在水路建设方面，投资合作包括澜沧江航道整治工程、湄公河航道疏通工程、防城港码头工程等。在公路建设方面，最重要的工程是全长1 800千米的从昆明到曼谷的公路，该公路被认为是中国到达泰国曼谷最便捷的路径和次区域合作中最重要的南北通道。该项目由中国、老挝、泰国及亚洲开发银行共同建设。在铁路建设方面，在建的一个重要项目是"泛亚铁路"，途经马来半岛南端的新加坡—吉隆坡—曼谷—万象—尚勇—祥云（或玉溪）—昆明，可贯通中国和东南亚七个国家，全长5 500千米。在航空领域方面，2010年，中国与东盟正式签署了《中华人民共和国和东南亚国家联盟成员国政府航空运输协定》及其第一议定书，有效促进了双方在航空运输领域的合作。

在工程承包方面，东盟是中国海外重要的承包工程市场和劳务市场（图10-1）。东盟国家为实现经济发展目标，建成东盟经济共同体，正加大基础设施项目建设，给中国工程承包企业带来了许多新商机。在电力、路桥、电信、铁路、机场建设等项目工程承包方面，中国企业具有成本、技术优势。根据统计，2012 年中国在东盟工程承包签署合同额 228.3 亿美元，增长 6.4%；完成营业额 192.9 亿美元，增长 16.3%。中国在东盟十国的工程承包，按完成营业额排名是：印度尼西亚、越南、新加坡、马来西亚、缅甸、老挝、柬埔寨、菲律宾、泰国、文莱；按完成营业额增速排名，居前三位的国家是：老挝（增长 92.6%）、泰国（增长 61.3%）、缅甸（增长 51.9%）；按签署合同额增速排名，居前三位的国家是：柬埔寨（增长 485.7%）、菲律宾（增长 63.2%）、印度尼西亚（增长 40.3%）。中国企业在对东盟承包工程时，报价既要有竞争力，又要注意效益，同时要避免公司之间恶性竞争，确保承包工程的出口产品质量，并加强承包工程项目管理，重合同，守信用，确保项目成功，支持东道国的可持续发展，加强与政府沟通、加强与公众沟通，积极参与环境保护公益活动。

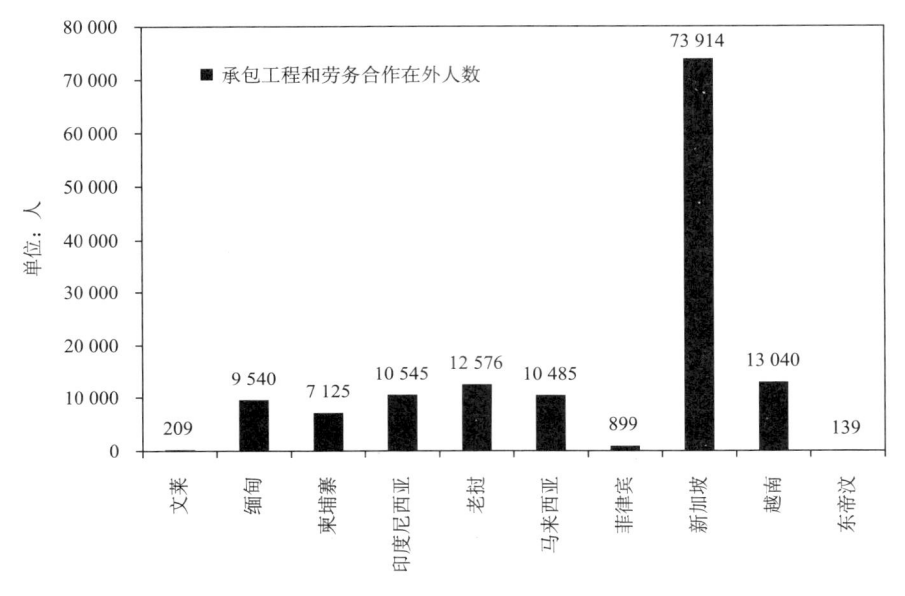

图 10-1　2013 年中国在东南亚各国的劳工人数

资料来源：《中国统计年鉴》(2014)。

在旅游开发领域，中国与东盟旅游资源互补性强，为中国与东盟在旅游业方面的合作奠定了坚实的基础。在中国—东盟自由贸易区建设中，旅游业不仅是中国—东盟国际贸易和服务贸易的重要组成部分，也是中国—东盟自由贸易区建设和发展的先导产业，还是增进中国和东盟各国人民之间相互了解与友谊的重要途径。目前，越南、新加坡、泰国、马来西亚等东盟国家已位居中国居民出境旅游目的地的前 10 位，马来西亚、新加坡、菲律宾、泰国、印度尼西亚等东盟国家一直稳居中国入境旅游的 15 大客源国之列。近年来，东盟各国旅游业的发展趋势日益迅猛，东盟各国的接待游客量也呈现出不断上升的趋势。依据世界旅游组织的预测，东盟地区在 1995~2030 年，旅游接待量将以每年 6.3% 的速度持续增长，预计

2020年，东盟地区的旅游接待量可能达到1.36亿人次左右。可见，中国与东盟的旅游合作具有广阔的前景。

在金融领域方面，随着中国与东盟合作的不断拓展和深入，双方在金融领域的合作不断取得新进展，促进了双方资本、货物、人员的流动，推动了中国—东盟自由贸易区建设，使得金融成为中国—东盟合作的重要支柱。近年来，中国与东盟主要围绕推动中国—东盟区域内金融合作与金融创新服务、金融机构如何为企业提供更全面的金融支持、推动区域内投融资合作三方面展开商讨。目前，中国人民银行与东盟各国中央银行开展了多种形式的对话和协调，推动区域金融合作向纵深化、多元化方向发展。2009年，中国决定对广西和云南与东盟的货物贸易进行人民币结算试点，试点的中资银行纷纷与东盟的银行签订了人民币跨境代理的协议，在满足客户贸易需求的同时，为区域经济的发展提供了重要的保障。此外，国家开发银行、中国工商银行、中国建设银行等金融巨头在东盟国家设立金融机构的步伐不断加快。新加坡星展银行、越南西贡商信银行入驻南宁，则标志着东盟各国金融机构进入广西的步伐也在加快。但总体上，中国和东盟的金融合作还有待进一步推进，合作仍处在初步阶段，与中国和东盟的发展速度及规模相比远远不够，金融市场的开放与创新还没有达到应有的水平（徐中亚、董倩倩，2010），在货币互换机制的多元化、资本的合理有序流动等方面还有待进一步推进。

参 考 文 献

[1] 陈万灵、吴喜龄：《中国与东盟经贸合作战略与治理》，社会科学文献出版社，2014年。
[2] 赖盛中、李万青：《中国—东盟自由贸易区大物流发展战略研究》，电子科技大学出版社，2011年。
[3] 李杨、刘鹏："深化中国—东盟合作 打造自贸区升级版"，《国际贸易》，2015年第6期。
[4] 廖东声、熊娜：《中国—东盟相互投资制度研究》，北京理工大学出版社，2013年。
[5] 彭宾等：《东盟的资源环境概况及合作潜力》，社会科学文献出版社，2013年。
[6] 徐中亚、董倩倩："中国—东盟金融合作：现状、问题与对策"，《经济研究导刊》，2010年第26期。